माखनलाल चतुर्वेदी रचनावली

वाणी प्रकाशन

4

माखनलाल चतुर्वेदी रचनावली

सम्पादक :

श्रीकान्त जोशी

परामर्श :

स० ही० वात्स्यायन 'अज्ञेय'
धर्मवीर भारती
शिवमंगल सिंह सुमन
जगदीश गुप्त

वाणी प्रकाशन
4695, 21-ए, दरियागंज, नयी दिल्ली 110 002
फ़ोन : +91 11 23273167 फ़ैक्स : +91 11 23275710

शाखाएँ
अशोक राजपथ, पटना 800 004, बिहार
कॉफ़ी हाउस कैम्पस, महात्मा गांधी मार्ग, इलाहाबाद 211 001, उत्तर प्रदेश
महात्मा गांधी अन्तरराष्ट्रीय हिन्दी विश्वविद्यालय, वर्धा 442 001, महाराष्ट्र
सुल्तानिया रोड, मोतिया पार्क, भोपाल 462 001, मध्य प्रदेश

www.vaniprakashan.com
marketing@vaniprakashan.in
sales@vaniprakashan.in

MAKHANLAL CHATURVEDI RACHANAWALI-4
Edited by Shrikant Joshi

ISBN : 978-93-5000-849-2
Rachanawali

प्रथम संस्करण 1995
द्वितीय संस्करण 2003
आवृत्ति 2011

मूल्य : सम्पूर्ण सेट (दस खण्डों में) : ₹ 9000

सिटी प्रेस, दिल्ली-110 095 में मुद्रित

वाणी प्रकाशन का लोगो मक़बूल फ़िदा हुसेन की कूची से

प्राक्कथन

पं० माखनलाल चतुर्वेदी के कुछ संस्मरण सर्वप्रथम 'समय के पाँव' शीर्षक कृति में प्रकाशित हुए थे (1962)। यह कृति बहुत लोकप्रिय हुई। समीक्षकों ने भी इसके असाधारण महत्त्व को स्वीकार किया। रचनावली में 'समय के पाँव' के अतिरिक्त कर्मवीर, सरस्वती, विश्ववाणी तथा कुछ अन्य पत्रों में प्रकाशित होते रहने वाले तथा कुछ अप्रकाशित संस्मरण संकलित किये गये हैं। इसमें अनेक व्यक्तियों पर संस्मरणात्मक आकलन दिये गये हैं, विशेष कर लोकमान्य तिलक, महात्मा गांधी, गणेश शंकर विद्यार्थी, विनोबा भावे एवं मैथिलीशरण गुप्त आदि पर। जिन व्यक्तियों पर एक से अधिक स्मरण-लेख हैं उन्हें, चाहे वे अलग-अलग वर्षों में लिखे गये हों, एक साथ ही ले लिया गया है, इससे उनका समग्र प्रभाव अंकित हो सका है।

इन संस्मरणों की परिधि अत्यन्त व्यापक है, अधिकतर व्यक्ति अपने-अपने क्षेत्रों में विशिष्ट रहे हैं और उन्होंने इतिहास-निर्माण में अपना योग दिया है। एक तरफ तिलक, महात्मा गांधी और विनोबा जैसी युगान्तरकारी अप्रतिम हस्तियाँ हैं तो दूसरी तरफ हैं इस शताब्दी के श्रेष्ठतम कवि, चिन्तक, चित्रकार, दार्शनिक, और पत्रकार। इन सभी से माखनलालजी के व्यक्तिगत सम्बन्ध थे। अपने समय को गति देने, आकृति देने और बदलने-सँवारने में चतुर्वेदीजी ने इनमें से अधिकांश के साथ कंधे से कंधा मिलाकर कार्य किया था। अतः ये संस्मरण इतिहास के अनेक प्रसंगों की गुत्थियाँ खोलते हैं, कुछ अज्ञात प्रसंगों को सुज्ञात करते हैं। और बहुत-से व्यक्तियों के जीवन और कार्यों का नये सिरे से मूल्यांकन करते हैं। ऐसे भी कुछ व्यक्तित्व हैं, जैसे अम्बाप्रसाद सूफी, ठाकुर लालसिंह आदि, जिन्हें आज हम भूल चुके हैं, पर इन संस्मरणों को पढ़ कर हम महसूस करते हैं कि हमारा यह भूलना कितना गलत है।

कुछ व्यक्तित्व खण्डवा नगर से जुड़े रहे हैं (सर्वश्री वैशम्पायन, घाटे और कालूराम गंगराड़े आदि) पर इन्हें माखनलालजी की दृष्टि से देखने पर हम अनुभव करते हैं कि गुणों और उपलब्धियों में ये कितने विशिष्ट, और समर्पित लोग थे।

सर्वश्री आगरकर एवं राघवेन्द्रराव चतुर्वेदीजी के पक्ष की भूमिका का निर्वाह करने वालों में न थे पर इनके व्यक्तित्व और सामर्थ्य का भी जो सूक्ष्म व तटस्थ चित्रण चतुर्वेदीजी ने किया है वह पढ़ते ही बनता है। और शैली ? इस संदर्भ में डा० शिवप्रसाद सिंह ने बिल्कुल ठीक लिखा है, "माखनलालजी की शैली में जो स्पन्दन, जिन्दादिली और उष्णता है वह आज के नये से नये लेखक के लिए ईर्ष्या

की वस्तु हो सकती है, और श्री कमलेश की यह टिप्पणी कम उल्लेखनीय नहीं है, "एक भी संस्मरण ऐसा नहीं जिसमें अभीष्ट व्यक्ति का समूचा व्यक्तित्व मुखर न हुआ हो। व्यक्ति के कार्यक्षेत्र के अनुसार परिस्थिति-विश्लेपण, शारीरिक-मानसिक गठन, प्रभाव आदि का विवरण प्रस्तुत करने में सफल इतिहासकार और कवि की दृष्टि का सम्मिलित प्रयत्न दृष्टिगोचर होता है।"

स्मरण, आकलन, चरित्र-विश्लेषण, व्यक्तित्व-निरूपण, निश्छल मानवीय सहानुभूति, सौहार्द, कला कि रुचि और तीक्ष्ण सौन्दर्य-बोध से भरे-पूरे ये रेखाचित्र संस्कृति और इतिहास की अमूल्य धरोहर हैं। लेखक के प्राणोष्ण व्यक्तित्व ने इन्हें अनूठा और अविस्मरणीय बना दिया है।

अनुक्रमणिका

संस्मरण/पुण्य स्मरण

रोज नई होती रहती हैं स्मृतियाँ
बहुत पुरानी
गिर-गिर कर चढ़ता रहता है, नित्य
—नया सा पानी
अनजानी लग-लग उठती हैं, ये—
जानी-पहचानी
इन पर नहीं बुढ़ापा आता, चढ़ती
अमर जवानी

दो शब्द

व्यक्तियों से बँधा होने के कारण, यह संग्रह अधिक प्रगमनशील है। प्रतीत होता है इन व्यक्तियों के जीवन ने मेरे जीवन को रहन रख लिया था।

लाँगफेलो बहुत पहले लिख गया है कि महापुरुषों के जीवन हमे यह स्मरण दिलाते हैं कि हम किस प्रकार अपने जीवन को ऊँचा उठा सकते हैं। इस पुस्तक के बहुत-से व्यक्तियों ने जो चरण-चिह्न छोड़े हैं, वे कभी मिट नहीं सकते। इसलिए 'समय के पाँव' पर मस्तक रखने के सिवाय और कोई चारा नहीं दिखाई देता!

बिस्तरे पर पड़े-पड़े मैं इतना ही लिखा सकता हूँ। इस समय तो मैं समस्त देश का ध्यान भारत की उत्तरी सीमा पर, नगाधिराज हिमालय पर खींचना चाहता हूँ। लोकमान्य तिलक, राष्ट्रपिता बापू, सुभाषचन्द्र बोस, और 'झाँसी की रानी' की गायिका सुभद्रा कुमारी चौहान का इस पुस्तक के माध्यम से जो गुण-स्मरण किया गया है, वह तभी सफल हो सकता है।

दीपावली —माखनलाल चतुर्वेदी
शनिवार, दिनांक 27/10/62

मैं इसे भाव-यात्रा ही कहूँगा क्योंकि जो संस्मरण इस संग्रह में समाविष्ट हुए हैं वे माखनलालजी के प्रगाढ़ वैष्णव भाव से अन्तर्लीन राष्ट्रीयता की क्रान्ति और आत्मोत्सर्ग से घनीभूत हार्दिकता से आद्यन्त आपूरित हैं···।

यह संग्रह, मेरा विश्वास है, सभी को संस्मरणों में समाविष्ट महापुरुषों के अतिरिक्त एक और महापुरुष के निकट लायेगा जो कोई और नहीं स्वयं इसका लेखक है।

'साहित्य देवता' के मान्य शैलीकार साहित्य-चिन्तक और कल्पनाशील भावक के दर्शन इस कृति में सर्वत्र होते हैं।

···जिस विचार-समृद्धि का और स्वानुभव को व्यक्त करने की जिस बौद्धिक विधि का प्रयोग किया है वह अपने में ही एक उपलब्धि लगती है···।

—डॉ॰ जगदीश गुप्त

स्वर्गीय लोकमान्य तिलक

1. स्वर्गीय लोकमान्य का गुणगान

आज से 40 वर्ष पूर्व अर्थात् सन् 1880 के समय भारत की राजनैतिक अवस्था विचित्र थी। स्वराज्य का नाम लेना भी उस समय संकट से खाली नहीं था। कांग्रेस जैसी "प्रार्थी" संस्था भी उस समय राजद्रोही समझी जाती थी। इतने गिरे हुए वायुमण्डल में लोकमान्य तिलक को काम करना था। जब लोकमान्य ने धन, यश और कीर्ति देने वाले व्यवसायों से मुख मोड़कर स्वदेश और स्वदेश बन्धुओं के लिए अपना जीवन-सर्वस्व अर्पण कर देने की ठानी, तब कई विचारवान (!) वृद्धों ने आपको सलाह दी कि इस कंटकमय मार्ग पर न चलें। पर इस दृढ़ विचारी आत्मा का बल अद्वितीय था। निरुत्साह या निराशा की बड़ी-बड़ी आँधियों से वह वज्र-सदृश हृदय ज़रा भी विचलित न हुआ, और अपनी स्वराज्य-प्राप्ति के प्राण की जीवन-नौका, संकट से भरे हुए तूफानी समुद्र में उसने डाल ही दी। जिस अद्वितीय साहस, स्वार्थ-त्याग और बुद्धिमत्ता से लोकमान्य ने अपना निश्चय किया था, लोगों ने देखा है कि अंतकाल तक, प्रत्यक्ष यमराज से झगड़ते समय भी, वही साहस और निश्चलता लोकमान्य की महान् आत्मा का गौरव थी। हाथ में लिये हुए कार्य को, परिस्थिति के बवंडरों से टक्कर देकर लड़ते रहना, और अपनी दृढ़ इच्छा-शक्ति तथा अविरत परिश्रम के ज़ोर पर अंगीकृत कार्य को यशस्वी बना देना, यही लोकमान्य का सर्वश्रेष्ठ गुण था जिसकी वजह से चालीस वर्ष पूर्व एक शिक्षणसंस्था तथा समाचारपत्र से, सम्बन्ध रखने वाला पुरुष आज भारत का हृदय-सम्राट, भाविकों का भगवान, असहायों का सहायक, दोनों का दीनबन्धु तथा दुर्दमनीयों का मुरारि, बन गया। इस राष्ट्र-नेता के मार्ग में कौन-सी आपत्ति नहीं आई ? सन् 1898 से लेकर 1907 तक उन्हें शक्तिशालिनी सरकार का तीन बार मेहमान होना पड़ा। न्याय की तराज़ू हर समय कहती रही, यह अपराधी नहीं है,—'ज़ूरियों' में जितने हिन्दुस्तानी थे, सबों ने एक मत से कहा, यह अपराधी नहीं है—तथापि न्याय का सफेद पलड़ा, अन्याय की ओर झुक ही गया। पचास-पचपन वर्ष की अवस्था में पुत्र-वियोग, पत्नी-वियोग जैसी वैयक्तिक आपत्तियाँ सिर पर आईं, पर फिर भी वह दृढ़ात्मा विचलित न हुआ। सन् 1903 में लोकमान्य के ज्येष्ठ पुत्र श्री विश्वनाथपंत प्लेग से काल-कवलित हुए। उस समय इन्दौर के महाराजा शिवाज़ीराव होलकर की ओर कर्जन साहब की कड़ी दृष्टि उठी हुई थी। लोकमान्य पूना से बाहर झोपड़ी में ठहरे हुए थे। अपने पुत्र की अन्त्येष्टि क्रिया करके द्वितीय पुत्र के ज्वराक्रान्त रहने पर भी यह राजर्षि होलकर शाही

की चिन्ता में लेख लिख रहा था। बम्बई सरकार द्वारा पचास हजार की जमानत तथा वेलेंटाइन शिरोल का मामला लोगों की स्मृति में अभी ताजा है। न्याय मिलने की आशा न होते हुए भी, ब्रिटिश न्याय का अन्त देखने के लिए ही, वैध प्रयत्न करके, अन्याय को शान्ति के साथ सह लेने वाला यह मूर्तिमन्त धैर्य, यदि लोगों को निकटतम सम्बन्धी की तरह प्यारा रहा हो, तो आश्चर्य ही क्या?

नखेशिखान्त स्वदेशी वस्त्र परिधान करने वाला यह सत्पुरुष छोटे से लेकर बड़े तक एक ही सा प्यारा था। जिन लोगों को अधिकार-बल से आगे आने का मौका मिला था, जो अधिकारियों के भृकुटि-भंग को वीरोचित धैर्य के साथ देखने का साहस नहीं करते थे, गरीबों की धन-दौलत छीनकर अपनी थैलियाँ बढ़ाने का जिनका व्यवसाय था,—वे लोग कदाचित् लोकमान्य के प्रखर और प्रचण्ड तेज को सह नहीं सकते थे। तभी तो स्वदेशी आन्दोलन के समय जब लोगों ने अपने पूज्यतम तिलक को लोकमान्य की पदवी से विभूषित किया, तब समाज का एक असहिष्णु अंश कहने लगा—यह सस्ती लोकप्रियता है—इससे देश का कोई लाभ नहीं। वह समय पलट गया है, उस समय एक तिलक जिस बात को कहता था, आज सारा राष्ट्र—राष्ट्र की प्रतिनिधि सभा,—उसी बात को "स्वराज्य मेरा जन्मसिद्ध अधिकार है" के मंत्र को जनता में फूँक रही है। तिलक का व्यक्तित्व और स्वदेशी आन्दोलन के समय किये हुए उनके कार्य की प्रतिध्वनि महाराष्ट्र में ही नहीं, किन्तु जहाँ-जहाँ केसरी की वीर गर्जना पहुँच सकी है, वहाँ-वहाँ आज भी आदर और प्रेम, साहस और निर्भयता, स्वार्थत्याग और निश्चलता, के साथ एक पवित्र धरोहर का भाँति रक्षित रखी जाती है, और एक सात्विक भावना की भाँति प्रेम से संवर्धित की जाती है।

राष्ट्रीयता की नींव दुर्बलता और कायरता पर नहीं जम सकती। वीर-पूजन और वीर-हृदयों के भावों का अनुकरण राष्ट्र की उज्ज्वलता कायम रखने का एक महत्तम साधन है। लोकमान्य ने इसी दृष्टि से महाराष्ट्र में श्री शिवाजी-उत्सव का आरम्भ किया था। स्वतन्त्रदोनों में—देश के स्वातंत्र्य की रक्षा करने वाले आत्म-त्यागी देवमूर्तियों का पूजन होता है। फ्रान्स का नैपोलियन, अमेरिका का वाशिंगटन, इंग्लैण्ड का नेल्सन, इटली के गेरिबाल्डी और मैजिनी—अपने-अपने देशों में पूज्य समझे जाते हैं। परन्तु गुलामी की आदत में पले हुए कुछ व्यक्तियों ने शिवाजी-उत्सव में राजद्रोह की बू देखी, और परदेशी राज्यकर्ताओं के शंकित हृदय ने उस उत्सव के उत्पादक को विप्लवकारी समझकर शिवाजी-उत्सव को निर्मूल करने का प्रयत्न किया। परन्तु पाशविक बल का विरोध करने वाली, सशस्त्र विरोधी को आत्मबल से नीचे झुकाने वाली, तिलक की आत्मा देश में मौजूद थी, अतएव अनेक संकटों से मार्ग निकालते हुए शिवाजी-उत्सव ने महाराष्ट्रीय स्वरूप पाया, और आज श्री शिवाजी भारत के प्रत्येक कोने में स्वतन्त्रता की मूर्ति की नाईं पूजे जाते हैं।

विश्वविद्यालयों के कोल्हू में बुद्धिमत्ता, स्वावलम्बन और स्वदेशाभिमान को

पिसवा कर निकलने वाले भारत के भावी भाग्य के विधाता नवयुवकों की गिरी दशा का विचार करके लोकमान्य ने राष्ट्रीय शिक्षा की संजोवनी पैदा की थी। केवल नौकरों का निर्माण करने वाले विश्वविद्यालयों से जनता ऊब उठी थी और वह चाहती थी कि भारत के नवयुवकों में भारतीयता उत्पन्न करने वाली शिक्षण-संस्था उत्पन्न हो। तलेगाँव का समर्थ विद्यालय जिन लोगों ने देखा था, तथा जिन बालकों ने उस विद्यालय में शिक्षा पाई थी, वे आज भी उस विद्यालय की पवित्र पद्धति, निर्मल नीति और गौरवपूर्ण गति को याद करके अनुपम आनन्द का आस्वादन करते हैं। लोकमान्य के प्रत्येक कार्य में सरकार राजद्रोह का भूत देखती थी। उसकी कुदृष्टि इस शैक्षणिक संस्था पर पड़ी और वह नाम शेष कर दी गई। पर उस संस्था के दमन से ही देश की आत्माओं में जागृति उत्पन्न हो गई और स्वावलम्बन का नया प्राण भारत के बूढ़े कलेवर में जाग उठा।

लोकमान्य का जीवन भारत की राजनीति का गत ^40 वर्षों का इतिहास है। इस इतिहास का आरम्भ स्वराज्य की माँग से हुआ था और अन्त स्वराज्य की प्राप्ति के प्रारम्भ से—स्वराज्य का वर्तमान पल कितना ही छोटा हो, पर स्वराज्य का तत्त्व स्वीकार हो गया है। इस इतिहास में प्रत्येक पन्ने पर अड़चन, कठिनाई, विरोध और दण्ड भरे पड़े हैं। पर फिर भी इन सब···[1] शक्ति अपने बल वेग···[1] भी खींच कर ले जाती हुई नजर आती है। वह बल, वह शक्ति, आज स्थूल रूप से हमसे अलग हो गई है। भाविकों का भगवान, भौतिकता भरे लोगों का तिलक, अध्यात्मवादियों की आत्मा, खिलाफत का न्याय चाहने वालों की रूहेपाक और गीता की मधुर मुरली की तान सुनानेवाला भारत राष्ट्र का हृदय-सम्राट बाल गंगाधर तिलक, निरालसता, उद्यमप्रियता, निर्भयता, और स्वदेश-प्रेम की कल्पनातीत उत्कटता का पाठ पढ़ाकर आज हमसे जुदा हो गया है।

[कर्मवीर, 7 अगस्त 1920]

2. जीवित स्मारक

ठीक उसी तरह, जिस तरह फूल अपनी सुगन्धि का आधा हिस्सा साथ में अठखेलियाँ करने वाली वायु से पाते हैं और आधा हिस्सा उस जमीन से, जिसमें वे उगे हैं और रस खींच रहे हैं, महापुरुष अपना आधा देवत्व देश की कठोर और कठिन परिस्थितियों में से और आधा अपने हृदय की उच्च शक्ति से प्राप्त करते हैं। हृदय की आकांक्षाएँ और उन्हें काम में ले लेने वाली देश की परिस्थितियों ही को यह सौभाग्य प्राप्त है कि वे अपने जमाने का एक महापुरुष, उस महापुरुष के बिना जाने, बिना सोचे और बिना मंजूर किये,—बना डालें। और जब सजीवों का हृदय हरकर हजारों में मस्ती की स्मृति ताजी करने वाले पत्थर या मिट्टी की मूरत पर एक अनोखा गुम्बज बनाकर उसके सामने सिर झुकाने को जी चाहता है, तब कोई अधम ही मुल्क हो सकता है जो उस देवता को भूल जाने के सामान

1.······ये अंश फट गये हैं। (संपा०)

पैदा करे, जिसे उसने अपनी बेड़ियों को तुड़वाने के लिए बनाया था और जिसके अमर हाथों से आने वाली सदी के लिए अपने आपको बनवाया था। अमरीका ने वाशिंगटन को अपनी गोदी में पुतली बनाकर खड़ा किया और एक ऐसी आकांक्षा पैदा की कि उसका हर एक बच्चा सिपाहियाना बाने में अपने उस स्वतंत्रता दिलाने वाले देवता के चरणों में घुटने टेके और तीन सौ बरस पहले की एक आदमी में निवास करने वाली ताकत को अपने खून की हर बूंद में अनुभव करने लगे। अपनी माता का वह छोटा-सा पुजारी, अपनी मातृभूमि का वह बिना ऊँचाई, बिना मूँछों, और आकाश को पार कर जाने वाली आकांक्षाओं वाला जवान लौटता है और अपनी मातृभूमि से कहता है, माँ, तुम सूरज और चाँद से बैठी बातें करो, स्वतन्त्रता का सेहरा तुम्हारे सिर पर देखने और उसका कड़ा पहरा देने वाले अमरीका के अमर बच्चे तैयार हैं। इंग्लैण्ड में नेलसन का पुतला, अंग्रेजों में बिजली का संचार करता है और विलासी फ्रांस की धमनियों में नेपोलियन का रक्त प्रवाहित हो रहा है। पूजा का क्रम यही नहीं रहा कि वह तलवारों ही वालों की, की जाती। किन्तु तलवारों वाले पैदा करने की धुन के मतवाले कैदी मेजिनी का इटाली अरमान करता है, और महर्षि टालस्टाय की यादगार में रूस का तख्त उलटता है, और कीचड़ के कमल की तरह प्यारी प्रजासत्ता दीख पड़ती है। गरज यह कि अपने वीर को पूजने, याद रखने और उस वीर के मन्सूबे पूरे करने पर दुनिया का हर मुल्क तुला रहता है। भारत में भी इस भाव की कमी नहीं, भगवान रामचन्द्र और कृष्णचन्द्र को हम मन्दिरों में, उस हजारों वर्ष पूर्व की प्यारी और स्वतन्त्र स्मृति में खड़ा पाते हैं और "दर्शन विलम्बाकुल दृगों" को वहाँ ले जाकर उनमें ठंडक पाते हैं। किन्तु आज हमारी आदतों और परिस्थितियों को हमने अपने काबू की (में) नहीं रहने दी। अब "तुलसी मस्तक तब नवैं, धनुष बाण लो हाथ" वाली बात नहीं रही। हम चित्तौड़ के किले के पत्थरों पर बैठकर आँसू जरूर बहाते हैं, पर महाराणा प्रताप की आँखों को ठंडक पहुँचाने वाले शस्त्र सज्जित शरीर से नहीं। हम सिंहगढ़ में जाकर छत्रपति शिवाजी के चरणों में भावों के फूल चढ़ाते हैं, पर लौटने पर बीजापुर जीतने की उमंग साथ नहीं लाते।

आज भी हमें वही जरूरत हुई है। हमारे राष्ट्र-निर्माता से हम दूर किए गए हैं। हम उसे भूल जाने के लिए, मरने तक तैयार नहीं। पर देखना यह है; कि हम उसे किस तरह याद रखें। हमारे हाथ में है कि हम देश के किसी बड़े नगर में, मानिये पूना में, एक बड़ा पुतला बनाकर रख दें और जिन्दगी में एकाध बार यदि जायँ, तो उसे सिर्फ देख लें, या उसके नाम पर ईंटों और पत्थरों का एक बड़ा-सा कमरा बनवा दें। अथवा एक या अनेक जगह बड़े-बड़े अलमारों में संसार के बड़े-बड़े विद्वानों को पुस्तक रूप से बन्द कर दें। हम उनके नाम के अखबार निकाल सकते हैं, अपनी बिक्री की चीजों और दुकानों के नाम में उनका नाम जोड़ सकते हैं। अपने बच्चों का नाम तिलक रखकर तिलक पुकार कर अपना जीवन धन्य

कर सकते हैं। परन्तु इतना कर चुकने पर भी, यदि हम इससे अधिक करने के लिए तैयार नहीं, तो भारतवर्ष के सामने अपराधी और लोकमान्य का अपमान करने वाले होंगे। क्योंकि इतना कर चुकने पर भी, हम ऐसा कुछ न कर चुकेंगे जिससे देश को "जन्मसिद्ध अधिकार—स्वराज्य" प्राप्त हो और हम अपने नेता के महावाक्य को कार्यरूप में परिणत कर सकें। हम कहते हैं, दलबन्दी का भेदभाव छोड़कर, सब मिलकर कहते हैं, कि लोकमान्य तिलक ने देश को जीवन दिया और उनकी कीर्ति के वर्णन में माननीय चिन्तामणि कहते हैं "तिलक व्यक्ति नहीं थे,—वे एक संस्था थे।"

इसी प्रकार महात्मा गांधी, मौलाना शौकत अली, श्रीमती एनी बेसेण्ट, श्रीयुत माननीय शास्त्री,[1] माननीय मालवीय जी आदि सब कहते हैं, राय बहादुर विष्णुदत्त शुक्ल ने प्रारम्भ में ही कहा था "आज वह तिलक न रहा जिसके कारण भारत का भाल समस्त भू-मण्डल में ऊँचा हुआ था।" साथ ही उन्होंने यह भी कहा था..."अब, उनके सच्चे भक्त हम भारतीयों पर यही बड़ी ज़िम्मेदारी आ गई है कि सत्कर्मों द्वारा उनकी स्वर्गीय आत्मा को यह विश्वास दिलावें कि आप हमारे लिए जो युद्ध छेड़ गये हैं, हम उसमें अनेकानेक विपद-विघ्न-बाधाओं को सहर्ष झेलते हुए, डटे रहेंगे और तब तक एक पद भी पीछे न हटेंगे जब तक कि भारतवर्ष को पूर्ण स्वराज्य प्राप्त न हो जायगा। हमारा निवेदन है कि हम इन सब बातों को सुन समझकर चुपचाप न बैठे रहें। हम उठें, और अपने नेता की स्मृति बनावें। मन्दिर,—हाँ मन्दिर ही एक सुन्दर और पवित्र वस्तु है। हम देश भर में "तिलक-राष्ट्रीय-सेवा-मन्दिर" स्थापित करें। देश इतना बड़ा है कि उसमें एक-दो मन्दिर बना देने से काम नहीं चल जायगा। क्योंकि एक-दो स्थानों पर लोकमान्य तिलक के नाम पर केन्द्रित रहने वाली शक्ति देश भर पर अपना प्रभाव न पहुँचा सकेगी और न देश का कुछ लाभ ही कर सकेगी। बम्बई में बन जाने वाले तिलक हाल से नागपुर के लोग लाभ न उठा सकेंगे और प्रयाग में रहने वाली लोकमान्य लायब्रेरी का उपयोग कानपुर को न हो सकेगा। इसके सिवा, बनारस में रहने वाले तिलक मन्दिर में जबलपुर या मध्यप्रदेश के गरीब ग्रामीण जाकर दर्शन न कर सकेंगे। ऐसी स्थिति में यह तो आवश्यक है कि स्मारक देश में प्रभावजनक हो, किन्तु साथ ही यह भी आवश्यक है कि वह देश में अनेक स्थानों पर हो। नम्रता से, किन्तु साथ ही दृढ़ता से हम यह निवेदन करते हैं कि तिलक का स्मारक राष्ट्रीय हो, परन्तु राष्ट्र भर में हो। देश के प्रत्येक जिले में स्वराज्य के इस वीर का स्मारक होना उचित है, किन्तु धन-बल और जन-बल की दृष्टि से जिले का स्थान, देश की वर्तमान परिस्थिति में छोटा पड़ जायगा। किन्तु प्रदेश की कमिश्नरियों में से प्रत्येक में तिलक राष्ट्रीय सेवा मन्दिर का स्थापित होना कुछ कठिन न होगा। कम से कम लाख रुपया, प्रत्येक मन्दिर में अभी लगाना आवश्यक होगा, जिसमें मन्दिर, हाल

1. श्री श्रीनिवास शास्त्री

पुस्तकालय, वाचनालय आदि में कुछ द्रव्य खर्च करके उस रकम का एक भारी अंश जमा रहे। किन्तु देश में मन्दिर, हाल और पुस्तकालयों का टोटा नहीं···। ये सब मिलकर भी हमें स्वराज्य नहीं दिला सकते। ये सब जड़ चीजें हैं। एक किसी शक्ति के बिना ये खुद कुछ कर-धर नहीं सकतीं। फिर देश के जीवन-दाता का स्मारक जड़ चीजों द्वारा बनाना उचित नहीं। लाखों का सम्पत्तिवान अपनी सम्पत्ति सँभालने को अपना पुतला नहीं रख जाता, वह अपने पुत्र छोड़ जाता है। राष्ट्र के नव-जीवन के स्वामी के भी उत्तराधिकारी होने चाहिए जो स्वराज्य की जिम्मेदारी अपने कंधों पर लें। इसलिए हम कहेंगे कि तिलक का स्मारक बनाने के लिए केवल धन नहीं, प्राण चढ़ाने पड़ेंगे। इसलिए प्रत्येक कमिश्नरी में एक-एक सेवा-मन्दिर या स्वराज्यालय स्थापित करते हुए एक ऐसा व्यक्ति ढूँढना होगा, जो स्वराज्य-प्राप्ति के लिए अपने-आपको तिलक मन्दिर पर चढ़ा दे। वह व्यक्ति विद्वान और सीधा-सादा हो और उसे लगन रहे कि वह देश की स्वाधीनता के लिए लड़ता-लड़ता मर जाय। किन्तु वह महन्त न बन बैठे यह आवश्यक है। वह अपने-आपको पुजवाने का तिलक समझने वाला न हो, और न हो तिलक मन्दिर को, अपनी आरामी जागीर समझने वाला। वह उस मन्दिर का सेवक हो, आजीवन सेवक हो। और उसे सदा यह स्मरण रहे कि उसी दिन, जिस दिन वह मन्दिर की कार्य-शक्ति, प्रतिष्ठा और उद्देश्य-पूर्ति के प्रतिकूल जावेगा, उस मन्दिर में वह कुछ नहीं रह जावेगा। परन्तु जो सादगी से अपने प्राण देश के देवता के चरणों में चढ़ाकर स्वराज्य-प्राप्ति के पथ में सुध-बुध भूलकर भिड़ा रहेगा, वही इस मन्दिर का आधार होगा। ऐसे जीवित आधार पर हमें तिलक-स्मारक बनाने चाहिए। वे हमारे स्वराज्य मन्दिर हों और वहाँ से डिवीजन भर में स्वराज्य का सन्देश पहुँचाया जाय तथा डिवीजन भर को स्वराज्य के लिए तैयार किया जाय। इस तरह यदि आप चाहते हों कि देश के जीवों का रुपया उसी तरह बरबाद कर दिया जाय, जैसा कि प्रत्येक समय के स्मारकों में किया जाता रहा है, तो हम इसका विरोध करना आवश्यक समझेंगे। परन्तु यदि धन के साथ प्राण लेकर भी आप स्मारक बनाने के लिए उपस्थित हैं, तो हम कहेंगे कि देश के सौभाग्य के दिनों की ओर हम जाने लगे। यदि लोकमान्य तिलक एक व्यक्ति नहीं संस्था थे और सचमुच थे— तो हमारा निवेदन है कि तिलक-स्मारक भी संस्थाओं ही के रूप में बनें। हम यह नहीं कहते कि प्रान्तीय या राष्ट्रीय स्मारक बनें ही नहीं, किन्तु हम यह अवश्य कहेंगे कि प्रत्येक कमिश्नरी के सज्जन प्रथम अपना कमिश्नरी स्मारक बना लेना धर्म समझें, और उसके बाद प्रान्तीय या राष्ट्रीय स्मारक की चर्चा सुनें।

मध्यप्रदेश में हमारी दृष्टि से चार स्मारक बनने चाहिए—जबलपुर, नागपुर खण्डवा और रायपुर में। हमारा विश्वास है कि इन चारों स्थानों में मन्दिर का काम व्यवस्थित चल जायगा। जहाँ हमने युक्त-प्रदेश के कानपुर नगर में स्मारक में एक लाख की रकम की तैयारी सुनी है, वहाँ अपने प्रदेश के रायपुर नगर में

भी एक लाख होने का प्रयत्न सुना है। हमारा निवेदन है कि रायपुर का प्रयत्न छत्तीसगढ़ कमिश्नरी भर के लिए हो और नर्मदा कमिश्नरी के लोग खण्डवा में तथा जबलपुर कमिश्नरी के लोग मिलकर जबलपुर में तिलक राष्ट्रीय सेवा मन्दिर स्थापित करें।

हमारा विश्वास है कि राष्ट्रीय ट्रस्ट की जिम्मेदारी पर तिलक राष्ट्रीय सेवा मन्दिर स्थापित करने का उद्योग किया जायगा, और इन मन्दिरों में वे मंगल-मूर्तियाँ दीख पड़ेंगी, जिनका संगठित प्रयत्न प्रलय-कारिणी विरोधिनी शक्ति को कुचलता हुआ सिद्ध करेगा कि तिलक की आज्ञा की पूर्ति स्वरूप देश ने यह स्वराज्य पाया। हमारा विश्वास है, इस मन्दिर के स्थापनकर्ताओं को आने वाली सन्तानें याद करेंगी और इन मन्दिरों का इतिहास देश के स्वराज्य का इतिहास हो जायगा। साथ ही देश के जीवन की बागडोर आदर से देश का ग़रीब से ग़रीब व्यक्ति इन मन्दिरों के सेवकों के हाथ में सौंपेगा। प्रश्न धन के साथ प्राण के संयोग का है। दृढ़ता से यह संयोग कीजिए और सर उठाकर कहिए हमारे देश के नेता का जीवित स्मारक ! भगवान करे, हमारे देश में ऐसे स्मारक बनें और हमारा पिछड़ा प्रदेश स्वराज्य संगठन की वेदी पर अपने-आपको खड़ा कर सके। और इस तरह हमारा लोकमान्य व्यष्टि रूप से दुनिया के देखने की अमर चीज हो जावे।

लोकमान्य नें बरसों के बिछुड़े हिन्दू-मुस्लिम हृदयों के मिलाने में जान लड़ाई और मजदूरों में मजदूर बन जाने में गौरव समझा। किसानों के दु:ख हटाने की कोशिश उनके जीवन की कोशिश रही और उन्होंने सोते-जागते, खाते-पीते देश को स्वतन्त्र करने के लिए श्वासें लीं। फिर हिन्दू-मुस्लिमों की बेड़ियाँ तुड़वाने वाले इस पूजनीय और मजदूर अपने दीनों के बन्धु के लिए तथा जीवन प्रदान करने वाले और स्वाधीनता की लड़ाई लड़ते-लड़ते अपने प्राण न्योछावर कर देने वाले वीर सिपहसालार देवदूत के लिए देश के लोग क्या करते हैं इसे देखने के लिए राष्ट्र की आत्मा उत्सुक और व्याकुल हो रही है।

[कर्मवीर, 21 अगस्त 1920]

3. तुम्हारी स्मृति

दुनिया की मर्दुमशुमारी ग़लत हो रही है। यथार्थ में दुनिया में दो-चार ही गिने-चुने जीव रहते हैं। उन्हीं की गिनती दुनिया की गिनती है, और उन्हीं का मत दुनिया का मत। कोई चालीस बरस पहले से देखते आये हैं कि एक उस ग़रीब ने जिसे अपनी झोंपड़ी नसीब नहीं, और अमीर ने भी जिसने ऋद्धि-सिद्धियों को हाथ बाँधे खड़ा पाया; उस बेपढ़े ने जिसके लिए हाथ की लकड़ी ही अलिफ़ थी, और उस पढ़े-लिखे ने भी जिसको अपनी बुद्धि बेचकर रोटियाँ नसीब हो जाती थीं; उस किसान ने जिस पर इन्साफ़ के नाम पर अत्याचार बढ़ते गये, और उस व्यापारी ने जिसने केवल कच्चे माल की दलाली पर अपने को नीलाम पाया, बार-बार अपने हृदय को टटोला; बड़े जुलूसों में और जंगी मेलों में, कड़ी दोपहरी में और ठण्डी

रातों में, तेज खुश्की में और करारी बरसात में अपने हृदय को परखा और उस पर प्रकृतिके द्वारा कुछ खुदता पाया। एक दिन आया कि करोड़ों ने अपने दिलों पर एक शब्द लिखा पाया। शब्द ऐसा था जो मिटाये मिटता नहीं, भुलाये भूलता नहीं, छुड़ाये छूड़ता नहीं, और वह था—'तिलक'।

बात, एक ही बात लेकर यह मूरत अखाड़े में उतरी। आफ़त में जान थी। एक तरफ़ अज्ञानी जनता, और दूसरी तरफ़ जानकार सरकार। धार्मिक? हाँ, वह धार्मिक था, और समाज-सेवक भी। वह नीतिमत्ता में कम न था; और विद्वत्ता ऐसी अनोखी थी जिस पर मनुष्यता अभिमान कर सकती है, जहाँ ज्योतिष में उसकी कलम कमाल करती वहाँ साहित्य का वह आश्चर्य माना जाता। मातृभूमि के उपासकों में उसका दरजा उसी को प्राप्त है और महाराष्ट्र प्रान्त की सेवा करने में उसे 'वीर बाजी' कहने वाले लोगों की संख्या, कम नहीं। प्राचीनता का ऐसा उपासक कि वह आर्कटिक में वेदों की उत्पत्ति बतलाता।

और उन लोगों का, जो हिन्दू धर्म के उपासक होते, साथ देता। चिढ़ने वाले चिढ़ सकते हैं कि उसने विलायत से लौटकर प्रायश्चित्त किया; पर यह उसका अपनापन था, सचाई थी। पर, उसके लिए एक बात कहनी चाहिए। वह राष्ट्रीय भावों का मतवाला था, और उन्हीं पर मरना उसका काम था। पुरुष की ताकत एक ही काम ढूँढ़ती है और उसे पूरा करती है। परम पुरुष की ताकत जीवन का मिशन पूरा करती है और उसके लिए पृथ्वी और आकाश सबको साधन बना डालती है। धर्म में धँसने पर उसे कृष्ण और उसकी गीता की ज़रूरत हुई, और जीवित वेदान्त को मथकर उसने राष्ट्रीयता का मक्खन निकाला। उसने गरीबों का निवाज बनने में इज़्ज़त समझी, और उसके कष्टों को दूर करने में उसकी जान इस तरह लड़ने लगी जिस तरह गरमी के बाद बरसात होने लगती है। वह उनकी आवश्यकताएँ ढूँढ़ने लगा और धीरे-धीरे उसके हृदयों में पहुँच गया। और संचित पुरुषत्व को उसने समाज की अवस्था से रगड़ा और पैदा होने वाली बिजली को उसने कलम के घाट उतारना शुरू किया। उसे गरम कहा जाता है; पर वह सच्चा था, धोखा-धड़ी पसन्द नहीं। उसकी बुद्धि ने इसे स्वीकार नहीं किया कि कोई एक देश दूसरे देश को गुलाम बनाये रहे।

उसने परिस्थिति को बदलना चाहा। रास्ते दो थे। एक सचाई का जिसमें अज्ञानी जनता साथ न देती, अधिकारिणी शक्ति दुश्मनी भँजाती, और सब गुणों और सेवाओं के बदले में मिलती भूख, झिड़कियाँ, कष्ट और कठोर दण्ड। परन्तु हृदय चौबीसों घण्टे ईमानदार रहता और कहता, उद्धार के आधार की सृष्टि के अवतार की यही परिभाषा है। दूसरा रास्ता भी था। धीरे-धीरे काम चलाया जाता। दिखाया जाता कि अभी कुछ नहीं चाहते, पर मौका ढूँढ़ा जाता है कि शत्रु हरा दिया जाये। आराम में ख़लल न पड़ने पाता, और मनसूबे ही में मौत हो जाती। उसे पहला मार्ग भाया, उसका सबसे बड़ा गुण विरोध-असहयोग रहा। उसने अपनी पूरी ज़रूरतें सामने रखीं और कभी टुकड़ों पर मन नहीं ललचाया।

वह धार्मिकों में पहुँचा और राष्ट्रीयता के जितने साधन प्राप्त हो सकते थे, उसने उनके चरणों में बैठकर प्राप्त किये। साहित्य को टटोला और जीवन-ज्योति जगमगाने वाली शक्ति उसमें भर दी। उसे उन सब गुणों की अपेक्षा थी, जिनसे राष्ट्रीयता को जीवन मिले; राष्ट्रीयता उसका धर्म था, और देश की स्वाधीनता उसका ध्येय। वह अन्याय का आजीवन विरोधी रहा, और उसने अधिकार न मिलने तक अधिकारियों से मिलना पाप समझा। उसकी बुद्धि नीति के उलझे हुए वायुमण्डल में प्रवेश कर जाती और एक ऐसा तत्त्व उसे ढूँढ़ देती जो उसके धर्म को निबाहता और ध्येय की ओर उसका कदम बढ़ाता! वह जनता को मन्त्रमुग्ध किये रहता, और बिना हथियारों का वह कर्मव्रती सिंहासन हिलाया करता।

उसके काम करने के ढंग, धार्मिक सजीवता, व्यावहारिक सत्यता और ध्येय की दृढ़ता ने उसे उसके देश के पढ़ों और बेपढ़ों में विश्वास की चीज बना दिया। परिणाम यह हुआ कि ईसा और मुहम्मद के अनुयायियों के समान बिना बनाये ही उसका एक दल बन गया। पर उसने अपने दल के दल को जनता पर इसलिए चढ़ाना प्रारम्भ किया कि उनके कष्टों से राष्ट्रीयता के पनपने में सहारा मिले। चरित्र की उच्चता में उसका लोहा शत्रुओं ने भी माना। वह अवसरों को उत्पन्न करता और उन्हें खाली नहीं जाने देता। संगठन उसका स्वभाव था, वह उचित कर्तव्यों के लिए उचित व्यक्तियों की योजना करता और उन्हें इतना अधिक अपना बना लेता कि संसार की कोई मानवीय ताकत उन्हें जीवन में बरगला न पाती। 'जगन्मिथ्या' के जड़ भाव ने उसके मार्ग में काँटे बोये और उसने अर्जुन के सारथी को उसके उपदेशों समेत कलम के कारागार में बन्द कर दिया। उसने उसे साथ लिया और भारतीय धर्म में आने वाली मुर्दनी की समय पर दुरुस्ती की। वह 'एक्स्ट्रीमिस्ट' कहा जाता है; किन्तु ईसा, मुहम्मद, अथवा गान्धी के समान अपने को जगत् की सात्त्विकता की एक्स्ट्रीम दुनिया में दुनियावी बनाकर रहा; और किसी एक गुण और व्यवहार में चरम सीमा न दिखलाकर प्रत्येक गुण और व्यवहार को पैदा होने वाली परिस्थितियों के साथ-साथ समान रूप से विकसित करता रहा।

उसे ऋषि कहा जाता है। वह है भी। पर वह राजर्षि है, ब्रह्मर्षि नहीं। उसने गुणों का दुरुपयोग नहीं किया; प्रकृति के प्रदान किये हुए गुण का उसने सदुपयोग ही किया, वह चाहे राजाओं को शोभने वाला रजोगुण हो, चाहे योगियों को मोहने वाला सतोगुण। स्वामी राम के कथनानुसार उसने तमोगुण की भी अवहेलना नहीं की। एक अपनी दुनिया के सम्भव-शील निर्माता की हैसियत से उसने अपने अनुयायियों या जीवों के आगे कोई ऐसी बात नहीं रखी जिसे वे असम्भव कहकर छोड़ सकें। उसने पहले तरह-तरह की क्रियाएँ उत्पन्न करके भारतवर्ष में उलट-पलट की परिस्थितियों को निर्भीकता और सावधानता से उत्पन्न किया। कभी उसने स्वदेशी की आवाज उठाकर देश को 'क्रिएशन' (उत्पत्ति) के लिए उभारा और कभी बॉयकॉट का हामी होकर क्रिएशन की ताकत में अनेक-गुनापन ला

दिया। इस तरह जहाँ शरीरों को भारतीय करने में उसने जोर दिखाया, वहाँ मनों को भारतीय करने के लिए जड़ से प्रारम्भ किया यानी राष्ट्रीय शिक्षा का बीड़ा उठाया। उसने दिशा बना ली थी कि पहले शरीर पर स्वराज्य, फिर मन पर स्वराज्य, फिर कार्य पर स्वराज्य, फिर साथियों पर स्वराज्य, और फिर समूचे देश पर स्वराज्य। गुलामी उसे पसन्द न थी, फिर वह किसी की भी हो।

वह परम-मुक्ति, पूर्ण स्वाधीनता का उपासक था। इस काम में उसका संगठन बुरे और भले सब जीवों और पदार्थों का उपयोग करता। परिस्थितियाँ और व्यक्ति उत्पन्न करने के बाद वह उनका संगठन करता। फिर धीरे-धीरे वह अपने संगठन को और उनकी परिस्थितियों को बढ़ाता, और ऊँची बनाता, और अन्त में सारी परिस्थितियों, व्यक्तियों और वस्तुओं का अवतारी सूत्रधर बनकर उन्हें अपने ध्येय को निकटतम बनाने में लगा देता। जेल जाना, डब्ल्यू० टी० स्टेड के समान, उसके लिए साधारण बात थी। अत्याचारी शक्ति यह सुनने को तरसती रहती कि वह कम-से-कम एक बार दब जाये; पर दब जाना उसकी पढ़ी हुई किताबों में कदाचित् उसे लिखा नहीं मिला। राज तलवारों के बल पर किये जाते हैं, पर उसने इसे झूठा सिद्ध किया। उसने सिद्ध किया कि कोई पराई ताकत जनता की इच्छा के बिना उस पर कब्जा नहीं रख सकती। विरोधिनी ताकत की यह बड़ी भारी हार थी कि वह उस बावन वर्ष के बूढ़े को काले पानी की सजा दे। इससे उसकी शक्ति और सजीवता की परीक्षा हो सकती है।

महाराष्ट्र का वह प्राण था। परन्तु उसने महाराष्ट्र को सीमारहित कर दिया था। उसकी आज्ञा पालने में, कश्मीर से कन्याकुमारी तक सभी महाराष्ट्र हो गया था। एक अदृश्य शक्ति के समान उसकी सत्ता भारतीयों के हृदयों में विहार करती और जमीन तथा झाड़ों पर विदेशी ताकत का साम्राज्य रहते हुए भी वह करोड़ों भारतीयों का हृदय-सम्राट था। बड़ी-बड़ी शक्तियाँ उसके सामने सिर झुका देतीं और कहतीं, तिलक ने मेरे व्यक्तित्व को अपने ध्येय की सड़क की गिट्टी बना डाला। उसकी सत्ता के भय से इंग्लैण्ड के न्याय देवता को इसलिए अन्याय करना पड़ा कि तिलक के प्रति न्याय करने से ब्रिटिश शासन की खैर नहीं। वह गत चालीस वर्षों से काम में लगा था और देश के गत चालीस वर्षों का इतिहास उसका निज का इतिहास है। भारत का कठोर दुश्मन भी बार-बार तिलक का नाम लिये बिना गत चालीस वर्षों का इतिहास नहीं लिख सकता, चाहे वह अपनी बुद्धि की अनेक शक्तियों का कितना ही उपयोग क्यों न करे।

उसने देश को सजीवता दी और बार-बार मिटकर यह दिखाया कि पूर्ण स्वाधीनता ही भारत का जीवन है। वह इससे एक तिल भी कम लेने के लिए राज़ी न था। वह भारतीय पार्लमेण्ट का सपना देखता और अपने देश में इंग्लैण्ड की जैसी नीतिमत्ता, अमेरिका-सा अध्यवसाय, और जर्मनी-सा संगठन लाने को प्रयत्नशील रहा। प्रतियोगी सहकारिता के लिए वह उस दिन राज़ी हुआ जिस

दिन उसके देश को कुछ अधिकार की कद्र मिली। किन्तु उन अधिकारों की कद्र उसने यह घोषणा करके की थी कि मैं कौन्सिल में नहीं जाऊँगा। गांधी की महान् आत्मा ने उसकी लोकमान्यता को सिर पर लिया, लाजपतराय की विजयिनी शक्ति ने उसे मस्तक झुकाया, और मालवीय की मंजुल मूर्ति उसके साथ रहकर धन्य हुई। उसने दिखाया कि एक दिन का स्कूल मास्टर, दूसरे दिन का सम्पादक, और तीसरे दिन का कैदी किसी देश का लोकमान्य भगवान् हो सकता है — उसी तरह जिस तरह एक दिन का कैदी, दूसरे दिन का ग्वालों का गोपाल, और तीसरे दिन का सारथी भगवान् कृष्ण। जिस तरह उसकी शक्ति शास्त्र रच सकी उसी तरह यदि उसके देश के शस्त्र न छिने होते, तो उसने अपनी रण-कर्कशता से भूमण्डल में अपने-आपको महान् सेनानायक और प्रचण्ड विजेता सिद्ध करने में कसर न की होती।

उसका जीव या उसके मिशन की पूर्णता का दूत चाहे जैसा हो, चाहे जहाँ रहता हो, और चाहे जिस तरह रहता हो, तो भी उस पर प्रहार करने वाले का पहला वार, अनुयायी पर पड़ने के पहले ही वह सँभाल लेता। उसके जेल जाने का भी इतिहास यही है और यही है उसकी छत्रछाया में निवास करने वाले पुण्यात्माओं का उदाहरण। उम्र के बूढ़े, पर अपनी घोषणा के अनुसार उमंगों और क्रियाओं के युवा तपस्वी ने जबलपुर में भाषण देते हुए कहा था, "मेरे दिन थोड़े हैं, तुम मेरे जीते जी स्वराज्य प्राप्त करो!" उस समय नहीं ज्ञात था कि उसके देश पर उसकी जिम्मेवारी इतने शीघ्र आ पड़ेगी और उसकी बतायी गयी विशेषताओं के अनुसार—राष्ट्र के मिशन के सिपाही उसकी गैरहाजिरी में चुनने पड़ेंगे। पर हो वही गया। और आँसुओं को पोंछते हुए देश की आशाएँ शीघ्र ही सैनिकों की सेना में पूरी तेजस्विता से खड़ा करती नज़र आयीं। [1920]

4. लोकमान्य

पहली अगस्त, भारतवर्ष का राष्ट्रीय दिन है। भारतवर्ष के लोग उस दिन का मूल्य जानते हैं, वे उस दिन के प्रति न अपनी कर्त्तव्यहीनता दिखा सकते हैं, न उस दिन को किसी भी कीमत पर भूल सकते हैं। वह लोकमान्य के पुण्य स्मरण की तिथि हैं। उसी दिन हिन्दुस्तान को राष्ट्रीयता के उस अवतार ने, अपनी जीवन-लीला समाप्त कर, अनन्तपथ में प्रस्थान किया था। वह दिन भारत के राष्ट्रीय तेज, और स्वाधीनता के लिए मस्तक उठाने के चालीस वर्ष के इतिहास की स्मृति को लेकर आता है। वे स्मृतियाँ, हिन्दुस्तान के लिए मरने और हिन्दुस्तान को अपने जीते जी आजाद देखने वाले की गुण-मालिकाएँ हैं।

लोकमान्य तिलक ने स्वराज्य का झण्डा उस समय उठाया था, जब इस देश में स्वराज्य का नाम लेना अपराध था और जिस समय राज-विद्रोहियों के गुणों का परिचय कराते समय इस देश की पुलिस लिखा करती थी... "वह स्वदेशी कपड़े पहिनता है!" उस समय लोकमान्य शासन प्रणाली से लड़ने और जरा भी

अपना पथ बदलने के लिए तैयार नहीं होते थे। एक बार एक पारसी विद्वान ने लोकमान्य से कहा था, "आप क्यों इस राजनैतिक पागलपन में अपनी जिन्दगी बरबाद करते हैं। आप जैसे विद्वान (स्कॉलर) तो यदि इतिहास जैसे विषय की खोज हाथ में ले तो आपकी कीर्ति संसार-व्यापी हो जाय।" लोकमान्य का उत्तर सीधा था···"गुलामों का क्या इतिहास। हिन्दुस्तान को स्वतंत्र कर लो उसके पश्चात् सब कुछ हो जायेगा। स्वराज्य हो जाने दो, मेरे जैसे हजारों मस्तिष्क वाले तुम्हें दीख पड़ेंगे।" जिस समय लोकमान्य, अपने केसरी में कड़े लेख लिखने लगे, उस समय उनकी गिरफ्तारी की कल्पना करके उनके हितचिंतकों ने उन्हें चेतावनी दी कि "इस समय राजनैतिक दाँव से काम लेकर अपने शरीर को बचाइये। आपके जाने से अंधकार हो जाएगा। जेल में क्या देश की सेवा होगी?" इसके उत्तर में अमृतबाजार पत्रिका के सम्पादक, अपने मित्र बाबू मोतीलाल घोष को पत्र लिखकर, लोकमान्य ने, इतिहास की स्वर्ण-पंक्तियों में लिखे रहने योग्य यह तेजस्वी उत्तर दिया था—"मोती बाबू! देशवासियों में मेरी पहुँच सर्वथा मेरी दृढ़ता पर अवलम्बित है। और यदि मैं अपने पर चलाये जाने वाले मुकद्दमों से डर गया तो फिर मेरा महाराष्ट्र में रहना वैसा ही है, जैसा कि मेरा काले पानी में रहना। मैं तो नहीं सोचता कि जब मेरे हृदय में कोई पापी भावना नहीं, तब मुझे राजविद्रोह जैसे दोष में पकड़ा जायगा। किन्तु हमें ऐसे खतरों का सामना करना पड़ेगा। ये तो, देश की स्वाधीनता के पथ में खेलने के हमारे कार्य के खेतरे हैं: सरकार पूना के नेताओं को कुचलना चाहती है और मैं सोचता हूँ, मेरे अन्दर वह ऐसा नरम चारा न पावेगी।" आपने यह भी लिखा था—

"आप ख्याल रखें कि एक खास अवस्था के बाद, हम लोग राष्ट्र की वस्तु हैं। और हम उन्हें धोखा देंगे, उनका पतन करेंगे, यदि कठिन परीक्षा के समय हमारा साहस हिल-डुल जाय!" यह वेद-वाणी भारत के राष्ट्र-सेवकों के सम्मुख सदैव रहने की हकदार है।

जेल से लौटने और कष्टों में से होकर गुजरने के बाद बहुतों ने अपना राजनैतिक पथ बदल दिया। बुढ़ापे में सजा पाकर लौटने के पश्चात् लोगों का ख्याल था—और सरकार को भरोसा था···कि अब तिलक अपना संध्याकाल चैन में बिता देंगे—वे अब राजनीति को त्याग देंगे। और जेल की गीता-रहस्य की रचना का सम्बन्ध, वे अपनी उक्त दलील में जोड़ लिया करते थे। किन्तु जब हमारा वह राष्ट्रीय तेज, मण्डाले के कारागार से मुक्त हुआ तब उसने जो कुछ कहा, वह पीढ़ियों के लिए अमर खजाना है, वह ऐसा निश्चय है, जिसे पढ़कर, आगे आने वाली सन्तानें जानेंगी कि स्वराज्य के इस कर्णधार को, अपने आदर्श के पथ में हिमालय के समान अविचल और सूर्य के समान तेजस्वी रहना पड़ा था। लोकमान्य ने, जेल से छुटते ही कहा—अफसरों ने मुझे ऐसे कठोर एकान्तवास में रखा था जिससे कि जगत मुझे भूले जाय और मैं दुनिया को भूल जाऊँ। किन्तु न तो मैं अपने देशवासियों को भूल सका, और आज देखता हूँ कि न मेरे देशवासियों ने मुझे

ही भुलाया। मैं अपने देश-बन्धुओं को केवल यही विश्वास दिलाना चाहता हूँ कि देश के प्रति मेरा प्रेम "ज्यों का त्यों" है, मैं अपने देश की, उसी ढंग से, उसी प्रेम से, और उतनी ही ताकत और तैयारी के साथ सेवा करने के लिए फिर प्रस्तुत हूँ, जैसे कि इन (माण्डले जेल के) छः लम्बे वर्षों के प्रथम मैं कार्य कर रहा था।" इस घोषणा ने राष्ट्र की स्वाधीनता के शत्रुओं में कोलाहल मचा दिया।

जिन लोकमान्य ने, अपने जीवन को सदैव संकटों में से गुजारा और छोटी से छोटी बात में सरकार के सम्मुख मस्तक नहीं झुकाया उन्हीं को आज शर्त बन्द सहयोगी साबित करके, समय से लाभ उठाने वाले देशभक्तों को टोटा नहीं है। असहयोग के जन्म का इलजाम या यश, आज महात्मा गान्धी को सौंपा जा रहा है। किन्तु राष्ट्र के इस सेनानायक ने, कलकत्ता की सन् 1906 की कांग्रेस के पश्चात्, और असहयोग आन्दोलन के जन्म के 13 वर्ष प्रथम, कलकत्ते में जो बहिष्कार पर भाषण दिया था उसमें कहा था : "यदि हथियारों से लड़ने को तुममें ताकत नहीं है, तो क्या इस विदेशी सरकार से अलग रहने और उसे सहायता न देने की कूबत भी तुममें नहीं है? यही तो बहिष्कार है, और हमारा मतलब भी यही है, जब हम कहते हैं कि बहिष्कार हमारा राजनैतिक शस्त्र है। हम सरकार को टैक्स वसूल करने और शान्ति कायम रखने में मदद न देंगे। हम इन्साफ करने में, उनकी अदालतों का साथ न देगें। हिन्दुस्तानी पैसे और आदमियों से विदेशों में लड़ने के लिए सरकार का साथ न देंगे। हम अपनी अदालतें खुद कायम करेंगे, और मौका आते ही टैक्स देना बंद कर देंगे। क्या तुम (भारतवासी) अपनी संयुक्त ताकत से इतना कर सकते हो?—यदि कर सको तो तुम कल से ही आजाद हो।"

ऐसी वीर घोषणा करने वाला हमारा वह नायक आज हमारे पास नहीं है, यदि हमारे पास कुछ है तो उसका जाज्वल्य इतिहास, उसके कहलाने वाले हम तीस करोड़ और "कल ही से आजाद हो" के रूप में उसका मधुर और अमर आशीर्वाद। हम महात्मा गांधी को ठुकराते हुए पूर्वजों को अपमानित कर आजादी का दम भर रहे हैं। भगवान हमारा दम्भ दूर करें और हमें, लोकमान्य को समझकर, उनके चरण-चिह्नों पर चलने का बल दें।

हम इन पंक्तियों को एक सप्ताह प्रथम इसलिए लिख रहे हैं कि हम अपने प्रसुप्त स्थानों तक अपनी क्षीण ध्वनि पहुँचावें और अपने प्रदेश के मित्रों को याद दिलावें कि—स्मृति मनाइये, जागकर उठिए, पहली अगस्त को पुण्यतिथि आ गई।

[कर्मवीर, 25 जुलाई 1925]

5. लोकमान्य की स्मृति

देखते-देखते उस समय को 6 वर्ष बीत गये, जब देशों के सूत्रधार, राष्ट्र के कर्णधार, लोकमान्य तिलक हमसे जुदा हुए थे। मध्य प्रदेश के जबलपुर शहर का

भाषण ही उनका, उस वर्ष का कदाचित् अन्तिम भाषण था, सुधार-कानून के हरियाले कदम देश में पड़ चुके थे, ऐसे समय ता० 3 जून, सन् 1920 को, उन्होंने कहा था—"समय तो बदल गया, पर सत्ता आपके हाथ में नहीं आई। कहा जाता है कि यह सुधार—होमरूल की ओर मजबूती से कदम बढ़ाता है। इसी से प्रगट है कि जिसे स्वराज्य कहते हैं और जिसके पाने के लिए हम प्रयत्नशील हैं वह अभी दूर है। जैसे कल, मैं कलकत्ता से बम्बई जाऊँ, और जाते समय कहूँ कि बम्बई की ओर मेरा कदम बढ़ा है, तो इस बढ़े हुए कदम का अर्थ भी यही होगा कि बम्बई अभी दूर है। आपको मतदाता संघ मिला है, भारतीय लेजिस्लेटिव असेम्बली, प्रान्तीय लेजिस्लेटिव कौन्सिल और कौन्सिल आफ स्टेट में ज्यादा प्रतिनिधि चुनने का हक मिला है, पर आपके हाथ सत्ता किंचित् मात्र भी नहीं आई। भारतीय राज-प्रबन्ध में आपकी सिर्फ सलाह ली जाएगी, प्रबन्ध-सत्ता आपके हाथ न रहेगी। आप अपने देश के जमा-खर्च का नियंत्रण न कर सकेंगे। बीस, चालीस या सौ प्रतिनिधि मिले—केवल आपकी संख्या बढ़ी, साम्राज्य-सत्ता में अधिकार नहीं बढ़ा।" किन्तु यह दशक समाप्त भी नहीं हो पाया, और ऐसे प्राणी अपने सुस्वर से आसमान फाड़ने लगे कि केवल यही सुधार-कानून सरकार की ओर का आगे बढ़ाया हुआ जिम्मेवारी का हाथ है ! अस्तु। पर समय कितनी शीघ्रता से बह गया ? कल हम जबलपुर के गोल बाजार में लोकमान्य का भाषण सुन रहे थे। श्रीयुत साने महाशय के यहाँ, जबलपुर में कांग्रेस लाने के लिए लड़ रहे थे, और आज ?··· आज हम, घर में कलह मचाकर, तिलक की वीरता, उसके साहस, उसके त्याग, और सबसे अधिक उसके कष्ट-सहन को भूलकर, तिलक शब्द को अपने मनहूस प्रयत्नों के दायें-बायें जोड़ रहे हैं और शपथ खाकर, तिलक-युग की याद दिला रहे हैं !

1857 के गदर के बाद, धनवान धन की, विद्वान विद्या की और सरकारी नौकर अपने सुखी जीवन की चूड़ियाँ पहन चुका था। वे देश की जनता को दुद-कारते थे। वे देश के लोगों को गँवार समझते थे। केवल उन्हें अपनी सम्पत्ति तुली हुई दीखती थी, और देश की सार्वजनिक संस्थाओं का यह कहकर मजाक उड़ाते थे कि उनका "लोकमत" किसी मूल्य का नहीं। किन्तु क्या आपको पता है कि लोकमान्य के शब्दों में लोकमत किसी चीज का नाम था ? आज से 31 वर्ष प्रथम लोकमान्य ने लिखा था—

"जो हमारी बातों को समझ सकते हैं, जो अपने कुटुम्ब का पालन-पोषण कर, किसी तरह जीवन निर्वाह कर रहे हैं, देश के वे सब लोग हमारा "लोकमत" हैं। फिर वे विद्वत्ता में, सम्पत्ति में, और अधिकार में कितने ही छोटे क्यों न हों। इन सब लोगों की जमाअत जब तक हमारे पक्ष में नहीं हो गई, तब तक उन्हें बेवकूफ़ कह कर, उनका मजाक उड़ाना हमारी ही बेवकूफ़ी है। यदि पढ़े-लिखे लोगों का ही मत लोकमत कहा जाय तो, अंग्रेज लोग हमारी अपेक्षा अधिक पढ़े-लिखे हैं, और उनके हाथ में राज की बागडोर भी है, फिर हमारी कांग्रेस और कान्फ्रेन्स

किस काम की ! सत्ताधारी लोग, बी० ए०, एम० ए० लोगों की जरा भी परवा नहीं करते। वे जानते हैं कि इनके बिगाड़े हमारा कुछ नहीं बिगड़ सकता। वे केवल देश के लोगों के मत की परवा करते हैं, जिन्हें हम मूर्ख समझते हैं। विद्वानों के विवाद का सरकार की दृष्टि में कोई भी मूल्य नहीं। जो देश-हित के पथ का पथिक विद्वान हो, उसे चाहिए कि वह व्यापारी, कला-कुशल, मजदूर, क्लार्क, सरदार, जागीरदार, किसान और भिखारियों में चुपचाप मिल जावे और उनका मत अपने अनुकूल कर लेवे। वह सच्चा नेता है। जनता को तोड़कर फेंकना नेतृत्व नहीं है। तुम भारी विद्वान होगे, बर्क, गिब्न, बकल तुम्हारी जबान पर होंगे, भारी-भारी ग्रन्थों का तुमने अनुवाद किया होगा, किन्तु तुम्हारी ये विद्वत्ता की गोलियाँ बेकाम हैं, यदि तुम्हारे साथ लोकमत की बारूद नहीं। किसान मजदूर रोजगारी—ये जब तक तुम्हारी सेवा से दूर हैं, तुम्हारे जादू से परे हैं, तब तक विद्वत्ता हाथ की छठवीं अँगुली है, और लोकमत तुमसे नक्षत्र की तरह दूर है। क्या हम चाहते हैं कि सरकार काँग्रेस की माँगों के सम्मुख सिर झुकावे ? तो हमें काँग्रेस को लोकमत के बीचो-बीच पहुँचने देना चाहिए। तार चाहे जितना कीमती, चाहे जितना अच्छा हो, मधुर ध्वनि निकालने के लिए, उसे अनेकों तारों से मिलाने पर भी, तम्बूरे पर ही चढ़ाना चाहिए। जो देश के निवासियों को पशु समझते हैं, वे स्वयं ही पशुता की स्वीकृति देते हैं।"

आज जो शब्द हमारे चारों तरफ चक्कर लगाता है, वह असहकार है। वह कुछ लोगों के शपथ खाने की चीज है, कुछ लोगों के चौंकाने की। लोकमान्य के युग में भी यह शब्द मौजूद था, केवल उसका नाम दूसरा था। उन दिनों उसे बहिष्कार कहते थे। असहयोग के आसपास खद्दर, ग्राम-संगठन, और विधायक कार्यक्रम की चर्चा है। बहिष्कार के साथ स्वदेशी, राष्ट्रीय और अधिकार की चर्चा थी। बारीकी से देखने वालों को दीख रहा है कि तिलक-युग को हाथ में लेकर ही गान्धीजी क्षेत्र में आये, और वह उस दिन तक नहीं हट सकता, जब तक देश आजाद न हो ले। स्वतन्त्रता के अभाव के जाज्वल्य असन्तोष का नाम ही बहिष्कार था, और उसी का नाम असहयोग हुआ। और यदि नये नामों के खिलौनों के बिना, हमारे देश के राजनैतिक बच्चों का—हम लोगों का—खिलवाड़ पूरा न होगा, तो यही शब्द, समय की आवश्यकता का सामना करता हुआ तीसरा नाम धारण करेगा।

आजकल राष्ट्रभाषा की चर्चा पुरानी पड़ चली। लोकमान्य के समय ही इस चर्चा का जन्म हुआ। लोकमान्य और गान्धीजी, आल इण्डिया काँग्रेस कमेटी में जा रहे थे। राष्ट्रभाषा के प्रश्न पर, लोकमान्य से चर्चा हुई। वे सहसा हिन्दी को राष्ट्रभाषा नहीं कह बैठे। उन्होंने अपनी बात में, एक बड़ा भारी "किन्तु" लगा दिया। कोई कह नहीं सकता कि वह किन्तु अनावश्यक था, और आज किन्तु लगाने पर कोई जोर भी न देगा। लोकमान्य ने कहा था—"हिन्दी राष्ट्रभाषा होने के योग्य है। "किन्तु" जब तक हिन्दी बोलने वालों में देशभक्ति

की ज्वाला नहीं जाग पड़ती, तब तक भाषा में तेज नहीं आवेगा। भाषा का तेज प्रगट करने वाला पुरुष तो वह होगा, जिसके हृदय में, प्रजा के हृदय में उथल-पुथल कर देने के लिए सन्देश पहुँचाने की उत्कण्ठा होगी।" खण्डवा में लोकमान्य ने, हिन्दी में जो थोड़ा-सा भाषण दिया था, उसे सुनकर गान्धीजी प्रसन्न हुए थे। उनके विचार से, लोकमान्य के उस छोटे-से भाषण में, हिन्दी के लिए नई भाषा-शैली थी।

सरकार तो जिन्दगी-भर लोकमान्य की दुश्मन रही। किन्तु अंग्रेज लेखक-लेखिकाएँ लोकमान्य की योग्यता को खुले आम मस्तक झुकाते थे। ग्लिम्प्सेज आफ इण्डिया की लेखिका ने, अपनी पुस्तक में लिखा था—"आज के अंग्रेजी अधिकारी बहुत लापरवाह हो गये हैं। इस समय ब्रिटिश भारत का एक सच्चा इतिहास लिखने की जरूरत है। और, इस काम को, रात्रि-दिवस जाग्रत दृष्टि रखने वाले, पूना के महापण्डित बाल गंगाधर तिलक ही कर सकते हैं। सरकार को चाहिए कि वह उनसे विनय करे।" परन्तु सरकार विनय करती ? उसने एक ही काम किया। तिलक के तेज को बार-बार झुकने के लिए आमन्त्रित किया, और जब वह राष्ट्र-तेज नहीं झुका, तब बार-बार कारागार की यातनाएँ ही उससे की हुई ब्रिटिश सरकार की विनय थी। आज देश में तिलक के नाम पर सड़कें हैं, इमारतें हैं, पुस्तकालय हैं,···पाठशालाएँ हैं, अखबार हैं,···विद्यापीठ हैं, किन्तु तिलक के तेज का, उनके त्याग का, उनके कष्ट-सहन का अभाव है, और उन लोगों में खास तौर से, जो अपनी बात कहने के पहले तिलक के नाम की सौ बार सौगन्ध खाते हैं। तिलक के जाने के पश्चात् यह छठवाँ वर्ष गुलामी का वर्ष है। यह तो देश की तरुण सन्तान पर अवलम्बित है कि वह सिद्ध करके बतावे कि तिलक की सच्ची स्मृति का, आजादी का, वर्ष कौन-सा होगा ? वह कितनी दूर है ?

[कर्मवीर, 31 जुलाई 1926]

6. भारतीय अशान्ति के जनक

लोकमान्य तिलक पर कुछ लिखना बाढ़मयी गंगा से तट पर खड़े होकर बूंदों का रजिस्टर बनाने-जैसा कठिन है। जिस समय उनका स्वर्गवास हुआ था, उस समय उनके विरोधी प्रयाग के अँगरेज़ी दैनिक पत्र 'लीडर' में उसके स्वनामधन्य सम्पादक स्वर्गीय श्री सी० वाई० चिन्तामणि ने लिखा था कि लोकमान्य तिलक एक व्यक्ति नहीं, एक संस्था थे। महात्मा गान्धी के पूर्व भारतवर्ष का सारा तेज और ओज लोकमान्य बाल गंगाधर तिलक में प्रतिबिम्बित, प्रतिष्ठित और प्रतिफलित हुआ था। उनका जन्म महाराष्ट्र के रत्नागिरि जिले की दापोली तहसील में चिखलगाँव नामक स्थान में 23 जुलाई 1856 को हुआ था। उनका पालने में झूलते समय का नाम केशव था। किन्तु बच्चे को महाराष्ट्र परिवार में बाल (बालक) कहकर पुकारने की प्रथा है। इसलिए कदाचित् बड़े होने पर लोकमान्य बाल कहलाये और महाराष्ट्रीय पद्धति के अनुसार ही अपना तथा पिता का संयुक्त

संक्षिप्त नाम हुआ बाल गंगाधर। तिलक उनका उपनाम था। लोकमान्य से बड़े होने पर किसी साथी ने पूछा, तुम अपना केशव नाम क्यों नहीं लिखते ? तिलक ने उत्तर दिया कि मेरी माँ मुझे 'बाल' कहकर ही पुकारती थी इसलिए मुझे बाल कहलाना बहुत प्रिय है। पेशवाओं के ज़माने में दापोली तहसील स्वर्णदुर्ग के नाम से पुकारी जाती थी। यह इलाक़ा कोंकण में है। लोकमान्य कोंकणस्थ चितपावन ब्राह्मण परिवार में पैदा हुए थे। उनके शिष्य स्वर्गीय श्री न० चि० केलकर के शब्दों में चितपावनों पर फ़िनिक्स पक्षी की उपमा बराबर लागू होती है। ग्रीक साहित्य में यह माना गया है कि यह पक्षा चिता से उत्पन्न होता है, अकेला रहता है, भीड़-भाड़ इसे पसन्द नहीं होती, उड़ान बहुत बड़ी होती है। यह भी कहा जाता है कि इस पक्षी का 'इच्छामरण' होता है। अपनी एक स्थिति से ऊब आयी कि वह अपने ही पंख जला डालता है और अपनी चिता से वह तेजस्वी होकर फिर आकाश में उड़ानें भरने लगता है।

उपमाओं के सम्राट और उत्प्रेक्षाओं के कोमल पारखी केलकर जी का यह फ़िनिक्स पक्षी का उदाहरण कोई स्वीकृत करे या न करे, किन्तु लोकमान्य के जीवन से तथा उनकी परिस्थितियों की रगड़ से उत्पन्न होने वाली भारतीय राष्ट्रीयता की चिनगारियों का नाम ही लोकमान्य तिलक है।

आन्दोलनप्रियता मानो उनके स्वभाव में भरी हुई थी। वे महाराज शिवाजी के गुरु स्वामी रामदास के इस कथन के जाज्वल्य प्रतीक थे कि :

सामर्थ्य आहे चलवलीचे
जे जे करील त्याचे,
परन्तु तेथे भगवंताचे,
अधिष्ठान पाहिजे,

अर्थात् आन्दोलन में सामर्थ्य है, उसे जो कर ले जाये वह सामर्थ्यशील है। आन्दोलन करते समय केवल भगवान् का अधिष्ठान चाहिए, यदि इस छन्द के आईने में देखें तो लोकमान्य तिलक के जीवन की हलचलों का गुप्तसूत्र मिल जाता है।

लोग कदाचित् यह सोचते हैं कि स्वर्गीय लोकमान्य केवल राजनीतिक हलचल के जनक थे। हाँ, सर वैलेन्टाइन शिरोल-जैसे कड़वी हड्डियों के अँगरेज़ ने तो लोकमान्य को 'फ़ादर ऑव इण्डियन अन्‌रेस्ट' अर्थात् 'भारतीय अशान्ति का जनक' ही लिखा था। किन्तु जिस तरह गुलाब का पौधा लड्डुओं और हलवे में से नहीं किन्तु कीच में से ही उगता है, काँटों का ही शरीर वरण करता है, प्रतिकूल ऋतुओं में भी हरियाता है और मस्तक पर कलियों के मुकुट रखकर भी शरीर पर कंटकाकीर्ण भुजाओं को भोगता है, उसी तरह प्रत्येक महापुरुष और लोकमान्य भी, संकटों से खिचकर ही अपने युग का निर्माण कर सके। लोकमान्य तिलक केवल क्रान्तिकारी ही नहीं थे जिन्होंने संघर्ष उत्पन्न किये हों और फिर चुपचाप अनुकूल परिस्थितियों की प्रतीक्षा में छिप गये हों। वे क्रान्तिवादी लेखक थे,

क्रान्तिवादी वक्ता थे और क्रान्तिद्रष्टा थे। लेखनी के चमत्कार और वाणी के वैभव को वे अभिशाप की तरह लेते, और वरदान की तरह एक युग-निर्माण कर रख देते थे। यदि भारतीय स्वतन्त्रता की आवाज़ उन्होंने लगायी तो अपने नगर पूना में शिक्षण-संस्थाओं का निर्माण भी उन्होंने किया। एक बार उनसे किसी मित्र ने पूछा कि भारत में स्वराज्य मिल जाये तो आप अपने लिए कौन-सा विभाग चुनेंगे ? उस समय शील मानो लोकमान्य के हर शब्द पर भारतीय संस्कृति का अमृत-भाण्ड लेकर खड़ा हो गया। बोले, "मैं तो स्वराज्य सरकार के किसी कॉलेज में गणित का अध्यापक हो जाऊँगा।" क्या महत्त्वाकांक्षा के जीर्ण-ज्वर से पीड़ित आज के अधिकांश राजनीतिज्ञों में इस शील को कहीं ढूँढ़ा जा सकता है ?

तिलक बचपन से ही मेधावी थे। उनके पिता गंगाधरराव स्कूलों के इन्स्पेक्टर थे। उनको अपने पुत्र के मेधावी होने की सूचना उसकी एक छोटी-सी शरारत से मिली थी। एक दिन बालक बलवन्त स्कूल में पढ़ने नहीं गया। कहते हैं कि उस दिन उसके पिताजी दौरे पर गये थे। वे गरमी के दिन थे। ज्योंही वे दौरे से लौटे, त्योंही पुत्र के स्कूल न जाने की ख़बर उन्हें दी गयी। जिस तरह धनिक अपने धन, और राजनीतिज्ञ अपनी महात्त्वांकाक्षा से पराजित होता है, उसी तरह विद्वान् का क्रोध है। यदि सन्तवर विनोबा के शब्दों को उधार लें तो "विद्वत्ता का दीपक जलाया कि क्रोध का काजल आया" सो गंगाधरराव जी ने क्रोधित होकर अपने पुत्र-श्री को सामने उपस्थित करने की आज्ञा दी। नन्हें-से तिलक आये, किन्तु उस भरी गरमी में पूना के कठोर जाड़ों में पहनने का रूई-भरा हुआ मोटा अँगरखा पहन कर। सूझ को ईमान की तरह प्यार करने वाले पिता, बालक बलवन्त की शरारत से बाग-बाग हो गये। उन्होंने कदाचित् समझ लिया कि यह प्रतिभा ताड़ना की वस्तु नहीं है।

अपने राजनीतिक विश्वासों के कारण विदेशी सरकार के द्वारा लोकमान्य तिलक जीवन-भर कष्ट सहने और बार-बार जेलख़ाने जाने के लिए बाध्य रहे। जो ज़माना लोकमान्य को काम करने के लिए मिला वह ऐसा था कि उस समय के सरकार-प्रेमी आन्दोलनकारी, 'गँवारों के नेता' कहकर उनका मज़ाक उड़ाते, परिचित राजनीतिक संकट से भयभीत होकर उनके पास न आते, उनके स्वयं के द्वारा निर्मित डेक्कन एज्युकेशन सोसाइटी-जैसी संस्थाओं में ब्रिटिश सरकार द्वारा षड्यन्त्र रचे जाते और लाचार होकर लोकमान्य को इस्तीफ़ा देना पड़ता। जब कष्टों का सह्याद्रि पर्वत वे अपने सिर पर उठा लेते, तब लोग क्योंकर उनके साथ होते ! हाँ, लोग मन ही मन उनकी पूजा करते, उन्हें अवतार समझते, किन्तु उनके जेल जाने पर प्रायः कोई न जाता। तब उनकी सन् 1908 में देश-निकाले की सज़ा हुई तब हममें से कुछ लोगों ने दाढ़ियाँ बढ़ा लीं, कुछ ने शक्कर खाना छोड़ दिया, कुछ उपासना में तल्लीन हो गये, किन्तु कोई लोकमान्य तिलक के असिधाराव्रत का अनुकरण करने का साहस, जेल जाने का साहस, उस समय तो न कर सका। यह तब तक न हुआ जब तक संकटों का सामना करने के उसके यथार्थ

उत्तराधिकारी और उस युग के कर्मवीर मोहनदास करमचन्द गान्धी क्षेत्र में नहीं आ गए। लोकमान्य तिलक के स्वर्गवास की तिथि भी विचित्र रूप से सारपूर्ण और सन्तों के समस्त कार्यों के समान रहस्यमयी है। जिस दिन गान्धीजी राष्ट्रव्यापी सत्याग्रह की प्रथम राजनीतिक घोषणा करते हैं, मानो उसी क्षण के लिए लोकमान्य ने अपने प्राणों को रोक रखा था। तिथियाँ थीं : मृत्यु-तिथि और आन्दोलन की तिथि 31 जुलाई और पहली अगस्त की सन्धि, 12 बजे रात के पश्चात्।

लोकमान्य के विधायक कार्यक्रम में चार मुख्य बातें थीं। विश्व की सतह पर चाहे रूस-निवासी महर्षि टॉलस्टॉय हो या लोकमान्य बाल गंगाधर तिलक, उस समय तो योजना व्यक्त करना ही सम्भव था। मार्क्स के कथन के कितने वर्षों बाद रूस में साम्यवादी शासन कायम हो सका? प्रतिभा की विचार-जननी को व्यवहार की जमीन पर उतारने के लिए समय की आवश्यकता होती ही है। युग तो मौसम की तरह ही चलते आये हैं। मार्गशीर्ष में अमरूद और वसन्त तथा ग्रीष्म में ही आम फलते और पकते देखे जाते हैं। हाँ, तो लोकमान्य तिलक के राजनीतिक जीवन के चार विशेष ध्येय थे। उनके विधायक कार्यक्रम के चार अंग थे—स्वदेशी आन्दोलन, बॉयकॉट, राष्ट्रीय शिक्षा, और स्वराज्य। चतुर पाठकों से यह बात छिपी न रहेगी कि अपने विधायक कार्यक्रम की परम साधना करते हुए इन चारों उद्देश्यों को बापू ने, महात्मा गान्धी ने, पूर्ण रूप से उठा लिया था। लोकमान्य तिलक के पास भी ये चारों तत्त्व विरासत में आये थे। इस देश की राजनीति के महान् वृद्ध पितामह दादाभाई नौरोजी थे। वे सन् 1906 में कांग्रेस के कलकत्ता अधिवेशन के अध्यक्ष हुए। अपने अध्यक्षीय भाषण में उन्होंने इन सूत्रों का उल्लेख किया था। इस तरह सन् 1627 में अँगरेजों के इस देश में पैर रखने के पश्चात् सन् 1906 में, पहली बार, कांग्रेस के अध्यक्ष ने भारतवर्ष की ओर से स्वराज्य की माँग का आचरण नहीं उच्चारण किया था अर्थात् अँगरेजों के सामने स्वराज्य की बात कहने में भारतवासियों को दो-सौ उन्यासी वर्ष लगे जब कि उन्होंने अपनी संगठित संस्था के द्वारा, नरम और गरम दल के संयुक्त दलों के बीच, स्वराज्य की माँग की।

उनके बारे में लिखने वाले एक लेखक ने लिखा है कि लोकमान्य स्कूल मास्टर जैसे सख्त दीख पड़ते हैं। किन्तु उस युग में भी लोगों ने इस बात का विरोध किया था, और आज भी यह बात सच नहीं मालूम होती। लोकमान्य विनोदी स्वभाव के थे। एक बार अपने बच्चों में बैठे वे चाय पी रहे थे। बच्चे-बच्चियों की और उनके पिता श्री लोकमान्य की बातचीत कुछ इस तरह हुई—

बच्चा : "बाबा, हम तो चाय के साथ बिस्किट खाते हैं, तुम चाय के साथ कुछ नहीं लेते ?"

बाबा : "कौन कहता है कि मैं कुछ नहीं लेता ? मैं भी लेता हूँ।"

बच्चा : "रोज ?"

बाबा : "हाँ, रोज।"

बच्चा : "हमको तो नहीं दिखता, क्या लेते हो तुम ?"

बाबा : "अरे, मैं रोज चाय के साथ समाचार पत्रों में दी गयी गालियाँ खाया करता हूँ ।"

जब लोकमान्य को सन् 1908 में देश-निकाला हुआ तब उन दिनों भी, सुदूर माण्डले में रहते हुए, वे 'गीता-रहस्य' की रचना करते रहे।

लोकमान्य तिलक को समझने के लिए उनकी बहुमुखी प्रवृत्तियों की ओर हमारा ध्यान रहना चाहिए। आर्य जाति के गौरव की रक्षा करने के लिए उन्होंने वेदों में आर्यों का निवास-स्थान आर्कटिक समुद्र के आस-पास बतलाया था, और विद्वत्तापूर्ण प्रमाणों और तर्कों से उसे प्रमाणित किया था । इस विषय में उनका ग्रन्थ है 'आर्कटिक होम इन द वेदाज़'। लोगों को कर्मयोग की तालीम देने के लिए उन्होंने 'कर्मयोग-रहस्य' के नाम से गीता-रहस्य लिखा जिसका अनुवाद पूज्य स्वर्गीय पं० माधवराव सप्रे ने किया था। महाराष्ट्र में पुराने गणेशोत्सव को लेकर उसमें इस प्रकार नये प्राण फूंके कि जिससे आतंकित होकर ब्रिटिश गवर्नमेंट ने कितनी ही बार गणेशोत्सवों का होना रोक दिया। सच तो यह है कि नये हों या पुराने, सामाजिक उपकरण कर्मयोगी के हाथ पड़ कर युग के अनुकूल फल देने के लिए बाध्य हो जाते हैं।

जब लोकमान्य माण्डले जेल से छूटने लगे तब जून का महीना था। 24 जून 1908 को उनको सजा हुई थी और जून 1914 को छह साल के देश-निकाले के बाद उन्हें छोड़ देना चाहिए था। उन दिनों कितने ही कालेपानी के आजीवन कैदी, जिन्हें बीस वर्ष की सजा दी जाती थी, चौदह वर्ष में छोड़ दिये जाते थे। भारतीय जेलों के साधारण कैदियों को भी छह महीने की सजा काटने के पश्चात् अच्छे चाल-चलके के लिए प्रतिमास प्रायः चार दिनों की रियायत सजा में मिलती है। प्रति-मास वे चार दिन सजा में से कम कर दिये जाते हैं। इस तरह लोकमान्य यदि ब्रिटिश गवर्नमेण्ट की नजर में अच्छे चाल-चलन वाले होते तो उन्हें सात महीने छह दिन की छूट मिलनी चाहिए थी, और इस तरह उन्हें नवम्बर 1913 की 18 तारीख को छोड़ देना चाहिए था। किन्तु उन्हें डाकू और हत्यारों से भी बदतर माना गया। वे छोड़े गये कदाचित् तारीख 17 जून 1914 को, अर्थात् उनकी सजा पूरी होने के केवल छह दिन पहले। सातवें दिन तो उन्हें छूटना ही था। सरकार उन्हें रंगून से कलकत्ता नहीं लायी, इसलिए कि सारे देश में हल्ला मचेगा। समुद्र में भारी तूफान होते हुए भी उन्हें रंगून से मद्रास, समुद्र के रास्ते, लाया गया और मद्रास से उन्हें पूना ले जाया गया। किन्तु लोकमान्य को न छोड़कर यह प्रचार तो सरकार ने ही होने दिया था कि जून सन् 1914 में लोकमान्य छूटेंगे। लोकमान्य राजद्रोह में जेल गये थे; किन्तु उन्होंने अँगरेजों या ब्रिटिश शासन के खिलाफ ओछे शब्दों का उपयोग नहीं किया था। उनका एकमात्र अपराध था उनका भारतवासी होना। कहा यह गया कि लॉर्ड मिण्टो अपने वाइसराय-काल में लोकमान्य को छोड़ देना चाहते थे, किन्तु बम्बई का गवर्नर सिडेनहम लोकमान्य तिलक का छूटना

पसन्द नहीं करता था। इसीलिए लोकमान्य तिलक लॉर्ड मिण्टो के चले जाने के बाद वाइसराय लॉर्ड हार्डिङ् के जमाने में छूटे। जिन दिनों लोकमान्य तिलक को कालापानी हुआ था, उन्हीं दिनों एक मिस्टर मेलियस नाम के अँगरेज ने स्वयं बादशाह के खिलाफ अपने 'लिबरेटर' पत्र में राजद्रोही लेख प्रकाशित किये थे; किन्तु उसे केवल नौ माह की सादी सजा दी गयी। उन्हीं दिनों लारकिन नाम के एक अँगरेज मजदूर-नेता को प्रत्यक्ष राजद्रोह का दंगा करने पर, और यह स्पष्ट कहने पर कि मैं स्वयं विद्रोही हूँ, मेरा बाप भी विद्रोही था, राजा और सरकार का हुक्म तोड़ना, उनकी आज्ञा भंग करना मैं अपना पवित्र कर्तव्य समझता हूँ—सजा मिली केवल कुछ हफ्तों के कारावास की। सर एडवर्ड कारसन का उन दिनों का मुकदमा तो सब पर प्रकट है। कारसन ने हथियार एकत्रित किये, बारूद और गोले जमा किये और ब्रिटिश राजा के खिलाफ षड्यन्त्र किया, तो भी उस जमाने के इंग्लैण्ड के मन्त्रिमण्डल ने 'सर' की उपाधि छीन लेने के सिवाय एडवर्ड कारसन का और क्या बिगाड़ लिया? सत्य तो यह है कि लोकमान्य की यन्त्रणाओं का कारण लोकमान्य का राजद्रोह नहीं था, किन्तु गुलाम भारतीय जनता में विद्रोह न करने की कमजोरी थी। उसी के कारण अँगरेज अपराधी भयंकर होकर भी फूल-जैसी सजा पाकर रह जाता था, और भारतीय नेता प्रतिष्ठित होकर भी देश-निकाले की सख्त सजा पाने को बाध्य था। नहीं तो लोगों को भड़काने का जो अपराध लोकमान्य पर लगाया गया और पारसी समाज के जस्टिस दावर ने, जूरी में मतभेद होते हुए भी, जो सजा लोकमान्य को सुनायी वह दावर ही के तर्क से असंगत थी। स्वर्गीय जस्टिस दावर का तर्क था कि भारतवर्ष की अज्ञानी जनता को भड़काया गया। किन्तु जनता अज्ञानी थी। ब्रिटिश गवर्नमेण्ट के जनता को अज्ञानी रखने के वरदानों के कारण जनता भड़क ही नहीं सकती थी, और न वह भड़की। इस तरह सजा देना अर्थहीन हो गया। किन्तु इस विषय में दण्ड की आज्ञा सुनने के पश्चात् लोकमान्य ने जो कहा वह सचमुच भारतवर्ष की नाड़ी परखने वाले नेता के योग्य ही था। उन्होंने कहा कि जूरी ने यद्यपि मुझे दोषी ठहराया है तथापि मेरा अन्तरात्मा मुझसे कहता है कि मैं निर्दोष हूँ। आपसे भी ऊपर एक शक्ति है जो विश्व का नियमन और न्याय करती है। उसकी इच्छा है कि मैं कष्ट भोगूँ और जनता को लाभ पहुँचाऊँ! और आज इस बात से कौन इनकार करेगा कि लोकमान्य तिलक के पश्चात् महात्मा गान्धी के आन्दोलन ने बच्चों तक के लिए भारत की ब्रिटिश जेलों को खिलवाड़ नहीं बना दिया था?

उन दिनों लोकमान्य तिलक अँगरेजों के लिए महान् भयंकरता थे। जब लोकमान्य कलकत्ता कांग्रेस से लौटे, तब इलाहाबाद में उनके स्वागत के लिए सभा की गयी। इन पंक्तियों का लेखक उन दिनों प्रयाग में था। उनकी सभा के लिए एक विद्यालय-भवन का कमरा अधिकारियों द्वारा 'हाँ' कहने के बाद भी नहीं दिया गया। एक नरम नेता ने उस सभा के लिए शतरंजियाँ भी नहीं मिलने दीं। परिणामतः सभा एक सज्जन के निजी बँगले में हुई। उस सभा की सफलता पर

तत्कालीन अँगरेजी सरकार-समर्थक और उन दिनों तक अँगरेज द्वारा सम्पादित 'पायोनियर' इतना भड़का कि उसने आश्चर्य और क्रोध में लिख मारा कि एक क्रान्तिवादी की सभा में तीन हजार आदमी ! उसने उस समय तत्कालीन अँगरेज सरकार को भी भला-बुरा कहा था। किन्तु उसी अँगरेज सरकार को गान्धी-युग में शासन-प्रणाली को जड़ से उखाड़ने के भाषण सुनने और विद्रोही जनता की लाखों की उपस्थिति के दिन देखने पड़े। तथा उसे वीरवर सुभाष बोस के रूप में अँगरेजों के खिलाफ युद्धस्थल में संगठित सशस्त्र विद्रोह भी देखना पड़ा। लोकमान्य और महात्माजी में जो लोग विरोध देखते रहे हैं उन्होंने न लोकमान्य को पहचाना न भारतवर्ष को।

'लोकमान्य' इस देश की प्रतिभा, चरित्र और यातनामयी स्वराज्य साधना की अनवरत सिद्धि का सम्मिलित नाम है। गान्धीजी सत्य और अहिंसा को मानकर चले; और लोकमान्य इस देश की अवतार-परम्परा के अनुकूल यह बाना लेकर चले कि जहाँ देशभक्त होगा, या भारतीय स्वतन्त्रता का इच्छुक होगा, वहाँ वह लोकमान्य तिलक का सहारा पाता रहेगा, भले ही वह किसी दल में हो। 4 नवम्बर 1919 को ब्रिटिश मजदूर दल के नेता तथा 'डेली हेरल्ड' के सम्पादक श्री लान्सबरी ने उन्हें लिखा था, "आप जब इंग्लैण्ड में थे तब आपके साथ काम करने का गौरव और आनन्द दोनों मुझे मिले। आपकी अपने देश के प्रति निष्ठा सचमुच अपूर्व है। हम और आप भले ही दो दीखें, अन्तरमन में तो हम एक ही हैं।" कर्नल वेजउड ने अपने 6 नवम्बर 1919 के पत्र में लिखा, "यहाँ, इंग्लैण्ड में, वर्ण-द्वेष कम होता जा रहा है और भारतवर्ष में गोरे लोगों की उद्दण्डता अब नहीं चलेगी।" किन्तु वेजउड महाशय ने यह भी स्पष्ट लिख दिया था कि "मजदूर पक्ष के भरोसे रहना भी बहुत बुद्धिमत्ता की बात नहीं है। कल यदि मजदूर दल का मन्त्रिमण्डल बने तब भी बात तो वह की वही रहेगी। मैं अपने ही दल के सम्बन्ध में इतनी कटु बात लिखूँ, इसका मुझे भी दुःख है। किन्तु इस पक्ष में भी आदर्श पर लोग बहुत कम हैं।"

इस समय मैं स्वातन्त्र्य वीर सावरकरजी के भाई श्री गणेश दामोदर सावरकर के एक पत्र के कुछ वाक्य उद्धृत करना चाहूँगा जो उन्होंने फरवरी 1920 को कदाचित् अण्डमन से लोकमान्य के पास पहुँचाया था। उसमें यह भी लिखा था कि "साम्राज्य के अन्तर्गत स्वराज्य का ध्येय हम लोगों को घृणा करने जैसा नहीं लगता। यही नहीं, वह तो आज भी हमारी आकांक्षाओं का ध्येय है। अधिक क्या, हमें तो लगता है कि विश्व-बन्धुत्व भी होना चाहिए। सम्पूर्ण पृथ्वी का एक ही राष्ट्र, उसके स्त्री-पुरुष एक ही घर के पारिवारिक; और इस सृष्टि के सब पदार्थों का लाभ सबको समानता से मिले—हमारा यही मत है।"

इस पत्र में साम्प्रदायिकता, हिन्दू हठवादिता आदि का कहीं नाम नहीं। लोकमान्य के नाम पर 15 अप्रैल 1919 को मिस्टर ऐटली का जो पत्र आया था वह सूझ-बूझ की दृष्टि से बहुत महत्त्व का माना जाना चाहिए, क्योंकि उस पत्र

के लिखे जाने के अट्ठाईस वर्ष और चार महीने के पश्चात् इन्हीं ऐटली के ही प्रधान-मन्त्रित्व में भारतवर्ष को स्वराज्य प्राप्त हुआ। उन्होंने अपने पत्र में एक वाक्य यह लिखा था कि "मैं भावना से होम-रूलर हूँ।" यह लोगों को ध्यान में होगा ही कि स्वराज्य की हलचल को और अधिक बलवान् बनाने के लिए लोकमान्य तिलक ने उन दिनों आन्दोलनकारी भारतवासियों की संस्था कायम की थी, 'होम-रूल लीग़', और महात्मा गान्धी ने लोकमान्य तिलक के स्वर्गवास के एक मास पहले ही होम-रूल लीग की अध्यक्षता स्वीकार की थी। श्री ऐटली के पत्र का दूसरा वाक्य जो मैं उद्धृत करना चाहता हूँ वह है, "यह स्पष्ट दीख पड़ता है कि आगे के कुछ वर्षों में विश्व के अनेक लोगों का ध्यान भारतवर्ष की ओर जायेगा।" इतनी दूर-दृष्टि का पत्र लोकमान्य के विदेशी पत्रव्यवहारकर्ताओं में शायद ही किसी का हो। लोकमान्य का लन्दन की हलचलों से उस समय भारतीय स्वराज्य का ऐसा वातावरण जागृत हुआ कि 4 सितम्बर 1919 की लन्दन की भारतीय कांग्रेस की रिपोर्ट में यह भी लिखा आया है कि "नरम दल के प्रतिनिधियों ने लन्दन में अपना कार्यालय बन्द कर दिया है और वे भारत की बात सोच रहे हैं।"

लोकमान्य तिलक प्रत्येक क्षण भारतीय स्वतन्त्रता को और भारतीय संस्कृति को एक-दूसरे की पूरक समझते रहे। यह उनके स्वराज्य आन्दोलन और उनके सांस्कृतिक ग्रन्थों की रचना से स्पष्ट दिखाई देता है। काशी नागरी प्राचारिणी सभा का अभिनन्दन स्वीकार करते हुए लोकमान्य ने हिन्दी को राष्ट्रभाषा स्वीकार किया था। केवल वे स्वराज्य की भाषा में 'बाणेदारपणा' (तेजस्विता) आवश्यक मानते थे। और जब इन पंक्तियों के लेखक के सभापतित्व में सन् 1931 में नागपुर विश्वविद्यालय की साहित्य-समिति में तत्कालीन उपकुलपति लेफ्टिनेण्ट कर्नल केदार महाशय ने सभापति के नाम का प्रस्ताव उपस्थित करते हुए हिन्दी भाषा को बधाई दी कि उसमें 'बाणेदारपणा' बहुत है, तब सभा के सभापति ने केदार महाशय को धन्यवाद देते हुए कहा था, "मैं हिन्दी के प्रति आपके कथन का कृतज्ञ हूँ, क्योंकि लोकमान्य तिलक हिन्दी में यही गुण चाहते थे।"

यह लेख अधूरा रहकर भी और भी अधूरा रह जायेगा यदि मैं यह उल्लेख न करूँ कि देश में एक राष्ट्रीय-मण्डल स्थापित था, जो लोकमान्य तिलक के विचारों के अनुकूल गतिविधियों का संचालन करता था। मध्यप्रान्त में उसका संचालन स्वर्गीय डॉक्टर मुंजे किया करते थे, और बैरिस्टर अभ्यंकर, डॉ० खरे, श्री बारलिंगे, डॉ० चोलकर, डॉ० परांजपे तथा अन्य कितने ही सज्जन उस मण्डल के सदस्य थे। लोकमान्य तिलक के प्रसिद्ध मराठी पत्र 'केसरी' का हिन्दी संस्करण नागपुर से निकलता था जिसके सम्पादक पूज्यवर पण्डित माधवराव सप्रे थे तथा जिसमें आज के आयुर्वेद पंचानन वयोवृद्ध पं० जगन्नाथ प्रसाद शुक्ल, स्वर्गीय पं० लक्ष्मीधर वाजपेयी आदि कितने ही सज्जन काम करते थे। लोकमान्य के दल के हिन्दी-जगत् में काम करने वाले बलवान् व्यक्ति रहे हैं साहित्य-वाचस्पति आचार्य

पं० अम्बिकाप्रसाद वाजपेयी। उनकी लेखनी 'भारत मित्र' के द्वारा, तथा उनके पश्चात् भी, उस राष्ट्रीय तेजस्विता को व्यक्त करती रही है जिसका लोकमान्य तिलक के युग में अभिषेक हो चुका था।

लोकमान्य के मत का समर्थन अँगरेज़ी दैनिकों में 'अमृतबाजार पत्रिका' तथा देश के कितने और पत्र करते रहे। हमें यह सदैव ध्यान में रखना चाहिए कि महात्मा गान्धी ने लोकमान्य तिलक के पश्चात् उनके स्वाधीनता के संकल्पों को पूर्ण किया, और लोकमान्य तिलक जो देशव्यापी बल और प्रवाह, तथा स्वराज्य की जो उत्तेजना इस देश में छोड़ गये थे, उस मूलधन को यदि महात्मा गान्धीजैसा चतुर मार्गदर्शक न मिलता, तो भारतीय स्वतन्त्रता पिस्तौल चलाने वालों और तेज बोलने वालों का एक अनवरत उद्योग मास ही बनी रहती। जिस पीढ़ी ने स्वराज्य प्राप्त किया है उसने महात्मा गान्धी की भुजाओं में खेलकर प्राप्त किया है, किन्तु उसका उत्तराधिकार यह है कि वह लोकमान्य तिलक के कन्धों पर बैठकर आयी थी।

चरित्र, निर्भीकता और राष्ट्र के बल के नाते षड्यन्त्रकारी लोगों, विदेशों के भारतीय आन्दोलन, भारतीय स्वतन्त्रता के विदेशी आन्दोलन, सबको लोकमान्य तिलक से प्रेरणा और सहायता मिलती रही। एक युग था जब स्वर्गीय अरविन्द घोष और उनके दल के अन्तरंग समर्थक केवल लोकमान्य तिलक थे और ये सब उनके अनुयायी थे।

भारतीय स्वतन्त्रता की नींव रखने वाले चरणों में शत-शत वन्दन।

[सरस्वती, अगस्त 1956]

महात्मा गान्धी

1. चिरंजीव महात्मा गान्धी

तिथियों के हिसाब से आगामी 30 दिसम्बर को, तथा तारीखों के हिसाब से 2 अक्टूबर को "संसार" के सर्वश्रेष्ठ विद्यमान पुरुष" की आयु के 60 वर्ष समाप्त होते हैं। भारत सम्राट धर्मराज, गौतम बुद्ध, तथा ऐसे ही दो-चार चमकते तारों की श्रेणी में परिगणित होने वाले इस महापुरुष ने हमारे देश में जन्म लिया है,—यह हमारे देश का अहोभाग्य है। समय के बीत जाने पर भविष्य का इतिहासकार हम लोगों के भाग्यों की सराहना करेगा कि संसार के एक श्रेष्ठ पुरुष के जमाने में हम लोग विद्यमान थे। महापुरुष आते हैं और चले जाते हैं, उनके चले जाने के पश्चात् साधारण जनों की आँखें खुलती हैं—वह आया और चला गया, हमें मालूम ही नहीं हुआ, यही उनके लिए शेष रह जाता है। ईसा को सूली पर चढ़ाने वाले रोमन मैजिस्ट्रेट को अथवा ईसा की शिक्षा से क्रोधित होने वाले यहूदी संसार और सम्राट को पता न था कि एक ऐसा पुरुष उनके जमाने में पैदा हो गया है जिसके अनुयायी कहलाने वालों की संख्या, डेढ़-दो हजार वर्षों के अन्दर,

समस्त भू-मण्डल को घेर लेगी। ईसा की मृत्यु के पश्चात् डेढ़-दो सौ वर्षों तक लोगों का पता ही न चला कि कोई महापुरुष आया था। महात्मा गांधी के विषय में यह बात नहीं है। अमरीका के कुछ पादरियों ने एक बार कहा था कि संसार के विद्यमान पुरुषों में यदि ईसा के जीवन का सच्चा प्रतिबिंब कहीं दिखाई देता है, तो महात्मा गांधी में। एक दूसरे अमरीकन अखबार—नवीस ने संसार की श्रेष्ठ विभूतियों की श्रेणी निश्चित करने के लिए अपने पाठकों—लाखों पाठकों—की रायें एकत्र की थीं। उन रायों में महात्मा गांधी को सर्वश्रेष्ठ स्थान दिया गया था। ये बातें किसी पथ अथवा व्यक्ति के पूजन के लिए नहीं लिखी जा रही हैं, हम बतलाना केवल यह चाहते हैं कि केवल भारतवर्ष के ही नहीं, दुनिया के विचारक महात्मा गांधी को अपना "आदमी" समझते हैं। मनुष्यता के विकास में सहायक होने वाले इस श्रेष्ठ पुरुष के 60 वर्ष पूरे कर चुकने पर सभी जातियों-पंथों के मनुष्यों को स्वाभाविक सन्तोष होगा। यही कारण है कि देश के अनेक स्थानों में महात्माजी की हीरक वर्ष-गाँठ मनाई जा रही है। अखिल भारतीय राष्ट्र चाहता है कि यह श्रेष्ठ पुरुष हम लोगों के कार्य को संचालन करने के लिए और अधिक दिनों तक रहने दिया जाय। इस शुभ तिथि को मनाने वालों को चाहिए कि गांधी जी की व्यक्तिगत श्रेष्ठता के प्रति आदर करते हुए, यथासाध्य उनके उपदेशित मार्ग का भी ग्रहण करें।

गांधीजी की श्रेष्ठता, उनकी तपस्या, उनकी महानता के गीत, उस समय करुणा के साथ हमारी ईमानदारी पर प्रश्न करने लगते हैं, जब हम गांधीजी के गुण तो गाना चाहते हैं, किन्तु उनके पद-चिह्नों पर नहीं चलना चाहते। गांधीजी को राष्ट्रोद्धारक मानने और उनके राष्ट्रीय कार्यक्रम पर अमल न करने की हमारी प्रवृत्ति को देखकर, हमारी उपमा उसी पुत्र से दी जा सकती है, जिसने पिता की आज्ञाओं का तो कभी पालन न किया, किन्तु पिता के श्राद्ध में अनन्य भक्त बनकर धन खर्च करने लगा। आज विश्व के सम्मानित गांधीजी की वर्षगाँठ है, किन्तु आज ही भारतीयों द्वारा अपमानित महात्मा गांधी की वर्षगाँठ है! हममें ऐसे लोग हैं जो कहते हैं, देश के उद्धार के लिए उन्हें गांधी चाहिए—गांधी राष्ट्रीय महासभा के मंच पर चाहिए। किन्तु गांधी का कार्यक्रम नहीं चाहिए। कार्यक्रम-रहित गांधी की पूजा क्या यथार्थ वीर-पूजा है?

आज गांधी की वर्षगाँठ है। आज ही राजनीति में ईमानदारी के, विजय में संयम के, और संग्राम में अहिंसा के प्रवेश करने की वर्षगाँठ है। आज ही धनिकता को ठुकराने वाली पुरुषार्थमयी गरीबी की, भय को ठुकराने वाली त्यागमयी वीरता की, और अपवित्रता को धर्म मानने से इंकार करने वाली पवित्रता की, वर्षगाँठ है, अपने घर में "विजयी" कहलाने वाले की नहीं, विश्व के आँगन में विजय का स्तम्भ स्थापित करने वाली शक्ति की वर्षगाँठ है। आज स्वैरसंचारिणी इच्छा की नहीं, नियमन में रहने वाली परम शक्ति की वर्षगाँठ है। आज संसार-नाशक राजनीति की नहीं, विश्व-पोषक राजनीति की वर्षगाँठ है।

ज्ञानवानों के चालाक प्रतिनिधि की नहीं, अज्ञानी जनता के सेवक देवता की वर्षगाँठ है। आज विदेशी शासन के वरदान और स्वराज्य को साथ-साथ रखने वाले व्यवहारहीनों की नहीं, विदेशी शासन के असहयोग में स्वराज्य देखने वाले व्यवहार-कुशल की वर्षगाँठ है।

हम इस वर्षगाँठ को कैसे मनावें? क्या केवल गांधीजी के गुणों मात्र की चर्चा करके? गांधीजी की वर्षगाँठ मनाते समय हमें ध्यान रहे कि यह वक्ता की नहीं, श्रोता की नहीं, कर्मवीर महात्मा की वर्षगाँठ है। कर्म करके ही हम यह वर्षगाँठ मना सकते हैं। भगवान करे, यह वर्षगाँठ हममें अपने राष्ट्रीय कार्यक्रम पर श्रद्धा उत्पन्न करे, और हम गांधीजी के कार्यक्रम पर अमल करते हुए उनकी वर्षगाँठ मना सकें। वह कार्यक्रम तो देश के गरीबों की रक्षा करने वाले खद्दर और चरखे के उपयोग में निवास करता है। वह कार्यक्रम तो, पिसते हुए किसानों और मजदूरों की निर्भीक सहायता में निवास करता है। वह कार्यक्रम देश की बहन-बेटियों के इज्जत का जीवन बिताने, और उन्हें ज्ञान और श्रममयी बनाने में निवास करता है। उस कार्यक्रम की साध है कि अछूतों में भी हमारी पवित्रता मानवता के दर्शन कर सके। उस कार्यक्रम की माँग है कि शराब या नशा पिलाने वाला कानून राक्षस है, और इन दुर्व्यसनों को रोकने वाला व्यक्ति मनुष्य। और उस कार्यक्रम की एकमात्र माँग है—देश में स्थापित होने के लिए, विदेशी सरकार के अधिकार, पदवी, तनख्वाह, तालीम, और सहूलियतों के द्वारा मत बिके, इन कीमतों पर देश की स्वाधीनता को बेरहमी के साथ मत बेचो, श्रम-पूर्वक, साहस-पूर्वक, देश को परतन्त्र रखने वाले शासन से असहयोग करो। अछूतता रखकर, खद्दर त्याग कर, विलायती वस्त्र पहिनकर, और नशा करके, गांधी की वर्षगाँठ यदि हम मनावेंगे, तो महात्मा गांधी की आत्मा अपने "श्रीराम" से कहेगी—"भगवान, मेरे भक्तों से मेरी रक्षा कर।"

[28 सितम्बर 1929]

2. बापू की वर्षगाँठ

बापू तुम्हारी वर्षगाँठ फिर आयी। इस बार वह 66वीं होकर आयी है। जीवन की यात्रा, बापू, हमने भी की और तुमने भी, किन्तु हम तो समय की रेलगाड़ी में, फी घण्टा सहस्रों मील दौड़ कर भी, अपने स्थान से टस से मस न हुए और तुम ने, अपने अंगुलिनिर्देशों से, युग की जमीन पर, सूरज और चांद की किरणों के, (को) कर्मण्यता पर से गुजरने का पथ बताया।

तुम्हारी 4-5 जागीरें हैं। तुम्हारा मौन तुम्हारे सत्य के बल का सुकोमल शस्त्रागार है। तुम्हारी उपेक्षा, तुम्हारी सेवा पर पड़ने वाली कीर्ति की धूल को बचाने के लिए, सँभाल कर ओढ़ी हुई तुम्हारी चादर है। तुम्हारा हास्य, काबू में, तुम्हारे भी काबू में न रहने वाली तुम्हारी विशाल-हृदयता है। तुम्हारी दृष्टि, जीवन का राष्ट्रीय जीवन का, और स्वयं तुम्हारे भी जीवन का शासनकर्ता जेलर

है। तुम्हारी वाणी आज के अधः पतित युग में राम नाम के पुण्य-विहार का गरबीला और दिग्विजयी संकेत है, और तुम्हारी मुट्ठी भर हडिड्यों की दौड़-धूप, अपनी समस्त सेवाओं के रूप में, अपने भगवान की अभ्यर्थना, अपने आराध्य की पूजा, अपने आत्म-देव का आज्ञापालन है—फिर चाहे वह प्रभु भारतीय गाँवों के गरीब और किसानों के सिर में मिट्टी लपेटे पसीने की गंगा सर से बहाता, अपना बैल लिये अपने खेतों में खड़ा हो, या हरिजन होकर, संसार की गन्दगी साफ करके भी तिरस्कार का हृदयहीन पुरस्कार पा रहा हो, चाहे वह राष्ट्र के लिए शासन का मस्ताना बागी बन कर, जेल में चक्कियाँ पीस रहा हो, या गोलियाँ खा रहा हो। बापू, जो गरीब तुम्हें जानते हैं, उनने देखा है कि तुम्हारे बिना बोले भी बहुत-सी बोली, तुम्हारी दरदीली और बेचैन दृष्टि से बरसा करती है, किन्तु जिन्हें तुम्हारे कठोर बन्धन स्वीकार नहीं, वे पढ़े-लिखे तुम्हारी सहस्र-सहस्र वाणियों में भी कुछ नहीं समझना चाहते।

तुमने खद्दर के रूप में, भारतीय वसुन्धरा की, "दु : -शासन" के द्वारा जाती हुई लाज के बचाने की कोशिश की। गरीब लोग खद्दर का मतलब समझ गये, किन्तु जिनकी आँखों पर ठसक, हाथों में गरीबों का संहार, और क्रियाओं में स्वार्थ का पारायण है, वे खद्दर के सन्देश को न समझ पाये।

वही हाल हरिजन-सेवा का भी हुआ। कीर्ति की दूकानदारी, और पाखण्ड का पाप-कीर्तन, ये दोनों तुम पर टूट पड़े। परन्तु तुम मस्तक झुका कर, एक ही भीख माँगते रहे—"हरिजनों को मानव बन कर जीने दो। आज तो तुम्हारी खद्दर की आवाज को गरीबों और गरीबिनियों की सहस्र-सहस्र अँगुलियाँ दुहरा उठीं, और तुम्हारी हरिजन-सेवा की करुण वाणी, पत्थरों को भी पानी-पानी कर उठी,। हे युगों की आत्मा, सम्भव है, देश की तरुणाई, तुझे अपना मान कर, लड़े-भिड़े, वह तेरे सम्मुख मचले, परन्तु वह इस बात पर तो गर्व ही करेगी, कि वह तेरे युग की प्रतिनिधि, तेरी वाणी की आराधक, तेरी क्रियाशीलता की सन्देश-वाहक है। हम तो आज तेरे 66 वर्षों की एक ही गाँठ बाँध लेना चाहते हैं। वह यह कि भारतीयों की आँखों में तू हो और तेरा बलवान आदर्श हो, भारतीयों की अँगुलियों में तेरा क्रान्ति का सन्देश हो, और हो अन्याय के खिलाफ विद्रोह में लग जाना, और उनकी श्वास में, भगवान का स्मरण हो और हो प्रत्येक क्षण भारत को आजाद देखने की हरारत।

[कर्मवीर, 6 अक्टूबर 1934]

3. पैंतीस कोटि के स्वामी

2 अक्टूबर को गरीब, गुलाम, दुर्बल राष्ट्र, भारत ने अपना राष्ट्रीय त्यौहार, अपने महात्मा और संसार के सर्वश्रेष्ठ महापुरुष की 67वीं वर्षगाँठ के अवसर पर मनाया। यह राष्ट्रीय त्यौहार, यह राष्ट्र-भावना, स्वतन्त्रता के लिए छटपटाने वाली यह बेचैनी और हमारा यह राष्ट्र, उसी महात्मा के आविर्भाव से

उत्पन्न हुए, और अब हमें विश्वास है कि ये अनन्त काल तक जीवित रहेंगे; क्योंकि गांधीजी का उज्ज्वल अस्तित्व विश्व के हृदयों में से विलीन होने की वस्तु नहीं। उस महापुरुष ने, कष्टभोगियों के कष्टों में अपने जीवन को जलाकर, हमें आज अमरता का सन्देश दिया है, हमारे राष्ट्र-जीवन को अमर बना दिया है और देश के गरीबों की झोंपड़ियों से लेकर अमीरों के महलों तक के एक से उल्लास और अभिमान के रूप में, हमें भी राष्ट्रीय पर्व मनाने की चेतना दी है। पार्थिव रूप में उसे एशिया का सबसे कुरूप और दुर्बल कहने वाले 'भाग्यशील' भी मिल जाएँगे, किन्तु मनुष्यता का सन्देश सुनने वालों ने उसके व्यक्तित्व में तपे हुए सोने का अत्यन्त उज्ज्वल सौन्दर्य और हेमांचल के गौरीशंकर शिखर की बलिष्ठता देखी है। उन झुर्रियों से भरे हुए मुख में, देश की गरीबी की छटपटाती हुई पुकार है, उस गोल छोटे-से माथे में रात-दिन देश की चिन्ता-धारा प्राणोत्सर्ग के बीज बोती रहती है, उन स्नेहमय छोटी-छोटी-सी आँखों में, चिथड़ों और टुकड़ों से मोहताज भारत की बेबसी के बल की अन्तर्दृष्टि है, उस दन्तविहीन मुँह में स्वतंत्रता-पथ पर बलि होने वाली विश्व-विजयिनी मुस्कान है, उस बड़ी-सी उठी हुई नाक में अभूतपूर्व राष्ट्र और मानवता की साँसों का स्पन्दन है, और उन लम्बे-लम्बे दुर्बल हाथों में और पैरों में बुद्ध-युग के बाद आज फिर से संसार को पुण्य और बलिदान का व्यक्त संदेश पहुँचाने का संकेत है। सन्तों की अनिवार्य कष्टमयता में बिताये जाने वाले जीवन को लेकर यह तपी कभी तो गरीबों, किसानों, रोगियों की सेवा करता और अनाथों का नाथ होता है, कभी अपने आश्रम-निवासियों और उनमें प्रगट तेजो गम्भीरता, युद्ध-चर्चा के बीचों-बीच बालकों की सरल क्रीड़ा में बालक बन जाता है, कभी वह अंग्रेज न्यायाधीश के सामने मुस्कराते हुए खड़ा है क्योंकि वहाँ उस पर अपने देशवासियों को स्वतन्त्रता का सन्देश देने का अपराध लगाया गया है। उसी महात्मा को हम उसी साधुवेश में ब्रिटिश भारत के सबसे बड़े अधिकारी वाइसराय के साथ बराबरी की शान में जनता की ओर से समझौता करते पाते हैं। गरीब किसान उसे ईश्वर समझता है, राजनीतिज्ञ उसे अत्यन्त तर्कशील विवेकवान राजनीति विशारद के रूप में पाता है, एक शक्तिशाली सेना का कमाण्डर-इन-चीफ उसमें एक अमर विजेता का स्वरूप देखता है। आज संसार के एक कोने से लेकर दूसरे कोने तक मानव-जीवन के सर्वांग के आदर्श की पूर्ति करने में वह तपस्वी विश्व-श्रेष्ठ पुरुष है, और, उसके व्यक्तिगत जीवन में, तीन खादी के टुकड़ों में ही उसका सम्पूर्ण धन निहित है। कभी वह एक अत्यन्त धनिक बैरिस्टर था, सहस्रों पौण्ड सालाना आमदनी थी किन्तु आज वह अपना 'सरबस' भारत की गरीबी को अर्पित किये हुए है, आज माता भारत के चरणों में उसके जीवन का बलिदान जीवित है।

भारत की गरीबी का अभिमान, यह युग-प्रवर्तक जगत को फिर से प्रवृत्ति के मुग्ध सौन्दर्य का प्रदर्शन कर रहा है। "जब मैं तारिकाओं से भरे हुए आकाश

को देखता हूँ और जब उसका अनन्त सौन्दर्य मेरी आँखों में आकर बस जाता है, तब मुझे वह आनन्द मिलता है जिसे मनुष्य की अत्यन्त आश्चर्यकारी कला नहीं दे सकती।"

विश्व को अहिंसा और सत्य का सन्देश सुनाने वाला महात्मा गान्धी अपने युग का निर्माता और विश्व की मानवशक्ति की, अहिंसात्मक स्फूर्ति का जीवित प्रतिमान है। उस अहिंसा में बहादुरी है, बलिदान है, कायरता नहीं। उन हिन्दुओं को, जिन्होंने अपने धन की लूट और नारियों के अपमान को सहा, चेतावनी देते हुए महात्मा ने कहा था—

"मैं जाति-अपमान सहने की अपेक्षा, हिंसा को भी हजार गुना अधिक महत्त्व दूँगा। उस अवस्था में जब, भारत अपमान और कायरता का शिकार बनने लगेगा, मैं चाहूँगा कि लोग शस्त्र धारण कर लें। किन्तु, मुझे विश्वास है कि अहिंसा, हिंसा की अपेक्षा बहुत महान् है।"

देश में खून-खराबी और अन्याय की भर्त्सना के लिए, उपवास के कठिन अनल में महात्मा ने अपने शरीर को अत्यन्त दुर्बल बना दिया है। मानवता के प्रति थोड़ा-सा भी अन्याय उसके हृदय को बेध जाता है। उस समय वह बेचैनी उसके कष्ट और व्रतों पर उतर आती है।

बुद्ध-युग के बाद आज तक संसार में किसी व्यक्तित्व के प्रति इतनी श्रद्धा, इतना प्यार, नहीं देखा गया। महात्मा गान्धी का राजनैतिक व्यक्तित्व कितना साफ और स्पष्ट है, कि स्वयं उनके पक्ष के लोग भी उन्हें शत्रुओं के सामने भी हृदय खोल देने का दोषी बना देते हैं। किन्तु, उस महात्मा का जीवन और व्यक्तित्व इतना स्पष्ट है कि संसार की कोई भी शक्ति उसे छुपा नहीं सकती।

आज देश में राष्ट्रीयता की हलचल कुछ दबी-सी है। महात्मा गान्धी, आज, राजनीतिज्ञ नहीं किसान-सेवी हैं। वह आज के 'हरिजन-सेवक' हैं। किन्तु, इस व्रत में लीन रहने पर भी, श्रीमती कमला नेहरू को विदा देते समय बम्बई में उन्होंने एक प्रार्थना में कहा था—"दूर रहते हुए भी मैं आज की राजनैतिक परिस्थिति को भली-भाँति जानता हूँ।"

इस महापुरुष की 67वीं वर्षगाँठ के इस राष्ट्रीय पर्व के अवसर पर, हम भी अपनी नम्र श्रद्धांजलियाँ अर्पित करते हैं।

[कर्मवीर 5 अक्टूबर, 1935]

4. वन्दन

जो ज्योतिषी न होकर भी आने वाले युग का अंगुलि-निदेश करता है, और स्वयं ज्योति बनकर उस युग को ले आता है, जो इतिहासज्ञ न होकर भूतकाल के आर-पार झाँकता है, और भूतकाल के गौरव को भविष्य पर उतारने के लिए अपने अस्तित्व को पुल बना देता है, जिससे, तुलसीदास जी के शब्दों में :

"चढ़ि पपीलिकउ ताहि पै, बिनु श्रम पारहिं जायँ।"

जिसकी वाणी में युग बोलता है, जो विजय का काँटों का ताज पहिनाने के लिए जगत के दुखियों, पराजितों को पुकार उठता है, कागज पर चलने वाली सहस्र-सहस्र कलमें, बिना पूछे, जिसकी दिशा में, जिसकी मर्जी पर चल उठती हैं, जिसकी प्रज्ञा, अपने अनुयायियों का भाग्य और अपने युग का जमाना लिखा करती हैं, जिसकी ध्वनि, शाही महलों से लगाकर गरीबों की झोपड़ियों और नगाधिराजों के मस्तकों पर एक स्वर—उत्थान का, सेवा का, करुणा का, पुरुषार्थ का और प्रार्थना का एक ही स्वर – गुंजारती है, जो क्रान्ति जैसे जाज्वल्य ज्वालामय कार्य को, अपने उद्देश्य और व्यवहार की शीतलता से पूरा किया करता है, जो गद्दीधारी धर्म ध्वजी न होकर, धर्म के नियमों का नियमन और निदर्शन करता है, विजय के सिंहासन पर भी, जिसकी वेदना-दृष्टि में परिवर्तन नहीं होता, फाँसी के खम्बे से लटकते हुए, बिना मुकदमे कालेपानी सहने वाले पिस्तौल लेकर मातृभूमि पर सर्वस्व त्यागने वाले से लगाकर, देश की सेवा को रोजगार बनाकर 'सेवा' के मूलधन से जीवन का लाभ उठाने वाले लोगों तक, जिसका मुक्त हास्य गरबीला, जिसका सेवा-बल बेदाग, जिसका समर्पण प्रभु के निकट अछूता होता है, जो बारूद की तबीयत को, नर्मदा-जल सा शीतल और निर्मल करता है, जो राज-मुकुटों को न्याय के खूँटों पर टाँगकर उनके पहिनने वालों को जमीन पर उतारता है—क्योंकि वह भक्त है; और भक्तों ने तो, क्षीर-सागर-निवासी तक को नामदेव की टूटी कुटिया बनाने के लिए बाध्य किया, जो राज-राजेश्वर को जनता जगदीश्वर की सेवा कराये बिना नहीं छोड़ता, वह जन-सेवा-विमुख किस मुकुट और किस सिंहासन को, अछूता छोड़े ? जो रोजगारी उपदेशक न होकर भी, जिसका उपदेश अनचाहे कोटि-कोटि हृदयों में सीधा प्रवेश करता है; जो कर्मकाण्डी न होकर भी, सारे राष्ट्र को कर्मरत किये हुए है; जो राजा न होकर भी, अपनी कहन को कानून की तरह पालन होते देख रहा है; जो राजा न होते हुए भी, जिसके पास, विश्व के शस्त्र-सज्जित संहारकों के साथ लड़ने के लिए बलि-पंथियों की महान् सेना है; जो अधनंगा फकीर है, किन्तु राष्ट्र-कार्यों के लिए जिसके चरणों पर अटूट खजाना लोट-पोट रहता है; जिसके पास गुप्तचर न होते हुए भी राष्ट्र की नस-नस का ज्ञान, ढालू जगह में अपने आप पहुँचने वाले पानी की तरह पहुँच जाता है···।

किन्तु उसके बाद भी जो अपने प्रभु का नम्र सेवक है, उसकी आज बरस-गाँठ है और प्रभु के सन्देश-वाहक के नाते मैं उसे श्रद्धा से मस्तक झुकाता हूँ।

[कर्मवीर, 2 अक्टूबर 1937]

5. श्रद्धा के फूल

जिस महान् व्यक्तित्व ने, जाप्ता पूरा करने के लिए, कभी अपनी साँसों, पंक्तियों और पुरुषार्थों का उपयोग नहीं होने दिया, क्या उसी व्यक्तित्व पर कुछ लिखने का जाप्ता पूरा किया जाय ? भाषा के पास शब्द हैं, किन्तु वे कैसे पराये

से लगते हैं, मानो वे इस दुर्घटना का वर्णन न कर पायेंगे। मानो उस दिवंगत दयासागर का देश, शब्दों की गढ़न और भावों की चढ़न से जाने कितने ऊँचे पर है। वैज्ञानिकों, शोधकों, चिन्तकों, साधुओं, भक्तों, साम्यवादियों, साम्राज्यवादियों, देवों और दानवों सबके पास, गांधी के अमरत्व को मस्तक झुकाने के लिए लाचारियाँ हैं, और उन लाचारियों के लिए कारण हैं। गरीबों, कष्ट-भोगियों, किसानों, मजदूरों, दबे हुओं, पराधीनों, समाज से पीड़ितों और प्रताड़ितों—सबके आँसुओं में से, किसी की वाणी तैरती, किसी की भुजा अभिषेक लेती, किसी की जिन्दगी साँस लेती चली आ रही है। क्या इसी जीवन को थोड़ी-सी पंक्तियों में लिखने का प्रयास किया जाय? क्या उससे अपने पाठकों का परिचय कराने का उपहास किया जाय,—और वह भी मृत्यु के समय—जिसे पाठक इतना अधिक जानते हैं, कि मृत्यु की खबर के आघात से दिग-दिगंत डोल उठा है?

महात्माजी नहीं रहे, यह खबर सुनकर कितनों ही ने अपने प्राण क्यों दे दिये? क्यों अग-जग बावला हो उठा?

कभी किसी ने देखा है कि महात्मा जी ने शंकराचार्य की तरह गद्दी स्थापित की है, और धर्माचार्यों की तरह धार्मिक व्यवस्थाओं की बाल की खाल निकाली है? फिर यह जगत्, क्यों लाचार, धार्मिक व्यवस्था उस व्यक्ति से ले रहा था? किन्तु जिसके बिछुड़ते ही पृथ्वी का धर्म मानो लुप्त हो गया हो। मानो अधर्म का अन्धकार छा गया हो। सेना भी नहीं, राज-व्यवस्था भी हाथ में नहीं, किसी का कुछ बिगाड़ने की इच्छा नहीं, और ऐसी शक्ति को उसके घर में प्रश्रय भी नहीं, फिर यह क्यों सिपाही, शासक, और सारा जगत उसकी हाँ में हाँ भरता, उसकी बात पर जीता-मरता है? कभी किसी ने उस पूजार्ह[1] को ज्योतिष के तारों का हिसाब लगाते और पृथ्वी की प्रतिभा को आकाश के नक्षत्रों से भरमाते नहीं देखा। किन्तु क्यों, जब उसके मुँह से निकल जाता, तब वह कथन, सफल होने में नक्षत्रों के भी रोके न रुकता? सारे विश्व के विजयी निरीश्वरवाद की स्वीकृति और अस्वीकृति के दायरों में बँधे हुए लोगों को देखिये। कुछ कहते हैं कि वे ईश्वर को मानते हैं, किन्तु वे ऐसी किसी बात पर आचरण नहीं कर सकते, और इस तरह निरीश्वरवाद का क्रियात्मक समर्थन करते हैं। और कुछ हैं कि ईश्वर को नहीं मानते, और जो मानता है, उसी की श्रेणी को जगत् की सारी खराबियों का उत्तरदायी मानते हैं। इन दोनों प्रकार के नागरिकों के बीच वह कौन आस्तिक है, जो इस क्षण नास्तिक मानवता से साफ कहता है कि मैं सर्वथा ईश्वर के हाथ में हूँ? और ईश्वर के हाथ अपने को छोड़कर, कष्टों, जेलों, यन्त्रणाओं, उपेक्षाओं, और उपवासों में, शासकों, स्नेहियों, डॉक्टरों, और सत्ताधारियों की हाथ जोड़कर उपेक्षा करता है, और 'रघुपति राघव राजा राम'

---

1. पूजा के योग्य

की ध्वनि से वातावरण का निर्माण कर समस्त विश्व को ईश्वर की श्रद्धा पर अटल रहने का जीवन दान देता है। वह तपी, जिसने जो बोला, जो लिखा, जो कराहा, जो सिसका, जो दुखा, और जो हुंकारा, मानवता दौड़ी कि उसका अंक-अंक गिनकर रख लिया जाय, उसका अक्षर-अक्षर उतारकर छाप लिया जाय। उसके साधे हुए, कहे हुए और लिखे हुए समस्त का संग्रह किया जाय, तो कदाचित् एक लाख पृष्ठों में समावे, और जो अन्यों ने उस पर कड़वा-मीठा कहा उस सबका संग्रह किया जाय, तो कदाचित् उन प्रति पृष्ठों की पूरी एक प्रति खरीद कर रखने के लिए, भवन-निर्माण करना पड़े, और एक लाख रुपयों की थैली शायद छोटी पड़ जाय। यह जानकर भी कि यह तो वही साँस है जो एक बार हम ले चुके हैं, प्राणी हर बार साँस लेने, और उसे नई कहने और मानने के लिए बाध्य है, हम भी लाख-लाख शोक वाणियों के बाद भी अपनी वाणी का स्वर उसमें मिलाने को बाध्य हैं।

आज वे भुजाएँ टूट गयीं, जो अपने युग की मानवता का भाग्य लिख रही थीं, युगों-युगों के लिए। वे भुजाएँ टूट गयीं, जो उन भुजाओं की ओर से, उन भुजाओं के लिए उठती थीं, जिन्हें अपने पतन, पराजय और पराधीनता के ख़िलाफ उठना नहीं आता था। आज से आँसू थम गये, जो कोटि-कोटि कष्ट-भोगियों की ओर से रुदन में बिखर पड़ते और अन्तर में अंगारे बनकर उतर पड़ते थे। आज उस छाती में गोली लग गई जिस छाती पर मानवता अपने उद्धार के सपने, और अपने जीवन के सपने लेकर निश्चिन्त सोयी थी। वह क्या कहता था, सुबह से उठकर शयन तक। वह मेरे द्वारा, मानव के द्वारा, हमारे द्वारा उलझाई हुई समस्याओं को सुलझाता रहता था। और हम क्या करते थे ? हम थे कि, घर की, परिवार की, व्यक्ति की, समाज की, राष्ट्र की, राष्ट्रों की ओर अपने गुनाहों, कमजोरियों, घृणितता और दुर्गन्धियों तथा स्वार्थों की समस्याएँ नित्य प्रातः उलझा कर सुलझाने के लिए उसके सामने रख दिया करते थे। हत्यारे की गोली लगने के पहले हमने अपने आराध्य को बीमार पड़ने और मरने की फुरसत ही नहीं दी।

हम ही वो हैं कि सहस्र-सहस्र के समूह बनाकर उसकी मुट्ठी भर हड्डियों में मालाएँ पहनाते थे, हम ही वह हैं कि लाख-लाख का जुलूस बनाकर देवदास को प्रतीक बनाकर उन्हीं मुट्ठी भर हड्डियों में आग लगा आये। हम ही वो थे कि छोटे-बड़े टिकट कटाकर उसकी झोपड़ी में एकत्रित हो जाया करते थे, और हम ही वह हैं कि दोनों हाथों को उठाते हैं किन्तु वे चरणों तक नहीं पहुँच पाते। हम दूखती आँखों के नज़र कहलाने वाले हाथों को उठाते हैं, और लोक-लोक तक आलोक को पकड़ नहीं पाते। अवतार समाप्त हो चुका है, अब तो जीवन में आने वाले ज्वारों में उसे पहचानते रहने की बिना लिखी पुस्तक से सर मारते रहना है। अंगारे राख हो गये हैं, और वे त्रिवेणी में डाल दिये जायेंगे। देखना यह है कि हमारा महमान अंगारों से हमारे अन्तर में उतर आया है या नहीं। यदि

ये कोटि-कोटि हृदय राख नहीं हैं तो यमुना तट के राजघाट के अंगारों की ऊष्मा से ये युगों-युगों तक सुलगते रहेंगे। जवाहर बूढ़ा हो गया, कि उसके शासन में महात्मा जी को गोली लग गई। वल्लभभाई की व्यवस्था आमरण कलंकिनी हो गई कि वे राम-राज्य में किसी रावण की गोली को न रोक सके। हाँ, चिता पर जलते हुए आराध्य के शव में उस दिन कपालक्रिया हुई वह तो प्राण त्याग के बाद न! किन्तु क्या उसी दिन हमारे राष्ट्रीय गर्व की कपालक्रिया नहीं हो गई? साँसों को हम पकड़ नहीं सके। उस भूल की अदाई जले हुए शव की राख की ढेरी की रखवाली कर हम कर रहे हैं।

और वह गोली मारने वाला? वह नारायण विनायक गोडसे, और यह षड्यन्त्र? और इसके षड्यन्त्रकारी? वे केवल समाज में इसलिए जीवित रह सके और हमारी पीढ़ी को इसलिए गुमराह कर सके, क्योंकि 700 वर्षों की गुलामी के बाद इन 6 महीनों में हया और शर्म की समाज में साँसें नहीं लौट पाईं जो रावण-वंश का, अपने बीच अस्तित्व कठिन कर देतीं। हमारी वे प्रार्थनाएँ मर जायँ जो पुरुषार्थ से खाली होकर कायरता का प्रदर्शन मात्र बन गई हैं। हमारा वह पुरुषार्थ लज्जित हो कि प्रार्थना की सी कोमलता और ईमानदारी के अभाव में अपने नेतृत्व के आडम्बर को सर्वश्रेष्ठ माना, और सर्वनाशक यथार्थता की लीलाओं को प्रार्थना-सभा में बम छूटने के बाद भी न पकड़ सके।

देश का तरुण? हाँ कहते हैं कि वह ज़िन्दा है। यदि वह ज़िन्दा है तो युद्धों का गान्धी यादों में क्यों नहीं लौट सकता? आँगन का भयंकर शव अन्तर के मन्दिर का प्रलयंकर शिव बनकर क्यों नहीं रह सकता? मोहन की वंशी का मोहक और प्रलयंकर स्वर क्या आज ही के दिन भारतवर्ष में अपना अर्थ खो देने वाला है?

तरुण वंशी ले या बाण? दोनों तेरे लिए हैं। यह तो तेरी साँसों का काम है और तेरी प्रत्यंचा की सूझ है कि वह भारत कैसा बने कि जिसका उत्तर-दायित्व तू गांधी को खड़े-खड़े मरवा कर अपने हाथों ले रहा है।

गांधी पर चढ़ने वाले श्रद्धा के फूल तरुण शिर के बने हों, शौर्य के बने हों, वह वाणी, जिसने पोरबन्दर के समुद्र में जन्म लिया, जिसने टेम्स नदी से ताड़ना पायी, जिसने नील नदी के अफ्रीकी मैदानों में सत्याग्रह का स्वप्न जाग्रत किया, जिसने जलियाँवाला की रक्त-नदी में अपने सपनों पर आत्मदान का रंग चढ़ाया, जिसने बिहार में गंगा के जल से अपने स्वप्नों को हरा किया, जिसने साबरमती के तट पर पानी दे-देकर उन सपनों में फूल खिलाये, और जिसने जमना के तट पर राम राज्य का फल अपने स्वप्न-देश से उतारकर तुझे दिया। तरुण, राजघाट के अंगारों से पूछते रहना कि कल का भारत तुझसे अपने सपनों के निर्माण में कौन-कौन से बलिदान चाहता है।

[कर्मवीर, 7 फरवरी 1948]

6. गांधी : त्यौहार नहीं सत्य

आज यदि महात्मा गांधी हमारे बीच होते, तो वे 85 वर्ष के होते। किंतु महान पुरुष अपने शरीर में कम जिया करते हैं, वे तो अपनी कृतियों में ही जीवित रहा करते हैं। गांधीजी की यह जन्म-तिथि 85 वर्ष की है और उनकी मरण-तिथि 7 वर्ष की भी न हो पायी है। किन्तु, भारतवासियों की आँखें 85 वर्षों को अधिक प्यार करती हैं।

गांधीजी कहा करते थे—"जवाहरलाल आज कुछ भी कहे, मेरे मरने के बाद वह मेरी बोली बोलने लगेगा।" कितना सत्य है यह कथन। लगता है कि गांधीजी की दो भुजाएँ भारतवर्ष पर छा गई हैं—जवाहरलाल और विनोबा भावे। बापू की राजनीतिक शिक्षण की अद्भुत विशेषता हम प्रत्येक प्रान्त में देख रहे हैं। समस्त देश में आज वही लोग सफल राजनीतिज्ञ हैं, जिन्होंने महात्मा गांधी के नेतृत्व में शिक्षण पाया है।

राष्ट्रपति से लेकर डा० सुशीला नायर तक सारे देश में एक दृष्टि दौड़ाइये और बदलते हुए भारतवर्ष के साथ अनुभव कीजिये कि गांधी जीवित है,—युगों-युगों अमर है और वह अपनी भू-भंगिमा से मृत्यु का उपहास कर रहा है। जब गांधीजी थे, तब उनकी 'अँगुली' का संकेत राष्ट्र का नियमन करता था, आज उनकी 'प्रेरणा' के बल पर भारतवर्ष विश्व के सामने ऊँचा मस्तक किये हुए खड़ा हुआ है।

अभी उसी दिन तक हम उसे खुली आँखों देखते थे और प्रहार के लिए, पुष्प-हार के लिए, सत्कार के लिए और समर्पण के लिए, हमारे हाथ उस विभूति तक पहुँच पाते थे। आज तो हमारी आँख मूँद लेने पर ही वह सदा के लिए आँख मूँद लेने वाला वन्दनीय नायक, मानो हमारे पास खड़ा-सा दिखायी देता है। अब हम भुजाओं के बल नहीं, यादों के बल उस तक पहुँच पाते हैं। अब साबरमती, सेवाग्राम या दिल्ली की भंगी कालोनी जाने के लिए खरीदी हुई टिकट, हमें गांधी जी के पास नहीं पहुँचा पाती। अब गांधीजी को पाने के लिए हमें स्वयं अपनी भुजा में, अपने ईमान में, अपने अन्तःकरण में खोज करनी होती है। शंकराचार्य नहीं था वह। धर्म की गद्दी का स्वामी भी नहीं था। किंतु, लोग उसकी बात धर्माज्ञा की तरह सुनते थे। वह शासक नहीं था। किंतु, उनकी आज्ञा शासक से अधिक बल के साथ मानी जाती थी। उसने सेनापति के जिरह बख्तर नहीं पहने। किंतु, देश की उथल-पुथल का इतिहास कह रहा है कि किस तेजस्वी भारतीय ने अपने को उस सेनानायक का सैनिक नहीं माना ? भुजा कुंठित है, आँखें लौट आती हैं, किंतु भारतीय के ईमान में कैसा तूफान उठ रहा है ? जो-जो विनोबा बोलता है, अथवा जो-जो खेल जवाहर खेलता है, गांधी की इन दोनों आँखों से आज का जिज्ञासु कौन-कौन से चमत्कार नहीं देखता ? आज का भारतीय गांधी के प्रकाश की इयत्ता अनुभव करने के लिए चीन से लेकर कुस्तुनतुनिया तक

अपनी साँस लेता है। रूस का अतिरेकवाद मानों ठहरने के लिए कुंठित है और पश्चिम का सर्वग्राही साम्राज्यवाद मानो अपने मरने की अन्तिम साँसें ले रहा है। रूस के बूते इजिप्त और ईरान ऊँचे उठकर बोलना सीखे थे। हिन्दुस्तान ने विश्व-संहारकों को चुनौती देना नहीं जाना था। जिस ओर लोग देखते थे, थकावट अनुभव करते थे। आदमी आदमी को खाने को लाचार था। साथ न दो तो मरो, साथ दो तो मरो, साथ देने का समर्थन करो तो मरो, साथ देने का विरोध करो तो मरो, कुछ माँगो तो मरो, कुछ लेने से इन्कार करो तो मरो, जगत् मानो एक झूठी कहानी था और उसका सत्य, अत्याचारी से मिलकर या बिछुड़कर मरना, केवल मरना था। विश्व के इस मरण को जीवन में कौन बदल गया ? जिसकी अस्थियाँ और जिसकी चिता की राख मन्दिरों, घाटों, चबूतरों और पुण्यस्थलों में दबाकर रखी गयी है, आज उसकी वाणी-मौन हो जाने के पश्चात् भी कितनी मुखर होकर बोल रही है ? उसकी भुजा न दीख पड़ने के पश्चात् भी विश्व की कोटि-कोटि भुजाओं में वह किस तरह अवतरित दीख रहा है ? भूदान का यात्री विनोबा मानो बापू का सन्देशवाहक होकर, भूगोल का यात्री हो गया है। हिंसा का भूडोल थमने को बाध्य है, क्योंकि पृथ्वी के गोले के शान्त गोल चक्र अशांति से ऊब उठे हैं। रक्त के रंग मानो दुनिया से पुँछ गये हैं। सफेद और काले चमड़े के भेद पर जीने वाली सफेदी, इस भेद पर अमल करने से घबरा रही है। यह तलवार की शक्ति नहीं है। यह निर्वैर भारतवर्ष की साहसी हुंकार है।

2 अक्टूबर गांधी की जन्मतिथि भले हो किन्तु हम उसे अभी त्यौहार नहीं बनने देंगे। क्योंकि जिस दिन हम गांधी को मरा हुआ मानें, उसी दिन तो हम श्राद्ध करें, त्यौहार मनावें। गांधी जीवित है। वादों का गांधी हमसे छूट गया हो। किन्तु, यादों का गांधी मर नहीं सकता, मारा नहीं जा सकता। कृष्ण को एक व्याध का तीर लगा था, गांधी को एक बधिक का पिस्तौल लगा। नियति के ये बहाने और भाग्य की यह छेड़खानी, क्या कभी गांधी को मार सकती है ? गंगा के पानी में खून नहीं दिखाई देता, वहाँ गांधी है। किन्तु, याँगटिसिक्यांग, बोल्गा और टेन्स का पानी भी खूनी नहीं होना चाहता, खूनी होते शर्माता है, यह गांधी की, और केवल गांधी की छाया है। सात वर्ष पहले गांधी की मूर्ति बोलती थी और अब जवाहर और विनोबा के रूप में गांधी की कीर्ति बोल रही है।

नये जमाने के निर्माता भगीरथी बच्चे, उठो ! तुम्हारी उगती हुई मूछों और उठती हुई जवानियों में बलिदान का वह आवेश आने दो, जो अपने बायें हाथ पर पृथ्वी के गोले को सँभाल सके और दाहिने हाथ में उन औजारों को रखो, जिनसे पृथ्वी खुदती चले, आशा बँधती चले और नवीन निर्माण अवतार धारण करके, अग-जग में डोल उठे, गांधी की वाणी में बोल उठे।

[कर्मवीर, 2 अक्टूबर 1954]

7. महात्मा गांधी-1

महात्मा गांधी को सबसे पहले मैंने लखनऊ की कांग्रेस में देखा था। उन दिनों वे मोहनदास करमचन्द गांधी कहलाते थे। देश की राजनीति के सूत्रधार नरम दल की तरफ से उन दिनों सर फीरोजशाह मेहता थे। वे लखनऊ आये हुए थे। सूरत में सन् 1907 में झगड़ा होने के बाद कांग्रेस सर फीरोजशाह मेहता और स्वर्गीय गोपालकृष्ण गोखले के नरम दल के हाथों में थी और लखनऊ में ही नरम और गरम दोनों दल मिले। दूसरी ओर देश की नयी पीढ़ी का भाग्य-विधायक गरम दल था। उस दल के नेता लोकमान्य बाल गंगाधर तिलक थे जो कालेपानी की सजा काटकर बर्मा की माण्डले की जेल से ताजे ही आये हुए थे। तीसरी तरफ गांधीजी थे जिनके एक-एक शब्द को जन-जीवन सुनता था और मानता था। उन दिनों महात्मा गांधी 'कर्मवीर' कहलाते थे। उन्हें लोग कर्मवीर मोहनदास करमचन्द गांधी कहते थे। गांधीजी कांग्रेस कैम्प में भी अपने सिद्धान्त के अनुसार चक्की पीस रहे थे। एक बैरिस्टर और इतना बड़ा नेता चक्की पीसे इससे अँगरेजों के ढाँचे में ढले हुए नेताओं को घृणा-सी होती थी और राष्ट्रीय नेता गांधीजी की उपेक्षा करते थे। किन्तु ग्रामीण उन्हें देखना चाहते थे, जानना चाहते थे, उन पर कुरबान जाते थे। जब महात्माजी से स्वर्गीय भाई गणेशशंकरजी ने कानपुर आने को कहा तब निमंत्रण स्वीकार करते हुए गांधीजी ने कहा, "हाँ, कानपुर के और भाई भी मेरे पास आये थे। उनसे मैंने तो कहा है कि 'प्रताप' का सम्पादक गणेशशंकर विद्यार्थी आवे तो बात करके जवाब दूंगा। तो अब मैं कानपुर आऊँगा। पर मैं तुम्हारे ही पास ठहरूँगा।" भाई गणेशशंकरजी ने कहा, "मेरे छापेखाने में तो धूल उड़ती है। हम कानपुर के लोग आपको बहुत अच्छी जगह ठहरायेंगे।" गांधीजी खिलखिलाकर बोले, "भाई, मुझे अच्छी जगह नहीं ठहरना है, मुझे तुम्हारे ही पास ठहरना है, अच्छा जाओ देर होती है।" उसी समय गणेशजी तथा हम सब लोग उठकर चले गये। चौथे ही दिन मैंने गांधीजी को प्रताप प्रेस में देखा। वे उस समय पत्र लिखने में व्यस्त थे। एक साधारण-सी कलम थी, आलपीन की जगह बबूल के काँटे रखे हुए थे। और प्रताप प्रेस के नल पर उनके कपड़े धुल रहे थे। लोगों से मिलने का समय होते ही उन्होंने अपना लिखना बन्द कर दिया और चर्चा करने लगे। जो प्रश्नोत्तर हुए उनका कुछ अंश मेरे पास यों सुरक्षित हैं। प्रश्न कभी गणेशजी करते और कभी कानपुर के थियोसॉफिकल हाई स्कूल के हेड मास्टर श्री परांजपे। मैं केवल गणेशजी के प्रश्नोत्तर ही दे रहा हूँ :

प्रश्न : "मैं और मेरे कितने ही मित्र सशस्त्र क्रान्ति में विश्वास करते हैं?" गांधीजी बीच ही में बोले, "हाँ सो तो ठीक है। मैं भी क्रान्ति में विश्वास करता हूँ, किन्तु मैं उस क्रान्ति को नहीं समझ सकता जो क्रान्ति अपने लिए की जाती है, और औरों को मारने दौड़ती है। कहावत है कि ईसामसीह तो खुद मरकर ही

बना जा सकता है।"

प्रश्न : "तब तो आपके कार्यों में सशस्त्र क्रान्तिवादियों की तथा राष्ट्रीय दल के लोगों की सारी मेहनत बरबाद हो जायेगी ?"

उत्तर : "अभी तक जो हुआ है वह यही कि एक-दो आदमी मारे गये हैं और विदेशी राज ज्यों-का-त्यों बलवान् है। मेरे काम से आपके प्रयत्न बरबाद नहीं होंगे। एक तो देश से हिंसा हटेगी और दूसरे जिस काम में देश को बहुत देर लग रही है मेरा तो विचार है कि वह जल्दी हो जायेगा।" गणेशजी महात्माजी के इस उत्तर से बेचैन हो उठे। उन्होंने कहा : "अँगरेज इतने सीधे नहीं हैं कि कोई प्रयत्न न करने पर वे भारतवर्ष को स्वराज दे दें।"

गांधीजी : "यह मैं कब कहता हूँ कि बिना प्रयत्न के कुछ मिलेगा। मैं तो कहता हूँ कि इस देश के जन-जीवन को प्रयत्न करना पड़ेगा, तैयारी करनी पड़ेगी, किन्तु वह दूसरे को मारकर नहीं स्वयं मरकर। मारने में क्या लगता है, मैं भी तलवार से गले काट सकता हूँ, किन्तु औरों के गले काटने की अपेक्षा अपनी निर्बलता, अपनी झिझक, अपनी कायरता और अपने बड़े बनने की इच्छा को काटना बहुत मुश्किल है।"

मैंने देखा गणेशजी गांधीजी के कथन से सन्तुष्ट नहीं हुए। गणेश जी के साथी भी नहीं; किन्तु यह सब सोच गये कि प्रेरणामयी वाणी में बोलने वाला कोई नेता हमारे बीच में है, और इसीलिए हम सबने मिलकर गांधीजी को प्रणाम किया और विदा ली।

गांधीजी को एक बार मैंने खेड़ा में देखा। उन दिनों खेड़ा का सत्याग्रह चल रहा था। बहुत सोचता हूँ याद नहीं आता कि वल्लभभाई वहाँ थे ? कृपलानीजी थे। गांधीजी बीमार हो गये। दस्त की बीमारी थी। तुलसीदास ने एक जगह पर भगवान् के पछताने पर लिखा है,

"प्रभु सप्रेम पछतानि सुहाई।
हरहु भरत मनके कुटिलाई॥"

इस भावना का प्रत्यक्ष प्रथम दर्शन खेड़ा में हुआ। अपने बीमार हो जाने के कारण गांधीजी पश्चात्ताप करते हुए कह रहे थे, "मैं तो ऐसा कहूँगा कि मैं भगवान् के सामने गुनहगार हूँ। इतने लोगों को इकट्ठा कर लिया, सत्याग्रह चला दिया। लोग जेलखाने जा रहे हैं, गवर्नमेंट का अफसर तो खेड़ा के किसान को दुश्मन-जैसा देखता है और किसानों को ऐसी हालत में छोड़कर मैं बीमार पड़ गया।" उस समय ऐसा लगा कि जीवन की प्राकृतिक कठिनाइयों को भी अपराध कहने वाले और अपने को जरा भी नहीं क्षमा करने वाले महान् सन्त के दर्शन हुए। उस समय ऐसा लगा कि भगवान् के किसी सच्चे भक्त के दर्शन हो रहे हैं। गांधीजी की बीमारी में यह तय हुआ कि वे लोगों से अधिक मिलें-जुलें नहीं और किसी को उनके पास न आने देने के लिए कृपलानीजी स्थान के दरवाजे पर जा बैठे। उस समय मैंने कृपलानीजी की गांधी-भक्ति और गांधीजी

का कृपलानी-प्रेम अद्भुत रूप में देखा। कृपलानीजी बोलते तो जो कुछ भी मुंह में आ जाये बोलते जाते थे। और गांधीजी के प्रति कड़े से कड़े शब्दों का उपयोग करने के बाद भी गांधीजी इस प्रकार हँसते थे मानो कोई उनका प्रिय भजन सुना रहा हो, उस समय मन की स्थिति ऐसी हो गयी थी कि,

"सिवा का सराहो कि सराहो छत्रसाल को"

एक बार लोकमान्य तिलक के साथ गांधीजी बम्बई से ऑल इण्डिया कांग्रेस कमेटी की बैठक में जा रहे थे। यह 14 जनवरी सन् 1920 की घटना है। जबलपुर स्टेशन पर ट्रेन काफी देर तक ठहरती थी इसलिए लोगों ने स्टेशन पर ही एक सभा का आयोजन किया। लोकमान्य तिलक ट्रेन से उतर कर सभा में आये; भाषण भी किया। गांधीजी से आग्रह किया किन्तु वे उतरे नहीं। उन्होंने स्पष्ट कहा, "मैं भीड़ का कहना कभी नहीं मानूंगा। आप देश का काम कीजिए किन्तु मैं आपकी सभा में जाकर व्याख्यान देने को देश का काम नहीं मानता।" परिणाम यह हुआ कि गांधीजी स्टेशन पर लोगों से हरिजन-उद्धार की चर्चा करते रहे और जबलपुर की जनता भाषण में बैठी प्रतीक्षा करती रही।

सन् 1921 के मार्च महीने में बाबू गोविन्ददासजी तथा मित्रों ने कहा कि मैं वर्धा जाकर गांधीजी को जबलपुर ले आऊँ। गांधीजी साथ आये। जमनालालजी बजाज भी थे। जब ये तीन मोटरें नागपुर होकर जबलपुर रवाना हुईं तब मैंने सिवनी में महात्मा गांधी को भाई दुर्गाशंकरजी मेहता के यहाँ ठहरा दिया। मेहताजी के यहाँ गांधीजी और समस्त दल के ठहरने की बहुत अच्छी व्यवस्था की गयी, किन्तु जब सिवनी से मोटरें जबलपुर के लिए रवाना हुईं तब मार्ग में भाई जमनालालजी ने मुझ पर इस बात के लिए नाराजी प्रकट की कि जब मेहताजी ने वकालत नहीं छोड़ी है, तब गांधीजी का उनके यहाँ ठहरना उचित नहीं हुआ।

यह खबर किसी तरह भाई दुर्गाशंकरजी मेहता को लग गयी। उन्होंने (चूंकि उसके बाद ही मैं जेल चला गया था) अपने वकालत छोड़ने की खबर, मुझे बिलासपुर जेल में दी और उस दिन राष्ट्रीय क्षेत्र में आने के पश्चात् मेहताजी आज तक प्रखर कांग्रेसवादी बने रहे। इस बीच एक विनोद का प्रसंग याद आता है। मैं भूल गया हूँ कि यह घटना कहाँ हुई। महात्मा गांधी जिस भवन में ठहरे हुए थे उसके बगल के कमरे में स्वर्गीय विट्ठलभाई पटेल ठहरे हुए थे। उस समय 'खेड़ानी लड़त' गुजराती ग्रन्थ के लेखक श्री शंकरलालजी पारीख भी वहीं ठहरे हुए थे। विट्ठलभाई उस समय सिगरेट पी रहे थे। महात्माजी हँसते हुए बोले, जो कि उनके सिगरेट पर बहुत आनन्ददायक व्यंग्य था, "केम विट्ठलभाई शूं करि रह्या छो?"[1] विट्ठलभाई व्यंग्य को तुरन्त ताड़ गये; बोले, "कांग्रेस के प्रस्ताव का पालन कर रहा हूं।" शंकरलालजी डरते-डरते गुजराती में बोल उठे जिसका

---

1. कहो विट्ठलभाई, क्या कर रहे हो ?

अर्थ था, "यह कैसे ?" विट्ठलभाई खिसिया कर अपना हाथ अपने सिर से लगा-कर बोले, "जरा कांग्रेस का प्रस्ताव देखो मेहरबान, तुमने विलायती चीजों का बोन फायर पास किया है और मैं विलायती चीजों का बोन फायर कर रहा हूँ।" ऐसा कहकर उन्होंने एक हाथ से अपनी चितकबरी दाढ़ी पर हाथ फेरते हुए दूसरे हाथ की जलती हुई सिगरेट मुँह में लेते हुए जोर का कश खींचा और वातावरण हँसी से भर गया।

भारतवर्ष ने एक बहुत बड़ा द्रष्टा, एक बहुत बड़ा ऋषि, एक बहुत बड़ा योद्धा, एक बहुत बड़ा कवि खो दिया, जो चिन्तन की घड़ियों को जब क्रिया में तोलता था तब वाणी से बोलता था। लोक-जीवन की करुणा के कोटि-कोटि स्वर, पुरुषार्थ के संकेत बनकर जिसकी वाणी में फूट पड़ते और जिसकी क्रिया में टूट पड़ते थे; विश्व का ऐसा अनहोना काव्य हमने खो दिया। उसकी कलम जब उठती, भाषा का सुहाग और देश का भाग्य लिखती थी। देश की दलित पीढ़ियाँ उसके अन्तःकरण में पुकार उठती थीं। सेना न होते हुए भी जिसकी बात राजाज्ञा की तरह पालन की जाती, गद्दी न होते हुए भी जिसकी बात धर्माज्ञा की तरह मस्तक झुकाकर स्वीकार की जाती, स्वर भावुक न होते हुए भी, जिसकी बात सुनकर सहस्र-सहस्र प्राणियों और शत-शत संस्थाओं की रक्षा के लिए धन बरस पड़ता और प्रियतम और प्रियतमा का पागलपन न होते हुए भी जिसका ईमान और बलिदान, जिसकी कीर्ति और मूर्ति पीढ़ियों में दुलरायी जाती, उसे हमने खो दिया। जिसके नेत्रों में दुखियों की चीत्कार भर जाती, जिसकी साँसों में जरूरतमन्दों की झंकार सुनाई पड़ती, जिसकी मुद्रा में विश्व के परि-वर्तन की मनुहार होती और जिसके स्वर में साम्राज्यों को कम्पित करने की हुंकार होती, उसी महान् मानव-काव्य अथवा काव्य-मानव को हमारे देश की भूमि ने जन्म दिया और खो दिया।

[1959]

8. महात्मा गांधी-2

सन् 1920 के सितम्बर महीने में कलकत्ता में स्पेशल कांग्रेस हुई। लोकमान्य के स्वर्गवास को कुछ ही दिन हो पाये थे और गांधीजी के कथन के अनुसार तो "यदि कोई व्यक्ति है जो भारतीय स्वतंत्रता के लिए प्रार्थना में दिन और रात निरन्तर लीन रहता है और अपनी सम्पूर्ण शक्ति के साथ यह सोचता रहता है कि भारतवर्ष के लिए मुक्ति प्राप्त की जाये, तो वह व्यक्ति है लोकमान्य तिलक।" लोकमान्य तिलक की मृत्यु के बहुत दिन पूर्व एक बार महात्मा गांधी ने यह भी कहा था कि "भारतीय स्वतंत्रता के लिए लोकमान्य तिलक की भक्ति आश्चर्य-जनक है; यदि वे इस समय सो न रहे होंगे तो मेरी पूर्ण श्रद्धा है कि इस वक्त वे भारतीय स्वराज्य के सम्बन्ध में ही कुछ सोच रहे होंगे या किसी के साथ उसी विषय पर बहस कर रहे होंगे।"

लोकमान्य के स्वर्गवास की खबर पाकर उनके उदास मुँह से एकदम निकल पड़ा था, "देश के आन्दोलन की कठिनाइयों में अब मैं किसके पास जाकर सलाह करूँगा और सहायता प्राप्त करूँगा। अब मैं किसके पास जाकर कहूँगा कि सम्पूर्ण महाराष्ट्र इस कार्य में लग जाये। अभी तक मैं, स्वराज्य के लिए काम करते हुए भी, स्वराज्य शब्द मुँह से नहीं निकालता था, परंतु अब मेरे लिए आवश्यक हो गया है कि मैं लोकमान्य की आवाज को समय में न डूब जाने दूँ। मैं उनकी आवाज को जीवित और प्रभावशील रखूँ। हमारे इस महान् योद्धा ने भारतीय स्वतंत्रता की जिस पताका को ऊँचा रखा उसे एक क्षण के लिए भी झुकने नहीं देना है।" गांधीजी अहमदाबाद से एकदम बम्बई पहुँचकर लोकमान्य तिलक की स्वर्गारोहणयात्रा में शामिल ही नहीं हुए थे प्रत्युत उस समय की अपार भीड़ के बीच में लोकमान्य को कांधा भी दिया था।

कलकत्ता कांग्रेस के बाद महात्मा गांधी के कार्यों की विशेषता को जानने के लिए समय की पुस्तक के थोड़े-से पन्ने पीछे को पलटने पड़ेंगे। जब सन् 1906 में कलकत्ता में कांग्रेस हुई थी तब उसके अध्यक्ष के नाते गुजराती मातृभाषा वाले किन्तु देश की स्वतन्त्रता के परम नायक भारतीय राष्ट्र के प्रपितामह श्री दादाभाई नौरोजी ने सबसे प्रथम अपने अध्यक्षीय भाषण में स्वराज्य शब्द का उच्चारण किया था और उस शब्द के साथ तीन बातों को और मिलाया था। इस तरह वे कुल मिलाकर चार बातें थीं—स्वदेशी आन्दोलन, विदेशी बॉयकॉट, राष्ट्रीय शिक्षा और स्वराज्य। लोकमान्य तिलक ने अपने भाषण द्वारा, वक्तव्य द्वारा और मराठी 'केसरी' में लिखे अपने लेखों द्वारा इन चारों बातों पर बहुत जोर दिया था।

भारतीय स्वतंत्रता के आन्दोलन का इतिहास जानने वाले से यह बात छिपा नहीं है कि लोकमान्य इन्हीं चार बातों के लिए जीवन-भर झगड़ते रहे। उन दिनों एक होम-रूल लीग, श्रीमती स्वर्गीया एनीबेसेण्ट के द्वारा चलायी जा रही थी और दूसरी होम-रूल लीग का संचालन स्वयं लोकमान्य तिलक कर रहे थे। लोकमान्य का स्वर्गवास होते ही गांधीजी ने स्वराज्य के आन्दोलन का वह भार अपने सिर पर उठा लिया। वे होम-रूल लीग के अध्यक्ष चुन लिये गये। उस समय कलकत्ता विशेष कांग्रेस के अध्यक्ष पंजाब-केसरी स्वर्गीय लाला लाजपतराय ने कहा था, "मेरा हृदय गांधीजी के साथ जाता है और मेरा मस्तिष्क दूसरी ओर जा रहा है।" गांधीजी ने अपनी नवीन अहिंसक योजना पूर्णतः देश के सामने रख दी थी। उस समय कलकत्ता स्पेशल कांग्रेस में गांधीजी की अहिंसा पर प्रेम का व्यंग्य करते हुए बम्बई के देशभक्त बैरिस्टर बेप्टिस्टा ने अखिल भारतीय कांग्रेस की सब्जेक्ट कमेटी[1] की बैठक में कहा था, "आपके अहिंसा के आन्दोलन से देश का स्वराज्य मिलना तो दूर, अँगरेजों का कोई कुछ भी नहीं

1. विषय-निर्वाचन समिति

बिगाड़ सकेगा। आप स्वयं ही अव्यवस्था बढ़ने देने के बजाय अहिंसा के नाम पर एक लाख 'पुलिस मैन' का काम खुद किया करते हैं, और प्रकारान्तर से देश की व्यवस्था रखने में अँगरेजी शासन को बल पहुँचाते हैं।"

हम लोग सब उन दिनों लोकमान्य तिलक के झण्डे के नीचे स्वराज्य का आन्दोलन करने का काम करते थे अतः गांधीजी की बात उनकी अहिंसा की चर्चा के कारण लोगों की समझ में बिल्कुल नहीं आती थी। मैं यों कलकत्ता कांग्रेस में ठहरा तो खण्डवा-निवासी (अब स्वर्गीय) हरिदास चटर्जी के लैंसडाउन-स्ट्रीट वाले मकान में था। मेरे साथ ठाकुर लक्ष्मणसिंह चौहान थे और आज के मध्यप्रान्तीय मन्त्रिमण्डल के मन्त्री श्री अब्दुलकादिर सिद्दीकी, मुझे खूब याद है मेरे साथ ही कलकत्ता गये थे और कलकत्ता से लौटे थे। उन दिनों वे खण्डवा की शासकीय माध्यमिकशाला की अध्यापकी छोड़कर बुरहानपुर चले गये थे और वकालत करने लगे थे। योग ऐसा आया कि वकालत करते ही उन्हें महात्मा गांधी के आन्दोलन के अनुसार वकालत छोड़नी पड़ी। उस समय कलकत्ता में महात्माजी जहाँ ठहरे हुए थे वहाँ की व्यवस्था स्वर्गीय भाई जमनालालजी बजाज के हाथ में थी। मैं जब अपने मित्रों के साथ कलकत्ते में महात्माजी के कमरे में गया तब वे कुछ मित्रों से बातचीत कर रहे थे। कांग्रेस के महामन्त्री लखनऊ के एडवोकेट पण्डित गोकर्णनाथ मिश्र उनकी बाजू में बैठे हुए थे। और वातावरण में उल्लास की अपेक्षा उदासीनता छायी हुई थी।

लोग स्वराज्य के आन्दोलन को खूब समझते थे। किंतु अहिंसा से बहुत घबराये हुए थे। गांधीजी ने अपना दृष्टिकोण समझाते हुए यह बताया कि एक बार अमल में लाकर देखिए तो आपको पता चल जायेगा कि अहिंसा की शक्ति ऐसी है जिसका सामना हिंसा की शक्ति कर ही नहीं सकती। हाँ, होनी चाहिए वह सच्ची अहिंसा। नकली अहिंसा तो हिंसा से भी अधिक हानिकारक है। मुझे लगा कि यह अहिंसा तो अपने बूते का रोग नहीं है। किन्तु जब कांग्रेस के मंच पर चढ़कर महात्मा गांधी ने अपनी अहिंसा वाली बात कही और योजना समझायी तब मानो प्रचण्ड करतलध्वनि ने पण्डाल गुंजा दिया और महात्मा गांधी की बात का समर्थन किया। उस समय कितने ही लोग तीन बातें सोचते थे। एक दल वह था, जो सोचता था कि अहिंसा गांधीजी की सनक मात्र है, वह बिलकुल नहीं चल सकती। कुछ लोग यह सोचते थे कि अहिंसा पर जोर देने से कांग्रेस बिखर जायेगी और उसकी प्रलयंकारी शक्तियाँ कांग्रेस छोड़कर चली जायेंगी। तीसरा एक दल ऐसा भी था जो सोचता था कि कदाचित् महात्माजी स्वयं अहिंसा पर विश्वास नहीं करते; वे केवल राजनीतिक चतुरायी के कारण अहिंसा पर जोर दे रहे हैं। इस तरह सोचने वालों में भारतवर्ष के शिक्षित लोग ही अधिक थे। हम लोग जब कलकत्ता से लौटे तब यह प्रभाव लेकर चले कि जनता महात्माजी का साथ देने के लिए तैयार है और बूढ़े नेता नहीं मानते कि अहिंसा से काम चल सकेगा। उसी वर्ष कांग्रेस का अधिवेशन जो प्रतिवर्ष दिस-

म्बर की छुट्टियों में हुआ करता था हमारे प्रान्त में नागपुर में ही होने वाला था और उत्तर और दक्षिण के दिग्गज नेता अहिंसा को हराने की प्रतिज्ञा-सी लेकर कलकत्ता से चले थे। किन्तु देश के जो नये नेता थे, वे स्पष्ट गांधीजी के साथ दिखाई देते थे। उस समय की तीन महान् समस्याएँ थीं, खिलाफत का झगड़ा मुसलमानों के पूर्ण सन्तोष के साथ निपटे, भारतवर्ष को स्वराज्य मिले तथा भारतरक्षा कानून रद्द किया जाये। उन दिनों महात्मा गांधी के कार्यक्रम में कौन्सिल का बहिष्कार, स्कूल का त्याग, वकालत बन्द आदि का आन्दोलन शामिल था। किन्तु गांधीजी का विरोध तो दूर, कलकत्ते लौटते न लौटते लोगों ने अपनी कौन्सिल के बहिष्कार की घोषणाओं की धूम मचा दी और बम्बई प्रान्त में सबसे पहले कौन्सिल छोड़ने वालों में स्वर्गीय बैरिस्टर बेप्टिस्टा और लोकमान्य के परम शिष्य स्वर्गीय नरसिंह चिन्तामणि केलकरजी थे। उस समय यद्यपि जिनके हाथ में कांग्रेस थी उन पदाधिकारियों की नीयत तो यह थी कि कांग्रेस महात्मा गांधी के असहकारिता आन्दोलन के खिलाफ मत दे, किन्तु सदस्य पदाधिकारियों के काबू के बाहर थे और जनता खुले आम असहयोग आन्दोलन से हर्षित हो रही थी।

नागपुर कांग्रेस में मैं उसी मकान में ठहरा हुआ था जिसमें ऊपर के हिस्से में बापूजी ठहरे हुए थे। उस समय सम्पूर्ण भारतीय जीवन में एक हलचल प्रारम्भ हो गयी थी। 1908 में जब नागपुर में लोग किसी राजनीतिक परिषद् में एकत्र हुए थे तब भोजनालय की तरफ ध्यान देने से मालूम होता था कि ब्राह्मण-अब्राह्मणवाद का कितना बड़ा जोर है। जब भोजन तैयार हुआ तो जो लोग सोला नहीं पहने हुए थे उन्हें अपवित्रों की तरह दूर बैठाकर भोजन परोसा जा रहा था। जब 1915 में लोकमान्य छूटकर आये उसके पूर्व स्वर्गीय विष्णुदत्त शुक्ल के सभापतित्व में जो अखिल भारतीय राजनीतिक परिषद् नागपुर में हुई उसमें सोला पहनने और बिना सोला पहननेवालों की पंक्तियाँ आमने-सामने बैठीं, किन्तु जब नागपुर की कांग्रेस हुई तब गांधीजी के युग का यह प्रभाव था कि भोजन की वस्तुओं में श्रेष्ठता आ गयी थी और मनुष्य मात्र भोज में सम्मिलित था। गांधी-जी के युग की अहिंसक असहकारिता के जमाने की वह पहली कांग्रेस थी, जिसमें कर्नल वैजउड और मेजर ऐटली (जो आगे जाकर इंग्लैण्ड के मजदूर प्रधान मन्त्री हुए तथा जिनके जमाने में भारतवर्ष को स्वराज्य प्राप्त हुआ) भी कांग्रेस देखने के लिए प्रथम बार कांग्रेस में सम्मिलित हुए थे। मैंने देखा, स्वर्गीय भाई जमनालालजी बजाज, जो नागपुर कांग्रेस की स्वागत-समिति के अध्यक्ष भी थे, कांग्रेस को सफल बनाने के लिए बहुत चिन्तित थे और महात्मा गांधी मानो देश की परम शक्ति पर विश्वास करके अत्यन्त निश्चिन्त थे। हाँ, उस जमाने में मध्यप्रदेश की प्रान्तीय कांग्रेस कमेटी की सम्पूर्ण शक्ति इस बात में लगी हुई थी कि असहयोग का प्रस्ताव कांग्रेस में हार जाये, किन्तु असहयोग के पक्ष में देश-भर में हल्ला मचा हुआ था और लोक-जीवन में ऐसा प्रतीत होता था, मानो

स्वराज्य नजदीक दौड़ता चला आ रहा है। यद्यपि महात्मा गांधी बारम्बार उपदेश कर रहे थे कि बिना सोचे-विचारे असहयोग के प्रस्ताव का साथ न दो, किन्तु लोग तो गांधीजी के प्रस्ताव पर मत देने के लिए उतावले हो रहे थे।

एक दिन सन्ध्या के समय अपने नागपुर के निवास-भवन में गांधीजी ने सब कांग्रेस कार्यकर्ताओं को बुलाया और कहा कि मेरे कानों पर खबर आयी है कि आप लोकों (गांधीजी उस समय लोग को 'लोक' ही उच्चारण करते थे) कूँ जो अहिंसा का मतलब समझाते हैं, उसमें लोक तालियाँ खूब बजाते हैं, मगर उसमें जहर तो होता है। मुझे हिंसा का स्वराज्य तो नहीं चाहिए और अगर हिन्दुस्तान के लोक हिंसा के बिना स्वराज्य नहीं चाहते तो मैं तो लोकों कूँ छोड़कर बाहर निकल जाऊँगा। इसलिए अब आप लोक अपने भाषणों में से जहर निकाल डालिए। गांधीजी के इतना कहते ही 'हम कांग्रेस के महान् वक्ता गण' एक-दूसरे की सूरतें देखने लगे। उस समय स्वर्गीय विजयसिंहजी पथिक ने स्पष्ट शब्दों में कहा, "यदि हम गांधीजी को ग्रहण करना चाहते हैं तो समूचा ही ग्रहण करें—ईमान पुराना और योजना नयी, उस जोड़ से तो काम नहीं चलेगा।" इससे पश्चात् थोड़ा-सा परिवर्तन तो वक्ताओं ने अपने भाषणों में किया, किन्तु उनके मन से यह भय नहीं निकला कि युद्ध की भाषा को अहिंसक रूप देने से कहीं पूरा आन्दोलन न बैठ जाये। किन्तु नागपुर कांग्रेस के थोड़े ही दिनों बाद बालाघाट जिले में काम करने वाले एक बाहरी प्रान्त के सज्जन ने जब अपने कामों के लिए वहाँ के जिला मजिस्ट्रेट के सामने क्षमा माँग ली तब गांधीजी ने कार्यकर्ताओं से वर्धा में स्पष्ट कहा, "वह आदमी हमारे काम से तो गया। अब हमारे कूँ उसकी तरफ नहीं देखना चाहिए और इस बात का खयाल रखना चाहिए कि स्वराज्य के काम में संकट तो आवेंगे। इसमें तो वो ही लोग पड़ें जो संकट सह सकते हैं, जो नहीं सह सकते उनका इस आन्दोलन में काम नहीं।"

[1959]

9. महात्मा गांधी-3

1920 में अजमेर के देशभक्त श्री अर्जुनलाल सेठी बालाघाट जेल से छूटे। यदि मैं भूलता नहीं हूँ तो इन्दौर के कल्याणमल हाई स्कूल के, जन्म से लेकर 1913 तक वे उसके प्रधानाध्यापक थे। इस तरह कल्याणमल हाई स्कूल को यह गौरव प्राप्त है कि कठिनाई के उन दिनों, जब देशभक्त सेठीजी जैसे व्यक्ति का ब्रिटिश भारत में भी स्वतन्त्र रहना कठिन था, वे एकदेशीय रियासत में नये हाई स्कूल के हेडमास्टर होकर आये। फिर उनके क्रान्तिवादी होने के सन्देह पर उन्हें गिरफ्तार कर लिया गया और लगभग सात वर्ष, बिना मुकदमा चलाये, जयपुर और बेलोर (मद्रास प्रान्त) की जेलों में रखा गया। सेठीजी गीता के परम उपासक तथा जैन-धर्म के श्रेष्ठ उदाहरण थे।

एक बार उन्हें जेल में 52 दिन का उपवास करना पड़ा; वे भोजन तभी करते

थे जब अपने इष्ट देव की मूर्ति के दर्शन कर लेते। 52 दिन बाद जब प्रभु-प्रतिमा उनके सामने लायी गयी और उन्होंने दर्शन कर लिए तब जाकर भोजन किया। जब सेठीजी बालाघाट जेल से छूटे तो उनके जेल-जीवन की एक प्रश्नोत्तरी 28 फरवरी 1920 के 'कर्मवीर' में छपी। उस समय महात्माजी द्वारा सम्पादित गुजराती 'नवजीवन' तथा अँगरेजी 'यंग इण्डिया' नये-नये ही प्रकाशित हुए थे और सेठीजी की इस मुलाकात का अनुवाद गुजराती 'नवजीवन' में प्रकाशित हुआ था।

एक बार मैं बापू के साथ वर्धा से बम्बई की यात्रा कर रहा था। तीसरे दरजे में यात्रा हो रही थी। हम लोगों की कोशिश यह रहती कि रेल का डिब्बा बापू को खाली मिले, अतः समय से बहुत पहले स्टेशन पर पहुँचकर विभिन्न प्रकार से उसे खाली करने का प्रयत्न करते और महात्माजी का नाम सुनकर उस डिब्बे के मुसाफ़िर दूसरे डिब्बे में बैठने को चले जाते। मुझे याद आता है कि उस समय मणिलाल भाई (गांधीजी के पुत्र नहीं) हम लोगों के साथ थे, किन्तु ज्योंही बापू रेल के डिब्बे में आये, डिब्बे में मुसाफिरों को न देखकर वे एकदम उदास हो गये और बोले, यहाँ के मुसाफिर क्या हुए ? अब मैं मणिलाल भाई की तरफ देखूँ और मणिलाल भाई मेरी तरफ। अन्त में बहुत डरते-डरते हम लोगों ने स्वीकार किया कि मुसाफिर हमारी प्रार्थना पर दूसरे डिब्बे में बैठने चले गये। बापू बोले, "क्यों नहीं चले जायेंगे ! पुलिस डराती है, फौज डराती है, सरकारी अधिकारी डराता है, अँगरेज डराता है, अब क्या गांधीजी के डर से रेल के मुसाफिर दूर भगाये जायेंगे ? और मणिलाल भाई की ओर मुखातिब होकर उन्होंने कहा, "तमे तो हजु आपणा कार्य्यनो आधार च बगाड़वा माँगो छौ" बापू ने गुजराती में बहुत लम्बा कहा था किन्तु मेरी डायरी में मैंने पूरे शब्दों को उस समय नहीं लिखा था। अन्त में बापू धीरे से उठकर रेल के दूसरे मुसाफिरों से भरे थर्ड क्लास के डिब्बे में बैठ गये और अपने कार्यक्रम की बात करने लगे। वहाँ हम लोगों ने देखा कि बापू अपनी बात रेल के मुसाफिरों से इतनी तल्लीनता से कर रहे हैं, मानो रेल के डिब्बे में कई दिनों पहले आकर बैठे हों। मणिलाल भाई ने मुझसे कहा, "हमें तो केवल बापू के स्वास्थ्य की चिन्ता है, किन्तु बापू भारतवर्ष के जीवन से घुल-मिल जाना चाहते हैं।"

एक बार की बात है कि बापू भोपाल गये। वे वर्धा से भोपाल जा रहे थे। भोपाल में 'कर्मवीर' बन्द था और मेरा प्रवेश निषेध था। इस बार भाई जमनालालजी बजाज ने मुझे सूचना दी थी और मैं खण्डवा से उनके साथ हो गया। बापू की इस भोपाल-यात्रा की व्यवस्था प्रसिद्ध देशभक्त स्वर्गीय डॉक्टर अन्सारी साहब ने की थी। डॉक्टर अन्सारी साहब भोपाल में उस समय हाजिर भी थे। बापू भोपाल के नवाब साहब के 'राहत-मंजिल' नामक भवन में ठहराये गये थे। ज्योंही सन्ध्या का समय हुआ, बापू प्रार्थना करने बैठ गये। उसमें भोपाल के नवाब साहब, डॉक्टर अन्सारी महोदय, और भोपाल के रियासत के बड़े-बड़े

अमीर-उमराव घुटने टेके वहाँ की प्रार्थना सुन रहे थे। बापू ध्यानस्थ प्रार्थना में लीन थे। गीता से, कुरान शरीफ से, बाइबिल से और सन्तों की वाणियों से प्रार्थना के शब्द गूँज रहे थे। उस दिन उस प्रार्थना-सभा में मालिक या नौकर, राजा या प्रजा, गरीब या अमीर, छोटा या बड़ा सब भेद जाने कहाँ विलीन हो गये थे। उस समय साम्प्रदायिक भेद मानो कोई चीज ही नहीं दीख पड़ता था।

जिन दिनों बापू 1933 में हरिजन दौरे पर निकले तब स्वर्गीय पण्डित रविशंकरजी शुक्ल उनके दौरे में उनके साथ हो गये। क्योंकि दौरा महाकौशल से शुरू ही हुआ था, मैं बैतूल के मित्रों को लेकर छिन्दवाड़ा पहुँच गया। उसी दिन बापू सिवनी आ चुके थे और छिन्दवाड़ा आनेवाले थे। बैतूल के श्री भाई दीपचन्दजी गोठी की सूचना के अनुसार मुझे लगा कि बापू को छिन्दवाड़ा शीघ्र आना चाहिए और दिन-ही-दिन में, अर्थात् दिन रहते ही, सतपुड़ा के सर्पाकार मोड़ों और घाटियों से कम से कम मुल्ताई तक निकल जाना चाहिए। उस समय मैं छिन्दवाड़ा में देशभक्त श्री सालपेकरजी के घर ठहरा हुआ था। मैंने तुरन्त एक तार सिवनी दिया, "काइण्डली क्रॉस सतपुडॉज टर्निङ्ज ऐण्ड घाट्स बिफोर सन् सेट," और दो घण्टे बाद हम लोगों ने देखा कि पूज्य बापूजी और उनके साथ की मोटरें छिन्दवाड़ा में थीं। छिन्दवाड़ा का काम शीघ्रता से निपटाया गया और बापू की मोटर आगे मुल्ताई की ओर चल पड़ी। कभी-कभी तो उनकी मोटर की रफ्तार अस्सी मील फी घण्टा भी हो जाती थी कि जिससे न हम उनकी मोटर के आगे उचित ढंग से रह सकते थे और न उस मोटर का पीछा ही उचित ढंग से कर सकते थे। मुझे 'पल्पीटेशन' है अतः मैं भयभीत होकर जाने कैसे यात्रा कर रहा था और पूज्य बापू की मोटर में नहीं बैठा था। बापू की मोटर में श्री दीपचन्दजी गोठी बैठा दिये गये थे कि वे रास्ता बताते चलें। किन्तु मोटर की दौड़ तुच्छ हो जाती थी। जब मैं देखता था कि उन शैल-ग्रामों के निवासियों के झुण्ड के झुण्ड गीत गाते हुए बापू को रोक लेते थे। और 'समय का कठोरता से पालन' करते हुए भी थके हुए बापू उत्साहपूर्वक ग्रामीणों को हरिजनों के उद्धार का सन्देश सुनाते जाते थे। छिन्दवाड़ा से मुल्ताई आते हुए नौ जगह ग्रामीणों ने बापू की मोटर रोकी थी। ग्रामीण लोग प्रायः उन्हीं गीतों को गाते थे जिन गीतों को वे उस समय गाया करते थे, जब उनका कोई पारिवारिक तीर्थ-यात्रा से लौटता था। किन्तु एक ग्राम के ग्रामीणों को मैंने वह गीत गाते सुना जब भगवान् रामचन्द्रजी चौदह वर्ष का बनवास काटकर अयोध्या में लौटे थे।

बापू जब मुल्ताई पहुँचे तब सन्ध्या हो चुकी थी। वहाँ जो हरिजन-प्रेमी सभा हो रही थी, उसका नियन्त्रण देशभक्त श्रीयुत बिहारीलालजी पटेल की धर्मपत्नी अर्थात् मेरे मित्र गुरुदयाल बाबू की पुत्री कर रही थी। बापू उनकी व्यवस्था-चतुराई से बहुत प्रसन्न हुए थे।

बैतूल में रात बिताने के पश्चात् बापू की यह इच्छा हुई, कि वे मद्रास के थियोसॉफिकल कॉलेज के प्रिन्सिपल और बापू के परम प्रिय मिस्टर डंकन, जो

उन दिनों एक वर्ष के लिए सतपुड़ा के जंगलों में आकर रहे थे, को देखें। बापू पहले सूबेदार साहब के गाँव खेड़ी में अपनी प्रसिद्ध अँगरेज शिष्या मिस मेरी वार से मिले जिन्होंने भारतीय ग्रामों की सेवा के लिए बापू की आज्ञा के अनुसार अपना जीवन लगा दिया और तब वहाँ से हम लोग गांधीजी के साथ उस स्थान पर गये जहाँ 'डंकन' महाशय रहते थे।

हम लोग एक लम्बा-सा घुमाव लेकर ताप्ती नदी के उस भयंकर मोड़ पर पहुँचे जहाँ भय की गोद में सौन्दर्य बहुत निश्चिन्त भाव से लेटा हुआ था। बापू ने जब वह स्थान देखा तो उनके मुँह से निकल पड़ा, 'स्विट्जरलैण्ड' में इससे सुन्दर क्या हो सकता है; और पत्रों के संवाददाताओं की कलमें दौड़ गयीं। उस गाँव का नाम 'बारहलिंग' था जहाँ श्री डंकन रहते थे। नीचे ताप्ती नदी के धरातल में बाहर शिवमन्दिर थे, जिनके कारण उस गाँव का नाम बारहलिंग पड़ा था। बापू को कुरसी पर बैठाकर ऊपर चढ़ाया गया, तब एक लम्बी घाटी चढ़ने के बाद पर्वत के शिखर पर बारहलिंग में पहुँचे। पीछे घूमकर देखने से बारहलिंग के मन्दिर और ताप्ती का जल-धरातल दोनों स्पष्ट दिखायी दे रहे थे और सौन्दर्य तो मानो सन् 1933 के नवम्बर के उस सप्ताह में सतपुड़ा की घाटियों और झाड़ियों पर टूटकर बिखर रहा था। वायु का जो भी झोंका आता काफी ठण्डा होता किन्तु सौन्दर्यमय वृक्षराजि के पत्र हिल-हिलकर मानो बन्दनवार बना उठते थे। पहाड़ के शिखर पर चढ़ने के बाद हम चिन्ता में पड़े कि वहाँ पानी कहाँ से आता होगा? किन्तु उस पर्वत शिखर पर तो एक कुआँ, और उसमें काफी पानी, और मालगुजार साहब का एक बगीचा, जिसमें केले तथा कई प्रकार के वृक्ष लगे हुए थे। बापू ने पूछा, 'डंकन' कहाँ है? तब उन्हें बताया गया कि इस सतपुड़ा शिखर के पश्चात् यह जो दूसरा ऊँचा शिखर दिखाई देता है, जहाँ इतनी ही और इससे भी कठिन चढ़ाई है, उस शिखर के ऊपर अत्यन्त अकेले में डंकन महाशय रहते हैं। बापू खिलखिलाकर हँस पड़े और बोले, "क्या वहाँ जंगली जानवर नहीं आते?" इस समय यदि मैं भूलता नहीं हूँ तो श्री बिहारीलालजी पटेल ने कहा था, "कभी-कभी आते हैं, गाँव वालों का और जंगली जानवरों का तो नित्य का परिचय है, किन्तु वे छेड़ते नहीं हैं।" इस तरह की भिन्न-भिन्न चर्चा होते हुए, हम लोग बापू के साथ सतपुड़ा के शिखर पर चढ़े जा रहे थे। और ताप्ती नदी की छोटी-छोटी लहरें मानो नीचे से बहुत गर्वित देख रही थीं। हम लोग मिस्टर डंकन के यहाँ पहुँचे, उसके पहले महात्माजी पहुँच गये थे। हम लोगों को ऊपर चढ़ने में जरा देर हो गयी थी। महात्माजी मिस्टर डंकन से बात करने में इतने तल्लीन थे कि किसी का उस समय बातचीत में हिस्सा लेना बहुत कठिन था। लौटते समय जब ताप्ती से हम लोगों ने विदा ली, लगा कि ऐसा सुन्दर स्थान जीवन में फिर देखने को शायद नहीं मिलेगा और यह नज्जारा तो अभूतपूर्व होगा कि भारतवर्ष को इच्छा की बलवान् बेल ताप्ती के किनारे बारहलिंग में लहलहाये और उसमें महात्मा गांधी के आगमन का पुण्य फल उठे।

बैतूल से बापू इटारसी आये। बैतूल से लौटने पर होशंगाबाद जिले के बाबई नामक स्थान के मित्रों ने बापू से आग्रह किया कि वे अपने हरिजन दौरे में बाबई को भी रखें। किन्तु पूज्य ठक्कर बाबा ने, मैंने, डॉक्टर चन्द्रशेखर ने और स्वर्गीय पण्डित रविशंकरजी शुक्ल ने बाबई वालों को सर्वथा निराश कर दिया और कह दिया कि बापू बाबई नहीं जायेंगे। इटारसी पहुँचकर बापू, मिश्रालालजी दीपचन्दजी गोठी की धर्मशाला में ठहरे। वहाँ प्रातः उठकर बापू ने मुझसे पूछा, "माखनलालजी, बाबई यहाँ से कितनी दूर है?"

मैं : "चौदह और दस चौबीस मील।"

प्रश्न : "वहाँ की आबादी कित्ती बड़ी है?"

उत्तर : "वहाँ की आबादी लगभग तीन हज़ार से कम ही होगी। शनिवार और मंगलवार को वहाँ बाजार लगते हैं।"

प्रश्न : "तुम मेरे बाबई जाने का विरोध क्यों करते हो?"

उत्तर : "यहाँ से होशंगाबाद पहुँचने के पश्चात् वहाँ से कुछ मील जाकर तवा नदी पड़ती है। उसका पुल नहीं बना है। नदी को पैदल ही पार करना होता है। कभी घुटने-भर, और कभी कमर-भर पानी वहाँ रहता है। वहाँ पुल हर साल बनता है किन्तु अभी बनकर तैयार नहीं हुआ होगा।" बापू ने आज्ञा दी कि आप जाइए और देखकर आइए कि पुल बना या नहीं। मैं एक मोटर लेकर तवा नदी गया। पुल बन रहा था। उस पर चलकर देखा वह बना नहीं था। मैं लौट आया और बापू से कह दिया कि तवा का पुल अभी बना नहीं है, आप बाबई नहीं जा सकते। होशंगाबाद जिले का वह बाबई गाँव मेरी जन्मभूमि है, इसीलिए वहाँ से आये हुए मित्रों को इस बात का दुःख हुआ कि बापू को बाबई ले जाने के बजाय मैंने तवा का पुल न बनने की रिपोर्ट दी। बापू इटारसी से बीना होते हुए सागर चले गये, वहाँ से जबलपुर। मैं खण्डवा लौट आया। तीन-चार दिन बाद मुझे तार मिला कि बापू सुहागपुर होकर बाबई जा रहे हैं और मैं तुरन्त उन्हें सुहागपुर में मिलूँ। मैंने तुरन्त रेल पकड़ी और गाड़रवाड़ा पहुँच गया। गाड़रवाड़ा में मेल ट्रेन से मैं बापू के साथ लौटकर सुहागपुर आ गया। मैं इस बात से अत्यन्त दुःखी था कि बाबई ले जाकर बापू के साथ अन्याय किया जा रहा है। उसके तीन कारण थे :

1. बाबई से हरिजन-कार्य में कोई बड़ी सहायता की आशा नहीं थी।

2. बाबई जैसे सब स्थानों में बापू को देश-भर में नहीं ले जाया जा सकता था। बाबई जैसे छोटे स्थानों को छोड़कर ही बापू का दौरा साधा जा सकता था।

3. बाबई में हरिजनों की ऐसी कोई सम्पूर्ण देश का ध्यान खींचने वाली उलझी हुई समस्या नहीं थी कि वहाँ बापू का जाना अनिवार्य हो।

साथ ही बापू नियम से नौ-दस बजे के लगभग सो जाते थे। वह क्रम इस यात्रा में बिलकुल नहीं सध सकता था। सुहागपुर पर उतरकर ठहरने के स्थान पर थोड़ा रुकने के बाद बापू ने सुहागपुर की सार्वजनिक सभा में भाषण दिया

और रात को बाबई के लिए रवाना हुए। उस समय मोटर में मैं बापू के साथ ही बैठा था। मैंने अचम्भे से देखा कि महात्मा गांधी मोटर रवाना होते ही हाथ-पैर सिकोड़कर मोटर में सो गये और गाढ़ निद्रा का स्वर भी सुनाई पड़ने लगा। मैं मन-ही-मन सोचता जाता था कि बाबई ले जाकर लोग बापू को निरर्थक कष्ट दे रहे हैं। जब बाबई के स्कूल के पास मोटर बस्ती में प्रवेश करने के लिए लौटी तब उन छब्बीस मिनिटों में ही बापू ऐसे जाग गये मानो वे सोये ही नहीं और जब वहाँ की सभा में बापूजी ने भाषण दिया तब तो मैं मानो गड़-सा गया। वह भाषण समाचारपत्रों में इस तरह आया था :

"भाइयो और बहनो,

मैं तारीख 30 को जब इटारसी आया तब लोगों ने मुझसे नदी के बारे में कहा कि रास्ता खराब है। खराब रास्ता सुनकर मेरा शरीर कमजोर होने से बाबई आने का प्रोग्राम बदल दिया। बदल तो दिया मगर मेरा मन यहीं लगा हुआ था। मुझे इरादा बदलने की दिलगिरी थी। भाई माखनलाल की जन्मभूमि होते हुए भी उन्होंने मेरे शरीर की हालत जानकर ही मुझे रोका, किन्तु उनकी जन्म-भूमि और आप लोगों के स्थान को देखने को मेरा मन तो बाबई में लगा था। मुझे डॉक्टर ने मना किया, दोस्तों ने भी समझाया, परन्तु उनका कहना न मानते हुए मैं यहाँ आया। यह बात तो आप जान लें कि मैं यहाँ पैसा लेने नहीं आया। मैं तो आप भाइयों के प्रेम के कारण आया हूँ। पैसा तो मैं देश-भर में से थोड़ा-थोड़ा इकट्ठा कर लूंगा। भाई प्यारेलाल गुरु ने आग्रह किया कि मुझे बाबई आना चाहिए। हरिजनों का काम करने वाले भाई जान लें कि कष्टों में भी हमें तो शान्ति, अहिंसा और नम्रता का ही पालन करना है। आपने अपने मानपत्र में मन्दिर न खुलने पर दुःख प्रकट किया है; परन्तु मुझे खेद नहीं है। मन्दिर तो समय आने पर खुल जायेंगे, किन्तु अभी तो हमें लोगों में से छुआछूत को मिटाना है। मैं तो मानता हूँ कि यदि हिन्दुओं में से छुआछूत का कलंक दूर न होगा तो हमारा नाश हो जायेगा। अगर हरिजन मन्दिर में नहीं आते तो याद रखो कि उस मन्दिर में भगवान् का वास नहीं है…।"

रात में साढ़े नौ बजे सरदार बुधसिंह की मोटर में महात्माजी सुहागपुर लौट आये। जब दस बजे वहाँ पहुँचे तो उन्होंने सरदार बुधसिंह को धन्यवाद देते हुए कहा कि मुझे बारह बजे रात को लौटने का अन्देशा बताया गया था। किन्तु आपने तो मुझे दस बजे रात को ही लौटा दिया।

जिन दिनों महात्मा गांधी ने नमक सत्याग्रह छेड़ा था उस समय मैं तारीख 22 मार्च सन् 1930 को भड़ौंच पहुँच गया और डॉक्टर चन्दूलाल के साथ वहाँ का गान्धी सेवाश्रम देखा। महात्माजी की डाँडी-यात्रा के बारह सिपाही वहाँ शुश्रूषा ले रहे थे। मेरे साथ उस समय वर्धा के स्वर्गीय बाबा साहब नीलकण्ठराव देशमुख और जबलपुर के श्री बद्रीनाथजी थे। बाबा साहब जम्बूसर गाँव में महात्माजी से मिलकर लौट आये थे। मैं भड़ौंच से समनी गाँव चला गया;

बुआ नामक ग्राम से महात्माजी और नमक सत्याग्रहियों की टोली साथ आ रही थी। समनी आकर मैंने देखा कि गुजरात के गाँवों में नमक सत्याग्रही बापू के स्वागत के लिए समनी गाँव को आ रहे हैं। समनी गांव की आबादी उस समय नौ-सौ पैंसठ थी। वह बहुत छोटा-सा गाँव है। किन्तु आसपास के गाँवों से गुजराती किसानों के झुण्ड के झुण्ड बापू के दर्शन के लिए एकत्रित हो रहे थे। विशेषता यह है कि उनमें से शायद पंचानवे प्रतिशत के लगभग तो पैदल ही मीलों का प्रवास करके आये थे। गुजराती किसान का दर्शन मैंने वहीं उसी समय किया। उनकी पीठ पर एक झोला होता जिसमें एक लोटा, एक धोती और खाने के लिए गाँठिया नामक गुजरात का बना पदार्थ होता। शाम को साढ़े पाँच बजे मैं गुजराती किसानों से बात करता हुआ गाँव से समनी आने के लिए रास्ते में पड़ने वाले केरंवाड़ा और सूड़ी गाँवों की ओर चला। गाँवों में लोगों ने पानी खींच रखा था। बिछायतें बिछा रखी थीं, हाथ-कते सूत की मालाएँ तैयार थीं। उस समय मुझे गुजरात के गाँवों में बापू के दर्शनार्थ रास्ते में दस-दस पाँच-पाँच की टोली में गुजराती किसान पुरुष और स्त्रियाँ साथ चलते दीखे। अँधेरा होने पर किरासन लैम्पों की कतार अनेक रेलवे स्टेशनों का भ्रम पैदा कर रही थी। जिस टोली को समझाइए, कि बापू आते ही होंगे मत जाओ, उनके उत्तरों के वाक्यों को सुनिए :

"हमारा बापू दुबला-पतला है, कहीं वह बीमार नहीं हो गया हो। कहीं उसे कंकड़-पत्थरों में चोट आ गयी हो। कहीं काँटा लगने से वह रास्ते में ही बैठ न गये हों।"

"शायद इस पापी सरकार ने उन्हें बुआ से चलते समय ही गिरफ्तार कर लिया हो।"

उस समय वहाँ दो ही रस विद्यमान थे। श्रद्धा का शान्त रस और दर्शन की बेचैनी का करुण रस; कि इतने में ही दूर पर एक लालटेन दिखाई पड़ी और गुजराती किसान नर-नारी जोर से चिल्ला उठे, "बापू आवे छे बधावी लेज्यो।" लोग इतने बेचैन कि दूर की लालटेन को देखने के लिए पास की झाड़ी पर चढ़ गये, सो भी अपनी-अपनी लालटेन लेकर मानो बापू के आगमन पर लालटेनों के रूप में वृक्षों में प्रकाश के फल फले हों। ठहरने की बात सहन न करने में नरसेना मानो बानरसेना बन गयी थी और त्रेता के राम-युग को दोहराने बैठ गयी थी। जरा उन किसानों की बातें सुनिए :

"भाई, तूने बापू को देखा है ?"

"हाँ रे !"

"फिर तुम लोगों ने जम्बूसर से इतनी पैदल यात्रा करने के लिए बापू को रोका नहीं ?"

साथ चलते दूसरे किसान ने अपनी पाग सँभाली और बोला, "बापू को कौन रोक सकता है ? वह तो नर्मदा की धार है !"

एक किसान जो इन बातों को सुन रहा था, बोला, "बापू जलालपुर क्यों

जाते हैं, यहीं मेरे गाँव के पास तो बहुत नमक बनता है, यहीं बनावें। मेरे गाँव के लोग तो बापू के जाते ही 'मीठू' नमक बनाने लगेंगे।"

एक किसान उत्साह में कह उठा, "अमें आडा पड़ि जइ शूं" याने हम औंधे पड़ जायेंगे, और बापू से कहेंगे कि तुम तकलीफ नहीं भोगो, तुम्हारी आज्ञा से सारा गुजरात जेल जाने के लिए प्रस्तुत है, कि एक आवाज आयी, "आव्या, आवी गया," और दूसरे ने आवाज लगायी, "बापू आवे छे, बधावी लेज्यो।"

एक बहन सड़क पर थककर बैठे हुए पुरुषों को फटकारकर बोली, "सामथ्याने चालोने शूं बेठवाने आ छौ?" गरज यह कि गुर्जर गाँवों की वसुन्धरा अपने लालटेनों का लंगर लिये दीवाली-सी सजाती चल पड़ी। ज्योंही बापू और उनकी टोली पास आयी, गुर्जर किसानों की बातचीत बन्द हो गयी, मानो शील और संयम के रूप बनकर वे नमक सत्याग्रहियों के साथ चलने लगे। आगे-आगे गुजरात की किसान महिलाएँ बापू और वल्लभभाई का गुणगान अपने गीतों में करते हुए चल रही थीं। मेरा मन मुझसे पूछ रहा था, "इन बिलकुल ताजे गीतों को गाँवों की भाषा में इतने शीघ्र कौन बना गया?" फिर मन ने ही उत्तर दिया, "ये भगवान् काल की घड़ियाँ हैं जो किसी साहित्यिक या किसी रचना-कौशल के लिए नहीं ठहरतीं। यह साहित्य नहीं, समय बोल रहा है।"

सूढ़ी से समनी के लिए पक्की सड़क थी, ढाई मील लम्बी, किन्तु बापू अपने सत्याग्रहियों को लेकर धूल-भरी कच्ची सड़क से आये थे। गड्ढे, गरमी, जमीन से पड़ी दरारें और काँटे; उस सड़क में सब कुछ था। हाँ, यह मालूम हुआ था कि गुजराती किसान नर-नारी दिन-भर उस सड़क के काँटे चुनकर दूर फेंक दिया करते थे जिस सड़क से बापू जाते थे। बापू लम्बे चलकर आये थे। सिर में खादी का एक श्वेत टुकड़ा बँधा था। घुटनों तक खादी की एक धोती पहने हुए थे; उनके एक हाथ में लाठी थी; दूसरा हाथ एक स्वयं-सेवक के कन्धे पर रखा हुआ था। बदन खुला था। दो-दो की कतार में सारी सेन कह रही थी :

रघुपति राघव राजा राम,
पतितपावन सीता राम।

मानो यह नरक सत्याग्रह के युद्ध में रण-वाहिनी का घोषणामन्त्र था। बापू समनी गाँव की धर्मशाला में ठहराये गये थे। बिस्तरे को लपेटकर बनाये गये एक तकिये से वे टिके थे, और आते ही उनकी तेल की मालिश की जा रही थी। उस समय कुछ पत्रों को बापू खुद पढ़ रहे थे, और कुछ को उन्हें पढ़कर सुनाया जा रहा था। उनके पाँवों में काँटे नहीं गड़े थे, किन्तु गाँव के पास के कपास के खेत के कुछ डण्ठल गड़ गये थे। उसी समय थके हुए बापू विश्राम करने की बजाय, तेल की मालिश पूरी होते ही सभा-स्थान में जाने के लिए उद्यत हो गये, परन्तु इसके पहले वे इस बात की सावधानी ले रहे थे कि बाहर के जो लोग समनी गाँव में आ गये हैं, उनके खाने-पीने और रहने की व्यवस्था समुचित है या नहीं। उस सभा में उन्यासी पुलिस-पटेलों ने इस्तीफे दिये थे। बम्बई का, उन दिनों का

अँगरेज सम्पादित 'टाइम्स ऑफ इण्डिया' उन दिनों लिख रहा था कि नेताओं की जबरदस्ती से पुलिस-पटेल इस्तीफा दे रहे हैं। महात्माजी ने समर्नी की सभा में गुजराती में कहा, जिसका आशय था कि आपमें से कोई भाई जबरदस्ती पुलिस-पटेली से इस्तीफा न दे, और जिनने ऐसी जबरदस्ती इस्तीफा दिया हो वे अपना इस्तीफा वापस ले लें। पुलिस-पटेलों को अपना इस्तीफा वापस लेने के लिए मैं बारह घण्टे का समय देता हूँ।

उस समय पुलिस का हर हवलदार नमक अफसर बना दिया गया था जिससे वह सत्याग्रहियों को गिरफ्तार कर सके। वहीं खबर मिली कि जलालपुर के आसपास की जमीन खोदकर वहाँ का स्थान नष्ट किया जा रहा था, जिससे गांधीजी तथा सत्याग्रही वहाँ नमक न बना सकें। खेड़ा जिले की पुलिस ने मोटर-लारियों के ड्राइवरों को सूचित किया था कि गांधीजी के पास जाने वालों को नहीं ले जायें। गांधीजी से मिलने जाने वाले यात्रियों को रोकने के लिए बेगार में गुजराती किसानों को पकड़ा गया और जो लोग न रोक सके उन्हें कष्ट दिया गया। जिले में पुलिस के अफसरों (Inspectors) को यह हुक्म दिया गया कि शुद्ध खद्दर के कपड़े पहनकर लोगों को गांधीजी के प्रभाव में जाने से रोकने का प्रयत्न किया जाये। मैंने उस समय उस सेना में श्री हरकरे और श्री सोहनी से बातें कीं, और सब हाल-चाल पूछा। फिर बापूजी का बुलावा आया जहाँ वे यह बताते रहे, नमक सत्याग्रह में प्रान्तों में किस तरह काम हो। लोग कितनी शक्ति से इस काम को करें। भाषणों में गरमी न हो, किन्तु क्रिया में दृढ़ता हो। लोग सोच-समझकर काम को हाथ में लें। कार्य की कठिनाइयों से लोगों को पहले ही अवगत कर दिया जाये और सत्याग्रहियों की संख्या बढ़ाने का हमारी ओर से बिलकुल प्रयत्न न हो। हाँ, अपने मन से ही लोग इसमें शामिल हों, और सब तरह के खतरे उठाने को तैयार हों तो दूसरी बात है।"

सारी बातों से मुझे लगा कि महात्माजी देश-भक्ति और मानव-भक्ति के महान् संदेश-वाहक हैं। ब्रिटिश-विरोध उनके कार्यक्रम का अंग नहीं है। श्रीमशील और सौजन्य पर उनका विश्वास है। शत्रु से बदला लेने की कोई भावना उनके पास नहीं है। ब्रिटिश सरकार यहाँ स्थापित है इसलिए वह अपने को विरोधी भले ही माने, किन्तु इस महापुरुष के कार्य करते समय जो भी सरकार सामने होती इसी तरह विरोध होता। मानो महात्माजी देश-भक्ति और ब्रिटिश-विरोध इन दोनों के बीच की धारा से पूर्ण अवगत थे।

महात्मा गांधी ऐसी ध्वनि थे जो लोकजीवन के पत्थरों को पुष्प बनाती और छेदकर डोरा बनकर उनके कोटि-कोटि मिलन का योग साधती। कितने धीमे वे सोचते थे, किन्तु उस ध्वनि की कितने जोर की आवाज लोगों के हृदय से गूंजती उठती थी। महात्माजी के दोनों हाथ चलते थे, एक हाथ मानो अपने देश का भाग्य लिखता था, दूसरा हाथ मानो उन भुजाओं को उठाता था, जिनमें उठने का दम न होता था। कैसे आश्रम में रहते थे वह, मानो देश की

साँस आने का कण्ठ हो, वह स्थान गरीबों की आवाज राजमहलों से टकराने का द्वार था। गलियों में, कूचों में, झोंपड़ियों में, महलों में, पहाड़ों में, गुफाओं में, भीड़ों में, एकान्तों में, विजयों में, पराजयों में, साहित्य भले ही चुप रहे किन्तु सेवा ग्राम बोल रहा था, चलो आगे बढ़ो। मानो जीवन, साम्राज्यवादी देश में जीने का जीवन, चढ़ाव और घाटी के बीच का उतार हो। शरीर की साँस की तरह चलते ही रहना हैं। ठहरना जीवन नहीं है। देवमन्दिरों के घण्टे मानो उसी की वाणी में उसी के प्रार्थना-शब्दों को गुंजाने के लिए बजते थे। वह चाहे जिस गाँव की जिस गली में बोले, समस्त मानवता के गौरव से गीली और बोझीली बोली बोलता था। पोपले मुख का मुक्त हास्य मानो तुलसी के सुशब्दों में कहने को जी चाहे, "कहाँ कहउँ छबि आज की ?" कष्ट सहन, साम्राज्यवादी यातना से बढ़कर साथियों की कमजोरी उसके अन्तःकरण में दूख उठती थी। वह इच्छा करे और विश्व न बदले, यह कैसे हो सकता है, यह कौन माने ? भुजाएँ ? कितने कष्टभोगियों ने उन्हें अपने हृदय में अनुभव नहीं किया ? कितने कष्टभोगी उन्हें आज भी अपने हृदय में अनुभव नहीं करते ? रूढ़ि, शास्त्र से ज्यादा बलवान् होने लगती तो उसकी एक मुस्कराहट या एक झिड़की में उसका कहीं पता भी नहीं चलता। एक बोली बोलता था, उठो, जागो, स्वतन्त्र हो। अपने राम के आगे हाथ पसारकर वह कार्यक्षेत्र में यही माँगता रहा, कारागृह में उसने यही माँगा, वधगृह में यही माँगा।

हमें शोक हो कि उसे किसी ने क्यों मार डाला ? जिस हिंसा की जड़ उसने पृथ्वी से उखाड़ने के लिए विश्व को झकझोरा था, उस हिंसा ने गांधी को नहीं मारा, अपने-आपका वध कर लिया। आज वे कहाँ हैं, जिनके उपदेशों पर गांधी के वध का इलजाम है ? आज उसकी समाधि में से भी सुगन्ध आ रही है, कि जिस सुगन्धित वायु से भारतीय राष्ट्र साँस ले रहा है, चित्रकार चित्र बनाता है, मूर्तिकार पत्थर पर इनसान की कोमलता को उतारने में व्यस्त रहता है, नर्तक, शरीर के सन्तुलन और बल पर रसराज का अवतरण करता है, बाग के वृक्षों के पत्ते, फूलों और कलियों को पंखे झलते हैं। सृष्टि का प्रजनन वनों, उपवनों और पर्वतों में पृथ्वी से उलझकर गुरुत्वाकर्षण से ऊपर उठ रहा है और फूल और फल बनकर पृथ्वी की गोद में झर रहा है। ऐसे समय हम मानो अपने से पूछते हैं, श्रम ! तुम्हारी आराधना से कला ने पुरुषार्थ को उद्दण्ड होने से और कला को कायर होने से बचा लिया। जहाँ तुम्हारी आवाज है, वहाँ कान आज चाहे न पहुँच पाते हों, किन्तु मन के कान उसे सदैव सुनते रह सकते हैं। अँगुलियाँ चाहे तुम्हारे चरणों को न छू सकें किन्तु आँखें, उनमें तुम झूल सकते हो, झूल रहे हो। तुम्हें वन्दन, तुम्हें अभिनन्दन।

[सरस्वती, जून 1959]

10. महात्मा गांधी-4

गांधीजी कहा करते थे, "जवाहर कुछ भी कहे, मेरे मरने के बाद वह मेरी बोली बोलने लगेगा।" कितना सत्य है यह कथन। लगता है गांधीजी की दो भुजाएँ भारतवर्ष पर छा गयी हैं—जवाहरलाल और विनोबा भावे। बापू के राजनीतिक शिक्षण की अद्‌भुत विशेषता हम प्रत्येक प्रान्त में देख रहे हैं। समस्त देश में आज वही लोग सफल राजनीतिज्ञ हैं, जिन्होंने महात्मा गांधी के नेतृत्व में शिक्षण पाया है। राष्ट्रपति से लेकर सुशीला नायर तक सारे देश में एक दृष्टि दौड़ाइये, और बदलते हुए भारतवर्ष के साथ अनुभव कीजिए कि गांधी जीवित है, युगों-युगों अमर है, और वह अपनी भ्रू-भंगिमा से मृत्यु का उपहास कर रहा है। जब गांधीजी थे, उनकी 'अँगुली' का संकेत राष्ट्र का नियमन करता था, आज उसकी प्रेरणा के बल पर भारतवर्ष विश्व के सामने ऊँचा मस्तक किये हुए खड़ा है।

अभी उस दिन तक हम उसे खुली आँखों देखते थे, और प्रहार के लिए, पुष्पहार के लिए, सत्कार के लिए, और समर्पण के लिए, हमारे हाथ उस विभूति तक पहुँच जाते थे। आज आँख मूंद लेने पर वह वन्दनीय नायक मानो हमारे पास खड़ा-सा दिखाई देता है। अब हम भुजाओं के बल नहीं, स्मृतियों के बल उस तक पहुँचते हैं। अब साबरमती, सेवाग्राम या दिल्ली की भंगी कॉलोनी जाने के लिए खरीदी हुई टिकिट हमें गांधीजी के पास नहीं पहुँचा पाती। अब गांधीजी को पाने के लिए हमें स्वयं अपनी भुजा में, अपने ईमान में, अपने अन्तःकरण में खोज करनी होती है।

शंकराचार्य नहीं था वह, धर्म की गद्दी का स्वामी भी नहीं था, किन्तु लोग उसकी बात धर्माज्ञा की तरह सुनते थे। वह शासक नहीं था, किन्तु उसकी आज्ञा शासक से अधिक बल के साथ मानी जाती थी। उसने सेनापति के जिरहबख्तर नहीं पहने; किन्तु देश की उथल-पुथल का इतिहास कह रहा है कि किस तेजस्वी भारतीय ने अपने को उस सेनानायक का सैनिक नहीं माना ?

आज का भारतीय गांधी के प्रकाश की इयत्ता अनुभव करने के लिए चीन से लेकर कुस्तुनतुनिया तक अपनी साँस लेता है। रूस का अतिरेकवाद, मानो ठहरने के लिए कुण्ठित है, और पश्चिम का सर्वग्राही साम्राज्यवाद, मानो अपने मरने की अन्तिम साँस ले रहा है। रूस के बूते ईजिप्त और ईरान ऊँचे उठकर बोलना नहीं सीखे थे।

हिन्दुस्तान ने विश्वसंहारकों की चुनौती देना नहीं जाना था। जिस ओर लोग देखते थे, थकावट अनुभव करते थे। आदमी आदमी को खाने को लाचार था। साथ न दो तो मरो, साथ देने का विरोध करो तो मरो, कुछ माँगो तो मरो, कुछ लेने से इनकार करो तो मरो। जगत् मानो एक झूठी कहानी था और उसका सत्य अत्याचारी से मिलकर या बिछुड़कर मरना, केवल मरना था।

विश्व के इस मरण को जीवन में कौन बदल गया ? जिसकी अस्थियाँ और

चिता की राख मन्दिरों, घाटों, चबूतरों और पुण्यस्थलों में दबाकर रखी गयी है। आज मौन हो जाने के बाद भी विश्व की कोटि-कोटि भुजाओं में वह किस तरह अवतरित दीख रहा है? भूदान का यात्री विनोबा, मानो बापू का सन्देशवाहक होकर, भूपाल का यात्री हो गया है।

हिंसा का भूडोल थमने को बाध्य है, क्योंकि पृथ्वी के गोले के शान्त गोल चक्र अशान्ति से ऊब उठे हैं, रक्त के रंग, मानो दुनिया से पुँछ गये हैं। सफेद और काले चमड़े के भेद पर जीने वाली सफेदी, इस भेद पर अमल करने से घबरा रही है। यह तलवार की शक्ति नहीं हैं। यह निर्बल भारतवर्ष की साहसी हुंकार है।

2 अक्टूबर गांधी की जन्म-तिथि भले हो, किन्तु हम उसे अभी त्यौहार नहीं बनने देंगे, क्योंकि जिस दिन हम गांधीजी को मरा हुआ मानें, उसी दिन तो श्राद्ध करें, त्यौहार मनायें। गांधी जीवित है। वादों का गांधी हमसे छूट गया हो, किन्तु यादों का गांधी मर नहीं सकता, मारा नहीं जा सकता। कृष्ण को एक व्याध का तीर लगा था, गांधी को एक बधिक का पिस्तौल लगा। नियति के ये बहाने और भाग्य की यह छेड़खानी, क्या कभी गांधी को मार सकती है?

गंगा के पानी में खून नहीं दिखायी देता, वहाँ गांधी है, किन्तु यांगटिसि-क्याँग, बोल्गा और टेम्स का पानी भी खूनी नहीं होना चाहता, खूनी होते शरमाता है, वह गांधी की, और केवल गांधी की छाया है। कुछ वर्ष पहले गांधी की मूर्ति बोलती थी, और अब जवाहर और विनोबा के रूप में गांधी की कीर्ति बोल रही है।

नये जमाने के निर्माता भागीरथी बच्चे उठो। तुम्हारी उगती हुई मूँछों और उठती हुई जवानियों में बलिदान का वह आवेश आने दो, जो अपने बायें हाथ पर पृथ्वी के गोले को संभाल सके और दाहिने हाथ में उन औजारों को रखे, जिससे पृथ्वी खुँदती चले, आशा बँधती चले और नवीन निर्माण अवतार धारण करके अग-जग में डोल उठे, गांधी की वाणी में बोल उठे।

तेजस्विता के प्रतिनिधि : विट्ठलभाई

बंगाल के प्राण सेनगुप्ता के देहावसान पर हमने लिखा था, "समस्त भारत रूठी हुई स्वाधीनता देवी को मनाने के लिए, उसके वक्षःस्थल का श्रृंगार करने को बलिदानों की माला गूँथ रहा है।"

23 जुलाई ने उस माला में श्रीयुत जे० एम० सेनगुप्ता के प्राण गूँथ दिये थे। 22 अक्टूबर ने स्विट्जरलैण्ड के जिनेवा नगर में भारतीय राजनीति और तेजस्विता के प्रतिनिधि देशमान्य पटेल को भी उसी माला में गूँथ लिया। स्वतन्त्रता? आह स्वतन्त्रता? वह इतनी सस्ती चीज नहीं, जो दो-चार बलि-

दानों में प्रसन्न हो जाये ! इतिहास के पृष्ठों पर बलिदान के जो स्मृति-चिह्न बने हुए हैं, उन्हें पढ़-पढ़कर संसार आँसुओं के समुद्र में डूबता रहता है।

श्रीयुत विट्ठल भाई पटेल भारतीय राजनीतिक उद्यान के वह पुष्प थे, जिसके रूप और सौरभ का संसार पर रोब था। वह गुलाब थे जिनके चारों ओर काँटों की बाढ़ रहती है। उन्हें बन्धन में फँसाने का प्रयत्न करने वाले को शूली का शूल सहन करना ही पड़ता था। असेम्बली के मायाजाल ने कितने लोगों को पथभ्रष्ट किया और निष्क्रिय नहीं बनाया। उस पद पर जहाँ से वैभव और गवर्नरी तक के उच्च सरकारी ओहदे अपनी मोहिनी फैला रहे हों, अपने-आपको अप्रभावित रख सके, ऐसी मजबूती किसमें हो सकती है? देश-प्रेम, स्वाभिमान और राष्ट्र-मर्यादा उनमें सुरक्षित थी, और वह देश-प्रेम, स्वाभिमान और आत्म-विश्वास में सुरक्षित थे।

उग्र समाज-सुधारक, और गम्भीर देश-भक्त के नाते वह वर्षों से भारत की आँखों में आदर पा चुके थे। परन्तु असेम्बली के अध्यक्ष के पद पर तो वह ऐसे चमके, मानो वह नौकरशाही के लिए धूमकेतु ही हों। जहाँ विरोध की, षड्यन्त्र की, व्यंग्य की, सम्भावना हो, वहाँ ठोस और कड़े दिल के व्यक्ति की ही आवश्यकता है। वह असेम्बली के अधिकार, शक्ति और मर्यादा के संरक्षक त्राता बनकर प्रसिद्ध हुए। उन्होंने मरी हुई-सी, सूनी, रक्तहीन, कंकालोपम, असेम्बली को भी चमका दिया था।

असेम्बली के निष्पक्ष अध्यक्ष यदि आज तक कोई रह सके हैं तो उनमें सबसे पहला स्थान स्वर्गीय पटेल का है। कौन-सा अध्यक्ष सरकारी प्रभाव से अछूता रहा। स्वर्गीय पटेल ही एक ऐसे व्यक्ति हुए जिन्होंने अध्यक्ष के पद को किसी के इशारों पर रेहन नहीं रखा। आश्चर्यजनक गूढ़ता और कूटनीति के साथ, एक बार वह हिज ऐक्सीलैन्सी कमाण्डर इन-चीफ को फटकारते देखे गये। इतना साहस एक भारतीय में? ऐङ्लो इण्डियन पत्रों का कोई ठिकाना था? अँगरेज ने इतने दिनों शासन करना ही सीखा था। गुलाम भारत में आकर बहुत दिनों से शासित होना भूल गया था। एक भारतीय द्वारा कमाण्डर इन-चीफ-जैसे व्यक्ति को, जो वाइसराय के बराबर है, जलील होना पड़े! बात वास्तव में आश्चर्यजनक थी, पर वह न्याय और निष्पक्षता का अटल पुजारी विधान को व्यक्तियों के ऊपर ही देखता आया।

वह असेम्बली के अध्यक्ष रहकर भी देश को भूले नहीं। कभी बारडोली सत्याग्रह फण्ड में चन्दा देते देखे गये, कभी राष्ट्रीय महासभा में उपस्थित होते हुए, कभी हर रॉयल हाइनेस रानी मेरी से हाथ मिलाते हुए। जहाँ पहुँचकर सभी रंग बदल देते हैं, वे खरे सोने की तरह निकले। एक लेखक ने लिखा था, "उस समय विट्ठल भाई स्वराजी न रहकर भी देशभक्त बने रहे, दलबन्दी में न पडकर भी स्वराजी बने रहे।"

बार-बार जेल-जीवन ने उन्हें जल्दी ही संसार से बिदा लेने को बाध्य

किया। वह भारत की स्वतन्त्रता के लिए आठों पहर परेशान रहते। बीमार अवस्था में भी चुप नहीं रहे। मृत्यु के मुँह में जाते-जाते भारत के सम्बन्ध में प्रचार करने में लगे रहे।

पटेल को खोकर हमने भारतीय स्वाभिमान, गम्भीर प्रकृति, कूट राजनीति, निर्भीकता, अपूर्व साहस, लगन, दृढ़ता, दूरदर्शिता और स्वतन्त्रता की एक प्रतिमा को खो दिया है।

उनके अभाव ने जो घाव राष्ट्र की राजनीति में किया, वह सहसा भर नहीं सकता। वह अपने सानी आप ही थे। चाणक्य-जैसे व्यक्ति बार-बार नहीं जनमते। सरकार के वैभव और अपार शक्ति को फुटबाल बनाने वाले व्यक्ति कभी-कभी ही मैदान में दिखायी देते हैं। अभिमन्यु के समान शत्रु के चक्रव्यूह में घुसकर उखाड़-पछाड़ करने वाली वीरता विरलों को प्राप्त होती है।

सुभाष मानव : सुभाष महामानव

जब तुम भारत से गये, लोग कहते थे, तुम बीमार हो, घर से बाहर नहीं निकल सकते, और तुम थें, कि घर से क्या, देश से भी बाहर चले गये। गरज यह कि, रहस्य सोचा अरविन्द ने, रहस्य काव्य बनाकर लिखा रवीन्द्र ने और रहस्य अवतरित हुआ तुम्हारे रूप में।

तुम जब युद्ध से लौटे, लोगों ने सोचा, तुम अमरीका और इंग्लैण्ड से घिर जाओगे, बन्दी होगे, तुम पर मुकदमा चलेगा, दण्ड दिया जायेगा। हिरोहितो, हिटलर, पेताँ और तुम डबल मार्च में एक साथ थे। सर्वनाश में, मित्र राष्ट्रों की सूलियों पर, अलग-अलग तिथियों में भले होओ, किन्तु भाग्य, परिणाम, दण्ड और यात्रा, ये एक ही होंगे।

किन्तु फिर तुम्हारा विमान चला, अपने सिपाहियों से बिदा लेकर, किसी अज्ञात लोक को; लोगों ने कहा कि वह विमान गिर पड़ा, विमान टूट गया, तुम गिर गये, तुम अज्ञात लोक के यात्री अनन्त लोक के यात्रा-पंथी हो गये। तुम्हारी मृत्यु पर कुछ के जी में काँटा चुभ गया, कुछ के जी से काँटा निकल गया, किन्तु तुम्हारी मौत पर देशवासियों ने विश्वास नहीं किया, वे सोचते रहे, और सोचते रहते हैं कि 'किसी दिन, किसी देश में, किसी वेश में, तुम जरूर मिलोगे।' किन्तु तुम तो 'रहस्य' हो न ? जीवन में, मरण में तुम्हारा स्वभाव कैसे बदलेगा ? एक बात सच है, भारत का भाग्य बने, भारत का भाग्य बिगड़े, तुम अब उस निर्माण के हिस्सेदार नहीं हो सकते।

तुम दुनिया से हटे या न हटे, विश्वगति के परदे से हट गये। कैसे कठोर निर्णय हो रहे हैं, आँसुओं को हँसते, मृत्यु को मुसकराते और निर्माणों में भूकम्प आते जगत् देख रहा है।

तुम लोगों के मन पर हो, जीवन पर छाये हो, क्योंकि तुमने भारतीय जीवन को युद्ध के बीचोबीच 'जीवित' किया है। तुम भारतीय विश्वासों पर हरिया रहे हो, क्योंकि स्वतन्त्रता मिलने के दिन, वे तुम्हारे प्रयत्नों का मूल्य चुकाना चाहते थे, किन्तु तुम न थे, तुम पास न थे। 'रहस्य' पर भी क्या किसी का कब्जा होता है ? तुम भारतीयों की कल्पनाओं पर छाये हुए हो। अब सहगल, ढिल्लन, अबुल-रहमान, शाहनवाज, शिन्दे के होते हुए भी यादें आकाश में तुम्हें खोजती हैं, पुकार की वाणी मानो कहीं से टकराकर लौट आती है, आँखों में कोई दीखता है, किन्तु बाँहें खींचकर उसे हृदय से नहीं लगा पातीं। 'श्रद्धा' सँजोने की नियति आज्ञा नहीं देती। वह तुम्हें सामने लाकर खड़ा नहीं कर देती। श्रद्धा करने को भारतीय मन राजी नहीं होता। वह मानता है कि तुम जहाँ कहीं हो, हो अवश्य।

तुम 'रहस्य' हो गये। इस देश के सामन्त, वीर, योद्धा, और बलिदानी प्रायः रहस्य होते आये हैं, वे अपमानों को अनन्त सामर्थ्य से अपनाते हैं और वरदानों के समय रहस्य हो जाते हैं।

तुम बलिपन्थी, तुम रक्त-क्रान्ति के होता, तुम सेनानी, तुम सिपहसालार ! क्या सौन्दर्य था तुम्हारी बालमूर्ति में ! तरुणाई की तो मानो,

'अनब्याही हुलसी फिरैं, ब्याही मीड़ें हाथ'

की दशा थी, तलवार लेकर तबीयत पर आने वालों की अथवा तलवार वालों की तबीयत पर बाग-बाग होने वालों की।

तुम्हारे आसपास, नहीं तुम्हारे पास बेदाग बहादुरी मानो अनदेखा-सा अनहोनापन बनकर देखने वालों को अचम्भे के जादू-भरे उल्लास बाँटती रहती। और बंगाल, वह तो मानो,

नैनों के बंगले में तुम्हें, सैनों से बुला लेंगे;
पलकों की चिक डाल पिया को, पुतली पर सुला लेंगे···

बिना कहे कहती रहती है। अपनी कीमत अमरों से भी अधिक कूतने वाला प्रेम बोलता नहीं है न। बड़े महँगे मोलों की थी, तुम्हारी यह मनमोहनी मरण-न्योतती मस्ती !

बंगाल के लाड़ले तुम, अपने-आप क्रान्ति-पथ पर नहीं आये। तुम्हें खोजा था, प्रबुद्ध लोगों में देशबन्धुदास ने। प्यार करने वाला और खोजने वाला, मानो सब निहाल हो उठे, जब उन्होंने देखा, कष्ट सामने आने पर तुम अधिक कष्ट माँगते, और त्याग करने पर तुम और अधिक त्याग के लिए बेचैन हो उठते। तुम कष्ट को जोड़ते, त्याग को गुणित करते। रहस्य मानो तुम्हारा स्वरूप ही नहीं, स्वभाव भी था।

तुम्हारी जीवन-यात्राएँ सदा विचित्र रहीं। तुम चले थे, 'आई० सी एस०' का इम्तहान देने, अपने ही भाइयों को गुलाम मानकर, गुलाम बनाकर विदेशी हुकूमत करने वालों की 'बदजात' में मिलने, और पहुँच गये सी० आर० दास' के क्रान्तिवादियों में, जहाँ अपने ही भाइयों को गुलाम बनाने वालों का शिकार खेला

जाता और भाइयों को जन-देवता मानकर उनकी पूजा की जाती, मानों रक्त का टिकिट लेकर, देश-सेवा के अग्नि-पथ में स्वयं पहुँच गये। इसी तरह तुम प्रस्तुत थे देशभक्तों के साथ किसी ब्रिटिश जेल में युद्धकाल बिताने के लिए, और पहुँच गये युद्ध के बीचोबीच ब्रिटेन के शत्रुओं को मित्र बना, युद्ध की सेना के सिपहसालार और भारतीय स्वातन्त्र्य के 'प्रथम वाइसराय' कहलाने। फिर मित्र-राष्ट्रों के जीतने पर, अपने सिपाहियों से बिदा लेकर तुम चले थे, किसी सुरक्षित स्थान की ओर, जहाँ से तुम वज्र की शक्ति बनकर, भारतीय राष्ट्र के शत्रुओं को मजा चखा सको। और विमान टूटने से तुम पहुँच गये अनन्त के लोक में, जहाँ देवता तुम पर पुष्प-वर्षा करें। गरज यह कि जीवन के यात्रा-पथ में तुम्हें 'मनचीते' से बड़ा 'प्रभुचीता' मिलता रहा।

जीवन-पथ भी तुम्हारा संघर्षमय रहा। देशबन्धु देवलोकवासी हुए तब बंगाल का नेतृत्व तुम्हें प्राप्त न था। देश-प्रिय सेनगुप्ता से कठोर संघर्ष हुआ। ऐसा संघर्ष जिसमें तुम्हें पछाड़ मिली।

कांग्रेस के अखिल भारतीय पथ में तुम्हारे सामने जवाहरलाल थे। क्रान्ति-वादियों का दल, बंगाल का दल, और भारी हलचल के बाद भी गांधीजी और मोतीलालजी के सम्मिलित बल के सामने तुम छोटे पड़ गये। तुम्हें पुनः कलकत्ता कांग्रेस में (1928) ठोकर मिली।

जब तुम स्विट्जरलैंड की रोग-शय्या पर पड़े स्वतन्त्रता का स्वप्न-चित्र बना रहे थे, तब तुमने अपने देशवासियों को चेतावनी दी थी कि वे गांधी के नेतृत्व से दूर हट जायें, किन्तु जब तुम लौकर भारत आये, तब देशभक्त नारी-मेन, डॉक्टर खरे और न जाने कौन-कौन गांधी-विरोधी तुम्हें स्वयं नष्ट करने पड़े, और गांधी के आशीर्वादों से भरी हरिपुरा कांग्रेस के सभापतित्व की गादी—वह राष्ट्रपतित्व तुमने, स्वयं गांधी और वल्लभभाई और गांधीवादियों के हाथों ग्रहण किया। इसमें भी कौन हारा, तुम या गांधी?

फिर डॉक्टर पट्टाभी से लोहा लेकर, गांधी को पीछे ठेलकर तुमने त्रिपुरी कांग्रेस की गद्दी जीती। कितनी कटुता, कितनी भर्त्सना, कितनें इलजामों के बीच। एक-सौ तीन ज्वर में भी कौन इलजाम तुम पर नहीं लगा, णिन्तु तुम्हारी जीती हुई गद्दी पर राज किसने किया? यहाँ भी तुम्हारे सामने कठोर संघर्ष था। तुम्हें हारना पड़ा। कलकत्ता में तुमने कांग्रेस की गादी छोड़ दी?

वह भी एक दिन था। तुमने सोचा, तुमने ठाना, तुमने शुरू किया कि काँग्रेस जैसी एक समानान्तर बलशालिनी संस्था का निर्माण करोगे और मेल किया श्री फजलुलहक से जो तुम्हारे बाद लीग के जहर से बंगाल को भूखा मारने और दंगों में भून डालने में ही सफल हुए।

किन्तु तुम, तुम गांधी के साथ जेल में बैठकर माला जपने को तैयार न थे। तुम युद्ध को प्रभु द्वारा प्राप्त स्वर्ण-सन्धि समझते थे, और भारतीय आजादी के लिए उसका उपयोग करने के लिए इतने निश्चिन्त थे कि 'प्राण जाये' तो भी

तुम अवसर को छोड़ने के लिए तैयार न थे। ऐसे निश्चय के लोगों के भाग्य में फूलों की शय्या कभी नहीं रही होती। उनके गले में पड़े फूलों के हार, विश्व के सुगन्धायमान, अस्तित्व की क्षणिकता के सिवाय और क्या व्यक्त करते हैं।

तुमने अपनी दृढ़ता को, कभी भी अवसर वादिता की गन्दी चादर से नहीं ढाँका। बड़े तुम्हारी पूजा के पात्र थे, तुम्हारा पथ-भंग करने के हकदार नहीं। तरुण तुम्हारी सेना के सिपाही थे; माता पर कुरबान करने की हवन सामग्री ! तुम्हारे प्यार, दुलार, रोमान्स और चुम्बन में से कुरबानी के यज्ञधूम की सुगन्ध आती थी, और सिर उतारने के रक्त-बिन्दु उनमें से चू उठते थे !

पुलिस का कितना पहरा था। कलकत्ते में उस समय स्कॉटलैण्ड-यार्ड के शिक्षा प्राप्त कितने पुलिस खिलाड़ी तुम्हारे दायें-बायें तुम पर निगहवानी करते हुए। फिर तुम बीमार; तुम्हें दाढ़ी उग आयी। और एकाएक तुम गायब।

हिटलर का तुम्हें भारत का प्रथम वाइसराय बनाना। महीनों कोई खबर न पाकर, भारतीयों को तुम्हारी मृत्यु की दुःशंका, और एक दिन तुम्हारा सेगाँव रेडियो पर भारतीयों से बोलना। और वह आजाद हिन्द सेना, वह युद्ध, वह तैयारी। मानो युग के महान् और मरण माँगते तूफान के हाथों तुमने अपने-आपको हँसते-हँसते सौंप दिया।

और एक ब्रिटिश-युद्ध को जन-युद्ध कहने वाली देशघातकता देश में कहने लगी, 'वह जापान का एजेण्ट हो गया'। वह देशघातकता, जो खुद जापान के महान् पड़ोसी के हाथों रोटियों और नारों पर बिक चुकी थी, किन्तु तुम थे कि जमाने की छाती पर लिखे अपने सुनहले नाम को, अपने हाथों मसलकर मिटा देने के मूल्य तक पर, अपने को संकटों में फेंक चुके थे कि 'भारत तू आजाद हो जा !'

और आज ! आज तो सब तुम्हारा गुण गाते हैं। तुम्हारे सिपाही भारतीय सेना में ले लिए गये हैं। तुम्हारा 'जय हिन्द' का नारा भारतवर्ष और भारतीय सरकार का नारा हो गया है और स्वर्गीय शरत् बोस से स्वर्गीय सरदार-श्री गले मिले थे, और उन्हें भारतीय मन्त्रिमण्डल में जगह भी मिली थी। किन्तु तुम ? भारतीय तरुणाई अपने में जब-जब बल खोजेगी, तो तुम्हें पुकार उठेगी !

एक भारतवासी, सिर्फ एक भारतवासी ने अपनी सब सम्पत्ति तुम्हारे नाम कर दी थी। वे थे सरदार पटेल के ज्येष्ठ भ्राता, श्री विट्ठलभाई पटेल। इतनी शक्ति कौन अपने में संचय करेगा ? यदि भारत को आजाद रहना है तो सुभाष की ताकत अपने में रखने वाला सिपाही, सिपहसालार, सेनानी ही उसे आजाद रख सकता है।

और यदि आज सुभाष किसी ओर से आ जाये तो वह अपनी स्त्री और पुत्री के साथ महान् गर्व की वस्तु होगा, किन्तु वह पूजा पायेगा, प्रलय का चार्ज तो उसे किसी नवजवान ही को सौंपना होगा।

उसकी अनन्त असफलताएँ और मोद-भरी अगणित सफलताएँ भारत को

सम्पूर्ण सफल बनाकर गौरवमयी हो गयी हैं। क्रियाशील, स्वप्नदर्शी, भक्त और साधक जब अपने संकल्पों पर समर्पित हो संघर्षों पर उतरता है तब उस व्यक्ति की असफलताएँ समाज और समूह की सफलता बनकर, देशों के रक्त में लौटती आयी हैं।

तुम अरविन्द के न हुए,
तुम गांधी के न हुए,
तुम सेनगुप्त के न हुए,
तुम जवाहर के न हुए,
तुम अपने न हुए,
तुम हुए केवल मातृभूमि के, भारतभूमि के।
तुम्हारी असफलताओं पर कुंकुम,
तुम्हारी अवज्ञाओं पर अक्षत,
तुम्हारी सेवाओं पर पुष्प,
तुम्हारी सेनाओं पर दीपदान,
तुम्हारे निश्चयों पर जय-जयकार,
तुम्हारे बलिदानों पर—
आजाद भारतवर्ष के—
अमित गर्व।

[संभवतः 1960]

श्री गणेश शंकर विद्यार्थी

गणेश-पूजा

स्मृति की अँगुलियों के लिए, इन पाँच वर्षों में भी, गणेशजी की याद और गणेशजी के जीवन के बीच दूरी नहीं मालूम होती, वे अभी भी वैसे ही गणेशजी के पास तक पहुँचती हैं जैसी वे उस समय पहुँचा करती थीं, जब गणेश शंकरजी कानपुर में होते थे।

गत सितम्बर महीने में, भाई बनारसीदास चतुर्वेदी ने, पटना की एक सभा में, श्री पालीवालजी और श्री बालकृष्णजी के साथ मुझे भी खूब इसलिए फटकारा कि अभी तक भाई गणेश शंकरजी की ओर हम लोगों का ध्यान नहीं गया। अपराध स्वीकृत करने से, दण्ड कुछ कम होते देखा गया है, मैंने अपराध स्वीकृत कर लिया।

मेरे विचार से, गणेशजी, हिन्दी संसार के लिए वरदान रूप थे। कठिनाइयाँ ही उनका अस्तित्व थीं और खतरे ही उनके खिलवाड़। मेरी उस युग में लिखी तुकबंदियों में आधी के लगभग गणेशजी पर होंगी। गणेशजी एक

वातावरण लेकर चलते थे। प्रखर इतने कि युक्तप्रान्त के शासकों की फाइलों में उनके नाम और काम पर नीली पेन्सिलों के निशान इसलिए लगे होते कि उन्हें उनके साथियों और उनके प्रताप को कुचलना, जरूरी होता। शासकों ने कितनी बार उनको झुकाना चाहा, किन्तु कुछ पदार्थ ही ऐसे होते हैं, जिनके झुक जाने की अपेक्षा उनका टूट जाना उनकी अच्छाई का प्रमाण होता है।

किन्तु उनकी प्रखरता के नीचे, उनकी कोमलता का सागर लहराता रहता। जो व्यक्ति सिंहासन हिलाने की कोशिश करता रहता, वह छोटे से नौकर से भी कड़ी बात करने में जी में घबड़ाता। मानो उनकी सारी कठोरता युद्धक्षेत्र के लिए सुरक्षित रहती।

तरुण दुनिया की वे अपनी वस्तु थे। उनके एक संकेत पर, अनेक तरुणों के मस्तक उस दुबले-पतले आदमी की हथेली पर होते। विद्वत्ता और शक्ति, दोनों का बल रखकर भी, गणेश शंकर के संसर्ग का हर तरुण अनुभव करता, कि एक अप्रत्यक्ष शक्ति प्रत्यक्ष रूप से खींचे लिये चली जा रही है जिसके सम्मुख मानव-जीवन की कमजोरी अपना अस्तित्व और स्वभाव प्रगट करने में लाचार है। मन और शरीर को भूल जाने वालों को लोग समाधि अवस्था में कहा करते हैं। किन्तु गणेशजी के मन और शरीर को, किसी निश्चित मुकाम पर हर समय ढूंढ़ पाना कठिन था। वह शान्त समय में बेचैन, और क्रान्ति के बीचोबीच अत्यन्त शान्त रहने वाले जीव थे।

संसार में तरुणाई ने अनेक अवतार धारण कर, कुर्बानी के बल पर, आदर्श के पथ को रंगीन बनाया है। गणेशजी की दृष्टि, सब दिशाओं में लगे हुए प्रयत्नशील तरुणों पर होती। वे अपने मतभेद को स्पष्ट व्यक्त करते। किन्तु मतभेद के पश्चात् भी उनका उग्र से उग्र देश-भाई, उनके लिए देश-भाई ही रहता। यही कारण है कि वे जो शासन का विधान ही नहीं मानते या वे जो शासन के विधान को अपने आदर्शों के अनुसार उलटना चाहते हैं,—जब गणेश-जी के संसर्ग में आते, तब अपनी अतिरेकता और उद्दण्डता भूल जाते। शासन की कठिन और कठोर आज्ञाएँ, जिन तरुणों का पथ-दर्शन न कर पातीं, वे गणेश-जी की आज्ञा पर, पिस्तौल फेंक देते, और बलवान शरीर रखकर भी, सन्त तुकाराम के शब्दों में, 'मोम से भी कोमल विष्णुदास' बन जाते।

गणेशजी अक्सर कहते कि हमारे भाग्य में तो तैयारी ही बदी है। हमें तो नींव के वह पत्थर हो जाना है, जिन्हें कोई जानेगा नहीं, और इच्छा करने पर भी, जिन पर पूजा की कोई सामग्री चढ़ायी न जा सकेगी। हिन्दी संसार में, पत्रकार के नाते जेल जाना, या दण्डित होना, उस समय तक खूब प्रारम्भ नहीं हुआ था। कर्मयोगी, हिन्दी प्रदीप, और हिन्दी केसरी, तीनों ही, तेजस्विता में अपना सानी न रखने वाले पत्र थे। कठिनाइयों में, उन दिनों संकटों की अपेक्षा संन्यास अधिक यशस्वी होता था। गणेशजी ने, इस प्रवाह को सीधा संकटों की ओर घुमा दिया। जमानतें, तलाशियाँ, मुकद्दमे, सजा-दण्ड देकर शासक सुखी होते, दण्ड

पाकर गणेश गरबीले होते। क्योंकि, गणेशजी संकटों में चाहे जो सोचते, किन्तु सहस्र-सहस्र हिन्दीभाषी. गणेशजी और प्रताप के संकटों के साथ सोचते और सेवा के लिए प्रस्तुत होते।

युक्त प्रान्त के जमींदार, प्रताप को कुचल डालना चाहते। किन्तु प्रताप अपनी गति पर ज्यों का त्यों कायम रहता। प्रताप में, हर शिकायत पर, पारिवारिक जन की जरूरत की तरह ध्यान दिया जाता। गणेशजी की सेवा-भावना में एक ऐसा जादू था, जिसके प्रभाव से बचना, प्रत्येक के लिए सम्भव न था।

आन्दोलन की प्रखरता के यह मानी नहीं, कि उनके हृदय की संचित कोमलता रुक जाय। ना,—अपने युग में, वे मीठे से मीठे कवि-हृदयों को गुदगुदाते, और हर तरुण-कवितायी या कवि-तरुणायी को, व पुरुषार्थमयी छेड़ने के लिए बाध्य करते। कविता की नवीन धारा के यश का आचार्य हममें से कोई हो ले, किन्तु कविता की नवीन प्रेरणा का आचार्य पण्डित महावीर प्रसाद द्विवेदी के पश्चात् उस समय तक गणेशजी को ही मानना होगा।

राजमहलों और राजाओं से उनकी सदा खटकती रहती। वे अपने को खतरे में डालकर देशी नरेशों के कुकृत्यों का भण्डा फोड़ किया करते; और बड़ी से बड़ी कठिनाइयों का सामना करते। किन्तु जब राजाओं और ब्रिटिश सरकार के बीच टेढ़ उत्पन्न होती, तब वे, अपने साथियों और कार्यकर्ताओं की परवाह किये बिना, राजाओं को सहायता का आश्वासन देते। हिन्दी संसार में ऐसा शायद ही कोई प्रान्त हो, जहाँ गणेश शंकरजी ने, व्यक्तियों का निर्माण न किया हो।

गणेशजी के जीवन के साथ जो आदमी जुड़े हुए थे। उनमें सबसे प्रथम और सबसे अधिक थे भाई शिवनारायणजी मिश्र। इनके हृदय और संसर्ग में गणेशजी के सम्बन्ध की जानकारी का अटूट कोष होना स्वाभाविक है। ये और गणेशजी, दोनों मित्र डटकर बेचैन रहे हैं, एकान्त में साथ-साथ आँसू बहाये हैं, और विजय में, शिवनारायणजी, गणेशजी पर स्नेह से समर्पित हुए हैं। दूसरे हैं, श्रीयुत बालकृष्णजी। गणेशजी ने, श्री बालकृष्ण में, सुकवि, सुलेखक, और प्राण हथेली में लिए रहने वाले सिपाही को देख लिया था। बालकृष्णजी के लिए, ऐसा कोई भी समय, स्थान और गौरव कोई मूल्य नहीं रखता था जिस पर पूजा के लाल अक्षरों में 'गणेश शंकर' न लिखा हो।

कहानी लम्बी है। बहुत लम्बी। श्रीयुत पालीवालजी का उल्लेख उस कहानी में, अनूठा है, बल-वर्द्धक है, किन्तु आज तो, अत्यन्त श्रद्धा से, भाई गणेशजी के चरणों में, श्रद्धांजलि अर्पित कर देनी है। और उन सबसे मस्तक झुकाने की प्रार्थना करनी है, जिनके जी में, मेरे आँसुओं, असफलताओं और गणेश-पूजा का कोई स्थान हो।

[कर्मवीर, 28 मार्च 1935]

गणेश शंकर : एक संस्था

हिन्दी की परम प्रेरक आत्मा श्रीयुत गणेशशंकर विद्यार्थी के स्वर्गवास को धीरे-धीरे इतने वर्ष बीत गये। काल-गति से सरकता 25 मार्च का यह दिन प्रति-वर्ष हमारे सामने आता है और बड़ी निठुराई से उस भयानक हानि की याद दिला जाता है, जिसे गणेशशंकर की बलि के रूप में समस्त हिन्दी राष्ट्र उस दिन मंजूर करने को लाचार था। उस दिन न केवल एक परिवार ने अपना सर्वस्व खोया, बल्कि हिन्दी-संसार ने अपना जाज्वल्य वर्तमान खोया, भारतीय पत्रकार-जगत् ने एक आदर्श प्रेरक खोया, भिन्न-भिन्न क्षेत्रों में परिस्थितियों से जूझने वाले कार्य-कर्ताओं ने अपना नेता और संरक्षक खोया, और हिन्दू-मुसलिम मेल में आजाद भारत की झाँकी देखने वाले महात्मा गांधी ने साम्प्रदायिक क्रूरता की वेदी पर वह उपहार खोया, जिसकी उज्ज्वल पवित्रता, बेदाग ईमानदारी और निर्मल समर्पण पर कुरबानी स्वयं कुरबान रही। मार्च की वह 25वीं तारीख, क्या सन् 1931 के पहले भी कभी इतनी निष्ठुर हुई थी!

'गणेशशंकर व्यक्ति नहीं, संस्था थे' यह तो कई बार दोहराया गया, किन्तु हिन्दी-संसार का दुर्भाग्य कि दो-चार छोटे-मोटे संगठनों को छोड़कर अपने गणेश-शंकर की याद में किसी संस्था का निर्माण एक युग बीतने पर भी नहीं हो सका। महत्ता को यदि उसके बाद बीतने वाले समय से मापा जाये तो कहना चाहिए कि गणेशशंकर के जीवन-पृष्ठ लगातार इतने वर्षों तक हमारे सामने खुले रहने पर भी हम उनके आदर्शों की ओर कितनी गति कर पाये! इन वर्षों में प्रयाग, काशी, लखनऊ, देहली, आगरा, पटना एवं नागपुर के विश्वविद्यालयों से अनेकों तरुण डिग्रियाँ लेकर निकले, किन्तु निर्माण के क्षेत्र में हमने अपने जीवन को इतना ऊसर साबित होने दिया कि गणेशजी की कुरबानी प्रश्न-संकेत की तरह हमारे सामने खड़ी है और हम उसकी चुनौती के सामने नतमस्तक होने को बाध्य हैं।

गणेशजी पत्रकार थे। 'प्रताप' उनके विचारों का वाहक था। यही एक ऐसा पत्र था जो सन् 1915 में एवं उसके आसपास के राष्ट्रीय प्रकाश-विरल वाता-वरण में अपने को शपथपूर्वक कांग्रेसी कह सकता था। दरबारी प्रलोभन, शासन के तीखे रोष की काली मुसीबतें और राजनीतिक मतभेदों का जहरीला वातावरण, कोई भी गणेशजी के तिमिरहारी तेज को मन्द न कर सका। राष्ट्रीय क्षेत्र में गणेशजी राष्ट्रीयता के समर्थक थे, परन्तु उनके जीवन में ऐसी घटनाएँ भी आयीं जब कि उन्होंने राष्ट्रीय परिपाटी मात्र का पालन आवश्यक नहीं समझा। वे राज-नीति में निर्धारित पथ एवं शैली का निर्वाह मात्र करते चले जाने वाले नेता नहीं थे प्रत्युत एक ऐसे प्रतिभाशाली व्यक्तित्व थे जो स्वयं अपनी अन्तःप्रेरणा से अनु-प्राणित हुआ करता है।

'प्रताप' एक दिन उनकी शक्ति था, दूसरे दिन हिन्दी-जगत की श्रद्धा बना, और आज वह उनकी शुभ-स्मृति है। पत्रकार-कला के हिन्दी-स्वरूप के 'प्रताप'

नामक राष्ट्र-मंच से गणेशजी ने कायरों को, देश-घातकों को, महलों को, मुकुटों को, अत्याचारियों को और स्वार्थियों को लगातार चुनौतियाँ दीं, और परिणाम में तलाशियाँ, अपमान, अर्थ-हानि और कारागार सहे। जब वे जेल में जाते तो उनके पद-चिह्नों पर चलने वाले उन्हें 'तिलक' करते, किन्तु वह इतना महँगा होता कि उतना महँगा तिलक लगाने वाला मस्तक ढूँढ़ने के लिए हिन्दी की राष्ट्रभारती वर्षों से मानो गर्भ लिये 'हुलसी' फिरती है। हम जानते हैं कि 'प्रताप' की कठोर शक्ति से व्याकुल होकर और अपनी प्रखरता की पराजय से लाचार होकर एक प्रधान देशी नरेश ने गणेशजी को, अपने राज्य के प्रजाजन के नाते स्नेह से हाथ बढ़ाकर मिलने बुलवाया और भेंट में एक वस्त्र के साथ भारी सम्पत्ति पेश की। गणेशजी ने कपड़ा रखकर सम्पत्ति लौटा दी और कहा, "कपड़ा लेकर गणेश ने आपका आदर किया है। रुपये लेने की 'प्रताप' आज्ञा नहीं देता।"

गणेशजी ने यह कभी बर्दाश्त नहीं किया, उनके प्रभाव एवं सामर्थ्य के भीतर रहते हुए कोई कार्यकर्ता या मित्र, चाहे वह किसी भी क्षेत्र का क्यों न हो, मुसीबत झेले, और वह बैठे रहें। अर्जुन की तरह जहाँ तक उनके 'बाणों' की पहुँच थी, कार्यकर्ता अपने संकटों में गणेशजी को अपने साथ पाते। वे उन व्यक्तियों में रहे जो अपने कार्यशील मित्रों में हृदय की तरह सन्निकट हो जाते थे अतः उनके संकल्पों से बढ़ने वाली दुनिया सन्निकटता में भूलकर उनकी महत्ता का आकलन नहीं कर पाती थी। एक बार दादा भाई नौरोजी के स्वर्गवास पर लिखते हुए गणेशजी ने कुछ इस आशय का लिखा था, "हम अब अँधेरे बाजार में मोमबत्तियाँ ढूंढ़ते हैं, उससे पहले सूर्य के प्रकाश में सूर्य की कद्र नहीं कर पाते।" आज यह बात उनके युग पर वर्षों से घटती चली आ रही है।

यों गणेशजी ने अपना सिर देकर मानो यह संकेत दिया था कि स्वातंत्र्य-देवता को आसमान से जमीन पर उतारने के लिए हम सिर देने की यह खेती सहस्र-सहस्र गुनी हरी-भरी रख सकें। अतः सिर देने का यह संकेत हिन्दी-जगत् की तरुणाई को याद रहे तो 25 मार्च की स्मृति कभी अपमानित न हो, और क्रान्ति की क्यारियाँ कभी सूखी न दीख पड़ें। गणेशजी को याद करते समय हम एक बार यह सोच लिया करें कि हमारे सिर भी हैं और हममें रक्त भी है, और युग का आमंत्रण न जाने कब से हम पर उधार है।

यदि हम जरूरत का रक्त वसूल करने की मानव-सुलभ दुर्बल भावना को ठुकरा सकें तो हिन्दी-जगत् के नाते हमें ऐतिहासिक धरोहर और प्रेरणामय मूल-धन के नाते, 'प्रताप' और उसकी शक्तियों की रक्षा किये जाना चाहिए। यही हमारी सच्ची गणेश-पूजा है।

आचार्य विनोबा

विनोबा : एक दर्शन

भाद्र शुक्ल तृतीया याने हड़तालिका तीज, संत विनोबा की जन्म-तिथि है। संवत् 1951 में कुलाबा जिले के गागोड़ा गाँव में बम्बई प्रदेश में विनोबा का जन्म हुआ। उनका पूरा नाम है —श्री विनायक नरहरि भावे। सन् 1907 में, विनोबा शिक्षण प्राप्ति के लिए बड़ौदा गये और विद्रोही स्वभाव के कारण, 'मैट्रिक' के बाद 'इन्टर' कक्षा से ही पढ़ना छोड़कर, सन् 1916 में वे बड़ौदा छोड़कर भी चल दिये और थोड़े समय के बाद वे महात्मा गांधी के पास साबरमती आ गये। जैसा कि मैंने एक बार लिखा है—"महात्माजी ने आश्रम के प्रारम्भ में ही, मानो इस छोटे-से सिद्ध विनायक का स्वागत किया। अपराजिता आर्य-परम्परा अपना नन्हा-सा रूप धर कर, मानो सिद्धियों का भण्डार. गांधीजी की गोद में सौंपने आयी।"

विनोबा अपने सम्पूर्ण जीवन में तप की मूर्ति हैं। उनका विश्वास है कि ज्यों-ज्यों काया छीजती है, त्यों-त्यों आदर्श के रस में जीवन की चादर भींजती है और मानव के अंतरंग और बहिरंग—दोनों, एक-दूसरे के बहुत निकट पहुँचने में समर्थ हो पाते हैं। हम अपनी सभ्यता की दौड़ में दौड़ने वाले जीवनों को देखें, कितनी द्रुतगति से दौड़ रहे हैं? हमारा नेतृत्व धनिकत्व, प्रभुत्व—सारा का सारा, आज रेल में दौड़ रहा है, कल मोटर में दौड़ रहा है, परसों हवाई जहाज में दौड़ रहा है, उधर विनोबा डग-डग, पग-पग चल रहा है। किन्तु, हमारा सभ्यत्व, चाहे 50 फी. मील दौड़े, चाहे 500 मील, वह शपथ-पूर्वक कह सकता है कि उन दौड़ों में चाहे जो दौड़ा हो, हमारे सभ्य के पाँव नहीं दौड़े। और विनोबा, जो चला अपने पैरों चला। विनोबा ऐसी जगह नहीं चलता, जहाँ सवारियों के रास्ते बन्द हों, वह तो ऐसी जगह चलता है, जहाँ से सवारियाँ, मोटरें और रेलें धूम से आ-जा रही हों। किन्तु, अन्तर देखिये कि विश्व के द्रुतगामी सभ्य से अपनी सीमाएँ नहीं लाँघी जातीं और यह पैदल यात्री, विश्व के संकल्पों में भूकम्प मचाता, मानो अपने हर कदम पर भूगोल लाँघता जा रहा है। यहीं सिद्धि की उस मुर्दमशुमारी का बँटवारा होता है, जो विश्व को अपने पैरों लाँघती है, या पराये पैरों लाँघती है।

विश्व में हममें से कितनों की यह भूमि, भूमि मात्र नहीं है, किन्तु 'वोट' लेने, भाषण के उपदेश देने और दौरे में अधिकार-मद प्रकट करने के क्षणिक अपवादों के सिवा, क्या इस भूमि के टीलों से टेकड़ियों से, झीलों से, झरनों से, बागों से, खेतों से, पर्वतों से, दर्रों से, उसी तरह—

'काँधे कुल्हाड़ी माथे पानी
उसकी राजैं खेती रानी।'

के शृंगार से शोभित, कृषक से हम सभ्यों का कोई वास्ता ? कोई रिश्ता ? खुदगर्ज हम, हमें तो अपनी गरज निपटने की गरज है। परिश्रम करते हुए सिर पर से गंगा बहाने वाले, पेट में टुकड़ा और कमर से चिथड़ा लपेटे हुए, पर्वत-निवासिनी पार्वती के पति वर-प्रदाता शंकर के भिन्न-भिन्न रूपों को मन्दिर में देखने के आदी हम, गिरि-कन्दर में देखने कहाँ आते हैं ? साँप और शेर, जिसके घर में रहते हों, उसके घर अनेक जेबों में प्राण छुपाने के अभ्यासी हम भला कैसे जायें ?

विनोबा अपने मरण में, कितनों को जीवन-दान नहीं दे रहा है ? अपने सम्मान का यह शत्रु, अपने बलिदान का मित्र है। वह स्वयं राजा नहीं, अधिकारी नहीं, किन्तु राष्ट्रपति और अधिकारी कैसे उसकी आरती उतार रहे हैं ? गरीब से गरीब किसान जिससे बोल रहा और बड़े से बड़ा अधिकार-मद जिससे डोल रहा—उसे विनोबा कहते हैं। जिसे हवाई जहाजों की घर्र-घर्र और बमों की बौछारें सुनाई नहीं देतीं, कैसा कठोर बहरा है ? किन्तु, गरीब के साँसों के स्वर, जिसकी साँसों में साफ सुनाई देते हैं, ऐसा राम, विनोबा में निवास करता है—

"चींटी के पग नेवर बाजे
वह भी साहब सुनता है"

विनोबा जब विचारों से ऊपर चढ़ता है, तब ऐसी सरल भाषा में, ऐसे सादे हाव-भाव में कि ऊँचे पर चढ़कर बादलों की तरह, घनश्याम की कृपा की तरह, नीचे को बरसना नहीं भूलता। और जब नीचे उतर कर, अपने पैरों चलने लगता है, तो विद्रोही वृक्षों की तरह उपर को उभर कर उठना नहीं भूलता। भू-विज्ञान शास्त्र के फैलने और सिकुड़ने के समस्त तन्तु मानो विश्व की परिधि बनकर, विनोबा के संकेतों पर उतर और चढ़ रहे हैं।

गांधीजी के जीते-जी हममें से कितने अपनी समस्याओं को उनसे नहीं सुलझवाते थे। हमारी विविध समस्याओं को सुलझाते-सुलझाते और हमारी समस्याओं के परिणामस्वरूप बापू को गोली लगी। किन्तु विनोबा ने अपने बापू से न राजमद माँगे, न राज-पद माँगे, उन्होंने गांधीजी से कहा कि बापू मुझे तुम्हारा आशीर्वाद चाहिये। इस घटना से कलियुग में त्रेता का राम-वन-गमन मानो साकार हो उठा। सुतिक्षण से राम ने वर माँगने को कहा। वह बोला— वर किसे कहते हैं, मैं जानता ही नहीं—

"मुनि कह मैं वर कबहुँ न जाँचा
समुझ ना परै झुठी का साँचा"

ऋषि विनोबा, बापू के वरदानों को, और उन वरदानों से बड़े होने वाले मेहमानों को, जानते थे, पहचानते थे, उन्हें श्रद्धा भरे जी से मानते थे। किन्तु, अपने लिए वे केवल बापू का आशीर्वाद माँगते हुए, भारतवर्ष और विश्व के लिए शरीर धारण कर, अपने संकल्पों, अपनी गतिविधियों और अपने बलिदानों से,

वे स्वयं बापू के आशीर्वाद बनकर डोल रहे हैं।

भू-दान, केवल योजना नहीं। यह विनोबा को प्राप्त प्रेरणा है, किन्तु विश्व के लिए महान् उपचार है। इस भूदान के लिए विनोबा भी प्रचारकों की तरह मोटर और हवाई जहाज में क्यों नहीं दौड़ते? विनोबा क्षण नहीं हैं, क्षर नहीं हैं, क्षणिक नहीं हैं। विनोबा केवल वार नहीं हैं, त्यौहार मात्र नहीं हैं, विनोबा तो मौसम हैं—समस्त विश्व की रचना का मौसम हैं। मौसम वह जो क्षणिक न हो, मौसम वह जो दिनों और सप्ताहों को लाँघ सके। किन्तु, मौसम वह, जिसे जल्दी न पड़ी हो। इसीलिए पाँव-पाँव, गाँव-गाँव, इसीलिए धीरे-धीरे। किन्तु, दौड़ों और शीघ्रताओं की असफलताओं से परे, कैसी द्रुत गति से भूदान चल रहा है! सेना विनोबा के पास नहीं है, किन्तु लोक-सेवक मानो उसकी सेवा के योद्धा बनकर घूम रहे हैं। वह कानून नहीं जानता, किन्तु भूदान की महिमा पर कैसे कानून बन और बिगड़ रहे हैं। वह गद्दीधारी, धर्माचारी नहीं है, किन्तु मन्दिरों, मस्जिदों, गिरजों और देवालयों की पवित्रता किस तरह उसके द्वारा जगत् पर बरस रही है। हमें तो अत्याचारी के सम्मुख अथवा कानून की ताड़ना के सम्मुख हाथ जोड़कर सब कुछ देने का अभ्यास है। हम अपने से हाथ जुड़वाने वाले की जबरदस्ती के सामने दण्ड पाकर लाचार हो जाने के अभ्यासी हैं। हम उसको कैसे समझें, जो स्वयं हाथ जोड़कर भूदान माँगने आया है।

अंग्रेजी राज हमारे यहाँ से गया, राज्य हमारे यहाँ से गये, जमींदारी हमारे यहाँ से गयीं, हम कैसे नन्हें हैं, जो समय के माला की यह मणि, लेख नहीं पाते, समय के चरणों के संचरण देख नहीं पाते। सीता की माता भूमि मानो आज हमसे रूठ गयी है। जगत् के वृथा परिपुष्टों ने, उर्वरा को ऊसर बनाया, ज्ञान, धन और सत्ता का केन्द्रीयकरण किया और भूमि को अधिकार-मदान्धों की दासी बना दिया है। सीता की माता भूमि की इस वेदना से, आज राम का सेवक विनोबा तिलमिला उठा है। जिसे तरह, भूमि के रस की सुगन्ध वृक्षों के फूलों में और स्वाद, वृक्ष के फलों में ढूँढ़ा जा सकता है, उसी तरह भारत-भूमि के अन्तःकरण की सुगन्धि विनोबा की भूदान-यात्रा और उसका स्वाद, विनोबा की प्रार्थना और भूदान की सफलता में देखा जा सकता है। "उत्सव प्रिया हि देवाः"—देवता उत्सवप्रिय होते हैं। अपने भूदान के नित्य के उत्सवों में विनोबा देवत्व का निर्माण करते चल रहे हैं और भारत की संत परम्परा के अनुकूल वे इतने निर्वैर हो उठे हैं कि भारत के सब राजनैतिक दल, विनोबा के भूदान-यज्ञ की सफलता चाहते हैं। क्यों न हो, अक्षर, शब्द, पद, संधि, वाक्य, भाषा—समस्त का सार और समस्त ध्वनियों का आरोह और अवरोह जिस तरह कि सिकुड़कर 'ॐ' में आ निवास करता है, उसी तरह नगाधिराज हिमालय और नगाधिराजों की गुरुता, सप्त सरिताओं की दौड़, भारत के तीन तरफ लहराते हुए समुद्र की गहराई तथा तरंगायमान बल और भारत-भूमि पर लहर-लहर बल खाती शस्य श्यामला के वनों-उपवनों और खेतों की हरियाली, आज विनोबा के जीवन

में सिकुड़कर साकार हो गयी है।

विनोबा कवि है, क्योंकि वह अपने प्रखर से प्रखर संकल्पों का, कोमल से कोमल भावों में आह्वान् करता है। एक दिन किसी ने कहा था—'गरब लिये हुलसी फिरैं, तुलसी सो सुत होय'।

आज भी महादेवी, बालकृष्ण या दिनकर या भारतवर्ष की किसी भी भाषा का कोई कवि यह कह सके और आर्य-सभ्यता के उत्तुंग शैल से उतर कर बरसने वाली इस ज्ञान-गंगा, इस बलिदान-गंगा का परिचय दे सके। ऐसी कलम का सप्रेम आह्वान।

भूदान के इस पंथी का, हरतालिका के इस जन्म ग्रहण करने वाले का, बापू के इस आशीर्वाद का, ज्ञान के इस नगाधिराज का, बलिदान के इस महासागर का और प्रार्थना के इस पूजनीय नगण्यत्व का सादर वंदन, सवात्सल्य अभिनन्दन—

"नमः परम ऋषिभ्यो
नमो परम ऋषभ्या"

और इस सप्ताह श्री विनोबाजी पर, देवधर (बिहार) के देव-मन्दिर के पंडों का आक्रमण हुआ, उस समय जब विनोबा कुछ हरिजनों को लेकर, मन्दिर में देवदर्शन करने जा रहे थे। बिहार की इस घटना का विरोध तुरन्त ही देश के राष्ट्रपति ने तथा प्रधानमन्त्री ने किया। बिहार के मुख्यमन्त्री तो हरिजनों का दल लेकर, मन्दिर में दर्शन को जाने की घोषणा भी कर चुके हैं। यही क्यों, सनातन धर्म के लिए सतत सरकार से लड़ने वाले स्वामी करपात्रीजी तक ने और जनसंघ के नेता पं० मौलिकचन्द्रजी शर्मा ने भी देवधर के पंडों की इस मूर्खता की भर्त्सना की है। सारा देश पंडों की निन्दा कर रहा है। इसी बीच देवघर के पंडों की सभा ने भी उक्त पंडों और उक्त घटना की निंदा की है और हरिजनों को मन्दिर में प्रवेश करने देने का प्रस्ताव पास किया है! याने स्वयं अपराधी, पवित्रता की सौगन्ध खाने चले हैं! किन्तु, विनोबा पर होने वाला प्रहार कृतकृत्य हो गया। वह कालिमा, विनोबा के कीर्ति-सौंदर्य पर डिठौना हो गयी। और उस प्रहार ने कहा—सुखों और वैभवों के युगों में भी विनोबा का, यही पथ रहेगा। धरती, मानव और ईमान, विनोबा पर विश्वास करते हैं, क्योंकि उनका पथ संतों का बलिदान-पथ है। प्रहार सहते हुए संत से मानवता कह रही है—"ऐसे ही बैठ रहहु
ऐसे ही मुसकाहु।"

[26 सितम्बर, 1953]

स्वागतं ते महाभाग : विनोबा

जाने कब; किसने जमाने की स्मृति में 'संघे शक्तिः कालौ युगे' वाली कहावत शामिल कर दी और तब से आज तक बिना सोचे-समझे लोग इस भ्रान्ति को दोहराते चले आ रहे हैं। विचार की कसौटी पर चाहे जिस युग को कसिए, व्यक्ति, और

केवल एक व्यक्ति मिलेगा, जिसके महान् गुरुत्वाकर्षण के चारों ओर, व्यक्ति-समूह, सौरमण्डल के उपग्रहों की भांति चक्कर काटता हुआ पाया जायेगा। वह शक्ति-सागर, पूर्व और पश्चिम के मौलिक मतभेदों की अनुकूलता से गांधी हो, या लेनिन या रूजवेल्ट-जैसा कोई और, व्यक्तियों की शक्ति-धारा उसमें अपना जीवन विलीन कर देने को विवश हैं।

अपने जीवन में समूह की अपेक्षा गुण को सदा अधिक महत्त्व देकर महात्मा गांधी ने एक से अधिक बार उपर्युक्त भ्रान्ति पर प्रहार किया। और अभी उस दिन गांधी-विचार-रश्मियों से आलोकित आचार्य विनोबा जब गांधी के अकाल अवसान से अपरिपूर्ण कार्य की पूर्ति का उद्देश्य लेकर दिल्ली पहुँचे तब उनके साथ उनके दो-चार ऐसे भी साथी थे जिन्हें याद रखने में इतिहास अकसर भूल कर दिया करता है। अतः आज एक बार फिर यह प्रश्न सामने आया कि समूह की अपेक्षा व्यक्ति को, युग-पुरुषों को, क्यों न शक्ति एवं सामर्थ्य का स्रोत माना जाये?

हाँ, वह शक्ति-स्रोत, निर्मित जमाने का बागी होता है। अपना जमाना वह स्वयं निर्माण करता है। उसके आरोह-बिन्दुओं को छू सकने में सर्वथा असमर्थ, लीक-लीक चलने वाले लघु-तन्तुओं की रीझ और खीझ, उसे अपने अभिमत से विमुख नहीं कर पाती। जमाना लाचार होकर उसके पीछे चलने को बाध्य होता है।

विश्व को एक प्रवाह कहा जाता है। प्रवाह तो निम्नगामी ठहरा। युग-पुरुष इस चिन्तन-प्रवाह को जड़त्व के पतन-पथ से खींचकर चिन्मय केन्द्र की ओर मोड़ देता है। राष्ट्रों के जीवन में ऐसे ही मोड़ उज्ज्वलतम अध्यायों का सृजन करते हैं।

बेचारा इतिहास! विनोबा ने, अभी उसे अवसर ही कहाँ दिया कि वह उनका परिचय लिखे! प्राचीन ऋषियों के अनुगामी इस साधक ने अपनी साधना के परिणामों को नीरस और उपेक्षित रचनात्मक कार्यों के दुर्ग में सूम के सोने की भाँति इस सावधानी से बन्द रखा कि इतिहास के गुप्तचर उस पर डाका नहीं डाल सके।

महात्माजी से मिलन के वर्ष 1916 से लगाकर उनके निर्वाण सन् 1948 तक बत्तीस वर्षों की लम्बी अवधि में विनोबाजी ने अपने नाम को प्रसिद्धिसहित छापने के लिए समाचार पत्रों को केवल तीन मौके दिये और वे तीनों क्षणजीवी। असहयोग-आन्दोलन की प्रखरता के बीचोबीच, सन् 1923 में मध्यप्रान्तीय सरकार की निरंकुशता मध्यप्रान्त की तरुणायी को राष्ट्रीय झण्डे के सम्मान की रक्षा के लिए चुनौती दे बैठी। नागपुर में झण्डा-सत्याग्रह छिड़ा। तत्कालीन सरकारी अधिकारियों ने, सत्याग्रह का संचालन करने वाली समिति को सहसा गिरफ्तार कर लिया। साधनानिरत विनोबा का आसन झण्डे की मानरक्षा के लिए डोल उठा। सत्याग्रह-संचालन का भार सँभालने के लिए वे बाहर आये, किन्तु दूसरे दिन सत्याग्रह प्रारम्भ करने के पहले ही वह भी गिरफ्तार कर लिये

गये। समाचार पत्रों के शीर्ष-स्थान में विनोबा के आने का यह प्रथम अवसर था। यह शुभ प्रारम्भ मध्यप्रान्त में, उनके बलि-पथ पर आरूढ़ होने से, हुआ।

सुदूर दक्षिण केरल से आयी एक दर्दीली पुकार। गांधीजी बेचैन हो उठे। प्रभु के दर्शनों से वंचित हरिजनों ने मन्दिर-प्रवेश के लिए वहाँ सत्याग्रह छेड़ रखा था। विनोबा को उसके संचालन के लिए गुरुवयूर भेजा गया। यह सन् 1924 था जब विनोबा दूसरी बार सामने आया।

प्रसिद्धि का तीसरा अवसर जरा देर से पहुँचा—सन् 1940 में। गौरव और महत्त्व में यह सबसे आगे रहा। इसका यश भी इसी प्रान्त को मिला। गांधीजी की नजरों में भारतीय जनता सामूहिक रूप में सत्याग्रह के कठोरतर अनुशासनों को पार करने में असमर्थ ठहरी! अतएव भारत सरकार की युद्ध-नीति का विरोध करने के लिए उन्होंने व्यक्तिगत सत्याग्रह का विकल्प निश्चित किया। आचार्य विनोबा इस यज्ञ के प्रथम होता के गौरव से अभिषिक्त हुए!

एक ओर राजनीतिक प्रसिद्धि के क्षेत्र में प्रथम आने की मची हुई स्पर्धा को देखिए। त्याग और कुरबानियों का ढिंढोरा पीटते हुए, उसी पूजा-वेदी पर पाँव रखकर अपने ही साथियों में श्रेष्ठ देखने की कोशिशों का ताँता बँधा हुआ है। फिर इस व्यक्ति-विशेष की समर्पण-भावना को भी देखिए जो साधक जीवन के जाने किस आकर्षण से अभिभूत, प्रसिद्धि और लोक-प्रतिष्ठा को आवर्जन की तरह बार-बार ठुकराता आ रहा है।

बम्बई प्रान्त के कुलाबा जिले के गागोडा गाँव की भूमि गर्वीली है कि विनोबा का बचपन उसकी गोद में खेलते बीता। तब श्री विनोबा का पूरा नाम था—श्री विनायक नरहरि भावे। विद्याभ्यास की लोक-परम्परा के अनुसार सन् 1907 में बड़ौदा के हाई स्कूल में नाम लिखा गया, किन्तु विद्रोही जीवन का कँटीला मुकुट पहनाने के लिए राष्ट्र का भविष्य जिन विभूतियों को वरण करता है, उन्हें शासन की दीवारों में बँधी निर्जीव पाठशालाएँ पचा नहीं सकतीं। श्री विनायक ने बिना कोई डिग्री लिये सन् 1916 में गुलाम शिक्षा-प्रणाली को छोड़ दिया। घर और पारिवारिक जीवन की सीमाएँ, पश्चिम के आदर्शों पर ढले भौतिक उद्योगों से देश को समृद्ध बनाने के पक्षपाती पिता का स्नेह, विलासों से रपटीले पथ के सुखमय आकर्षण, साधारण मानव को ललचाने वाली महत्त्वाकांक्षाएँ, इन सब जंजीरो को तोड़ते जाने में ही श्री विनायक ने सुख का अनुभव किया। उन्हें उस शिक्षा की तलाश थी, जिसके लिए कहा गया है—'सा विद्या या विमुक्तये।'

सबसे पहले विनायक, फिर उनके शेष दोनों भाई भी, लोक-साधना के महत्तर आदर्शों की प्राप्ति के लिए घर छोड़कर चल पड़े।

योग्य मार्ग-दर्शक की खोज में, दीर्घ और मानसिक संघर्षों के बाद श्री विनायक सन् 1916 में काशी पहुँचे। महात्मागांधी साबरमती आश्रम स्थापित कर चुके थे। पत्र लिखकर आपने महात्मा जी से आश्रम में आने की अनुमति चाही, किन्तु प्रतीक्षा सहन नहीं हुई। बिना अनुमति प्राप्त किये, मेहमान नहीं,

अतिथि के रूप में, साबरमती पहुँच गये। महात्माजी ने अपने आश्रम के प्रारम्भ में ही मानो इस छोटे-से सिद्ध विनायक का स्वागत किया। अपराजिता आर्य-परम्परा अपना नन्हा-सा रूप धरकर मानो सिद्धियों का भण्डार महात्माजी की साधना की गोद में सौंपने आयी।

आश्रमवासी विनायक ने आश्रम में कर्मठ और कठोर अनुशासनों की तपन से गुजरने के लिए अपने मन और शरीर को उसी तरह फेंक दिया, जिस तरह प्राचीन ऋषि-पुत्रों के, परिचर्या-व्यक्त, साधनामय जीवन की कहानी हम उपनिषदों में पढ़ा करते हैं। श्री विनायक का यह आश्रमवास कितना श्रद्धामय, तपोनिष्ठ एवं अध्ययनशील रहा—वह इस प्रसंग से व्यक्त होता है—दुर्बल, अस्वस्थ शरीर विनायक की कठोर श्रमशील, किन्तु शिकायतरहित चर्या और परिचर्या से प्रभावित महात्माजी ने एक दिन पूछा, "इतने दुबले हो रहे हो, फिर भी इतना सारा काम कैसे कर लेते हो?"

गिने-चुने शब्दों में अथाह गहराई लिए हुए उत्तर था, "काम करने की इच्छा-शक्ति से।"

कैसे कहें कि इस शिष्य को अपने समस्त ज्ञानालोक से उद्भासित कर देने के सात्त्विक उछाह से गांधीजी का हृदय भर नहीं आया होगा!

इस तरह ज्योति से ज्वाला प्रज्वलित हुई और चिनगारी से दीपदान की परम्परा जागृत की गयी। श्री विनायक विनोबा भावे बन गये।

मध्यप्रान्त में गांधीजी के मत, पथ और व्रत के एकनिष्ठ प्रचार में अपना जीवन खपा देनेवाले स्वर्गीय देशभक्त जमनालालजी बजाज की अनन्य सेवा-भावना से सन् 1921 में महात्माजी द्वारा वर्धा आश्रम की स्थापना की गयी। विनोबाजी इसके प्रधान आचार्य बनाकर साबरमती से वर्धा आश्रम लाये गये।

महात्माजी के निवास से गौरवान्वित सेगाँव (वर्धा) जिस तरह सेवाग्राम बन गया, उसी तरह वर्धा से 5 मील दूरी पर अवस्थित पौनार ग्राम, जिसे हरिजन सेवा की सुविधा के लिए विनोबाजी ने चुना, विनोबा के चरण पड़ते ही परम-धाम बन गया। मानो, अपने को जीते-जी गाड़ देने वाले आचार्य विनोबा ने सन्त तुकाराम की वाणी को दोहराकर कहा,

"आपुले मरण
पाहिले मी डोला"

अर्थात् अपनी मौत मैंने अपनी आँखों देखी है।

राष्ट्रपिता महात्मा गांधी द्वारा प्रज्वलित अभिनय ज्योति अपने अन्तःकरण में आलोकित किये आचार्य विनोबा महात्माजी के महाप्रस्थान के अनन्तर स्वतन्त्र भारत के हृदय-प्रदेश को द्वेष और कलुष से निर्मल बनाने का प्रयत्न कर रहे हैं। महात्मा गांधी के अन्यतम साथी स्वर्गीय महादेव देसाई के शब्दों में, "ऋषि की वाणी दोहरायी जाये तो विनोबा का जीवन उस मन्त्र को जीवन प्रदान कर रहा है, जिसमें कहा गया है,

"चरन्वै मधु विन्दती चरन्सदुं सुदम्बरम्
······चरैवेति, चरैवेति ॥"

सन्त तुलसीदास ने भगवान् राम के मुंह से अनन्य भक्त की परिभाषा यों कहलायी है,

सो अनन्य जाके असि मति न टरै हनुमन्त।
मैं सेवक, सचराचर रूप स्वामि भगवन्त ॥

और उस दिन, कुरुक्षेत्र छावनी में विनोबा ने शरणार्थियों के बीच अपने आगमन का उद्देश्य समझाया,

"आप लोगों को ऐसे देखता हूँ, जैसे भक्त भगवान् को देखता है।" विनोबा के शब्दकोश में कमजोरी या लाचारी का बोध कराने वाला कोई शब्द नहीं। उनके विचारों का ओज इन पंक्तियों से व्यक्त होता है, "चन्द्र के साथ चन्द्र का वातावरण रहता है, मंगल के साथ मंगल का, वैसे ही मेरे साथ मेरा वातावरण रहना चाहिए। लोग कहते हैं, यह तो कलियुग आया है, किन्तु कलियुग में रहना है या सतयुग में, यह तो तू अपना चुन ले। तेरा युग तेरे पास है। इसलिए हम ऐसा न मानें कि दुनिया की हवा के सामने हम लाचार हैं। लाचार तो जड़ होता है। हम लोग चेतन हैं, आत्मस्वरूप हैं। हमारा वातावरण हम बनायेंगे।"

शरीर-श्रम को आज भी विनोबा बहुत महत्त्व देते हैं। उस दिन दिल्ली के राजघाट पर प्रार्थना सभा में उन्होंने कहा, "शरीर-श्रम छोड़ने से ही दुनिया में साम्राज्यशाही और अन्य शाहियाँ पैदा हुई हैं।"

राष्ट्रपिता महात्मा गांधी के इस सुयोग्य प्रकाश-वाहक और उत्तराधिकारी, सन्त एवं लोक-नेता का इन पंक्तियों के साथ, सेवा के व्यापक क्षेत्र में हम स्वागत एवं अभिनन्दन करते हैं : "नमः परमऋषिभ्यो नमः परमऋषिभ्यः।"

कर्मवीर का वीर सेवक स्वर्गीय श्रीयुत देवीशंकर जोशी

(जन्म 6 मई 1899, मृत्यु 15 फरवरी 1920)

संक्षिप्त परिचय

करुणानिधि कहवाय हाय !
तुम आज कहा यह कीन्हों,
देशोद्धार जतन गत तत्पर
पुरुष रत्न हर लीन्हों
काल-चक्र को बोझ लगत हो
जो ऐसो तुव हाथे
कस न गिराय दियो काहू
भारत कलंक के माथे ॥

देवीशंकर गत ता० 15 फरवरी को अपने कुछ मित्रों सहित नर्मदा में ग्वारीघाट पर नहाने गया। पहले बहुत देर तक किनारे पर खूब खेलकूद होता रहा। फिर एकान्त में नहाने की इच्छा से सब लोग घाट से नीचे कोई पौन मील की दूरी पर नदी में धँसे। वहाँ कम पानी था, आपस में किलोलें होने लगीं। इतने में एक मित्र का पैर फिसला, वे गहरे की ओर जा पड़े, धार तेज थी, बहने लगे, कम तैरना जानते थे, घबरा गये, चिल्ला उठे, "बचाओ"। उन्हें सहायता देने को दो हाथ आगे बढ़े परन्तु पानी की तेजी के कारण वे दूसरी ओर बह गये, उनके पास नहीं पहुँच सके। यह देख देवीशंकर उन्हें बचाने को कूद पड़ा। वे तीनों तो आगे बहकर एक चट्टान के सहारे बच गये, परन्तु देवीशंकर पहले गोते के बाद ऊपर नहीं निकला। सब सोचने लगे, अब निकलता है, अब निकलता है, परन्तु देर हो गई, घबराये, किसी प्रकार पार आये। सहायता के लिए घाट की ओर दौड़े। मुश्किल से सहायता मिली। पुलिस ने बड़ी फुर्ती से मदद पहुँचाई परन्तु प्रयत्न करने पर भी एक घण्टे बाद लाश पानी के ऊपर निकाली जा सकी। दैववशात् जबलपुर के कुछ शिक्षक वहाँ पर स्नान करने गये थे, उन्होंने आकर प्रारम्भिक उपचार किया। डूबने के बहुत देर बाद शहर में खबर मिली। मोटरों पर डॉक्टरों को लेकर पहुँचे परन्तु उसके बचने की आशा नहीं रही थी। सब असफल हुए। देवीशंकर का अन्त हो गया।

नर्मदा, तूने उसे डुबा दिया। घातिनी तो भी तू पवित्र बनी है! तुझे कुछ दया न आयी। तेरी चंचल धारा के ऊपर उसके साथी रोये और नीचे किसी शिला में अटककर छटपटाते हुए किन्तु विश्वास के साथ ही मुस्कराते हुए उसे देखकर, जलचर भी रोये होंगे। परन्तु निर्दय तूने उसका दम घोंट दिया, उसकी अमिट मुस्कराहट चुपचाप बहा दी और उसे निर्जीव करके ही छोड़ा! देख उसकी तरुण पत्नी और दुधमुँही बच्ची अनाथ हो गयीं। जिसने सुना वह अवाक् रह गया। किन्तु तेरी काली करतूत के आगे कोई कुछ न कर सका। अब हमारे पास सहानुभूति के अनेक पत्र आते हैं, जी चाहता है, उन्हें भी तेरी धारा में फेंक दें, जिससे तू भी जाने कि, तूने जिसे मारा है, वह हमको कितना प्यारा था!

अभी वह बीस बरस दस मास का ही था। हृदय में महत्त्वाकांक्षाएँ भरी थीं, जिनकी किरणें उमंग भरे व्यवहारों के रूप में सदैव उसके आसपास प्रस्फुटित होती रहती थीं। जिनके प्रकाश में बड़ों ने उसे होनहार समझा, मित्रों ने सखा भाव से गुरु माना, असहायों ने सहायक पाया और गरीबों ने दानी।

एक बार उससे पूछा, "तुम्हें 'उनके' इस व्यवहार पर क्रोध नहीं आया?" तो बोला, "क्या कहूँ, क्रोध के पहले ही दया आ गई।" सच बात तो यह है कि उसे क्रोध कभी आता ही न था। वह सदैव प्रसन्न, हँसता हुआ, मस्त रहता था, यहाँ तक कि उसके साथ रहकर कोई, चाहे तो भी उदास नहीं रह सकता था। श्रीयुत अयोध्यासिंह उपाध्याय की 'आँसू' शीर्षक कविता पढ़ते-पढ़ते बोला, "उपाध्यायजी महाराज उसे बुरा बताते हैं जिसे कभी आँसू नहीं आते।" यह कहके वह हँस

पड़ा और कहने लगा, "भाई जो रोता नहीं उसे गाली क्यों देते हो !"

उसके सहपाठी से पाठशाला में शीशे का बर्तन टूट गया। वह सहपाठी था निर्बल। देवीशंकर ने देखा कि उसे सजा अवश्य मिलेगी और वह बिचारा सह न सकेगा इसलिए स्वयं जाकर कह दिया कि यह बर्तन मुझसे टूट गया है। इस अवसर पर उसे खूब कठिन दंड मिला। जब हेडमास्टर को यह खबर मिली तब उन्होंने कहा, "बालक उम्र में छोटा है इतनी ही कमी है, नहीं तो वह कुर्सी पर बैठने की योग्यता रखता है और जिस शिक्षक ने बेंत मारे हैं वह विद्यार्थियों के बीच में बेंच पर।"

अध्ययन और साथ ही खेलकूद में उसकी कुशलता देख उसके शिक्षक और साथी उस पर मुग्ध थे।

वह हाई स्कूल स्कॉलरशिप की परीक्षा में मध्यप्रदेश में पहला आया था और मैट्रिक में अपनी कक्षा में सर्वोच्च नम्बर से पास होने के कारण उसे एक पदक मिला था। इसी प्रकार हॉकी, फुटबाल और क्रिकेट की पहली टीमों में सबसे बढ़िया खिलाड़ियों में से माना जाता था और उक्त खेलों में उसे कई पदक मिले थे, वह गाता बहुत अच्छा था। उसके प्रिय गाने थे रवीन्द्रनाथ टैगोर का 'अयिभवन मन मोहिनी' और भारतेन्दु बाबू हरिश्चन्द्र का 'माधव मोहिं परखिये नाहीं' जिन्हें गाते-गाते वह पुलकित हो उठता था। वह अक्सर कहा करता था, यदि मुझे गाने न दिया जाय तो बुखार आ जाय। नाटक में खासकर विनोद का कार्य वह बहुत अच्छा करता था। जबलपुर में हिन्दी साहित्य सम्मेलन के समय 'कृष्णार्जुन युद्ध' नाटक में उसने शंख का कार्य किया था जिसके लिए उसे दो पदक मिले थे। वह केवल गाता ही नहीं, किन्तु गाने रचता भी था। कर्मवीर की दूसरी संख्या में उसका 'सुख वसंत पधारों आओ' शीर्षक गायन पांचजन्य के नाम से छपा था और इस अंक में भी 'तेरा काम' शीर्षक गायन छपा है।[1]

अंग्रेजी के सम्बन्ध में उसके शिक्षक उसकी बड़ी प्रशंसा करते थे। वह मैट्रिक पास था तो भी साधारण ग्रेजुएट से अच्छी अंग्रेजी लिखता था। उससे बातचीत करने पर, जब एक बैरिस्टर मित्र को मालूम हुआ कि वह मैट्रिक है, तो अविश्वास करके बोले, नहीं बी० ए० से कम नहीं हो सकता। वह जब मैट्रिक में था, तब अपने कुछ सहपाठियों को अंग्रेजी पढ़ाया करता था और आश्चर्य यह, कि जिनको उसने पढ़ाया वे सब अंग्रेजी में पास हो गये।

देश-सेवा के भाव के सम्बन्ध में कह देना काफी होगा, कि उसने कर्मवीर कार्यालय में आने के पहले एक पत्र में लिखा था, "मैंने निश्चय कर लिया है कि, सार्वजनिक सेवा में लगूँ। यदि अपने घर मध्यप्रदेश में रहकर मुझे सेवा करने का मौका नहीं मिलेगा तो मैं कहीं बाहर चला जाऊँगा।"

लेखक और प्रकाशक बनने की उसकी बहुत इच्छा थी, स्वतन्त्र समाचार-पत्र

---

1. 21-2-1920

निकालने की धुन में वह अपनी सारी सम्पत्ति केवल एक मकान (!) बेचकर प्रेस खरीदने की स्कीमें बनाया करता था। अपने निवास-स्थान खण्डवा में प्रत्येक सार्वजनिक उत्सवों पर स्वयं-सेवक बनकर बड़े उत्साह से काम करता और कराता था।

उसके हृदय की सरलता और उदारता की झलक इस बात से मिलती है, कि एक बार डाकघर के बरामदे में उसे दो टिकट वाले कोरे लिफाफे मिले। उसमें से एक में पाँच रुपये का नोट था। वह सोच में पड़ा कि क्या करूँ? उसने फौरन जाकर डाकघर के एक कर्मचारी को नोट सहित लिफाफे दे दिये यह कहकर कि, ये यहाँ बरामदे में मुझे पड़े मिले।" वह स्वयं धनवान नहीं था, परन्तु किसी ने उससे कुछ माँगकर 'नहीं' का उत्तर नहीं पाया। बहुधा कहा करता था, "कंजूसी क्रोध और आँसुओं से मेरी लड़ाई है भैया, वे मेरे पास नहीं आते।"

हम क्या-क्या लिखें। एक-एक घटना याद करके जी चाहता है उसका वर्णन करते चले जावें और उसकी महान आत्मा का सच्चा चित्र खींच दें। अस्तु, इन शब्दों में ही क्या प्रत्युत उसके मित्रों के प्रत्यक्ष व्यवहारों में और प्रकट कार्यों में ही उसके चरित्र का चित्र दिखाई देगा, क्योंकि ऐसा कोई भी व्यक्ति नहीं है, जिस पर थोड़ी-सी देर के संसर्ग से उसकी छाप न पड़ी हो। हम अधिकतर मित्रों का ही नाम ले रहे हैं क्योंकि मित्र ही, मानव समुदाय ही, उस उदार का सच्चा परिवार था। उसके कौटुंबिक परिवार के सम्बन्ध में कोई विशेष उल्लेखनीय वात नहीं है। क्योंकि उसके पिता पण्डित भवानीशंकर जोशी, जो खण्डवा के रहने वाले थे और कुछ दिन नरसिंह पुर में नाजिर थे, उसको बचपन में ही माता और दो बहिनों के साथ छोड़कर स्वर्गवासी हो गये थे। उसके फुफेरे भाई खण्डवा के श्रीयुत गनपतरावजी दुबे, उसके परिवार की देखरेख और पालन-पोषण करते रहे हैं। बालक का यह परिवार भी धीरे-धीरे उसे छोड़ गया, माता एक बार बड़वाह में नर्मदा स्नान से लौटते समय चक्कर आने से गिर गयीं और घर जाने पर उनका देहान्त हो गया, बड़ी बहिन दीर्घ रोग से जर्जरित होकर मृत्यु-शायी हुई और छोटी बहिन का कुएँ में गिर जाने से प्राणान्त हुआ।

इस प्रकार कालगति से देवीशंकर का आत्मीय परिवार नष्ट हुआ। माता के सामने ही 14 वर्ष की उम्र में उसका विवाह हो गया था। दुर्भाग्यवश उसकी पत्नी भी माता को छोड़ और कोई नहीं रहा है, गोद में 5-6 मास की केवल एक बालिका है। वह बेचारी भी इस मृत्यु से विधवा हो गयी है। उसके कष्ट की कहानी नहीं लिखी जा सकती, सामर्थ्य नहीं। हमें ही धीरज नहीं, तो उसे किस प्रकार धीरज बँधावें। हम भी देवीशंकर के ही अन्तिम गायन के शब्दों में उसे पुकारकर कहते हैं—"खिन्न मना हम सब रोते हैं हमें बँधा दे धीर।"

[कर्मवीर, 28 फरवरी 1920]

स्वर्गीय श्रीयुत पं० विष्णुदत्तजी शुक्ल

हमारा नेता चल बसा !

पण्डित विष्णुदत्तजी शुक्ल का गत 11 जनवरी 1921 की रात को नागपुर में स्वर्गवास हो गया—

वे कांग्रेस के लिए नागपुर गये थे। वहाँ उन्हें ज्वर आने लगा। डाक्टरों ने मना किया तो भी वे कांग्रेस अधिवेशन तथा विषय-निर्वाचिनी आदि समितियों में सदैव उपस्थित होते रहे। परिणाम यह हुआ कि कांग्रेस का अधिवेशन समाप्त होने पर बाहरी उत्तेजना से दबा हुआ रोग जोर पकड़ गया। इन्फ्लुएंजा हो गया, प्रकृति अधिकाधिक बिगड़ने लगी। समाचार पत्रों में अस्वस्थता के समाचार प्रकाशित होने लगे। परन्तु आशाजनक संवाद के स्थान पर व्याकुल जनता ने एकाएक जाना कि कठिन वज्रपात हो गया, युद्धक्षेत्र पर गया हुआ वीर वहीं पर धराशायी हो गया।

अत: आज मध्यप्रदेश अपने सबसे बड़े पुत्र के शोक में व्याकुल है। जिसके पास अधिक लाल हों उसको एक की हानि पर दूसरों से कुछ सहारा मिल सकता है, परन्तु जो पहले ही से कंगाल हो, और छूटे वह लाल जो कि शिरोमणि था, तो उसके दु:ख का ठिकाना कहाँ !

मध्यप्रदेश की जनता अपने सर्वप्रिय नेता के स्वर्गवास पर खिन्न है। जिसके हृदय ने लक्ष्मी की गोद में पलकर, राजकुमारों के कॉलेज में पढ़कर और सत्ताधारियों के बीच रहकर भी गरीब, अशिक्षित और पीड़ित जनता को पुकारा, जगाया, खड़ा किया, मार्ग बताया और साथ दिया, वह जीवन का साथी, नेता, सदा के लिए साथ छोड़कर चला गया, चिर निद्रा में सो गया। जनता को याद है, रौलट बिल की तैयारी थी। प्रजा चाहती थी कि पराधीनता के भारी बंधन पर यह बोझिल जंजीर और न कसी जाय, पर सरकार अपने हठ पर अड़ी थी। प्रजा की इच्छा को प्रतिबिंबित करने वाले प्रतिनिधियों ने सरकार को समझाया पर वह न मानी। लाचार होकर उन्होंने विरोध में सभासदी[1] से इस्तीफा पेश कर दिया। मध्यप्रदेश की जनता को गौरव के साथ याद है, उसके प्रतिनिधि विष्णुदत्त शुक्ल ने भी इस्तीफा दे दिया। प्रलोभन था, अपनी जमींदारी सम्पत्ति का डर भी था, परन्तु जनता के प्रतिनिधि का उत्तरदायित्व भी था। प्रलोभन और डर पर विजय पायी उत्तरदायित्व ने। उन्हें फिर समझाया गया कि विरोध प्रकट हो गया, कसौटी पर सच्चे उतरे, अब आप फिर कौन्सिल में जाइये; परन्तु जनता की आज्ञा के आगे शुक्लजी का सिर झुका, कृतज्ञता प्रदर्शित करने के लिए और यह कहने के लिए कि मैं आपका सेवक हूँ, परन्तु वर्तमान

---

1. इम्पीरियल लेजिस्लेटिव कौंसिल (तत्कालीन केन्द्रीय धारा सभा)

कौन्सिल ऐसी है कि वहाँ जाकर मैं आपकी सेवा नहीं कर सकता। बाद में सुधार योजना के अनुसार नई कौन्सिलों की स्थापना हुई। जनता की इच्छा से विष्णुदत्तजी स्टेट असेम्बली के लिए खड़े हुए, चुनाव निकट आया, वे चुन लिये गए होते कि कांग्रेस ने असहकारिता का प्रस्ताव पास किया। जनता की आज्ञा शिरोधार्य करके विष्णुदत्तजी ने कौन्सिल की उम्मीदवारी छोड़ दी। वे रायबहादुर थे, रायबहादुरी भी छोड़ दी, वे फर्स्ट क्लास ऑनररी मजिस्ट्रेट थे, उससे भी जनवरी के प्रारम्भ में इस्तीफा दे दिया। ऐसा वह, नेता के वेश में जनता का सच्चा अनुयायी था। जमींदार होने पर भी किसानों ने उन्हें अपनी सभा का सभापति बनाया। अनेक डिस्ट्रिक्ट कान्फ्रेन्सों ने उन्हें अध्यक्ष का स्थान दिया। मध्यप्रदेश की राजनैतिक कांफ्रेन्स में नागपुर में जनता ने उन्हें सभापति के आसन पर बिठाकर अपना अधिवेशन सफल किया और गत कांग्रेस के समय जिस स्वागतकारिणी समिति के सभापति के पद की, सेठ जमनालालजी ने, शोभा बढ़ाई, उसके ऊपर अपनी दीर्घ राजनैतिक सेवा, अगाध राजनैतिक ज्ञान तथा असीम आत्मत्याग के कारण किसी का स्वाभाविक अधिकार था तो वह स्वर्गीय पंडित विष्णुदत्तजी शुक्ल का था, यह जनता जानती है, उसने सभापति के चुनाव के समय पुकार भी मचाई किन्तु किसी दुर्भाग्य ने जनता को अपनी कृतज्ञता के आसन पर अपने नेता को बिठला कर पूजा करने से रोक दिया। उस समय इस बात का जनता को जो दुःख हुआ वह इस सन्तोष से जनता ने सह लिया कि अवसर आ रहा है जबकि हमारा हाथ अबाधित होगा, हम मध्यप्रदेश की प्रान्तीय कांग्रेस कमेटी का उन्हें सभापति बनाकर अपनी कृतज्ञता को सफल बनावेंगे। परन्तु जनता के दुर्भाग्य से वह सम्मान का अधिकारी चला गया और जनता के लिए शोक ही कृतज्ञता का द्योतक छोड़ गया।

संस्थाएँ बहुत-सी हैं, कार्य के क्षेत्र बहुत-से हैं और वे स्थान बहुत-से हैं, मध्यप्रदेश के भीतर ही नहीं किन्तु बाहर भी, जहाँ पर विष्णुदत्त शुक्ल का अभाव गहरा शोक उत्पन्न कर रहा है। उनके अलावा वे मित्र अनेक हैं जिन्होंने विष्णुदत्त शुक्ल को महापुरुष होने पर भी अपने बीच में अपना और अपने ही समान पाया है, जिन्होंने आपस में दीर्घकाल का झगड़ा होने पर भी विष्णुदत्तजी के हाथ में हाथ देकर मेल बढ़ाया है और जिन्होंने आपत्ति के अवसर पर उस आपत्ति को अपनी आपत्ति समझने वाला सच्चा साझीदार पाया है। मित्रों के अलावा वे व्यक्ति भी अनेक हैं जिन्होंने विष्णुदत्तजी से मिलने पर अपने को किसी मीठे और प्यारे जादूगर के सामने पाया है और मन में सोचा है शुक्लजी तो हमारे ही हैं। हम इन सबका उल्लेख, चाह रहते भी नहीं कर सकते। मध्यप्रदेश ने अपना पुत्र खोया, देश ने अपना सहारा खोया, जनता ने नेता खोया, मित्रों ने साथी खोया और मिलने वालों ने सुहृद खोया, दुखी परिवार ने मुख उज्ज्वल करने वाला खोया, स्वयं हमने नेता खोया, मित्र खोया, सहचर खोया, साहस खोया, उत्साह खोया, ज्ञान खोया, जीवन-पथ पर प्रकाश डालने वाला

खोया और कर्मवीर ने अपना पिता खो दिया।

हम शोक में हैं, व्याकुल हैं, और चाहते हैं कि वह हमारी आत्मा आकर हमें जिलाए और हम अपने को सँभाल कर कुछ कह पावें।

[कर्मवीर, 15 जनवरी 1921]

मध्यप्रदेश का निर्द्वेष निरीह, और निर्भीक नेता

जीवन की कुछ बातें

जन्म : पंडित विष्णुदत्तजी शुक्ल का जन्म सन् 1876 ईस्वी में हुआ था। आप अपने माता-पिता की बुढ़ापे की संतान थे इसलिए लाड़-प्यार की कमी नहीं थी, परन्तु आप 6 वर्ष के हो पाये थे कि आपके पिता श्रीयुत पं० शवदत्तरामजी का स्वर्गवास हो गया। बचपन में पिता के मर जाने से क्या कष्ट होता है उसे बच्चा नहीं जानता। उसकी भोलीभाली खिलवाड़ उस विपत्ति में यौगिक आनन्द की मुस्कुराहट उत्पन्न कर दिया करती है। परन्तु गृहसंचालक पिता के मरने से वास्तव में जो भयानक अनाथता आ जाती है उसका अनुभव उन्हीं को है जो कुछ दुनिया देख चुके हैं। अस्तु, स्नेहमयी माता ने अपने वैधव्य के आँसुओं को और बालक की अनाथता के संवाद को बालक विष्णुदत्तजी से बहुत समय तक छिपा रखा।

उस समय आपकी जायदाद पर, आपके पिता की दानशीलता के कारण डेढ़ लाख रुपये का कर्ज था। घर में जायदाद सँभालने वाला, दो माताओं को छोड़ कोई बड़ा आदमी भी नहीं था इसलिए सरकार ने जायदाद का प्रबन्ध कोर्ट आफ वार्ड्स के अधिकार में दे दिया।

विद्याभ्यास : तीन वर्ष की ही अवस्था से विष्णुदत्तजी ने हिन्दी पढ़ना प्रारम्भ कर दिया था। पिताजी का स्वर्गवास होने पर डेप्यूटी कमिश्नर साहब ने आपको राजकुमार कालेज जबलपुर में पढ़ने के लिए भेजना चाहा। माता के हृदय में बच्चे को अलग करने की इच्छा नहीं थी परन्तु जब उनसे पूछा गया तो उन्होंने उत्तर दिया, "जब रानी कौशल्या अपने राम के बिना 14 वर्ष तक वियोग-दुख सहती रहीं तब मुझे अपने प्यारे पुत्र को पढ़ाने के लिए कुछ समय तक कष्ट सहने पड़ें तो स्वीकार है।" इस प्रकार माता से उत्साह और आशीर्वाद पाकर बालक विष्णुदत्तजी सन् 1881 में पढ़ने के लिए जबलपुर आये। 10 वर्ष से कम उम्र के बालक राजकुमार कालेज में भरती नहीं किये जाते थे, परन्तु चीफ कमिश्नर साहब की विशेष अनुमति से श्रीयुत शुक्लजी 6 वर्ष की अवस्था में ही भरती कर लिए गये। राजकुमार कालेज के उस समय के प्रिन्सिपल मि० यंग और उनकी पत्नी बालक विष्णुदत्तजी को बहुत प्यार करते थे और कालेज के सहपाठी कम उम्र होने पर भी आपकी विलक्षण बुद्धि के कारण आपको 'गुरुजी' कह के संबोधन किया करते थे। सन् 1890 में अर्थात् 13 वर्ष की

अवस्था में आपने ऐंट्रेंस की परीक्षा दी किन्तु आप फेल हो गये। कम उम्र, अधिक अभ्यास और ऊपर से असफलता का आघात ! जिस प्रकार हमारे देश के हजारों नवयुवकों का स्वास्थ्य नष्ट कर रहा है, उसी प्रकार शुक्लजी की भी अवस्था हुई। आपको अनिद्रा का रोग लग गया जो खान-पान आदि के संयम से दबा तो रहा पर रहा जीवन भर। दूसरे वर्ष आपने फिर परीक्षा दी परन्तु इस बार भी फेल हुए। तीसरे वर्ष आपने फिर परीक्षा दी और प्रथम श्रेणी में उत्तीर्ण हुए तथा अधिक नम्बर पाने के कारण आपको छात्रवृत्ति भी मिली जिसे आपने स्वयं स्वीकार नहीं किया किन्तु मि० यंग से कहकर अपने एक सहपाठी को दिला दी।

ऐंट्रेंस के दरवाजे से निकलने के बाद आपको असफलता का मुँह नहीं देखना पड़ा। एफ० ए० के बाद आप कैनिंग कॉलेज लखनऊ पढ़ने गये, वहाँ से आपने बी० ए० पास किया। बी० ए० में आपको विश्वविद्यालय की ओर से स्वर्णपदक मिला। आपने कानून की परीक्षा तो नहीं दी परन्तु मि० डिगूटर के पास आपने कानून का अच्छा अभ्यास किया है।

जमींदारी का प्रबन्ध : विद्याभ्यास समाप्त करने पर आप घर के कार्य देखने लगे। शीघ्र ही सन् 1898 में आपकी जायदाद, 'कोर्ट आफ वार्ड्स' से छूटी। उस समय उस पर 30,000 रु० का कर्ज रह गया था जिसे शुक्लजी ने धीरे-धीरे अदा कर दिया और जायदाद का इतना अच्छा प्रबन्ध किया कि उसकी आमदनी कालान्तर में बढ़कर चौगुनी हो गयी।

आपकी आमदनी और भी बढ़ सकती थी किन्तु लोक-सेवा ने आपका ध्यान आकर्षित किया और आप परोपकार की संपत्ति बढ़ाने की ओर झुक गये।

सरकार से सम्बन्ध : सरकार ने आपके लिए पहले ही अपने ढँग का मार्ग साफ कर दिया था। जिस वर्ष आपकी जायदाद आपको वापस मिली उसी वर्ष आपको ऑनररी मजिस्ट्रेटी मिली। 1903 में वाइसराय साहब ने स्वर्ण-पदक के साथ एक सनद दी और 1910 में आपको राय बहादुरी मिली। उस समय तो यह कहा जा सकता था कि आप राय बहादुर की उपाधि से विभूषित किये गये। दूसरे ही वर्ष सरकार ने फिर आपको स्वर्ण-पदक प्रदान किया और दिल्ली दरबार में आमन्त्रण का सम्मान भी दिया।

जन-सेवा के राजमार्ग पर आप आनन्द से सरकारी कृपा-छाया के सहारे चले जा रहे थे। युद्धकाल में आपने बहुत-से रंगरूट भरती किये, अपने कई रिश्तेदार भी फौज में भरती करवा दिये, वारलोन में बहुत-सा रुपया इकट्ठा करवा दिया। 'कृतज्ञ' सरकार ने मध्यप्रदेश के रिक्रूटिंग बोर्ड का सेक्रेटरी बना दिया। यह सम्मान का पद अन्य प्रान्तों में किसी भी भारतीय को नहीं मिला।

प्रजा से सम्बन्ध : परन्तु इस राजमार्ग पर से जन-सेवा की अन्य पगडंडियाँ भी दिखायी देती थीं। श्रीयुत शुक्लजी का हृदय इन पर भी चलने को ललचाया। ललचाता क्यों नहीं? हृदय सरल और पवित्र था, हृदय उन राजमार्ग के शाही

ठाटों से दूर किन्तु उन पगडंडियों के आसपास बसने वाली भारतीय जनता में पला था, उसमें भारतीय खून चक्कर लगाया करता था। राजकुमार कॉलेज के प्रिन्सिपल का प्यार, डिप्टी कमिश्नर की कृपा, वाइसराय का उपाधिदान, दरबार आदि का सम्मान कुछ दिन के लिए लुभा सकता था किन्तु प्रकृति को नहीं बदल सकता था। समय आया विष्णुदत्तजी शुक्ल मध्यप्रदेश की कौन्सिल में गये। आगे मध्यप्रदेश के जमींदारों की ओर से वाइसराय की लेजिस्लेटिव कौन्सिल में पहुँचे।

कौन्सिल से इस्तीफा : जनता नें सच्चा प्रतिनिधि पाया। भारत के हित के लिए शुक्लजी नौकरशाही से सदैव लड़ते रहे। 'रौलेट-बिल' ने आकर इस युद्ध की पराकाष्ठा कर दी। विरोध में मालवीयजी आदि के साथ श्रीयुत शुक्लजी ने भी कौन्सिल से इस्तीफा दे दिया। जनता ने आपके इस साहस का जोर-शोर से स्वागत किया परन्तु कहा, आप फिर कौन्सिल में जाइये। शुक्लजी कौन्सिलों की निस्सारता जान चुके थे। आपने कहा वर्तमान कौन्सिल में रहकर कोई भी पुरुष देश की सेवा नहीं कर सकता। उसके पहले से ही शासन-सुधार की चर्चा चल रही थी। सुधार के सम्बन्ध में प्रसिद्ध 'उन्नीस मेम्बरों के खरीते' पर आपके भी हस्ताक्षर थे। सुधार के सम्बन्ध में राष्ट्रीय कांग्रेस, मध्यप्रान्तीय कांग्रेस कमेटी तथा सी० पी० ग्रेजुएट्स ऐसोसिएशन की ओर से जो डेपुटेशन मि० मांटेग आदि से मिलने गये उनमें आप भी सदस्य चुने गये थे। कांग्रेस भक्त आप पहले ही से थे। सन् 1915 में आप मध्यप्रदेश की प्रान्तीय राजनैतिक परिषद् के नागपुर में सभापति बनाये गये थे। सुधार का हुल्लड़ समाप्त होते-होते नयी कौन्सिलों के चुनाव का समय आया।

असहकार पक्ष : आप स्टेट असेम्बली के लिए उम्मीदवार खड़े हुए। आपके चुने जाने में कोई संशय नहीं था। परन्तु इतने में कलकत्ते की विशेष कांग्रेस ने असहकार का प्रस्ताव पास कर दिया। आपने उम्मीदवारी छोड़ दी, उसी प्रस्ताव के अनुसार आपने स्वर्ण-पदक, रायबहादुरी आदि भी वापस कर दी। नागपुर की कांग्रेस के बाद गत जनवरी की 4 तारीख को आपने ऑनररी मजिस्ट्रेटी भी छोड़ दी थी, यह कहकर कि मैं इस पद पर से अपने कुछ भाइयों का भला किया करता था किन्तु यदि जनता की इच्छा है कि मैं इसे छोड़ दूँ, तो मैं तैयार हूँ। आप कौन्सिल त्याग और शिक्षा का दूसरा प्रबन्ध किये बिना सरकारी स्कूलों के बहिष्कार के पक्ष में नहीं थे किन्तु जनता की इच्छा मानकर आपने कौन्सिल की उम्मीदवारी छोड़ दी थी। आप सदा कहा करते थे कि जनता में जनार्दन का वास है, मुझे उसकी आज्ञा सदैव शिरोधार्य है। मैं उन नेताओं को आदर की दृष्टि से देखना धर्म नहीं समझता जो शान्ति के समय जनता के नेता कहलाने में अपनी शान समझते हैं और क्रांति के समय चुप बैठे पीछे खिसक जाते हैं। यदि राजनीति के मार्ग से मैंने श्रेष्ठ पुरुषों के सत्संग में सुखद समय का आनन्द भोगा है तो अब मुझे उसके जरिये कष्ट उठाने के लिए भी तैयार होना चाहिए। निश्चय तो

आपका यहाँ तक हो चुका था कि लोहे की हथकड़ियाँ मेरे आभूषण हों और जेल मेरा अन्तिम निवास। शुक्लजी पूर्णरूप से असहकार के पक्ष में थे और उसके लिए कार्य करने को तैयार भी थे। वायसराय साहब ने असहकार को Unconstitutional (गैर-कानूनी) ठहराया है इसलिए शुक्लजी जानते थे कि असहकारवादियों पर न जाने कब आपत्ति आ जावे अतः सुनते हैं आपने उसी समय से अपनी जायदाद की वसीयत तैयार कर ली थी। एक बार जब सरकार की सेवा में आप लगे थे, रिक्रूटिंग का कार्य जोर-शोर से कर रहे थे, उस समय भी आपने अपनी जायदाद का वसीयतनामा तैयार कर लिया था क्योंकि आपको मार डालने की धमकियाँ गुमनाम पत्रों के द्वारा मिला करती थीं। परन्तु जब तक आपका सरकार में विश्वास रहा और आप उसके लिए कार्य करते रहे, तब तक आपने मृत्यु की भी परवाह नहीं की, उस समय भी आप यथाशक्य देशसेवा करते रहे और सरकार की सेवा भी देश की ही सेवा समझकर करते थे। परन्तु जब आपको मालूम हो गया कि सरकार और देश के हितों में फर्क है, आपने सरकार की सेवा से अपना हाथ खींचा और देश की सेवा में पहले की अपेक्षा अधिक तत्परता से भिड़ गए। उस समय आपको मालूम हुआ कि सरकार की ओर से आपत्ति आना सम्भव है तो आपने उसका सच्चे सत्याग्रही की दृढ़ता से सामना करने की तैयारी भी कर ली। आपने अपने जामाता को एक पत्र में लिखा था, सम्भव है मुझे जेल हो जावे। मैं तुम्हारी सास को समझाता हूँ, ये स्वयं बुद्धिमती हैं, पर तुम भी समझाना कि यदि मुझे जेल हो जावे तो उस पवित्र अवसर को वे आँसुओं से दूषित न करें।

स्वास्थ्य : इस दृढ़ संकल्प के साथ श्रीयुत शुक्लजी असहकार के मैदान में आये थे, वे जैसे कार्यशील तथा प्रभावशाली थे उससे मध्यप्रदेश की जनता को विश्वास था कि हम भी असहकार के सम्बन्ध में कुछ कर दिखलायेंगे। परन्तु हो कुछ और ही गया। शुक्लजी का स्वास्थ्य सदा से अच्छा नहीं रहा है। वह तो उनके संयमित व्यवहारों का प्रताप था कि स्वास्थ्य की खराबी कभी उनके कार्यों में बाधक नहीं हुई। आपको निद्रा न आने की शिकायत कई वर्षों से थी अतः आप दिन-भर में एक बार ही भोजन किया करते थे और सुबह तथा शाम को फल या दूध लिया करते थे। गत मास में लगातार कई दिनों तक कांग्रेस डेपुटेशन के साथ कार्य करते रहने से आपके स्वास्थ्य को हानि पहुँचने का भय हो रहा था। बीच-बीच में आपको ज्वर भी हो आता था। डेपुटेशन का कार्य समाप्त होते ही आप कांग्रेस के लिए 23 दिसम्बर 1920 को नागपुर पहुँचे। वहाँ पहुँचते ही कांग्रेस सम्बन्धी कार्यों में जुट गये। ता० 26 को कांग्रेस के बाद आप विषय-निर्वाचिनी-समिति के लिए मध्यप्रान्त से सभासद चुनने वाली सभा में सम्मिलित हुए और रात्रि को एक बजे श्रीयुत दीक्षित के बंगले पर जहाँ पर आप ठहरे थे, लौटे। दूसरे दिन भी आप विषय-निर्वाचिनी-समिति से आधी रात को लौटे। इस दिन आपको कुछ सर्दी और बुखार की हरारत मालूम होती

थी। तारीख 28 को आपको दिन भर 101 डिग्री बुखार रहा अतः आपने भोजन नहीं किया पर कांग्रेस में उपस्थित रहे। ता० 29 को बुखार बढ़ गया इसलिए आप कहीं आ-जा नहीं सके। ता० 31 को 102 डिग्री बुखार और दूसरा उपवास होने पर भी आप कुछ समय के लिए मुस्लिम लीग और कांग्रेस में उपस्थित हुए। ता० 1 जनवरी (1921) को 102 डिग्री ज्वर था तो भी आप प्रातःकाल 7 बजे से 12 बजे तक प्रान्तीय बैंक की मीटिंग में शामिल हुए क्योंकि आपने कुछ ही दिन पूर्व मित्रों के आग्रह से को-आपरेटिव बैंक्स की गवर्नरी स्वीकार कर ली थी, जो कार्य आप पहले भी कर चुके थे, इसके आगे आपका स्वास्थ्य क्रमशः बिगड़ता ही गया। इन्फ्लुएंजा और निमोनिया हो गया। खाँसी और हिचकियाँ आने लग गयीं। दोनों फेफड़े बिगड़ गये। ता० 10 को सिहोरा में आपकी वृद्धा माता, धर्म-पत्नी, दामाद तथा दो पुत्रियाँ आपके पास पहुँच गई थीं। नागपुर के प्रसिद्ध डॉ० गद्रे, खरे, सिविल-सर्जन आदि इलाज कर रहे थे। किन्तु सब निष्फल हुआ।

अन्त : ता० 11 जनवरी की रात्रि आयी। साढ़े दस बजे शुक्लजी धराशायी किये गये। कुछ समय चुप रहने के बाद आपने कहा, "हे परमात्मन् !" सब लोग रो उठे। शुक्लजी के दोनों फेफड़े खराब हो गये थे इसलिए बोलने में बहुत कष्ट होता था तो भी आपने कहा, "व्यर्थ हल्ला और दुःख मत करो।" बाद में आपने समीपस्थ पं० धनीरामजी से गीता-पाठ करने के लिए कहा। उन्होंने तत्काल प्रथम अध्याय पढ़ना शुरू कर दिया। इस पर शुक्लजी ने बड़े कष्ट से कहा No war but peace (युद्ध नहीं शान्ति) Fourth (चौथा पढ़िये) चौथा अध्याय प्रारम्भ किया गया। उसका पारायण समाप्त हुआ ही था कि शुक्लजी के ओंठ हिले और यह सुनायी पड़ा, "वासांसि जीर्णानि यथा विहाय:···।" बस समाप्ति। वास्तव में गीता के अनुसार ही जिस प्रकार मनुष्य नये वस्त्र धारण करने के लिए पुराने वस्त्र छोड़ देता है उसी प्रकार श्री युत शुक्लजी ने भी इस पुराने शरीर को छोड़ दिया।

दाह-संस्कार : आपकी इच्छा के अनुसार आपका शव नागपुर से सिहोरा लाया गया। नागपुर के प्रसिद्ध नेता डॉ० मुंजे आदि ने बहुत आग्रह किया कि दाह-संस्कार राष्ट्रीय महत्त्व के साथ नागपुर में ही हो, किन्तु आपकी पूर्व-प्रकाशित इच्छा और आपकी धर्मपत्नी जी के कहने से दाह-संस्कार आपके निवास-स्थान सिहोरा में 13 जनवरी 1921 को सबेरे किया गया। उस अवसर पर जबलपुर आदि स्थानों से हजारों सज्जन अपने नेता के अंतिम दर्शन करने तथा उन्हें सम्मान देने के लिए सिहोरा गये।

अन्य कार्य : मध्यप्रदेश के एकमात्र महान् नेता का जीवन सहसा समाप्त हो गया। वह जीवन केवल राजनैतिक क्षेत्र में ही नहीं चमका था किन्तु शुक्लजी

साहित्य प्रचार के कारण पटना[1] में अखिल भारतवर्षीय हिन्दी साहित्य सम्मेलन के सभापति बनाये गए थे, मध्यप्रदेश के प्रान्तीय सम्मेलन के सभापति भी वे हो चुके थे। आप ही के प्रयत्न से जबलपुर में 'कर्मवीर' की स्थापना हुई थी। धर्म के क्षेत्र में वे सरयूपारीण महासभा के जन्मदाताओं तथा मुख्य कर्त्ताओं में से ही नहीं थे किन्तु आरा में सन् 1915 में उसके वार्षिक अधिवेशन के सभापति भी रह चुके थे। प्रान्तीय सनातनधर्म परिषद के मंडला में आप सभापति बनाये गये थे। आप जबलपुर और कटनी में वृहत् जैन सभाओं के सभापति भी हो चुके थे। आपने ईसाइयों के लिए कब्रिस्तान को भूमि दी है और प्रतिवर्ष मुसलमानों के ताजिए की जियारत किया करते थे। आप अपने धर्म में रहते हुए प्रत्येक को आदर से देखते थे। आपका जीवन अत्यन्त धार्मिक था। प्रतिदिन प्रातःकाल नियमापूर्वक दो घण्टे भगवत्पूजन गीतापाठादि किया करते थे। खान-पान आदि में आप अक्षरशः सनातन धर्म के नियमों का असुविधाएँ सहते हुए भी, पालन किया करते थे। कभी-कभी तो आपको अपने ही हाथ से भोजन बनाने का अवसर आ जाता था। तो भी आप सदैव इस बात का प्रयत्न करते रहे कि समय के अनुसार सामाजिक नियमों में भी सुधार होने चाहिए। अतः आप काँग्रेस डेपुटेशन में विलायत जाने को भी तैयार हो गये थे, परन्तु आपकी वृद्धा माता ने आपको छोड़ना न चाहा और आपके समान मातृभक्त पुत्र ससार में विरले ही मिलेंगे अतः आपने सोचा कि यदि माताजी को अपने साथ इंग्लैण्ड ले जावें तो उन्हें बहुत कष्ट होगा इसलिए आप इंग्लैण्ड नहीं जा सके। आप जनता के प्रत्येक आन्दोलन में सदैव साथ रहते थे। आप बड़े भारी जमींदार थे तो भी किसानों के हित का सदैव खयाल रखते थे। आपकी जमींदारी का शासन इतना अच्छा था कि आपके गाँवों से शायद ही कोई मुकदमा सरकारी अदालत में गया हो। आपको किसानों ने राजिम में किसान सभा का सभापति भी बनाया था। किसानों के ही लाभ के लिए आपने बहुत वर्षों तक सहकार समिति Co-operative society में कार्य किया है। आपने सिहोरा में सेण्ट्रल बैंक स्थापित किया है जो छू नमूना आदर्श हो रहा है।

इनके अलावा आप कई सभा-सोसाइटियों के सभापति और सभासद रह चुके हैं। आप रायल एशियाटिक सोसाइटी के भी मेम्बर थे आप सिहोरा में एक कन्या पाठशाला, एक अंग्रेजी स्कूल और धर्मादा सभा चला रहे थे।

इस प्रकार राजनीति, धर्म, समाज, शिक्षा आदि के हितकारी कार्यों से भरा हुआ हमारे नेता शुक्लजी का जीवन केवल 44 वर्ष की उम्र में एकाएक हमसे छिन गया। मध्यप्रदेश अनाथ हो गया। इस समय आपके घर में वृद्धा माता, पत्नी तथा चार कन्याएँ हैं जिनमें दो का विवाह हो चुका है। कोई पुत्र नहीं है। परमेश्वर इस दुखी परिवार को इस महान् आपत्ति के समय धैर्य प्रदान करें और

1. 1919 (संवत् 1976)

श्रीयुत शुक्लजी की पवित्र आत्मा को शान्ति दे।

[कर्मवीर, 22 जनवरी 1921]

स्व० देशभक्त अम्बाप्रसाद सूफी

परतंत्र भारत में बुद्धिमान तथा साहसी देशभक्तों के लिए स्थान नहीं। स्वभावतः ही ऐसे भारतीयों से ब्रिटिश सत्ता का विरोध हो जाता है और वह इन देशभक्तों को अपने सत्ता के बल पर कुचल देती है। ऐसे भारतीयों को कृतघ्न भी भुला देते हैं। आज हम ऐसे ही एक देशभक्त की कहानी देते हैं—

सूफी अम्बाप्रसाद का जन्म सन् 1857 में मुरादाबाद में हुआ था। एफ० ए० पास करने के पश्चात् आपने वकालत पढ़ी। परन्तु की नहीं। आप उर्दू के प्रभावशाली लेखक थे। आपने यही काम संभाला।

सन् 1890 ई० में आपने मुरादाबाद से अपना उर्दू साप्ताहिक पत्र 'जाम्युल-इलूम' प्रकाशित करना प्रारम्भ किया। आपकी धर्मपत्नी आपको इस काम में पूरी सहायता देती थीं। आज सन् 1924 में उनके उस समय के लेख पढ़ जाइये। उनमें उन्नीसवीं शताब्दी की गंध नहीं आएगी। वे हर समय नवीन भाव ही उपस्थित करते हैं। उनका प्रत्येक शब्द सूफीजी की (आन्तरिक) अवस्था का परिचय देता है। वे हास्यरस के प्रसिद्ध लेखक थे। परन्तु उनमें गम्भीरता भी कम न थी। वे हिन्दू-मुस्लिम एकता के कट्टर पक्षपाती थे। वे शासकों की बड़ी आलोचना किया करते थे। उनका वह पत्र इतना सर्वप्रिय हो गया था कि डाक वाले रास्ते में ही चोरी कर लेते थे। वे सच्चे राजनीतिक 'एडवोकेट' थे।

सन् 1897 में आप पर राजद्रोह (सिडीशन) का अपराध लगा कर अभियोग चलाया गया जिसमें उन्हें डेढ़ वर्ष का कारागार मिला। फिर आप 99 ई० में छूट कर आये, उन्हीं दिनों में यू० पी० के कुछ छोटे-छोटे राज्यों पर अंग्रेज लोग हस्तक्षेप कर रहे थे। सूफीजी ने वहाँ के कुछ अफसरों तथा रेजीडेन्टों का खूब भण्डाफोड़ किया। इस पर उन अंग्रेजों द्वारा मिथ्या दोषारोपण का अभियोग सूफीजी पर चलाया गया। उसमें आपकी जायदाद जब्त कर ली गई और 6 साल का कारागार मिला। सूफीजी को जेल में अकथनीय कष्ट सहन करने पड़े, परन्तु वे कभी विचलित नहीं हुए।

सूफी जेल में बीमार हुए। एक गलीज कोठरी में बन्द थे। उन्हें औषधि नहीं दी जाती थी। यहाँ तक कि पानी आदि का भी ठीक प्रबन्ध न था। जेलर आता और हँसता हुआ प्रश्न करता,- "सूफी ! अभी तक तुम जिन्दा हो ?" क्या इन विपत्तियों से सूफी डरे ? हर्गिज नहीं। ज्यों-त्यों करके जेल से छूटे।

मई 1907 की 9 तारीख को लाला लाजपतराय पकड़े गये, और सरदार अजीतसिंहजी के नाम भी वारण्ट निकाले गये। उन दिनों सरदार अजीतसिंहजी

छिप गये। और 2 जून तक सरकार उन्हें पकड़ न पाई। चूँकि उन दिनों काम रुक गया था इसलिए सूफीजी अपने मित्रों से मिलने रुड़की चले गये। पीछे पंजाब में और पकड़-धकड़ आरम्भ हुई तो सरदार अजीतसिंह के भाई सरदार किशनसिंहजी और भारत माता सुसायटी के मन्त्री महताशा नन्दकिशोरजी, सूफीजी के साथ नेपाल को चल दिये। वहाँ बहुत दिन रहे। वहाँ नेपालरोड के गवर्नर (शायद) श्रीयुक्त जंगबहादुर से आपका परिचय हुआ। वे इनसे बहुत अच्छी तरह पेश आये। बाद को श्री जंगबहादुर सूफीजी को आश्रय देने के कारण पदच्युत किये गये। उनकी जायदाद भी जब्त कर ली गयी। उनके साथ कई बार नेपाल की राजनीतिक स्थिति पर बातचीत हुई तो वे सूफीजी की नीतिपटुता देखकर दंग रह गये और कहने लगे, भारत जैसे गुलाम देश में क्यों जीवन व्यर्थ गँवा रहे हो? सचमुच वे चतुर नीतिज्ञ थे।

इसी वर्ष लो० तिलक पर अभियोग चलाया गया। उन्हें 6 वर्ष का कारागार मिला। तब देशभक्त मण्डल के सभी सदस्य साधु बन गये, सबने (भगवे) गेरुवे वस्त्र पहन लिये। और सूफीजी व सरदारजी ने मिलकर तिलक आश्रम खोलने का इरादा किया परन्तु कुछ विघ्न-बाधाओं के कारण वे ऐसा न कर सके।

साधु मण्डल पर्वतों की यात्रा को निकला। एक भक्त भी साथ आया। साधु बैठे तो उस भक्त ने सूफीजी के चरणों पर शीश नवाकर नमस्कार किया। बड़ा जेंटलमेन था। खूब बूट-सूट पहिने था। सूफीजी के चरणों पर शीश रक्खा, और पूछने लगा—"बाबाजी! आप कहाँ रहते हैं?" सूफीजी ने कठोर स्वर में उत्तर दिया—"रहते हैं तुम्हारे सिर में!"

"साधुजी, आप नाराज क्यों हो गये?" "अरे बेवकूफ! तुमने मुझे क्यों नमस्कार किया? इतने और साधु भी तो थे। उनको प्रणाम क्यों न किया?"

"मैं आपको ही बड़ा साधु समझा था।"

"अच्छा खैर! जाओ खाने-पीने की वस्तुएँ लाओ।"

वह कुछ देर पीछे अच्छे-अच्छे पदार्थ लेकर आया। खा-पीकर सूफीजी ने उसे फिर बुलाया और कहने लगे, "क्यों बे! हमारा पीछा छोड़ेगा कि नहीं?" "भला मैं आपसे क्या कहता हूँ जी?" "चालाकी को छोड़। आया है जासूसी करने। जा-जा, अपने बाप से कह दे हम पहाड़ में गदर करने जा रहे हैं।" वह चरणों पर गिर पड़ा। "हुजूर, पेट की खातिर सब कुछ करना पड़ता है।"

आपने सन् 1909 में 'पेशवा अखबार' निकाला। उन्हीं दिनों में बंगाल में क्रान्तिकारी आन्दोलन ने सिर उठाया। सरकार को ऐसी चिन्ता हुई कि कहीं वह अग्नि पंजाब का भी दहन न कर डाले। उन्होंने दमनचक्र चलाना आरम्भ किया। पहिले तो श्रीयुक्त लाला हरदयालजी को देश छोड़ना पड़ा, किन्तु अन्त को सूफीजी व सरदार अजीतसिंह व ज्याउलहक ईरान को चले गये। उन दिनों पेशवा अभी चल रहा था। उसके लिए बहुत-से लेख लिखकर रख गये ताकि पत्र

के एकदम बन्द होने से सरकार को आशंका न हो जावे और कहीं वे भाग में ही काबू न कर लिए जावें। करांची से जहाजों पर चढ़े। ईरान चले गये। वहाँ ज्याउलहक की सलाह बदल गयी। उसने चाहा इन्हें पकड़वा दूँ तो कुछ इनाम भी मिलेगा और सजा भी न होगी। परन्तु सूफीजी ताड़ गये। उन्होंने उसे आगे भेज दिया। वह वहाँ रिपोर्ट करने गया स्वयं ही पकड़ा गया और यह दोनों वहाँ से बच निकले।

ईरान में वे कैसे रहे, क्या हुआ, यह बातें तो किसी अवसर पर ही खुलेंगी। अर्थात् कोई मनुष्य उधर जावे और इस विषय में खोज करे तो बहुत कुछ पा सकता है। परन्तु जो कुछ सुनने में आया उसीका उल्लेख इस स्थान पर किया जाता है। यहाँ से वे ईरान को चले गये। वहाँ उनकी अंग्रेजों ने बहुत खोज की और उन्हें कई प्रकार के कष्ट सहन करने पड़े। कहा जाता है कि वे एक स्थान पर घेर लिए गये। वहाँ से निकलना असम्भव-सा हो गया। वहाँ व्यापारियों का एक काफिला टहरा हुआ था। ऊँटों पर बहुत-से सन्दूक लदे हुए थे, उनमें वस्त्र आदि भरे हुए थे। एक ऊँट के दोनों संदूकों में सूफीजी व सरदार अजीतसिंहजी को बन्द किया गया और वहाँ से बचाकर निकाला गया।

पीछे वहाँ पर जिस समय उन्होंने कोई खतरा न समझा तो उन्होंने वहाँ के राष्ट्रीय आन्दोलन में भाग लेना आरम्भ कर दिया। उस समय वहाँ पर भी अंग्रेज लोग अपना प्रभुत्व जमाते जा रहे थे। वहाँ सूफीजी ने कहा—"भाई, हमें इनका पर्याप्त अनुभव है। हमारे अनुभव का लाभ उठाओगे तो इनके चंगुल से बचे रहोगे या अगर फँसोगे तो शीघ्र बच निकलोगे।" उन्होंने वहाँ से 'आबेहयात' नामक पत्र निकाला। और बहुत-सी पुस्तकें लिखीं। वे सबकी सब फारसी भाषा में थीं। उनमें से एक का नाम 'इब्रते ईरानियन या दामें सय्यादान' थी। जिसका अर्थ ईरान की विपत्ति और शिकारियों का फरेब या जाल है। पीछे सरदार अजीतसिंहजी टर्की चले गये। तब सूफीजी ने अपने एक मित्र को एक पत्र लिखा था,—"सरदार साहेब को टर्की छोड़ आया हूँ। मेरी ड्यूटी यहाँ पर लगी है। मैं यहाँ पर काम करूँगा।" इत्यादि।

सन् 1915 के लगभग जिस समय ईरान पर अंग्रेजों ने बिल्कुल प्रभुत्व जमाना चाहा, कुछ उथल-पुथल मची थी। उसमें शीराज का घेरा डाला गया था, उसी घेरे में सूफीजी भी अंग्रेजों के हाथ आ गये। उन्हें कोर्ट मार्शल किया गया। जब उन्हें मृत्युदण्ड दिया गया तो प्रतिष्ठित ईरानियों के कई डेपूटेशन सरकार के पास गये कि उन्हें छोड़ दिया जाय। परन्तु उनकी कोई परवाह न की गयी। अन्तिम फैसला सुना दिया कि कल प्रातः गोली से उड़ा दिये जाओगे। सूफी कोठरी में बन्द थे। प्रातः समय देखा कि वे समाधिस्थ अवस्था में थे परन्तु उनके प्राण-पखेरू उड़ चुके थे। वे योगाभ्यास आदि अच्छी तरह जानते थे। उनके 'जनाजे' के साथ असंख्य ईरानी गये और उन्होंने बहुत शोक मनाया। कई दिन तक उस नगर में उदासी-सी छायी रही। सूफीजी की कब्र बनायी गयी।

अभी तक हर वर्ष उनकी कब्र पर बड़ा भारी उत्सव मनाया जाता है। लोग सूफीजी का नाम सुनते ही श्रद्धा से सिर झुका देते हैं।

एक विचित्र कथा उनके मित्रों ने सुनायी थी। पता नहीं वह कहाँ तक सच है। परन्तु बहुत सम्भव है वह सच ही हो। कहते हैं कि पहले जब भागलपुर (या किसी और) स्टेट में रेजीडेन्ट कुछ खराबी कर रहे थे और उस राज्य को हड़प करने की चिन्ता में थे, तो वहाँ के भेद प्रकाशित करने और भण्डाफोड़ करने की अत्यन्तावश्यकता महसूस हुई। तब अमृतबाजार पत्रिका की ओर से सूफीजी वहाँ भेजे गये।

एक पागल-सा मनुष्य रेजीडेन्ट के बैरे के पास नौकरी की खोज के लिए आया। परन्तु बैरे ने इन्कार कर दिया। तब उसने कहा, "भाई, जो कहोगे करूँगा और वेतन में केवल भोजन ही पर्याप्त होगा।" बैरा ने उसे रख लिया। साहिब ने पूछा, "यह नौकर कौन है?" उत्तर दिया, "हुजूर ! बिल्कुल 'जाहिल,' पागल-सा है, इसे कुछ 'अकल' नहीं है। साहिब बहुत खुश हुए। उन्होंने बैरा को हुकम दे रखा था कि कोई समझदार नौकर मत रखना। वह पागल बर्तन साफ करता तो मिट्टी में लथपथ हो जाता। मुँह पर मिट्टी लेप लेता। उस समय उसकी ओर देख ठठाके से हँसे बिना कोई नहीं रह सकता था। सौदा खरीदने में बड़ा चतुर था। अच्छी से अच्छी चीज जो बैरा स्वयं एक रुपये में लाता, वह नौकर वही वस्तु 50 पैसे में ले आता, सभी चीजें खरीदने उसे ही भेजा जाता।

उधर "अमृतबाजार" पत्रिका में रेजीडेण्ट के विरुद्ध धड़ाधड़ लेख निकलने लगे। अन्त को वह इतना बदनाम हुआ कि वह पदच्युत कर दिया गया। वह स्टेट से निकाला गया। जिस समय वह स्टेट से बाहर पहुँच गया, उस समय एक जंक्शन पर एक काला-सा मनुष्य हैट लगाये पतलून-बूट पहिने उसकी ओर आया। उसे देखकर रेजीडेण्ट चकित-सा रह गया। यह तो वही था जो मेरे बर्तन साफ किया करता था, आज पागल नहीं है। आज वह एक हिन्दुस्तानी शौकीन जेंटलमैन बना हुआ है। उसने आते ही अंग्रेजी में बातचीत शुरू की। उसे देखकर वह काँपने लगा, कुछ भय से, कुछ आश्चर्य से और कुछ क्रोध से। अन्त को उसने कहा, कि तुम्हें इनाम तो दिया जा चुका है। अब तुम मेरे पास क्यों आये हो?

"आपने कहा था, जो मनुष्य उस गुप्तचर की जिसने कि आपका भेद खोला था पकड़वायेगा, उसे आप कुछ इनाम देंगे।"

"हाँ, कहा तो था। क्या तुमने उसे पकड़ा?"

"हाँ, हाँ ! इनाम दीजिये, वह मैं स्वयं ही हूँ।"

वह थरथर काँपने लगा। दन्त कटकटाकर बोला, "अरे राज्य के अन्दर ही मुझे तेरा पता चल जाता तो बोटी-बोटी उड़वा देता।" खैर, उसने उन्हें एक सोने की घड़ी दी और कहा, "यदि तुम स्वीकार करो तो जासूस विभाग से 1000 रु० मासिक वेतन दिलवा सकता हूँ।" परन्तु सूफीजी ने कहा, "अगर वेतन लेना होता तो तुम्हारे बर्तन क्यों साफ करता?"

आज सूफीजी इस लोक में नहीं हैं। पर ऐसे देशभक्त का स्मरण स्फूर्तिदायक होता है। भगवान उनकी आत्मा को चिरशांति दे, यही मनोकामना है।

—अज्ञात।

[कर्मवीर, 11 अप्रैल 1925]

देशबन्धु !

देशबन्धु चल बसे। इतना दूर हो गये, जहाँ न हमारी बातों की पहुँच है न आँखों की। ता० 16[1] की सन्ध्या का सूरज, देश के सौभाग्य को लेकर अस्त हो गया, ऐसे सौभाग्य को, कि जिसकी सी आत्मा के लौटाने का महँगा सौदा, भारत के साथ करने में, उसकी सुनहली किरणें शीघ्र सफल नहीं हो सकतीं। पिछले वर्षों देशबन्धु नाम किसी आदमी का नहीं रह गया था। वह एक ऐसे भारतीय बल का नाम था जो परिस्थितियों को विवश कर देता था कि वे इच्छा से या अनिच्छा से, उस राष्ट्रीयता के उपासक और निश्चय के पक्के व्यक्ति के संकेत पर झुकने, रुकने और बढ़ने के लिए तैयार हों।

स्वभाव से लड़ाकू और भारतीय स्वतन्त्रता के उपासक चित्तरंजन दास जब बी० ए० पास होकर आई० सी० एस० की परीक्षा के लिए इंग्लैण्ड गये, तब भारत के भीष्म पितामह स्वर्गीय दादा भाई नौरोजी के पार्लमेण्ट का सदस्य चुने जाने के लिए उद्योग करने लगे। और वह उद्योग सफल भी हुआ। उन्हीं दिनों, पार्लमेण्ट के एक सदस्य मि० मेकनीयल ने हिन्दुस्तानियों को गुलाम कहकर अपमान किया था। 22 वर्ष की उम्र के चित्तरंजन इसे बर्दाश्त न कर सके और उन्होंने मि० मेकनीयल के खिलाफ ऐसा आन्दोलन उठाया कि अन्त में मि० मेकनीयल को क्षमा माँगनी पड़ी। यह उन दिनों की बातें हैं, जब इस देश का प्रत्येक शासक अपने को 'बादशाह' समझा करता था और देश में सुधारों का नाम लेना, या किसी गोरे आदमी के खिलाफ आन्दोलन करना अपराध समझा जाता था। ऐसी अवस्था में श्रीयुत दास आई० सी० एस० की परीक्षा पास होने पर भी नौकरशाही के द्वारा नियुक्त होकर, कहीं के कलक्टर या डिपुटी कमिश्नर न बन सके। किन्तु, सरकार की यही लापरवाही देश के लिए सौभाग्य साबित हुई। देश की बेड़ियाँ तोड़ने का काम उनसे लिया जाने को था, वे देश की बेड़ियों को जोड़ने वालों में कैसे जाकर बैठते?

बंगाल के तरुणों के उमड़ पड़ने और उनके गोलों और गोलियों से खेलने के समय ऐसे आदमियों का टोटा न था, जो आजादी के दीवाने बंगाली तरुणों को कोसते और उनके कुचले जाने के समय, सरकार के स्वर में स्वर मिलाकर,

---

1. 16 जून, 1925

अपनी राजभक्ति प्रगट करते। बंगाल के अधिकांश वकील तो इन अस्पृश्यों की सूरत भी न देखना चाहते थे। किन्तु देशबन्धु यह नहीं देख सकते थे। वे यह सोचते थे कि देश की यह ईमानदार ताकत पथच्युत हो गयी है और यदि इसकी सहायता नहीं की गयी तो देश के साहस और त्याग का एक उज्ज्वल अंश केवल मन की समता के अभाव में, अज्ञात कारागारों में कुचलकर रख दिया जायगा। चूंकि देशबन्धु जानते थे कि शूली, कालापानी और कारागार किसी भी जाति को भक्ति नहीं सिखा सकते, फिर चाहे वह भक्ति राजा की हो या ईश्वर की। उन्होंने तरुणों पर विश्वास किया, उनकी ओर से निर्भीक होकर लड़े, और जब उन तरुणों के जेल और कालापानी चले जाने की सरकारी आज्ञाएँ न रुकीं और उनकी गैरहाजिरी में उनके बाल-बच्चे कष्ट भोगते देखे गये, तब देशबन्धु अपनी बैरिस्टरी की आमदनी का प्रायः आधा भाग उन तरुणों के परिवारों की सहायता में लगाने लगे। देश की सरकार के हजारों प्रयत्नों के पश्चात् भी न गोलियों का चलना रुका, न विद्रोही साहित्य का निकलना, किन्तु देशबन्धु दास ने जब-जब बंगाल के तरुणों को ललकार कर शान्त रहने की चेतावनी दी, वे पिस्तौलें फेंक, खद्दर पहनकर, देश में अहिंसा और शान्ति का शंखनाद करने लगे।

देशबन्धु की लगन कठोर और आदर्श थी। जिस समय बंगाल सरकार ने, विदेशी कपड़ों के पिकेटिंग में रुकावट की, और प्रिन्स के बायकाट की घोषणा के समय लोगों की धरपकड़ शुरू की, देशबन्धु ने अपने पुत्र, अपनी पत्नी, अपनी बहिन,—सबको खद्दर बेचने और कानून तोड़ने के लिए रवाना कर दिया।

देश के तरुणों के लिए देशबन्धु के हृदय में कौन से भाव थे, वे उन शब्दों से प्रकट होंगे, जो उन्होंने सन् 1921 के दिसम्बर में, अपने (ओपन ट्रायल आफ स्ट्रेंग्थ) 'ताकत का खुला अंदाजा' शीर्षक संदेश में प्रगट किये थे। देशबन्धु ने लिखा था—

"जहाँ-जहाँ मैं जाता हूँ, अपने दायें और बायें हजारों तरुणों को खड़ा देखता हूँ। उनकी सूरतों पर दुनियावी बुद्धिमत्ता का बुढ़ापा और उनके हृदय पर ठंडक और मुर्दनी छाई हुई है। यदि भगवान मुझे शक्ति दें, तो मैं इन तरुण बूढ़ों के हृदयों में ऐसी ज्वाला जगा दूं, जिससे ये पुनः भारत के भविष्य का निर्माण करने और संभालने वाले तरुण दीख पड़ें। वह तो तरुण ही हैं जिन्होंने, हर जमाने और हर देश में, स्वतन्त्रता का संग्राम लड़ा। वे तरुण ही होते हैं, जिनकी स्फूर्ति पवित्र होती है और जो त्याग के लिए सदा तैयार रहते हैं।"

उसी पत्रक में देशबन्धु दास ने ऐसी बातें भी लिखी हैं, कि जिन्हें यदि हम उनका स्थायी सन्देश कहें तो अनुचित न होगा। उनके शब्द ये हैं—

"मैं बूढ़ा और कमजोर होता जाता हूँ और स्वतन्त्रता का संग्राम तो अभी शुरू ही हुआ है। मुझे वे जेल में नहीं ले गये, किन्तु मैं अपनी भुजाओं पर हथकड़ियों का बोझ और जंजीरों का बोझ अपने शरीर पर अनुभव करता हूँ। वे मुझे छोड़ें चाहे ले जायें, एक ही शूल मुझे कम नहीं—मेरा सारा देश ही एक

जेलखाना हो रहा है, कि ु एक बात निश्चित है, मैं जियूँ या मर जाऊँ, कांग्रेस-कार्य और स्वतन्त्रता का संग्राम बिना रुकावट चलना चाहिए।" देशबन्धु ही की यह ताकत थी जिसने यूरोपियन अखबारों से, युवराज के बहिष्कार की कलकत्ता की हड़ताल के समय यह कहला लिया कि "किस भद्दी सरकार के हम राज में हैं ? राजभक्त तकलीफ पा रहे और विद्रोही खुले घूम रहे हैं। चाहे स्वराज आज न हुआ हो किन्तु इसमें किसे सन्देह हो सकता है कि अंग्रेजी राज्य की जगह आज मि० दास का 'हुल्लड़' राज्य हो रहा है।" यह देशबन्धु ही की ताकत थी जिसने लार्ड रीडिंग से कहला लिया था कि "मैं परेशान हूँ और घबड़ा गया हूँ।" यह देशबन्धु की ही ताकत थी जिसने लार्ड लिटन महोदय के हजार कोशिश करने पर भी बंगाल में सरकार नहीं जीती, लाट साहब दलीलें करने के बजाय, चिढ़कर गालियाँ देने, और आर्डिनेन्स की पाशविक ताकत आजमाने लगे। देशबन्धु दास, गंगाजमुनी शासन का अनावरण चाहते थे, और आपने स्वर्ग जाने के समय बंगाल में उस संकरशासन का अन्त देख लिया, और एक विजयी सेनापति की तरह प्रस्थान किया।

आज देशबन्धु हमारे बीच में नहीं हैं। किन्तु उनकी सत्य-संकल्पी और साधन-युक्त स्मृति हममें नक्षत्रों में विचरण करने वाली उन्मुक्त स्फूर्ति को जन्म दे सकती है। भगवान करें, देशबन्धु की अप्रत्यक्ष प्रेरणा जब देश के हृदय को छूती और उसमें उथल-पुथल पैदा करती हुई दीख पड़े तब उसमें हमारा अटूट विश्वास हो और अपने स्वप्नों को सच कर दिखाने की ताकत वह हमें प्रदान करे। भगवान करें, देशबन्धु की स्मृति हम गुलामों के ज्ञान में सजीवता पैदा करे और उनकी मजदूरों जैसी काम में लगी हुई सूरत हममें वह जागृति पैदा कर सके जिसके बल पर हम देशबन्धु को और अपनी मातृभूमि को, भारतवासियों द्वारा संचालित और विदेशी बंधुओं से मुक्त देख सकें।

[कर्मवीर, 20 जून 1925]

श्रीमती सरोजिनी नायडू

राष्ट्र-सूत्र-धारिणी श्रीमती नायडू

भारतीय राष्ट्रीय सभा की सभानेत्री बनने का सौभाग्य सबसे प्रथम, सन् 1918 में श्रीमती ऐनी बेसेण्ट को प्राप्त हुआ था, किन्तु भारतीय रमणी ने अभी तक इस देश का यह सर्वोच्च पद नहीं पाया था। यह पद कुछ दो-एक प्रदेशों को छोड़कर समस्त देश ने श्रीमती सरोजिनी नायडू को दिया। यों तो देश के कोने-कोने में, और देश से बाहर भी, श्रीमती नायडू को लोग जानते हैं, एक कवयित्री के नाते, और देश की एक महान् सेविका के नाते। किन्तु अभी भी लोग पूछ बैठते हैं ?" इस प्रश्न में लोगों का अज्ञान नहीं है, लोगों की अपनी इस सेविका के

विषय में, अपनी इस नेत्री के सम्बन्ध में अधिक जानने की, और जरूरत होने पर उसकी आवाज का 'हाँ' कहकर सजीव और सार्थक उत्तर देने की अभिलाषा है। कुल-शील से अज्ञात के पीछे एक आदमी नहीं दौड़ता, एक राष्ट्र कैसे दौड़ पड़ेगा ?

श्रीमती नायडू ने अपना परिचय, अपनी एक कविता में "सपनों की देखने वाली" कहकर दिया है। उन्होंने अपनी उसी अंग्रेजी कविता में कहा है—

कौन हूँ—स्वप्न देखने वाली,—

स्फूर्ति हूँ देश की, भुजावाली, हाट में आ गई, पुकार सुनी,—बैठती कैसे ? 'बार-बार' सुनी,

सूर्य के तीर सा सुनहला करो,
साथियो, आगे बढ़ो, दुख हरो।

किन्तु जैसा ट्राइन कहता है, जिनके विचार आँखों में और स्वप्न भुजाओं में उतरते हैं वे अपनी दुनिया के वर्तमान को सँभालते और भविष्य को वर्तमान बनने के लिए ललचाते हैं। यह कवि है क्योंकि प्रेरणा देता है, वह चितेरा है क्योंकि वह जगत बनाता है, वह तत्त्व ज्ञानी है क्योंकि वह वस्तु को वस्तु के सम्पूर्ण रूप में देखकर उसमें तल्लीन हो जाता है और वह व्यवहारज्ञ है क्योंकि उसका विचार उसके कार्य का, उसका चित्र दौड़ने फिरने का, उसका प्रेरणा लोगों के खून को खौलाने का और उसका शरीर अपने आराध्य पर चढ़ने का स्वरूप प्राप्त करता है।

श्रीमती सरोजिनी आज से 46 वर्ष प्रथम, पूर्व बंगाल के चटर्जी परिवार में पैदा हुई थीं। यह परिवार बंगाल में संस्कृत साहित्य की प्रवीणता और योगाभ्यास में प्रख्यात था। उस समय यह तो किसी ने सोचा होगा कि श्री अघोरनाथ चट्टोपाध्याय और श्रीमती वरदसुन्दरी देवी की यह सन्तान विद्वान होगी, कवि होगी, और परिवार के उच्च गुणों से विभूषित होगी, किन्तु किसी ने यह न सोचा होगा कि वीणा बजाते-बजाते इन्हें राष्ट्र की नौका की पतवार सँभालने दौड़ना पड़ेगा, गीत गाते-गाते इन्हें रण-घोषणा करने के लिए आगे होना पड़ेगा और पुस्तकों के पढ़ते-पढ़ते इन्हें राष्ट्र-हृदय को पढ़ना और उसके लिए गालियाँ, तिरस्कार, निन्दा और मजाक, उपेक्षा और अपमान सहकर राष्ट्र की भिखारिन बनना पड़ेगा। किसी ने यह भी नहीं सोचा था कि, जिस समय ब्रिटिश यूनिवर्सिटियों से पहला भारतीय विद्यार्थी पास हो तब तोप चला कर, अंग्रेजी सरकार खुशी मनावेगी, और जब एक भारतीय रमणी राष्ट्रीय सभा की कर्मस्थली पर अध्यक्ष होगी, तब उसके प्रति सम्मान किया जायगा, उसके प्रति विरोध का तूफान उठाकर !

बालिका सरोजिनी को बंगाली नहीं पढ़ने दी गयी। उन्हें उनके घर में जबर्दस्ती अंग्रेजी पढ़ाई गयी थी। उन्हें 9 (नौ) साल की छोटी अवस्था ही में अंग्रेजी बोलने का अभ्यास कराया गया था। और 11 वर्ष की अवस्था में तो वे अंग्रेजी में कविता की पंक्तियाँ भी जोड़ने लगी थीं। 13 वर्ष की उम्र के प्रत्येक वर्ष का अहसान, 1300 पंक्तियों का एक काव्य लिखकर चुकाया।

बालिका सरोजिनी की पढ़ाई का हाल सुनिये, 12 वर्ष की उम्र में एंट्रेस की परीक्षा पास हो गयी, और 16 वर्ष की अवस्था में वे विद्याभ्यास के लिए इंग्लैण्ड चली गयीं। तीन वर्ष तक वहाँ के किंग्स कॉलेज में तालीम पाकर लौट आयीं। उस समय तक वे कुमारी सरोजिनी चट्टोपाध्याय कहलाती थीं। 19 वर्ष की अवस्था में इनका विवाह हुआ। ये थीं बंगाली ब्राह्मण की कन्या और डॉ० गोविन्द राजुलू नायडू थे अब्राह्मण और गैर बंगाली। प्रेम और कर्त्तव्य के स्वाभाविक और विद्वत्ता-जन्य बन्धन पर, रूढ़ि का राज्य स्थापित न हो सका। श्रीमती सरोजिनी ने चट्टोपाध्यायत्व को अपने पुनीत परिवार के चरणों में रख, नायडूत्व को अपने मस्तक पर रक्खा, और अपना हृदय डॉ० गोविन्द राजुलू को समर्पित कर दिया।

श्रीमती सरोजिनी नायडू कवि रहते हुए देशभक्त रहीं, और उन्होंने अपनी कल्पनाओं को देश की दशा से रगड़कर, उस प्रकाश में गरीब देशवासियों के दर्शन किये। वे हिन्दू मुस्लिम मेल की समर्थक और राजनैतिक रूप से देश का कदम आगे बढ़ना पसन्द करने वाली रहीं। स्वर्गीय गोखले महोदय को, मेल के मामले में उन्होंने बहुत साथ दिया। देश का कार्य करते हुए भी उन्होंने अपनी सेवाओं का ढँढोरा नहीं पीटा। सन् 1915 में जब लोकमान्य तिलक माण्डले जेल से लौटे, उन्होंने देश की प्रत्यक्ष राजनीति में उथल-पुथल मचाना प्रारम्भ किया और सन् 1916 की लखनऊ कांग्रेस में वे अपनी कविताओं से बिदाई लेकर, देश के राजनैतिक संग्राम में स्पष्ट रूप से आ गयीं। इसके प्रथम वे स्त्रियों के अधिकार, हिन्दू-मुस्लिम मेल, और सामाजिक समस्याओं पर बोला करती थीं, किन्तु अब उन्होंने देश के राजनैतिक प्रश्नों पर झगड़ना शुरू कर दिया था। सन् 1918 में कलकत्ता कांग्रेस में वे स्वराज के प्रस्ताव पर बोलीं, और उसी वर्ष उन्होंने मद्रास प्रान्तीय राजनीतिक परिषद् की सभानेत्री का पद ग्रहण किया। सन् 1919 में जब महात्मा गांधी ने रौलेट एक्ट के विरोध में कानून भंग शुरू किया तो देवी सरोजिनी बम्बई की गलियों में श्रीयुत जमनादास द्वारकादास, और महात्मा गांधी के साथ बम्बई की गलियों में भारत सरकार द्वारा जप्त पुस्तकें बेचकर खुलेआम कानून भंग करती दीख पड़ीं। उस समय मधुर संगीत का स्वर, सरकार की कठोर आलोचना का ज्वालामुखी बन गया था। उसी वर्ष जब वर्तमान सुधार कानून पार्लमेण्ट के गर्भ में था, उन्होंने, स्त्रियों के शासना-धिकार पर, महत्त्वपूर्ण गवाहियाँ इंग्लैण्ड में दीं, जब कि वे होमरूल डेपुटेशन के साथ, देश की ओर से वहाँ गई हुई थीं। यथार्थ बात तो यह है कि हमारे राष्ट्रीय आन्दोलन की सूत्रधारिणी बनाने के लिए, हमारे देश को, अपनी राजनैतिक जाग्रति के 40 वर्ष बिताने पड़े। यद्यपि वे कवि हैं किन्तु, वे देश के संकट के समय वीणा ही बजाती नहीं बैठी रहतीं, न उपमा और अलंकारों पर देश की व्याव-हारिकता, और राजनैतिक संभावना को भूलती हैं। वे जार्ज मेराडिथ के इन वाक्यों को सच मानती हैं—

"सच्ची आत्मा की लपटें तो बढ़ती हैं और सदा ऊपर को उठती हैं, किन्तु हम लोग तो चलती हुई हवा की मोमबत्तियाँ हैं, हमारा मूल्य कूतते समय वातावरण और हवा-पानी से पैदा होने वाली परिस्थिति के अनुसार हमें सहूलियत देनी चाहिये।" राजनैतिक घोषणाओं और सेवाओं के समय वे केवल विचारशील बनकर ही प्रश्न को नहीं छोड़ देतीं, कार्यक्षेत्र में उतरती हैं और अपनी तान को राष्ट्रीय तेज और घोषणा का स्वरूप दे देती हैं। अहमदाबाद की कांग्रेस में उनके दिये हुए भाषण का एक अंश देखिये—"मैं उनमें से नहीं जो सरकार या किसी अधिकारी की परवाह करें, मैं तो केवल सिद्धान्तों और आदर्शों की परवाह करने वाली हूँ। मैं उनमें से नहीं, जो कूटनीति पर अवलंबित रहते हैं, मैं तो स्वीकृत और अनुकरण करूँगी, सदैव अमर रहने वाले सत्य की महत्ता का। अरे, ब्रिटेन के कानून, चल हमारे साथ हो और हमें अपने आजादी के आदर्श तक पहुँचाने में काम आ, जिससे तू और तेरे ब्रच्चे मित्रता और भाईचारे के साथ हमारे साथ बड़े रह सकें। किन्तु जब तक तू यह मान ले कि तलवारों की नोंक से नहीं, प्रेम, अपनेपन और समानता के बल पर ही राष्ट्र आपसी बन्धन में बँध सकते हैं तब तक ब्रिटेन, तुझे हमारे बीच खड़े रहने की जगह नहीं है।"

उन्होंने अपने उसी भाषण में कहा था—"शायद तुम सूरज से कहो कि ऊँगे मत, जैसा कि तुम भारत से कहते हो कि तू अपने आजादी के आदर्श की ओर मत जा। तुम शायद गंगा से भी यह कह उठो कि बहना बन्द कर, जैसा कि तुम देश की स्फूर्ति भारतीय नारी-जाति से कह रहे हो कि स्वतंत्रता के समुद्र की ओर मत दौड़। शायद तुम पृथ्वी से कहो कि बसन्त में खिले मत, सितारों से कह दो कि चमको मत, जैसा कि तुम देश के तरुणों से कहते हो कि स्वयं-सेवक मत बनो। क्या मैं यह नहीं जानती कि तरुण पीढ़ी इसका क्या जवाब देगी, और वह किस वस्तु को प्राप्त करेगी? उन दिनों जब दमन से हमारी शक्तियाँ तोड़ने का षड्यन्त्र चल रहा था, मुझे वे तरुण मूर्तियाँ याद हैं, जिनके रास्ते में संकट, सिर पर खतरा, और मृत्यु सामने थी, उन्होंने अपना स्थान नहीं छोड़ा, आज्ञा के पक्के रहे। मैं उम्मीद नहीं कर सकती कि देश की विरोधी ताकत उनके रहते, देश के टुकड़े कर दे। तुम्हारे सामने हिन्दू बोले, मुसलमान बोले, सिक्ख बोले। स्त्रियाँ बोलीं, पुरुष बोले। मित्र, धर्मों के आचार्य और अधिकारी बोले। मैं तो उन किसी की ओर से नहीं बोल रही। मैं बोल रही हूँ—और मुझे क्षमा करना —तरुण और स्वतंत्र भारत की ओर से, जो आज नहीं कल, निर्माण होने को है।"

जब महात्मा गांधी जेल चले गये, तब अपना पथ बदले बिना जो लोग बराबर देश के हित का खयाल रखकर, न पथ से विचलित हुए और न देश में बढ़ते हुए विरोध में तेल डाला, उनमें विशेष स्थान रखने वालों में श्रीमती नायडू भी हैं। सन् 1922 के अप्रेल महीने में श्रीमती नायडू मध्यप्रान्तीय राजनैतिक परिषद् की सभापति होकर आयी थीं। इसी प्रकार वे अजमेर, देहली, मद्रास

आदि कई प्रान्तीय परिषदों की सभापति हुईं। सन् 1923 में, दक्षिण अफ्रीका भी भारतीय कांग्रेस की सभापति होकर गयीं और उन्होंने वहाँ के भारतीय नेताओं तथा गोरी औपनिवेशिक सरकार से मिलकर, भारतीयों के कष्ट मिटाने का यत्न किया। गतवर्ष भी महात्मा गांधी और श्रीमती नायडू का नाम कांग्रेस सभापतित्व के लिए सम्मुख आया था, और इस वर्ष भी, जैसा कि हम लिख चुके हैं, देश ने उन्हें राष्ट्रीय सभा के चालीसवें अधिवेशन के लिए, जिसकी बैठक कानपुर में प्रारम्भ हो गयी है, सभापति चुना।

[कर्मवीर, 26 दिसम्बर 1925]

श्रीमती नायडू से खण्डवा स्टेशन पर भेंट

गत ता० 22 की रात के 12 बजकर 5 मिनट पर, 40वीं कांग्रेस की मनोनीता सभानेत्री श्रीमती सरोजनी नायडू, महात्मा गांधी और श्रीमान् सेठ जमनालाल बजाज कानपुर जाते हुए खण्डवा से गुजरे। रेलवे स्टेशन पर नगर-निवासियों की कुछ भीड़ हो गई थी। महात्माजी को नींद से न जगाकर, और जयघोष का हल्ला न मचाकर लोगों ने उचित संयम का परिचय दिया। काँग्रेस कमेटी के सेक्रेटरी श्रीयुत सूरजमल जैन ने श्रीमती नायडू को पुष्पमाला अर्पित की। इसके पश्चात् कर्मवीर के सम्वाददाता[1] से आपकी इस प्रकार बातें हुईं—

सं०—मैं नमस्कार करता हूँ।

श्रीमती ना०—कहिये, आप कब कांग्रेस को रवाना होंगे?

सं०—शायद 25 ता० को। कृपया यह तो बताइये, इस वर्ष कांग्रेस में क्या कीजियेगा?

श्रीमती ना०—मैं अकेली क्या करूँगी? क्या कर सकती हूँ? तो भी कांग्रेस से कार्य लेकर लौटना जरूरी है।

सं०—कोई स्कीम सामने नहीं आ रही। क्या इस वर्ष भी ग्राम-संगठन के निश्चय और कार्य के बिना कांग्रेस का कार्य चल जायगा? देश के असली निवासियों को हम क्या यों ही भूलते रहेंगे?

श्रीमती ना०—ग्राम-संगठन की स्कीम अवश्य कांग्रेस के सामने आवेगी। हमें अपना रुख देहातों की तरफ बदलना ही चाहिये। देशबन्धु दास का वह मिशन अधूरा ही है।

सं०—परन्तु यह तो आप जानती हैं कि जब हमारे आदमी रूखे व्याख्यानबाज और भेद-बुद्धि की बातें करने वाले बनकर शहरों में गये तब उन्होंने गत तीन वर्षों में अपने लिए शहरों का अविश्वास खरीद लिया। इस बार हमारी यह पल्टन देहात में जायेगी और क्रियाहीन ज्ञान और अनर्गल बातें कहेगी, तब वह वहाँ का भी विश्वास खो बैठेगी। तब फिर देश के प्रयत्नशील कार्यकर्ताओं की

---

1. माखनलाल चतुर्वेदी।

साख कहाँ रहेगी ?

श्रीमती ना०—हाँ, देश व्याख्यानों से ऊब गया है। हमें अब काम करने वाले लोग देहातों में भिजवाने चाहिए। यह भी जरूरी है कि उन्हें पेट की चिन्ता से मुक्त करके यहाँ भिजवाया जाय, ताकि वे परिस्थितियों का सामना कर सकें।

सं०—आपने श्रीयुत राजगोपालाचार्य जी की सूचना तो देखी ही होगी, जो उन्होंने कांग्रेस के सम्मुख रखी है ?

श्रीमती ना०—वह शराबबंदी की सूचना ?

सं०—जी हाँ, आपका उसके विषय में क्या मत है ?

श्रीमती ना० – मैं सोचती हूँ सध जायं तो सूचना बुरी नहीं है।

सं०—परन्तु क्या आपके पास इतने कार्यकर्ता हैं कि उनमें से खद्दर-प्रचार, ग्राम-संगठन और शराबबन्दी सब काम कर लेंगे, जबकि प्रेरक व्यक्तित्व कौन्सिल में चला जायगा। और अब महात्माजी के वर्तमान समझौते के व्यवहार को देखकर तो, परिस्थिति की झड़ न झेल सकने वाले, कुछ और भी कौन्सिल द्वार की ओर ललचाना चाहते हैं ?

श्रीमती ना० – परन्तु कौन्सिलों में कितने आदमियों की जगह है ? देश भर के 500 या इससे कुछ अधिक लोग। शेष क्या करेंगे ?

सं०--ठीक है, परन्तु क्या मैं यह निवेदन करूँ कि कौन्सिलों में जानेवाले लोगों में से कुछ कल तक आन्दोलन चला रहे थे ! लोकमान्य तिलक की तरह "मैं कौन्सिलों में नहीं जाऊँगा, बाहर रहकर काम करूँगा"—ऐसा कहने वाले कितने हैं ! मजबूत भाग को कौन्सिल में पहुँचाने के बाद कांग्रेस की कोई स्कीम क्या यशस्वी होगी ? हर एक यह सोचता है कि मैं न गया तो कौन्सिल सूनी पड़ी रहेगी और देश की बड़ी हानि होगी !

श्रीमती ना०—किन्तु इस विषय में संयम से काम लेकर देश का आन्दोलन चलाये बिना अब खैर नहीं। मेरा ख्याल है, ग्राम-संगठन के रूप में एक देश-व्यापी कार्यक्रम बन सकता है।

सं०—अब एक बात और पूछूँ ? कृपया यह बताइये कि राजनैतिक कैदियों की जो कॉन्फ्रेंस होने जा रही है, उसके विषय में आपके क्या विचार हैं ? आप महात्माजी के समान राजनैतिक कष्ट-भोगियों और उनके परिवारों की सहायता के विषय में उपेक्षा के विचार तो नहीं रखतीं ?

श्रीमती ना०—मैं तो पूर्ण सहानुभूति के भाव रखती हूँ।

सं०—पंजाब की कष्ट-भोगी देशभक्त श्रीमती पार्वती देवी ने वृन्दावन में इस विषय में बड़े ही करुण शब्दों में कुछ लोगों से कहा था। उन्होंने देश के सामने एक अपील भी रक्खी थी। जिन लोगों ने इस विषय में राजनैतिक कष्ट-भोगियों के परिवारों की दशा देखी है, वे जानते हैं कि किस तरह की उनकी हालत हो रही है। क्या आप कानपुर की उस परिषद् में भाग लेंगी ? और क्या आप बल लगायेंगी कि कष्ट-भोगी परिवारों की मदद हो सके ?

उत्तर —अवश्य, बहुत खुशी से। वे लोग हरगिज भूल जाने की चीज नहीं।

इतने ही में ट्रेन चल दी और शेष प्रश्न अधूरे ही रह गये।

[कर्मवीर, 26 दिसम्बर 1925]

स्वर्गीय सप्रेजी[1] !

ट्राइन ने अपने अंग्रेजी साहित्य के इतिहास नामक ग्रन्थ में, एक स्थान पर लिखा है—"साहित्यज्ञ केवल कल्पनाओं का विलासी नहीं होता, न उसकी कलम और जबान के द्वारा अवतरित होने वाली चीजें उसके जमाने के लोगों के विलास मात्र की वस्तु होती हैं। उसके शब्द, वचन और व्यवहार, केवल मौजी मन की तरल तरंग पर स्थापित नहीं। कर्मशील साहित्यज्ञ का जीवन, देश की तत्कालीन रीति-नीति की और उस जमाने की बुद्धिमत्ता की विश्वसनीय और उज्ज्वल मुहर है। सच्चे साहित्यज्ञ का जीवन, मनुष्य के भावों, विचारों और कार्यों की रेखाओं से अंकित, अपने जमाने के गुप्त और प्रगट अनेक बलिदानों, तपस्याओं और कार्यों का इतिहास, जनता के सम्मुख लाता है।" सप्रेजी के स्वर्गवास को आज 4 मास और 19 दिन होते हैं। इसी बीच में, अनेक साहित्यसेवी सज्जनों ने, सप्रेजी की जीवनी और उनके साहित्य को प्रकाशित करने की बात पर जोर दिया है। ट्राइन के उक्त अवतरण, स्वर्गीय सप्रेजी के जीवन पर घटते हैं। यही कारण है कि साहित्यसेवी, सप्रेजी की जीवन-घटनाओं को संगृहीत करने की उत्सुकता दिखा रहे हैं। हम साहित्यप्रेमियों की इस इच्छा में, केवल धार्मिक या प्रेमपूर्ण वीर-पूजा ही का भाव नहीं पाते। हमें दीख रहा है कि पिछले पच्चीस वर्षों तक पण्डित माधवरावजी हिन्दी साहित्य के एक आधार-स्तम्भ, साहित्य समाज और राज-नीति की संस्थाओं के सहायक-उत्पादक, तथा उनमें राष्ट्रीय तेज भरने वाले, प्रदेश के गाँवों में घूम-घूमकर, अपनी कलम को, राष्ट्र की जरूरत और विदेशी सत्ता से जकड़े हुए गरीबों का करुण क्रन्दन बना डालने वाले, धर्म में धँसकर, उसे राष्ट्रीय सेवा के लिए विवश करने वाले, तथा अपने अस्तित्व को सर्वथा मिटाकर, सर्वथा नगण्य बनाकर, अपने आसपास के व्यक्तियों और संस्थाओं के महत्त्व को बढ़ाने और चिरजीवी बनाने वाले थे। उनकी आडम्बर-रहित सेवाओं ही के कारण, उनके जीवन के कार्य छुपे रह गये, जिन्हें कि अब इतिहास बनकर सामने आना चाहिए।

सप्रेजी मराठी-भाषी थे। किन्तु उनका जन्म हिन्दी-भाषी प्रदेश में हुआ था। उनका जीवन हिन्दी-भाषी प्रदेश में बीता था। उन्होंने हिन्दी भाषा को अपनाया, किन्तु उसके तेजविहीन व्यक्तित्व को अपनाने से इन्कार किया। जहाँ वे हिन्दी साहित्य में गहरे उतरे, वहाँ उन्होंने हिन्दी ग्रन्थमाला और हिन्दी केसरी के रूप

1. माधवराव सप्रे

में एक अनोखी रण-गर्जना करके, यह ध्वनित किया कि वे सूर और तुलसी की वाणी में, हरिश्चन्द्र और शिवप्रसाद के साहित्य में कौन-सा तेज देखना चाहते हैं। उनकी इस ध्वनि का, इस गर्जना का अनोखा स्वागत हुआ, और श्रद्धास्पद पण्डित महावीर प्रसाद जी द्विवेदी और बाबू श्यामसुन्दरदासजी ने नर्मदा के जंगलों से उठने वाली इस राष्ट्रीय ध्वनि का, अपने जीवन का सहयोग देकर, स्वागत किया। पिछले 25 वर्षों में साहित्य में पण्डित माधवरावजी की गड़ती हुई किन्तु प्रेममयी ध्वनि ने क्या किया, इसका परिचय केवल 'छत्तीसगढ़ मित्र', 'हिन्द केसरी' और 'कर्मवीर' ही से नहीं मिलता, केवल हिन्दी 'गीता-रहस्य', 'दासबोध' और उनके ग्रन्थों ही में नहीं उलझा रहता, केवल उनके लिखे हुए विद्वत्तापूर्ण लेखों ही को अपने कर्त्तव्य का क्षितिज नहीं बनाता, किन्तु 'माधव सप्रे' के कार्य की सजीव प्रतिमायें हैं, पिछले पच्चीस वर्षों में उनके संसर्ग में होकर गुजरने वाले वे तरुण, जिन्होंने, हिन्दी साहित्य में अपने कदम बढ़ाये, वे सज्जन जिन्होंने अनेक संस्थाओं का निर्माण और संचालन किया। मध्यप्रदेश के तो माधवरावजी पिछले 25 वर्षों के इतिहास थे। हिन्दी मध्यप्रदेश का तो शायद एक भी कर्मण्य राजनीतिज्ञ यह बात नहीं कह सकता कि उनके जीवन के निर्माण, राजनैतिक दिशा के निश्चय, आने वाले संकटों के सुलझाने और संस्थाओं के संचालन में, 'माधव सप्रे' का हाथ नहीं रहा। इतना सब कार्य करके भी माधवरावजी सप्रे ने, अपने व्यक्तित्व के साथ घोरतर अन्याय किया था, उन्होंने, पिछले 15 वर्षों से अपने आपको कैदी बना डाला था, और प्रत्येक गौरव और पद के स्थान की इज्जत उन्होंने 'ना' कहकर ही की थी! यही कारण है कि लोग सम्पूर्ण रूप से यह नहीं जान पाये कि साहित्यिज्ञों के प्रेरक और साथी राजनीति के उभड़े हुए हृदयों के संचालक, और मध्यप्रदेश के जीवन की चुपचाप बागडोर हिलाने वाले पण्डित माधवराव में कौन-सी शक्ति थी, कितनी ताकत थी, और काम करने का मरते समय तक कितना बल था? हमारा विश्वास है कि यदि वह व्यवस्था और निर्भीकता से लिखा जाय, यदि उसमें आने वाला पूजा का भाव सत्य की हत्या न करे, और बड़प्पन की डींग गरीबों के हामी, जनता के मार्ग-दर्शक माधवराव के महत्त्व को कम करने की चेष्टा न करे, तो आज के जमाने में माधवराव की जीवनी साहित्य, सार्वजनिक-संस्था-संचालन और राजनीति के तरुणों को तथा जनता के सेवकों को उनमें प्रेरणा पैदा करने वाली और उनकी अनेकों गुत्थियाँ सुलझाने वाली साबित होगी। इसी भावना से, हम उन मित्रों के प्रयत्नों की ओर आशा भरी दृष्टि से देखते हैं, जो माधवरावजी के जीवन को लिखना चाहते हैं, उनके साहित्य को एकत्र करना चाहते हैं। हम इस प्रदेश के कर्मण्य मित्रों का इस कार्य पर वरद-हस्त चाहते हैं, और यदि हो तके तो, आगामी ता० 23 अप्रेल सन् 27 तक, पण्डित माधवरावजी का जीवन हिन्दी साहित्य-सेवियों के सम्मुख हुआ देखना चाहते हैं, उस दिन, जिस दिन अपने जीवन की धरोहर को शरीर के रक्त-बिन्दुओं से, देश के वातावरण

में छोड़कर, पण्डित माधवरावजी ने अनन्त-पथ में प्रस्थान किया था।

[कर्मवीर, 11 सितम्बर 1926]

स्वर्गीय पं० माधवरावजी सप्रे

माधव तेरा भार उठाये,

ऐसा माधव कौन—?

जिसने 'हिन्दी केसरी' की रण-गर्जना से, समस्त हिन्दी जगत में पुरुषार्थ बोया।

जिसने हिन्दी साहित्य के उत्थान के लिए गरीबी के कठोर वरदान को स्वीकार कर, साहित्य-रचना की।

जिसने राजनीति में, तरुण तैयार कर, महाकोशल को, ज्वालामय किया।

जिसने, शत-शत तरुणों के मस्तक और हृदयों पर साहित्य-सेवा लिखी, जिसने कष्टों में प्राण लगाये, और कष्टों के लिए तरुणों को न्योता।

उसे खोकर हम गरीब हैं, उसकी स्मृति हमसे बलि, सेवा और जाज्वल्य पुरुषार्थ की माँग कर रही है। क्या हम यह न्योता स्वीकार करेंगे?

[कर्मवीर, 24 अप्रेल 1937]

आवारी[1]

आवारी पूर्वोतिहास

आवारी कौन है?—29-30 वर्ष का एक पारसी युवा है। वह सतेज है, सत्याग्रही है, उसनें अपने हाथों हिंसा नहीं की, किन्तु उसका एक अपराध है—वह जीवित तरुण है। जिस तरह भय उसे पथ-भ्रष्ट नहीं कर सकता, उसी तरह मार्ग में आने वाला विवेक भी उसके ठुकरा देने की चीज रहा है, यदि उसके बलिदान के, उसके त्याग के, उसके कष्ट-सहन के, और उसकी उद्देश्य-सिद्धि के पथ में वह आवे। आज से चार वर्ष पहले, आवारी ने, राष्ट्रीय सप्ताह में, अपने साथियों को लेकर एक राष्ट्रीय झण्डे का जुलूस, सिविल लाइंस की सड़कों से निकाला था, यद्यपि 'हितवाद' के गैर-हाजिर संवाददाता को सरकार की ज्यादती उस समय नहीं दीख पड़ी थी, तथापि आवारी और उसके साथी जूतों की ठोकरों से, झण्डों में लगे हुए डंडों से, कानून की कब्र पर पहरा देने वालों के द्वारा ठुकराये गये थे, और बुरी तरह पीटे गये थे। अवस्था बुरी हो जाने के कारण कितनों ही को मेयो अस्पताल में भिजवाना पड़ा था। यह मार, आवारी और उसके साथियों ने, इस-

---

1. पूरा नाम श्री मंचर शाह आवारी

लिए खायी थी कि वे सरकारी निरंकुशों की घुड़की से दबकर, झण्डे की पराजय स्वीकृत कर लौट नहीं सकते थे। आवारी और उसके साथी गिरफ्तार हो गये। सरकारी अफसर सोचते थे कि अब संकट टल गया। क्यों? उन दिनों, देश में दल-बन्दियाँ थीं, हम आपस ही में एक-दूसरे पर कटे मरते थे। उन दिनों, किसी जनता की लहर को सफल कर ले जाना असम्भव दीखता था। स्वराज्य दल के नाम पर स्वयं हमारे नेता, नागपुर के नवयुवकों का मजाक उड़ा रहे थे। किन्तु कांग्रेस कमेटी की ओर से निकले हुए, इस झण्डे के अपमान को, श्रीयुत सेठ जमनालाल बजाज, श्रीमान् नीलकण्ठराव देशमुख, म० भगवानदीन, सन्त विनोबा, श्री टिकेकर, श्री पूनमचन्द रांका और अन्य सब तरुण देख रहे थे। झण्डे के अपमान की प्रेरणा, समस्त वातावरण को संगठित कर ले गई और श्रीयुत जमनालालजी बजाज ने, कांग्रेस कमेटी की ओर से घोषित किया—"इस प्रान्त की शासन संस्था ने, ता० 13 अप्रेल के दिन, जलियाँवाला बाग की स्मृति में निकले हुए राष्ट्रीय झण्डे के जुलूस में रुकावट डालकर, हमारे निकले हुए, राष्ट्रीय झण्डे के स्वाभिमान को चुनौती दी है, इसलिए, मैं अपने प्रदेश की ओर से यह घोषित करता हूँ कि सरकार की इस चुनौती को हम स्वीकृत करते हैं। हम अन्त तक इस अहिंसात्मक युद्ध को लड़ने के लिए अपनी समस्त शक्ति लगा देंगे।" दल बन्दियों के बीच होने वाले उस संग्राम को, जब नवयुवाओं की प्रेरणा-मूर्ति और अखिल भारतीय कांग्रेस के तत्कालीन मंत्री, पण्डित जवाहरलालजी ने देखा तब उन्होंने अपने भाषण में कहा था—"जब तक मैं नागपुर नहीं आया था, और सेठजी आदि की गिरफ्तारियों को मैंने नहीं देखा था, तब तक मेरा मन बड़ा परेशान हो रहा था। देश में दले-बन्दियों का तूफान उठ रहा है, ऐसी विकट परिस्थिति में मुझे कुछ नहीं सूझ रहा था। नागपुर आने पर मुझे कुछ शान्ति मिली। बड़ी-बड़ी तकरीरों और बहसों में मुझे दिलचस्पी नहीं, मुझे तो एक ही बात समझ में आती है—काम करना। और एक ही बात में लुत्फ आता है—वह है लड़ाई लड़ना।"

आवारी का आन्दोलन

आज इसी आवारी का छेड़ा हुआ यह दूसरा संग्राम है। यह संग्राम आवारी ने बंगाल के नजरबन्दों को छुड़ाने के लिए प्रारम्भ किया है। अपने प्रयत्न के प्रारम्भ में, आवारी ने, चलचित्रों की उलटफेर की तरह प्रजा-सत्ता की सेना बनाई। लोग हँस रहे हैं। किन्तु आवारी के हृदय को पढ़ने का उद्योग बहुत कम लोग कर रहे हैं। आवारी के आन्दोलन पर विचार करने वाले को, आवारी के हृदय को पढ़ना होगा।

कारण

पहले आवारी के उद्देश्य को लीजिये। आवारी भाषणों पर भरोसा नहीं

करता, वह पण्डित जवाहरलालजी की तरह, कार्य पर भरोसा करता है। इस देश के तरुणों ने, देश में दो दृश्य देखे हैं—एक दृश्य तो उन्होंने यह देखा कि असहयोग-आन्दोलन के पहले जो लोग पिस्तौल और अन्य शस्त्रास्त्र लुके-छिपे अपने पास रखते, या हिंसा को उत्तेजना देते थे, वे सरकार द्वारा दण्डित किये जाते थे। फिर असहयोग संग्राम में देश के तरुणों ने देखा कि देश-भर के, अपने आप शस्त्र फेंक देने और नितान्त अहिंसावादी बन जाने के बाद भी, इस देश की सरकार ने 25,000 से ऊपर लोगों को जेलखाने में ठूँस दिया। तरुणों ने अपने उमड़ते हुए मस्तिष्कों से निष्कर्ष निकाल लिया—सरकार हिंसा ही को दण्डित नहीं करती, वह तो अहिंसा को भी दण्ड देना चाहती है, यदि वह अहिंसा, अन्याय का विरोध करती है, आत्माभिमान और देश-प्रेम का नाम लेती है और देश की स्वाधीनता की ओर लोगों का रुख खींचती है, उस समय, तरुणों के इस निर्णय से उन्हें परावृत करने का ईमानदार साधन किसी के पास न रह गया—यदि शस्त्र फेंक देने पर भी स्वाधीनचेता दण्ड पाता है, और शस्त्र हाथ में लेकर भी, तब शस्त्र फेंक-कर दण्ड पाने की अपेक्षा शस्त्र लेकर दण्ड पाना ही तरुणों की आत्म-प्रतिष्ठा और स्वाधीन भावना के अनुकूल है। सरकार ने अपनी मूर्खता से अहिंसा के उपासकों को निर्बल बना दिया, और देश के तरुणों में सरकार की ईमानदारी पर अविश्वास की जड़ पक्की कर दी। देश के तरुणों के सामने दूसरा दृष्टिकोण भी आया। जो नेता, असहयोग के युग में, शत्रु के भी हृदय को पानी-पानी कर देना चाहते थे, वह अपने ही हृदयों को पानी-पानी न कर सके। लोगों ने दल-बन्दी का रोजगार शुरू कर दिया, और आये दिन हिन्दू-मुसलमान तथा अन्यान्य समाजों के दल बनाकर, आपस में जूती-पैजार करने का, लोगों ने ठेका ही ले लिया। हिन्दुओं की नजर में मुसलमान, मुसलमानों की नजर में हिन्दू, प्रति-सहयोगियों की दृष्टि में स्वराजी, स्वराजियों की दृष्टि में प्रति-सहयोगी, ईमानदार नहीं रह गया। गांधीजी का 21 दिनों का उपवास और राजनीति से हट जाना भी उन कायर आक्रमण करने वालों के हृदय में न करुणा की धारा बहा सका, न आपस के झगड़ों को शान्त कर सका।

इधर, जिन लोगों के हृदय सदा औरों के सिर-फुटौवल से प्रसन्न होते रहे हैं, और जिन्होंने जीवन में आकर कभी जोखिम भरी राजनीति को नहीं अपनाया, जिन्होंने बंगाल के नजरबन्दों के पिसते हुए, और पंजाबी वीरों के कष्ट भोगते हुए भी, अपने कलह-कोलाहल से फुरसत नहीं पाई, उन्होंने हिन्दू और मुसलमानों को सदा लड़ाते रहना अपना रोजगार समझा, और ऐसे ही समय को अपने नेतृत्व के अस्तित्व का समय माना, तब स्वभावतः तरुणों ने जाना, कि—"आराधना-प्रार्थना, पूजा-प्रेमांजलि, विलाप-कलाप—"हमारे नेताओं को घटना की गम्भीरता से परिचित नहीं करा सकते। यदि देश के जिम्मेवार लोग स्वयं, कोई देश के आत्म-सम्मान के अनुकूल आन्दोलन चलाते, तो देश के तरुण उनके चरणों का अनुगमन करते, किन्तु जब उन्होंने देखा कि देश के इसी कलह, और लार्ड

बरकनहेड[1] के इसी दर्प के बीच भारत का भाग्य डूब जाना चाहता है तब,—विवेक के नाम पर चाहे उसे आप कैसा भी रास्ता कहिये,—तरुणों ने अपना रास्ता पकड़ लिया। इस तरह, तरुणों के प्रयत्नों पर नैतिक और वैध दृष्टि से कुछ कहने का, न तो सरकार को अब कोई अधिकार रह गया है, न देश के बूढ़े गृह-कलह-प्रिय कर्णधारों को ही। युक्त-प्रान्त, बंगाल और पंजाब के तरुणों के कार्यों पर एक नजर डालिये, और फिर आवारी के हृदय को पढ़िये। मजिस्ट्रेट कहता है— आवारी उन्मत्त है– हमें तो आवारी के इस कार्य में निहायत लाचारी, हद दर्जे की विवशता दीख पड़ती है।

शस्त्र रखने की बात

आवारी के हृदय को पढ़ने का दूसरा जरिया है देश का इतिहास। कोई साठ वर्ष से ऊपर हुए, भारतवासियों के हथियार छिन गये। संसार में कोई देश ऐसा नहीं, जिसे, इस तरह निहत्था, अपाहिज, लाचार बना दिया गया हो। स्वयं शस्त्र रखना, किसी देश में गुनाह करार नहीं दिया गया, इसी देश में ऐसा खिलवाड़ हो रहा है। यही क्यों, हम सरकार की नजर में अधिक ईमानदार और साधु साबित होने के लिए कहते हैं—हम अहिंसक हैं, हम शस्त्र हाथ में न लेंगे। किन्तु इस बात का कोई प्रयत्न नहीं किया गया कि देश के लोग शस्त्र धारण कर सकें। प्रस्तावों—धारा-सभाओं तक के प्रस्तावों—को तो सरकार बूट की ठोकरों से ठुकराकर फेंक देती है। उधर बंगाल में, तलाशी और पूछताछ का रोजगार ऐसा बढ़ा कि जिस अभागे तरुण के सिर पर आपको संकट बरसाना हो, बस आप उसके घर में जाकर, कुछ थोड़े-से शस्त्र और कुछ थोड़े-से विस्फोटक पदार्थ रख दीजिये। इसके पश्चात् उस तरुण को जीते जी सरकारी नर्क में गाड़ देने के लिए आपको कुछ भी न करना पड़ेगा। जिन दिनों, देश के महत्त्वाकांक्षी तरुणों ने, शस्त्र लेकर कौशल दिखाना चाहा, सरकार ने उन्हें न तो शस्त्र धारण करने दिया, न युद्ध-क्षेत्रों में उनकी महत्त्वाकांक्षा और आत्म-सम्मान का ध्यान रखकर लड़ने का ही मौका उन्हें दिया। तब तरुण शस्त्रों पर ललचे। किन्तु महज शस्त्रों का छूना और उन्हें अपने पास रखना भी गुनाह था। अन्त में, कितने ही तरुण पकड़े, कुचले और जेलों में ठूँसे गये। कितने ही बीमार हुए, कितनों ही के अंग भंग हुए, कितने ही मर गये। उस समय देश के कर्णधार क्या करते थे? वे बड़ी-बड़ी घोषणाएँ करते थे और कहते थे—"हमारा, इन आततायी तरुणों से कोई सम्बन्ध नहीं।" महात्मा गांधी ने, हिन्दू यूनिवर्सिटी की नींव स्थापना के समय शस्त्रधारी तरुणों को आज्ञा का सन्देश दिया था, किन्तु सरकार ने शस्त्र-हीनों को भी कुचला! गांधी की साख मिट्टी में मिला दी गई। असहयोग-युग के बाद फिर पिस्तौल और विस्फोटक द्रव्यों के नाम पर पुलिस का रोजगार

---

1. तत्कालीन सेक्रेटरी ऑफ स्टेट (भारत-मंत्री)

प्रारम्भ हुआ। लोग गिरफ्तार हुए और बिना मुकदमा चलाये जेलों में सड़ने लगे अधिकांश को तो अपने अपराध तक का पता न था। आवारी और उस जैसे तरुणों ने, सरकार और देश के दल-बन्द नेताओं की पूरे 3 वर्ष तक प्रतीक्षा की। अन्त में शस्त्रों तथा विस्फोटक द्रव्यों का उपदेश, और उन्हें पास रखने के अधिकार की उसने चर्चा की, और उन्हें पास रखने की बात पर, उसने, जोखिम में प्राण डालकर, अमल करके दिखा दिया। इसमें आवारी का उद्देश्य स्पष्ट है—वह यह दिखा देना चाहता है कि शस्त्र लेते ही कोई अपराध नहीं करता। शस्त्र लेना तो मनुष्य मात्र का स्वाभिमानपूर्ण अधिकार है। और इस बात की सच्चाई से कौन इन्कार करेगा?

किसके पास जावें?

एक जमाने में वन्देमातरम् तथा 'स्वराज्य', मुँह से कहना, स्वदेशी वस्त्र पहिनना भी खुफिया पुलिस की दृष्टि में दण्डनीय अपराध था। कितने ही, इन अपराधों पर पिस गये। आज, शस्त्रों के रखने की बात को, पुलिस ने, भारतीय महत्त्वाकांक्षाओं को कुचलने का साधन बना रक्खा है। यदि यह शस्त्र के कानून का आडम्बर भी उठ गया, तो बंगाली तरुणों को सूँघ-सूँघकर गिरफ्तार करने का कौन-सा हौआ पुलिस के पास रह जायगा? इन सब बातों को सोचकर, आवारी और उस जैसे तरुण किसके पास जावें, उनकी कौन सुने? बूढ़ों में, पुनर्जन्म पर विश्वास करने और धीमे चलने की भावनाएँ हो सकती हैं, पर हमें स्मरण रखना चाहिये कि तरुण —फिर चाहे वे इंग्लैंड, इटली, रूस या चीन के हों, या भारत के नकद धर्म पर, स्पष्ट व्यवहार पर, सीधे-सच्चेपन पर और साहस पर विश्वास करते हैं। युगों की बात, दाँव-घात का व्यवहार, और दल-बन्दी की चालबाजियाँ उन्हें नहीं भातीं। यदि स्पष्ट कहना गुनाह न होता हो तो आज के आवारी के पथ-ग्रहण के लिए—यदि वह अपराध माना जाय तो—10-10 वर्ष के लिए, लार्ड रीडिंग और लार्ड लिटन तथा पण्डित मदनमोहन मालवीय और पण्डित मोतीलाल नेहरू दण्डित किये जाने चाहिये—तरुणों के हृदयों से पूछिये, वह यही कहेंगे।

जनरल का भाषण

अब प्रजा सत्ताक जनरल क भषाण पर विचार कीजिए। उसकी शिकायत है कि उसके भाषण की रिपोर्ट, पुलिस के आदमियों ने ठीक-ठीक नहीं ली। हर पुलिस रिपोर्टर और मजिस्ट्रेट ने कहा है कि उन्होंने, आवारी के भाषण के केवल आक्षेपजनक भागों को नोट किया है। यह क्यों? जनरल आवारी के भाषण के जो भाग आक्षेपजनक नहीं थे, क्या वे, आक्षेपजनक भाग में सौम्यता नहीं लाते थे? यदि कुछ खास भाग छाँटकर ही कोई दण्डित किया जावे, तो हमारा खयाल है कि इस कसौटी पर, एजेन्ट जनरल राइट आनरेबल श्री निवास शास्त्री जैसे सज्जन

को भी ब्रिटिश राजद्रोह के अपराध से नहीं बचाया जा सकता। श्री आवारी के खिलाफ गवाही देने आये हुए, मध्यप्रान्तीय सरकार के एक फर्स्ट क्लास मजिस्ट्रेट श्री देउसकर के नोट में, रिपब्लिकन जनरल के भाषण का यह अंश भी था—"तुम्हारे अण्डर में ही स्वराज्य दो। स्वराज, विदिन दि ब्रिटिश एम्पायर ही दो। यदि तुम वह भी न दोगे तो हम तुम्हें यहाँ नहीं चाहते।" हम नम्रता से पूछना चाहते हैं, क्या यह, आवारी की अत्यन्त गर्म क्रान्तिवादिता का प्रमाण है? क्या ऐसी शर्त पर, अपने आन्दोलन को ठहरा देने पर राजी तरुण चार साल के लिए कठोर कारावास पाने योग्य हैं? तब तो प्रत्येक राजनीतिज्ञ को आप कारावास ही में रखिये! अब आवारी का हृदय पढ़ने के लिए आप उसके भाषण को लीजिये। पहले आप सरकार के टुकड़ों को बजाने वाले ईमानदार गवाह द्वारा लिखे हुए भाषणों का किस्सा सुनिये। एक सरकारी गवाह थे, नागपुर के सिटी-सुपरिटेण्डेण्ट श्री कौल। वे स्वयं, कभी सभाओं में नहीं गये। उन्होंने, अपने रिपोर्टरों से रिपोर्ट सुनी, उन्होंने शिकायत की कि आवारी की सेना के छोटे-छोटे छोकड़े—"नहिं रखणी, सरकार जालम नहीं रखणी।" का गीत गाते फिरते थे। किन्तु, यह गीत तो असहयोग के युग में सहस्रों स्थानों पर गाया गया था। झण्डासत्याग्रह में भी नित्य गाया जाता था। किन्तु इस गीत को अपराध करार देते कभी नहीं सुना। सिटी सुपरिण्टेण्डेण्ट यह भी स्वीकृत करते हैं कि उन्होंने आवारी को स्वयं शस्त्र लेते नहीं देखा। दूसरे गवाह पुलिस अफसर सर नायक हैं। आपने, आवारी के भाषण के महीनों बाद तैयार किये हुए नोट में, आवारी का भाषण इस तरह सुनाया—"आर्म्स रेवोल्यूशन तक आप आ गये। 1·5 लाख अंग्रेज को हिन्दुस्तान से भगाये तक हम आराम से नहीं सोयेंगे। सुभाषचन्द्र बोस अब मरने वाले हैं। आप उसको छुड़ाने को क्या करते हैं। ये नहीं सोचना के वो प्रश्न बंगाल का है। वो सर्व हिन्दुस्तान में एक रोज होयगा। हमारी असली तलवार छीनने के बाद हम एक आने वाली तलवार बनाएँगे। मण्टेग्यू बटलर[1] प्रत्यक्ष आवें, वे उस पर एक्सपेरिमेंट सिपाई के जरिये से करायेंगे। अगर काम पूरा न होय तो दो आने, दो रुपये को 20 रुपये बनायेंगे।···मनसल, पोटाश, गन्धक, कोयला, प्रिक्रिक आसिड वगेरे अभी से बनाकर रखें। बाम्ब बड़ा बढ़िया इन्स्ट्रुमेंट है। खीसे से निकाला और फेंका।"

क्या समझे?

देश के अभागे पाठक, क्या समझे? यदि ये वाक्य कहीं पढ़े जाएँ, तो सार्थक माने जायेंगे? तिस पर, रिपोर्ट लेने वाले बुजुर्ग कहते हैं कि भाषण हिन्दी में हुए थे, किन्तु रिपोर्टर महाशय लघुलिपि शार्टहैण्ड नहीं जानते थे, उन्होंने आवारी जी का भाषण दीर्घलिपि ही में लिखा है और वकील उनके—"भाषण का महत्त्व-

---

1. मध्यप्रदेश के तत्कालीन गवर्नर

पूर्ण भाग जहाँ तक सम्भव हुआ, आवारी ही के शब्दों में लिया गया है।" अब आप, इसी संख्या में पृष्ठ 7 से चलकर पृष्ठ 8 तक आने वाले, स्वयं जनरल आवारी के वक्तव्य को पढ़िये। उसमें उन्होंने, अपनी अहिंसा, शस्त्र धारण करने के कारण और अपने विचारों को स्पष्टतया प्रगट किया है। हम यह मानते हैं कि यदि आवारी कुछ सकर्मक क्रियाओं की जगह अकर्मक क्रियाओं का उपयोग करते, तो उनके भाषण में और पण्डित मदनमोहन मालवीय और श्री चिन्तामणि के भाषण में थोड़ा ही फर्क रह जाता। किन्तु आवारी का दण्डनीय अपराध उनके शब्द नहीं हैं, उनका, सैकड़ों में प्रेरणा पैदा करने वाला बलिदान और चरित्र है, तथा उनकी वह शक्ति है जिसका जिन्दा रहना ब्रिटिश राज में पसंद नहीं किया जा सकता।

बिदा

अभागे रिपब्लिकन जनरल! आओ 4 वर्ष के लिए काराग्रह में। हम उन लोगों की बात की गम्भीरता का अर्थ समझ सकते हैं जो कहते हैं कि भाई, बंगाल गवर्नमेंट का दण्ड मध्य प्रान्तीय सरकार को क्यों देते हो? परन्तु, क्या बंगाल सरकार ही अकेली नजरबन्दों के पाप की अपराधिनी है, भारत-सरकार नहीं? यदि भारत सरकार पर प्रभाव डालने वाले तरुण अपने प्रयत्न करें तो कहाँ—देहली जाकर? क्या प्रान्तों को स्वायत्तता प्राप्त है? क्या प्रान्तों के पापों का असर भारत सरकार तक नहीं पहुँचता? तरुणों को मूर्ख बनाना, उन्हें दबाने का उद्योग करना, उनका मजाक उड़ाना बेकार है। समस्त एशिया में एक ज्वाला जाग रही है। जापान मस्तक उठाये हुए है, चीन मस्तक उठा रहा है, और इस देश की तरुण ताकत निरंकुशता की लातों से बुरी तरह रोंदी जा रही है! क्या हमारे देश के तरुण, म्युनिसिपैलिटियों की नाली साफ करें, डि० कौं० की क्राईन हाउसें झाड़, कौन्सिली कलह के प्रस्ताव और संशोधन सुनते रहें और पण्डितों और मौलानाओं के पुण्य पाठ पढ़कर, अपने भविष्य को विदेशी ताकत के पास गिरों रख दें? यह तो सम्भव नहीं। 20 वर्ष पहिले हम प्रत्यक्ष कहते थे—"हम इन अराजक तरुणों के साथ नहीं।" आज हम अपनी निष्क्रियता, साधु-वृत्ति, और कलहप्रियता से अप्रत्यक्ष रूप से कह रहे हैं कि "हम इन तरुणों के साथ नहीं।" किन्तु क्या हम इनके हौसलों, इनकी महत्त्वाकांक्षाओं और इनके वीर अस्तित्व की हत्या के पाप से मुक्त हो सकते हैं? आवारी जैसे कितने ही तरुण, आज, देश में, अपनी वीरता को शत्रु की तरह दबोच रहे हैं, और हम अपनी वीरता का तेजोयंग और तप का पात किये हुए कहते हैं—आवारी अपराधी है! हमारा काम है, तरुणों को धैर्य देना, उनके संकटों और आपदाओं को सिर पर लेना और उन्हें भिड़ने का पथ बताना। यदि यह हम न कर सकें, यदि यह कार्य कांग्रेस न कर सके, तो तरुणों की उमंगों के रक्त से, देश की लाली के दिन देखना, सर्वनाश को आमन्त्रण देना है। भगवान सर्वनाश से देश की रक्षा करे।

[कर्मवीर, 11 जून 1927]

2. रिपब्लिकन जनरल आवारी अदालत में क्या कहा ?

श्री आवारी को, उनके, ता० 16 और 18 एप्रिल तथा मई[1] के भाषणों के वे आक्षेपजनक हिस्से मजिस्ट्रेट महोदय ने बताये, जिन पर 24 'ए' धारा के अनुसार मुकदमा चलाया गया था। इसके सिलसिले में रिपब्लिकन जनरल ओ आवारी ने, ता० 1 ली जून को जो वक्तव्य दिया, उसका सारांश यह है—

"मेरे कार्यों की जाँच-पड़ताल करने का, इस अदालत को क्या अधिकार है ? इस देश में, ब्रिटिश राज-कर्ताओं ने, नीचे लिखे अपराध किये हैं—

1. जलियाँवाला बाग में सैकड़ों निरपराध लोगों की दिन-दहाड़े हत्या की,

2. सैकड़ों बंगाली देश-भक्तों को जेल में धाँध दिया[2],

3. 60 करोड़ रुपया वार्षिक के मैंचेस्टरी कपड़े, इस देश के लोगों के सिर मारकर, भारत देश के 7 करोड़ जुलाहों को भूखे मरने के लिए लाचार किया,

4. गरीब जनता के 60 करोड़ रुपये हर साल फौज में खर्च किये जाते हैं, यह फौज भारत की रक्षा के लिए नहीं है, किन्तु भारत को दबोचकर अंग्रेजों के पंजे में रखने के लिए है,

5. भारतवासियों में, उनके मन के खिलाफ शराब-खोरी की आदत डालकर उन्हें भ्रष्ट किया गया,

6. भारतवासियों को भूख और दरिद्रता के गढ़ों में दफना दिया गया, सिर्फ भारतीयों ही को क्यों, अंग्रेज मजदूरों को भी, ब्रिटिश सरकार ने उसी अवस्था में पहुँचा दिया है। ऐसे वज्र-हृदय अपराधी को क्या अधिकार है कि मेरी जाँच-पड़ताल करें ? इसके विपरीत, ये ब्रिटिश साम्राज्यवादी, याने चोर, डाकू, शराब-खोर, खूनी, राक्षस,—और साथ ही भयभीत और उठाईगीरे भी हैं। ये ही अपराधी मिलकर, क्या आज मेरा मुकदमा करेंगे ? अजी मजिस्ट्रेट महोदय, और पुलिस के अफसरो ! तुम पेट के लिए, अपने देश के शत्रुओं की नौकरी क्यों कर रहे हो ? हमारी प्रजा सत्ताक सेना में आवो, तुम्हें और तुम्हारे बाल-बच्चों को पेट-भर अन्न और शरीर-रक्षा के लिए कपड़े अवश्य दिये जायेंगे।

प्रारम्भ ही में मैं कह देना चाहता हूँ कि मेरे शत्रुओं ने, मेरे भाषण की जो रिपोर्ट पेश की है, वह, जहाँ-तहाँ टूटी हुई, अर्थ की दृष्टि से छिन्न-विच्छिन्न, और विसंगत है। लोगों को मैं यह घोषित कर देना चाहता हूँ कि मैंने अपने श्रोताओं को घण्टों महात्माजी की अहिंसा के तत्त्वज्ञान को समझाया है।

मुझ पर राज-द्रोह का अपराध लगाया गया है, किन्तु इस बात में नीति के खिलाफ कुछ भी नहीं हो रहा। मैं बालपन से ही लोकमान्य तिलक और महात्मा गांधी का अनुयायी रहा हूँ और जलियाँवाला बाग की घटना के दिन से मैं

---

1. 1927
2. ठूंस दिया

लगातार इस कोशिश में हूँ कि ब्रिटिश राज उलट दिया जाय, नहीं, मैं ब्रिटिश राज तोड़ने का यत्न कर रहा हूँ, क्योंकि डायर जैसे मानवी दैत्य के अपराधों का यह राज्य समर्थन करता है, चोराचोरी की घटना का पाप महात्माजी ने अपने सिर पर ले लिया, उसी तरह जलियाँवाला की हत्या की जिम्मेवारी, ब्रिटिश साम्राज्य के प्रमुख, बादशाह महोदय को अपने सिर पर नहीं लेनी चाहिए थी ?

मैं ब्रिटिश साम्राज्य का सच्चा शत्रु रहा हूँ, किन्तु ब्रिटिश जनता का नहीं, ब्रिटिश साम्राज्यवादियो ! क्या तुम कभी भी भारत के मित्र थे ? मुझे तो विश्व-बन्धुत्व की कल्पना स्वीकृत है, फिर मैं ब्रिटिश जाति का शत्रु कैसे हो सकता हूँ ? ब्रिटिशों ने करोड़ों अन्याय किए, उसी का परिणाम, सन् 1857 का गदर था, और नाना साहब तथा झाँसी की रानी लक्ष्मीबाई को तुम्हारे खिलाफ झगड़ना पड़ा। अजी ब्रिटिश साम्राज्यवादियो ! तुम अपने को भारत के मित्र कहते हो न ! तब समस्त भारत के अन्तःकरण लोकमान्य तिलक को तुम्हारे खिलाफ क्यों झगड़ना पड़ा और तुमने 6 वर्ष का कठोर कारावास और देश-निकाला क्यों दिया ? साधुवृत्ति महात्मा गांधीजी को तुम्हारे प्रतिकूल असहकारिता की घोषणा क्यों करनी पड़ी ? और यदि तुम भारत के दोस्त हो तो तुमने उन्हें दो वर्ष कारागार में क्यों ठूँसा ? अली बन्धुओं ने ब्रिटिश सरकार के सैनिकों को नौकरी छोड़ने की सलाह क्यों दी ? और उन्हें तुमने जेल में क्यों धाँधा ? नागपुर के राष्ट्रीय झण्डे के संग्राम में, राष्ट्रीय झण्डा सिविल लाइन की सड़कों पर से ले जाने वाले सैकड़ों तरुणों को तुमने सख्त कारागार दिया और कितनों ही को कोड़े भी लगाये।

बारदोली का राष्ट्रीय निशाना चूक जाने के पश्चात् नागपुर का झण्डा-सत्याग्रह यशस्वी हुआ। मैं, गत फरवरी मास से, नागपुर में रिपब्लिकन या पूजा-सत्ता की स्थापना की कोशिश कर रहा था। हमने इतवारी के एक भाग में, जमीन ली और अपना रिपब्लिकन फौजी अड्डा कायम किया। 100 से अधिक सैनिक रिपब्लिकन सेना में भरती किये और मैं उन्हें हथियार दिलाने का यत्न करने लगा। हम लोगों ने, लोगों को उपदेश किया कि उन्हें शस्त्रास्त्र तथा गोली-बारूद अपने पास रखने का अधिकार है। यदि 7000 मील से आकर, अंग्रेज, हमारे देश में हथियार रख सकते हैं, तो इसी देश के निवासी हम क्यों नहीं रख सकते ? केवल हम इतनी ही खबरदारी ले सकते हैं, कि महात्मा गांधी के अनुयायी होने के कारण, हमारे शस्त्रों से किसी मानव-शरीर को कष्ट न पहुँचे। फौज की व्यवस्था होते ही हम लोग प्रजा सत्ताक सरकार का सिक्का भी ढालने जा रहे थे, कि इतने ही में, सरकार ने हमारी सेना पर छापा मारा, कुछ सिपाही गिरफ्तार कर लिए, और उनके शस्त्र छीन लिए। तब हमने, अपनी सारी शक्ति, बंगाली राजनैतिक कैदियों को छुड़ाने में लगाना तय किया। बंगाली तरुणों के कारावास को, देश के सब राजनैतिक दल भुला बैठे हैं। इसी समय बंगाल की

तरुण पीढ़ी की आत्मा श्री सुभापचन्द्र बोस को मुक्त किया गया है, किन्तु उन्हें छोड़ते ही, मुझे, राज-द्रोह के अपराध पर, जेल में ठूँसा जा रहा है, बंगाली देश-भक्तों के कैद से छुड़ाने तथा प्रजा सत्ताक स्थापन करने का यही इतिहास है।

भारतीय लोगों को शस्त्रास्त्र अपने पास रखने की पूर्ण स्वतन्त्रता होनी चाहिए। यह स्वतन्त्रता कुछ रक्त-पात या खून, खराबी के लिए नहीं चाहिए। अहिंसा तो कांग्रेस का व्रत ही है, किन्तु शस्त्र अपने पास रखने का प्रत्येक राष्ट्र का अधिकार है। आज का हमारा अहिंसाव्रत, बूढ़े आदमी के ब्रह्मचर्य के समान है। हाथ में हथियार नहीं, और हमने अहिंसा-व्रत का पालन कर डाला ! इसमें पुरुषार्थ कहाँ है ? अतः हमने, शस्त्रों को पास रखकर अहिंसा-व्रत पालना तय किया। अतः देशबन्धुओ, मर्दों की तरह उठो, हाथों में भाले, तलवार, बन्दूकें लो। 18 वर्ष के ऊपर के प्रत्येक तरुण के हाथ में शस्त्र रहने दो। भारत के सिवा अन्य सब देशों में लोग इस तरह हथियार बाँधते हैं। आओ, हम भी अपना पुरुषार्थ सिद्ध करें।

मैं महात्माजी के अहिंसा-व्रत का सिपाही हूँ। मेरे पूर्वज, गुजरात में, शिवाजी महाराज के शरीर-संरक्षकों में थे। मेरे आजा बड़ोदा दरबार के पहरेदार थे। नागपुर शिवाजी की महाराष्ट्र-भूमि है। अतः शिवाजी के खाये हुए फल की याद कर, राष्ट्र के लिए झगड़ना तो मेरा कर्त्तव्य ही है।

जब तक मैं बाहर था, मैंने यह शस्त्र-सत्याग्रह चलाया। अब मैं यह सत्याग्रह देशबन्धुओं के हवाले करता हूँ। हथियारों के कानून द्वारा आयी हुई देश की गुलामी, किसी व्यक्ति विशेष का संकट नहीं है, यह केवल हिन्दुओं, और केवल मुसलमानों ही की गुलामी का चिह्न नहीं, वह तो देश भर को एक-सी कष्टदायक है। अतः देश सब भाई और बहनों को मिलकर, शस्त्रास्त्रों के कानून को भंग करना चाहिए, और बंगाली तरुणों को बन्धन-मुक्त करना चाहिए। जिन-जिन अन्यायों के नीचे हम पीसे जा रहे हैं, उसके खिलाफ उत्तेजित हुए बिना हम गुलामगिरी के कीचड़ से बाहर न हो सकेंगे। भीख से स्वराज नहीं मिलेगा, वह तो कंजूस हाथों से खींच लेना पड़ेगा। अतः, सत्याग्रह और सविनय भंग के तेज हथियारों से अन्त तक लड़ते रहो। और विदेशी गुलामी शृंखला से मातृभूमि को मुक्त करो। भगवान तुम्हारी सहायता करे। वन्देमातरम्।"

श्री आवारी[1] का उपरोक्त वक्तव्य ता० 1 जून को हुआ था और उनका 4 वर्ष के सपरिश्रम कारागार का फैसला ता० 4 जून को सुनाया गया।

[कर्मवीर, 11 जून 1927]

---

1. श्रीमती सुधा चौहान ने जनरल आवारी की बाबत 'मिला तेज से तेज' (पृष्ठ 1.1) पर लिखा है कि—श्री आवारी बम्बई युनिवर्सिटी के फर्स्ट क्लास मास्टर ऑफ इंजीनियरिंग थे। वे चाहते तो इंजीनियरिंग विभाग के सर्वोच्च पद पर पहुँच कर सेवा-निवृत्त होते, परन्तु उन्होंने असहयोग का मार्ग चुना और जीवन-पर्यन्त देश के स्वाधीनता संग्राम में आगे बढ़कर काम किया···मृत्यु-पर्यन्त जन-सेवा में लगे रहे।

श्री यतीन्द्रनाथदास का स्वर्गारोहण

लाहौर षड्यन्त्र केस के विचाराधीन अभियुक्त श्री यतीन्द्रनाथ दास की, 13 सितम्बर को, 1 बजकर 5 मिनट पर मृत्यु हो गयी ! 63 दिन के कठिन उपवास-व्रत के पश्चात्, इस वीरात्मा का अन्तिम श्वास, अमरत्व में विलीन हो गया। आयरलैण्ड के टेरेन्स मैक्सविनी ने भी इतने दिनों ब्रिटेन के जेलखानों के सीकचों में भूखों रहकर, अपने प्राण त्याग दिये थे। श्री यतीन्द्र ने भगतसिंह और दत्त के साथ सहानुभूति प्रदर्शित करने का यह उपवास किया था। भगतसिंह और दत्त के उपवास का कारण, जेल में राजनीतिक कैदियों के साथ होने वाला वह अपमानजनक व्यवहार था, जो किसी भी स्वाभिमानी तरुण के हृदय में आग सुलगा सकता है। 12 ता० की रात से ही यतीन्द्रनाथ की हालत बहुत खराब हो गयी थी। और दिन तो उनके भाई किरणदास जेल से 8 बजे सुबह ही आ जाया करते थे, परन्तु 13 ता० को वे 12 बजे तक नहीं निकले। लोगों की चिन्ता बढ़ गयी। जेल के फाटक पर लोगों का समूह उमड़ रहा था। पता चला "यतीन्द्र के प्राण, अपने निश्चय के साथ अन्तिम खिलवाड़ कर रहे हैं।" डॉक्टरों ने नब्ज टटोली, धड़कन देखी—पता चला, यतीन्द्र के प्राण निकलने में कुछ ही मिनट अब शेष हैं। बस एक बजकर पांच मिनट होते ही जेल डॉक्टर ने यतीन्द्र की मृत्यु-घोषणा कर दी। करीब 4·30 बजे, लकड़ी की अरथी पर यतीन्द्रनाथ दास का शव जेल के बाहर आता दिखायी पड़ा। यतीन्द्र के भाई किरणचन्द्र तथा जेल के कई नौकर-चाकर अरथी में कंधा दिये हुए थे।

अरथी को देखते ही जन-समूह ने 'क्रान्ति की जय', 'यतीन्द्रनाथ दास की जय' के नारे लगाये। यतीन्द्रनाथ दास का चेहरा यद्यपि 63 दिन के उपवास के बाद पीला पड़ गया था, तथापि उस पर दृढ़ निश्चय की विजय की जो आभा चमक रही थी, उसके सौन्दर्य का क्या कहना। लोगों ने अरथी को फूल-मालाओं से सजाया। शहीद के अन्तिम दर्शनों के लिए लाहौर की जनता जेल के फाटक पर उमड़ आयी थी। पुलिस-कर्मचारियों ने जनता के जुलूस में किसी किस्म की बाधा नहीं डाली। स्वयं-सेवकों का समूह लाठियों सहित जुलूस के साथ रहा। जेल के फाटक से अरथी जब रवाना हुई तब उसमें डॉ० गोपीचन्द्र, डा० आलम, श्रीमती पार्वतीबाई आदि ने कंधा दिया। जुलूस के साथ स्त्रियाँ भी काफी थीं। यतीन्द्र-नाथ के भाई श्री किरणचन्द्र पर भी लोगों ने पुष्प-वर्षा की। सरकारी कर्मचारियों ने यह प्रबन्ध किया था कि उसी दिन 9·30 बजे रात को, कलकत्ता मेल से शव कलकत्ता भेज दिया जाय, परन्तु जुलूस निश्चित समय तक खतम नहीं हो पाया। अतः शव को 14 सितम्बर के प्रातः 6·40 बजे हावड़ा एक्सप्रेस से कलकत्ता ले जाना तय हुआ। जिस समय जुलूस जा रहा था, उस समय लोग 'शहीद बनने की इच्छा हमारे हृदय में है,' इस आशय के राष्ट्रीय गान गाते जा रहे थे। यतीन्द्र का शव एक थर्ड क्लास डब्बे में रखा गया था। उसी डब्बे से जुड़ा हुआ एक

डब्बा और था जिसमें पुलिस के कर्मचारी, सशस्त्र भरे हुए थे। एक्सप्रेस जहाँ-जहाँ ठहरी वहाँ-वहाँ जनता ने स्टेशन पर पहुँचकर अमर शहीद का सम्मान और उसके 'अन्तिम दर्शन' किये।

श्री यतीन्द्रनाथ दास कौन थे ?

यतीन्द्रनाथ दास कलकत्ता के बंकिम बिहारीदास के पुत्र थे। यतीन्द्र के पितामह मुंसिफ थे। उनका जन्म सन् 1904 में हुआ था। सन् 1914 में अपनी माँ की मृत्यु के समय उनकी आयु 10 वर्ष की थी। किरणचन्द्र दास उनके छोटे भाई हैं। आप कलकत्ता के मित्रा इन्स्टीट्यूट के छात्र थे। सन् 1920 में आपने मैट्रिक की परीक्षा पास की। सन् 1920 में जब देश में गांधीवाद (असहयोग) की लहर बही, तब यतीन्द्र ने पढ़ना-लिखना छोड़ दिया और साउथ कलकत्ता कांग्रेस कमेटी में एक सेवक के नाते शरीक हो गये। पश्चिम बंगाल की बाढ़ के समय आपने बहुत तत्परता से कार्य किया था। इस काम के पश्चात् ही आप 'आज्ञा-भंग' के अपराध में गिरफ्तार भी किये गये थे, परन्तु तुरन्त छोड़ भी दिये गये थे। अपने पिता से कुछ मत-भेद हो जाने के कारण आपने घर-परित्याग कर दिया और अपनी जन्म-भूमि की आजन्म सेवा करने का व्रत ले लिया। सन् 1921 में आप सविनय कानून-भंग करने के अपराध में पकड़े गये थे, और एक माह की सादी कैद की सजा काटकर लौट आये थे। दास सदैव खतरा मोल लेते ही रहे। सन् 1922 में बड़ा बाजार में पिकेटिंग करते समय आप फिर पकड़ लिए गये और तीन माह के लिए जेल में डाल दिये गये। इस जेल-यात्रा के पश्चात् जब आप लौटे तब आपके बदन में हड्डियाँ मात्र रह गयी थीं। अतः आप किसी किस्म का भी कार्य करने में असमर्थ हो गये। डेढ़ माह तक आपको बीमार रहना पड़ा। इसके बाद आपके पिता ने आपको घर बुला लिया। सन् 1922 में आप आशुतोष कॉलेज में पढ़ने लगे। कॉलेज काम के बाद आपको जो अवकाश मिलता उसे आप अपनी मातृभूमि की सेवा करने में लगाते थे। सन् 1924 में आप साउथ कलकत्ता जिला कांग्रेस के सहायक मंत्री चुने गये। आपने अपना कार्य बहुत उत्साह तथा लगन से किया। उन्होंने इंटर प्रथम श्रेणी में पास किया था। आप बंगवासी कालेज में बी० ए० में पढ़ने लगे थे। 24 नवम्बर 1926 को आप नजरबन्द किये गये और तीन वर्ष के पश्चात्, अक्टूबर 1929 में छोड़े गये। इसमें आपका स्वास्थ्य गिर गया। नजरबन्दी के समय आपको कई जेलों में घुमाया गया था। जब वे मैमनसिंह जेल में गये तो एक बार वहाँ के लेफ्टिनेन्ट कर्नल 'ओ ब्राइन' ने उनसे कहा कि "तुम मेरे सामने खड़े रहो मैं तुम्हारा बाप हूँ।" यतीन्द्र ने इस बेअदबी के सुलूक को अपना भारी अपमान समझा, और सिंह-गर्जना से कड़क कर कहा, "ओ ब्राइन, मैं तुम्हारा सिर फोड़ दूंगा।" कहा जाता है, जेल सुपरिन्टेण्डेण्ट और यतीन्द्र की खूब धक्का-मुक्की हुई। परिणाम-स्वरूप यतीन्द्र पर खूब मार पड़ी। यतीन्द्र पर मुकदमा भी चलाया गया। यतीन्द्र ने

यहाँ अनशन आरम्भ किया और बराबर 20 दिन तक उपवास किया। अन्त में जब लेफ्टिनेन्ट ओ ब्राइन ने अफसोस जाहिर किया, तब आप ने उपवास तोड़ा। ओ ब्राइन ने कैफियत में कहा था कि उम्र में मैं यतीन्द्र के पिता तुल्य था, इसलिए मैंने समझा कि यतीन्द्र को मेरे सामने खड़े होने में बुरा नहीं मालूम होगा। इसके बाद यतीन्द्र को मियाँ वाली जेल में भेजा गया। वहाँ भी आपके साथ अच्छा व्यवहार नहीं किया गया। आखिर 1928 के अक्टूबर मास में आपकी रिहाई हुई। इस लम्बी और कष्टप्रद कैद में आपकी आँखें तथा स्मरण-शक्ति क्षीण हो गयी। जिस समय यतीन्द्र मियाँ वाली जेल में थे, उस समय उनकी छोटी बहन मृत्यु-शय्या पर थी। वह यतीन्द्र को देखने को छटपटा रही थी। उसकी देख-रेख करने वाला घर पर कोई नहीं था। पहले तो जेल के अधिकारियों ने यतीन्द्र को अपनी बहन को देखने की इजाजत नहीं दी; परन्तु जब आप कलकत्ता के जेल में लाए गये तब पुलिस की कड़ी निगरानी में आपने अपनी बहन की अन्तिम सेवा-सुश्रूषा की। आपके घर से जाने के कुछ ही दिन बाद, आपकी बहिन ने अपने प्राण छोड़ दिये। जेल से मुक्त होने पर आपने पुनः बंगवासी कालेज के 'थर्ड इयर' (बी० ए०) में नाम लिखाया। आपने अब भिन्न-भिन्न देशों के राजनैतिक साहित्य का अध्ययन किया। आपने दक्षिण कलकत्ता राष्ट्रीय स्कूल में 6 मास तक ड्रिल मास्टरी अवैतनिक रूप से की थी। यतीन्द्र ने आजन्म अविवाहित रहने का प्रण किया था। आपके हृदय में स्वच्छता और पवित्रता का सदा वास रहा। स्वभाव के भी आप बड़े निर्भीक थे। आपका कई संस्थाओं से सम्पर्क था।

यतीन्द्र बचपन से ही बड़े दृढ़ थे। त्याग की मात्रा भी उनमें खूब थी। उनके पितामह जब वेतन के रुपयों की ढेरी लाते और यतीन्द्र से उसमें से जितने चाहे ले लेने का आग्रह करते तो यतीन्द्र एक-एक हाथ में एक-एक रुपया उठाते और माँ को दे आते। पिता से मतभेद हो जाने का कारण यह था कि आपके पिता यह नहीं चाहते थे कि यतीन्द्र राजनीति में भाग ले। बस, पिता की आज्ञा की परवा न कर वे घर से निकल गये और कांग्रेस कमेटी के दफ्तर में जम गये। उस समय (सन् 1922 की यह बात है।) आपने 10 रुपये मासिक की ट्यूशन पर अपनी गुजर की थी। जिस समय आप आखिरी बार पकड़े गये उस समय आपने कहा कि "मैं अब खराब से खराब परिणाम का मुकाबला करने जा रहा हूँ।" आप बंगाल के कांग्रेस के चुनाब के बाद ही गिरफ्तार करके लाहौर (षड्यन्त्र केस के सम्बन्ध में) भेजे गये थे। वहाँ आपने राजनैतिक कैदियों की हैसियत ऊँची उठाने का आन्दोलन करने वाले भगतसिंह और दत्त के साथ 'अनशन' प्रारम्भ किया। जेल अधिकारियों ने बहुत चाहा कि यतीन्द्र अनशन तोड़ दें, परन्तु आपने एक न मानी। एक बार आपको जबरन भोजन खिलाने का प्रयत्न किया गया जिससे आपको इतना गहरा आघात पहुँचा कि आप घण्टों बेहोश रहे। लाहौर का 'ट्रिब्यून' कहता है कि जेल कर्मचारियों की इसी ज्यादती ने यतीन्द्र के अन्तिम दिन इतनी शीघ्रता से ला दिये ! यतीन्द्र आदि की अस्वस्थता से लाहौर षड्यन्त्र केस

की कार्यवाही रुक गयी। सरकार हैरान हो गयी। उसने एक जेल-जाँच कमेटी नियुक्त की। कमेटी ने जेल के अनशन-व्रतियों से उपवास तोड़ने का अनुरोध किया। दत्त-भगतसिंह तथा जेल-जाँच कमेटी में समझौता हुआ। समझौते में एक बात यह भी तय हुई कि यदि सरकार यतीन्द्र को बिना शर्त छोड़ती है तो हम सब उपवास छोड़ने को तैयार हैं। जेल-जाँच कमेटी जब यतीन्द्र से सलाह लेने गयी तो आपने साफ कह दिया कि मैं तो किसी भी समझौते पर तैयार नहीं—मैं तो जेल में राजनैतिक कैदियों की हैसियत की माँगों की ही पूर्ति चाहता हूँ, बस यही मेरा समझौता है।" खैर, दूसरे दिन सरकार ने कहा कि जेल-जाँच कमेटी की सिफारिशें जो हों, हम तो यतीन्द्र को जमानत पर ही छोड़ सकते हैं। यतीन्द्र को यह बात मालूम हुई। उन्होंने साफ कह दिया—"मैं ऐसी गुलाम मुक्ति नहीं चाहता।" यतीन्द्र के भाई किरण ने भी अपने भाई को इस शर्त पर ले जाने से इन्कार कर दिया। आखिरी श्वास तक यतीन्द्र में दृढ़ निश्चयता कायम रही।—दृढ़ निश्चय, आत्म-विश्वास ही यतीन्द्र के जीवन का महान् रहस्य-मन्त्र है।

देशभर में हाहाकार !!

यतीन्द्र की मृत्यु का समाचार सारे देश में बिजली की तरह दौड़ गया। लाहौर स्टेशन पर जिस समय यतीन्द्र का शव पहुँचा उस समय से रात भर तक लाहौर की सरकारी इमारतों पर पुलिस का कड़ा पहरा रहा, परन्तु कोई दुर्घटना नहीं घटी। शव के साथ यतीन्द्र के भाई किरणचन्द्र दास, डॉ०बनारसीदास, श्री मोहनलाल गौतम, श्री बाली और श्री बटुकेश्वर दत्त की बहन श्रीमती प्रमिला देवी, श्री भगवतीचरण की बहन श्रीमती भगवती देवी और जगदीश थे। इनके साथ 50 पुलिस कर्मचारी भी थे। सुना जाता है, यतीन्द्र की मृत्यु से दुखित होकर उस दिन सेण्ट्रल और बोर्स्टल जेल में किसी कैदी ने अन्न नहीं छुआ। कलकत्ता, लाहौर और दिल्ली के पत्रों ने यतीन्द्र की मृत्यु पर विशेषांक प्रकाशित किये थे। कई नगरों में हड़ताल वगैरह भी की गयी।

लाहौर में

13 ता० की रात को डॉ० मुहम्मद आलम के सभापतित्व में लाहौरियों ने सार्वजनिक सभा में जहाँ बीस हजार आदमी उपस्थित थे, यतीन्द्र की मृत्यु पर खेद प्रदर्शित करने को सभा की। डॉ० आलम ने अपने भाषण में कहा कि दास अमर हो गये हैं। भारत के प्रत्येक नगर में उनकी प्रतिमाएँ प्रस्थापित की जानी चाहिए। आपने यह भी कहा कि वीर यतीन्द्र की वीरता के प्रति सम्मान जाहिर करने के लिए मैंने पंजाब कौन्सिल की सदस्यता से इस्तीफा देने का निश्चय किया है। डॉ० गोपीचन्द ने भी ऐसी ही घोषणा करते हुए कहा कि मैं वर्तमान सरकार की किसी भी कौन्सिल का कभी सदस्य न होऊँगा। लाहौर में उस दिन हड़ताल रही।

दिल्ली में

यतीन्द्र की मृत्यु के कारण हड़ताल मनायी गयी। नागरिकों के जुलूस ने काली झण्डियों के साथ नगर में चक्कर लगाये। बहुत-से आदमी स्टेशन भी पहुँचे और यतीन्द्र के डब्बे के पास 'वन्देमातरम्' का जय घोष किया तथा काला झण्डा फहराया। अरथी पर फूल-मालाएँ चढ़ाई गयीं।

प्रयाग में

प्रयाग में जनता ने जुलूस निकालकर यतीन्द्र की मृत्यु पर शोक प्रदर्शित किया। कालेज में विद्यार्थी पढ़ने नहीं गये। सार्वजनिक सभा में नेताओं ने लोगों से सरकार के अमानुषिक व्यवहार करने पर भी स्वतन्त्रता के युद्ध को न छोड़ने की अपील की।

कलकत्ता में

कलकत्ता में यतीन्द्र का शव 15 सितम्बर की शाम को पहुँचा। लोग हजारों की तादाद में स्टेशन पर टूट पड़े। शव का जुलूस हावड़ा टाऊनहाल तक ले जाया गया, जहाँ असंख्य जन-समूह के बीच दास की वीरगाथा-गान के लिए महती सभा हुई। सोमवार को सुबह शव चिता-स्थान को जुलूस में ले जाया गया। टाऊनहाल में जो सभा हुई उसमें 'माडर्न रिव्यू' के सम्पादक श्री रामानन्द चटर्जी, श्री नीलरतन सरकार आदि के भाषण हुए।

इनके अतिरिक्त अमृतसर, लखनऊ, बम्बई, बनारस, पूना, मेरठ, नागपुर आदि स्थानों में भी शोक-सभाएँ तथा हड़ताल मनाने के समाचार आये हैं।

[कर्मवीर, 21 सितम्बर 1927]

अमर शहीद भगतसिंह

भगतसिंह को जीने की इच्छा नहीं थी। उन्होंने माफी माँगने से इन्कार कर दिया। जीते रहने को भी वे दूसरों के लिए ही तैयार हो गये थे; इस दृष्टि से कि उनकी मृत्यु से आवेश में आकर कोई खून न कर डाले। भगतसिंह अहिंसा के पुजारी न थे; परन्तु हिंसा को भी धर्म नहीं मानते थे। लाचारी से ही खून करने को तैयार थे। उनका अन्तिम पत्र था—"मैं तो लड़ते समय रणक्षेत्र में पकड़ा गया हूँ। मुझे फाँसी नहीं दी जा सकती। मुझे या तो तोप के मुँह पर खड़ा कर उड़ा दो या गोली मार दो।" इन वीरों ने मृत्यु-भय को भी जीत लिया था। उनकी वीरता के लिए उन्हें हजार बार बधाई!

—महात्मा गांधी

उनकी आत्मा वह चिनगारी थी जिसने सारे देश को आलोकित कर दिया। वह भारत को गुलामी की शृंखलाओं में जकड़े नहीं देख सकता था। भारत के

लिए उसका प्रेम अथाह था। भारत की स्वाधीनता के लिए वह अत्यन्त आतुर था।

—जवाहरलाल नेहरू

भगतसिंह, देश-कार्य में अपने को मिटा डालने की लगन रखने वाले, भारतीय क्रान्तिकारियों के प्रथम युग के उपासक और प्रवर्तक एवं 1907 में लाला लाजपतराय के साथ देश-निकाले की सजा पाने वाले सरदार अजितसिंह के छोटे भाई सरदार किशनसिंह के पुत्र थे। सरदार किशनसिंह भी भगतसिंह के बैठे-ठाले पिता न थे। सत्याग्रह की हलचल में हँसते-हँसते जेल जाने के उपासक रहे। इस प्रकार का वीर-रक्त जिसकी मतवाली धमनियों में दौड़ रहा था, वह भगतसिंह भारत की विदेशी सरकार द्वारा 23 मार्च 1931 की शाम को सूली पर चढ़ा दिया गया।

जिस समय भारत की उठती हुई जवानी अपने काले कन्धों पर गोरी प्रभुता के बोझ से मस्तक झुका देती थी, उस समय भगतसिंह आसमान की तरफ देखकर होंठ चबाने लगता। भगतसिंह को दुनिया की आँखों में सुखी और इज्जतदार देखने के लिए इस सम्पन्न परिवार के कुटुम्बियों और स्वयं भगतसिंह के पिता ने भगतसिंह की शादी रणजीतसिंह के खानदान की एक लड़की से करना तय किया। परन्तु भगतसिंह की जवानी तो समुद्र की नीली लहरों से धुलने वाले भारत के चरणों पर चढ़कर अपनी मस्ती खो चुकी थी। बेड़ियों की झंकारों में विपंची की मूर्च्छना सुनने वाला यह तरुण विवाह की तैयारियों पर लात मारकर फरार हो गया। दो साल तक बाहरी दुनिया को उसका पता नहीं लगा।

थोड़े दिनों बाद साइमन-कमीशन बना। भगतसिंह ने कलेजा थामकर देखा। गोरी पलटन कालों का भाग्य लिखने आयी। उसके चंचल तरुण मन ने सोचा, 'क्या हमारा ही भाग्य हम लिखने के लिए ना-लायक ?' उस समय देश का अनुयायी होने की अपेक्षा अपने-आपका अनुयायी होना उसने अधिक मूल्यवान् समझा! विवेक की ये ही सीमाएँ हैं, जिन्हें वेदना और अपमान के अतिरेक में तरुणाई लाँघ बैठती है। उसका हृदय साइमन-कमीशन के दौड़-धूप के अपमान से भर रहा था, पर अभी आखिरी चोट लगना बाकी था। साइमन-कमीशन के विरोध के जुलूस में कष्ट-भोगी भारतीय नेता पंजाबकेसरी लाला लाजपतराय का जाना और बूढ़ी उम्र में पुलिस के हाथों लाठियाँ खाना, हिमालय से हिन्द महासागर तक के तरुणों को बेकाबू कर देने वाली घटना थी। उस समय देहली की सभा में लाठी खाकर कराहते हुए लालाजी के मुँह से निकला था कि "ये लाठियाँ मुझ पर नहीं, ये तो ब्रिटिश साम्राज्य पर पड़ी हैं। अगर इस और ऐसी अन्य घटनाओं से हमारे तरुण हमारे हाथ से बाहर हो जायें तो इसकी जिम्मेवारी सरकार पर होगी।" स्वर्गीय देशबन्धु चितरंजनदास की धर्म-पत्नी श्रीमती वासन्ती देवी ने, लालाजी के पिटने पर समस्त देश की तरुणाई पर लानत भेजी थी। उस समय देश के इन नेताओं ने, भारतीय तरुणाई से कुरबानी की ही उम्मीद की होगी, न कि उनके बम फेंकने और हाथ चला उठाने की। किन्तु बूढ़ी गम्भीरता का नाम

तो तरुणाई नहीं है। उन्होंने अपना दूसरा ही पथ पकड़ा और जो पथ पकड़ा उसके कारणों को उन्होंने खुले विश्व के सामने रख दिया। यद्यपि देश तरुणों को अहिंसा के क्षेत्र में तैयारी के साथ आमन्त्रण कर रहा था, तथापि धैर्य मानो इन पथ-भूलों का उपेक्षणीय वस्तु थी।

बलिदान की तैयारी

17 दिसम्बर सन् 1928 को गोली चली और श्री जे० पी० साण्डर्स गोली से बींध दिया गया। मुन्शी चननसिंह को गोली चलानी पड़ी। चननसिंह स्वयं भी गोली खाकर मृत्युगामी हुए। इस तरह साइमन-सप्तक के निर्माण की वेदी पर इन दो—अँग्रेज और भारतीय—का खून चढ़ा। जिन तरुणों ने गोली चलायी थी उन्होंने देश के अहिंसा-व्रत की परवाह न कर, खून का बदला खून से लेने के अपने क्रान्तिकारी व्रत को पूरा किया। पुलिस इतनी होशियार कि एक साल तक अपराधियों का पता न लगा सकी। इसके बाद उसने चाहे जिस तरुण को, चाहे जहाँ, जिस सन्देह पर गिरफ्तार करके अपनी अक्ल का परिचय दिया। उस समय उन गिरफ्तारियों में सन्देह ही अपराध था। इसके बाद 4 अप्रैल 1929 को असेम्बली की गद्दी को धन्य करने वाले प्रेसिडेण्ट पटेल सरकार की धाँधलीबाजी के परिणाम पब्लिक सेफ्टी बिल (जन-रक्षा-कानून) पर अपना वक्तव्य देकर भारतीय शासन की वैध कार्यप्रणाली में बूढ़े होकर भी जब एक नयी छलाँग भरने जा रहे थे, तभी मानो भारतीय बुढ़ापे के इस तरुण का स्वागत करने के लिए असेम्बली के फर्श पर एक धड़ाका हुआ। जिस समय अपराधी को पकड़ने के लिए अटकलें लगायी जाने लगीं उसी समय अपने-आप पुलिस के सामने जाकर भगतसिंह ने कहा, "संसार के बहरों के कान खोलने के लिए मैंने बम फेंका है। यह है मेरी पिस्तौल। आप मुझे शौक से गिरफ्तार कर सकते हैं।" बहरों को आवाज देने वाले इस तरुण को और उसके मतवाले साथी को थोड़े दिनों बाद कानून का प्रसाद मिला। बटुकेश्वर काले पानी का कड़वा घूंट पीने चला और भगतसिंह अपनी तकदीर के नये पट-परिवर्तनों का सामना करने—अर्थात् सरकार द्वारा चलाये जाने वाले नये मुकदमे के अभियुक्त बनकर लाहौर जेल में चले गये।

यतीन्द्र की शहादत

राष्ट्रीयता पर प्राणों की बाजी चढ़ा देने वाले इन तरुणों को लाहौर जेल में एक नया खिलवाड़ मिला। जिस तरह रत्नों से जड़ी सोने की अँगूठी बनाने वाला सुनार किसी मचलते हुए बालक के कानों की बालियाँ सुधार देने की धुन में, थोड़ी देर के लिए अँगूठी अलग रख देता है, वैसे ही इन पगलों की मण्डली ने जेल के राज-बन्दियों पर होने वाले दुर्व्यवहारों को दूर करने के लिए लाहौर जेल में 15 जून 1929 से अनशन प्रारम्भ किया। एक-दो दिन नहीं, पखवाड़े और महीने बीतने लगे। उपवास जारी रहा। राष्ट्रीयता की जगमगाती हुई कलियाँ मुरझाने लगीं। उधर सरकार अपनी क्रूरता पर अटल थी। देखते-देखते 23

दिसम्बर को तरुण क्रान्तिकारी यतीन्द्र परलोक सिधारा। सरकार ने समझा कि बस अब इन शरारती छोकरों के होश ठिकाने लग जायेंगे। परन्तु इधर तो मौत को प्रेमी की तरह गले लगाने की हविस थी। अन्त में भारत की तरुण दृढ़ता पर ब्रिटेन का फौलादी पंजा ढीला पड़ा। राजनीतिक कैदियों के दर्जे बने और उन्हें सुख-सुविधाएँ देने की सरकार ने प्रतिज्ञा की।

इधर भारतीय तरुणाई उपवास के आँगन में मौत को आमन्त्रण दे रही थी, उधर भारत का फौजदारी कानून, अपने जीवन के इतिहास के एक नये परिच्छेद में काला रंग भर रहा था। उसे मानो इन तरुणों से रस्सा-खिचाई खेलनी थी। महीनों उपवास के बाद एवं सरकार द्वारा दी गयी टकसाली यन्त्रणाओं के भोगने के बाद जब ये तरुण अपने मुकदमे के लिए अदालत में उपस्थित न हो सके तब एक नये आर्डिनेन्स द्वारा यह कानून बनाया गया कि अभियुक्त की गैरहाजिरी में भी मैजिस्ट्रेट एक वकील की सहायता से अभियुक्त के दोषों पर विचार कर सकता है और अपना फैसला दे सकता है। सभ्यता और न्याय के मुँह पर कानून की यह सफेदी लपेटकर इन अभियुक्तों का फैसला किया—सरदार भगतसिंह, राजगुरु और सुखदेव को फाँसी की सजा दी गयी।

माता के चरणों में भेंट

अहिंसा की लहर हिंसा की कालिख पोंछने में व्यस्त थी। बीसवीं सदी के प्राण-घातक साधनों पर बैठकर आधी से अधिक दुनिया की लगाम खींचने वाली ब्रिटानिया शान्त और ठण्डी बूंदों की ताकत को पत्थरों की चहारदीवारी में अधिक देर बन्द न रह सकी। वह काँप रही थी। ह्वाइट हॉउस और देहली ने यरवदा की देहरी पर मस्तक झुकाया। बालू से तेल निकालने वाले आशावादियों ने सोचा, भगतसिंह बच गया। भारत के नौनिहालों को जल्लाद की रस्सी इस बार नहीं छू सकेगी। पर ये सपने ही रहे। इधर शान्ति का शंख बज रहा था उधर हमारी दयनीय विवशता को ठोकर लगाते हुए देहली की प्रतिहिंसा ने गरज कर कहा, "भगत, राजगुरु और सुखदेव कानून के शिकार हैं। आजाद अँगरेज के खून के सन्देह पर गिरफ्तार होने वाले अभागे कैदी को कोई ताकत नहीं बचा सकती। 23 मार्च 1931 आखिरी दिन है।"

कातिल की छुरी के नीचे तड़पते हुए बच्चे को देखकर लाचार गाय की तरह अभागिनी माता ने एक ठण्डी आह खींची और फिर देखती रह गयी। भारतीय तरुणाई ने मचलकर प्रार्थना की,

> "जननी जनतो भगत जन
> यों दाता यों शूर।"

भगतसिंह की उम्र तेईस-चौबीस की थी। सन् 1921 में उन्होंने लाहौर के डी० ए० वी० स्कूल का परित्याग असहयोग आन्दोलन की लहर में किया था। भगतसिंह के दादा बाबा सरदार अर्जुनसिंह ने अपने दो 'सिंह' अजित और सुवर्ण

को मातृवेदी पर 1908 में जेल में दान किया। भगतसिंह, उनका पोता, उस परिवार की ओर से दिया गया तीसरा उपहार था।

[अमीर इरादे : गरीब इरादे, 1931]

स्वर्गीय पण्डित नाथूराम शंकर शर्मा

पण्डित नाथूराम शंकर शर्मा, ब्रजभाषा और खड़ी बोली के जमानों की जंजीर के बीच की हीरक-जड़ित कड़ी थे। वे कवि थे, अनोखे कवि। उनकी बात-बात में बात थी। सन् 1908 में लोकमान्य तिलक को कालेपानी की सजा हुई, उसी समय कानपुर में प्रकाशित कविता के मासिक 'रसिक मित्र' में, 'बरस की' समस्या दी गयी। 'शंकर जी' की पूर्ति भी उक्त पत्र में प्रकाशित हुई, किन्तु एक मनस्वी कवि के नाते ही उनकी पूर्ति हुई। इस समय की अपेक्षा उस समय, राज-नीति से डरने वालों और अपने कायरता के पाप का, रामायण और वेद भगवान हाथ में लेकर, समर्थन करने वालों की जमाअत बड़ी थी। आज तो ऐसे पण्डों का स्थान अधिकतर प्रयाग ही में है, जो 111 नम्बर का साइन बोर्ड सिर पर लेकर, भगवत् पूजा का अपना आडम्बर समाप्त कर, नित्य महात्मा गांधी तथा अन्य त्यागियों को गालियाँ दिया करते हैं, किन्तु उन दिनों, शंकरजी ने 'बरस की' पूर्तियाँ की थीं—

शोक महासागर में,
जीवन जहाज आज
भारत का डूबेगा,
रही न बात बस की।
धारती है भार,
तीस कोटि मंद भागियों का
हाय-हाय मेदिनी तू,
नेक भी न धसकी।
टूट गया शंकर
अखण्ड - उपदेश - दण्ड
दिव्य देश-भक्ति की,
पताका हाय खसकी।
तिलक-वियोग - विष
बरस रहा है अब
सुकवि न चरचा,
करेंगे नव-रस की।

शंकरजी का हृदय और शिल्प, दोनों ही काव्य के पथ में सुन्दर वस्तु थे।

किसी भी रस में, शंकरजी लिखते, उनकी मौलिक कहन, कविता में कोमल व्यंजनों की तरह आने वाला उनका विनोद, और सबसे परे, उनकी निरंकुशता का निदर्शन कराने वाली निर्भीकता, उनकी पंक्तियों के साथ रहती। चाहे शृंगार रस हो, चाहे वीर, चाहे करुण हो, चाहे शान्त, शंकरजी आज से कुछ वर्ष पहले तक, अपने जमाने की छाती पर खींची जाने वाली, कविता की प्रथम और करारी लकीर थे। वे ब्रजभाषा के कवि के नाते आगे बढ़े। ब्रज ही के आसपास के रहने वाले जो थे। अलीगढ़ जिले का हरदुआगंज गाँव, पाठ्य पुस्तकों में बरसों पढ़ाये जाने वाले किसी स्थान से भी अधिक, हिन्दी संसार के साहित्यिकों की स्मृति पर लिखा है—इसी कारण से। स्त्री की माँग की उपमा, वे कज्जल-शैल पर सोने वाली दीप-शिखा, श्याम घन-मण्डल में दामिनी की 'धारा', यामिनी के अंक में कलाधर की कोर, कसौटी पर कंचन की लीक, तेज का तिमिर के हिये में तीर मारना तथा ढाल पर कामदेव के दुधारे खाँडे से देते। विधाता ने नाक क्यों बनायी ? 'शंकरजी' की कैफियत है कि आँख से आँख लड़ न जाय इसलिए, विधाता ने, दोनों के बीच बँटवारे की दीवार लगा दी है। दोनों भौंहों को वे, लटकी साँवली सँपोलियों की उपमा देते, जो आधे चन्द्र पर अमृत चूसने आ बैठी हैं।

शंकरजी की कविता से, दूर-दूर तक हिन्दी संसार दो कारणों से परिचित हुआ, एक तो आर्यसमाज के भजनीकों द्वारा और दूसरे आचार्य प्रवर पण्डित महावीर प्रसादजी द्विवेदी द्वारा सम्पादित, प्रयाग की प्रधान मासिक पत्रिका 'सरस्वती' द्वारा। 'शंकर जी' की सरस्वती में प्रकाशित कविताएँ कविता के उस प्रभातकालीन प्राचीन युग का मापदण्ड होती थीं। उन दिनों राय देवीप्रसादजी पूर्ण, और शंकरजी की कविता एक-दूसरी से होड़-सी लेती थीं। शंकरजी बुढ़ापे से अवगत थे। वे कहते—

बुढ़ापा नातवानी ला रहा है,
जमाना जिन्दगी का जा रहा है,
किया क्या खाक आगे क्या करेगा,
अखीरी वक्त दौड़ा आ रहा है।

शंकरजी भगवान् समय की प्रतीक्षा बरसों से कर रहे थे। लोग प्राणों का मोह कर, वैद्यों की शरण लेते हैं, वे अच्छे वैद्य होकर बरसों पहले यह कहते देखे गये—

अब 'सीकर' सिन्धु में मिलेगा,
'शुभ काल' समीप आ रहा है।
'शिव' 'शंकर' का मिलाप होगा,
दिन 'अन्तर' के बिता रहा है॥

ऊपर लिखे छन्द में, जिन शब्दों पर मैंने अवतरण चिह्न दिये हैं, उनमें शंकरजी का काव्य, शान्तरस और उन्नत मनस्विता का अवतार बैठा-सा दीख पड़ता है।

शंकरजी को बुढ़ापे में पुत्र-शोक भोगना पड़ा। दो पुत्रों का वियोग। इस दु:ख ने उनके कवि-हृदय को कितनी ठेस पहुँचाई होगी, इसे भुक्तभोगी ही अधिक जान सकेंगे। किन्तु उनकी कविता के प्रसाद, उनके जीवन के आशीर्वाद, और उनके पुण्य के नम्र उपहार के रूप में, उनके सुपुत्र कवि 'आर्यमित्र' के संपादक श्रीयुत हरिशंकरजी शर्मा को, वे हिन्दी जगत को सौंप गये हैं। मैं श्रीयुत शर्माजी तथा सम्पूर्ण परिवार के प्रति हार्दिक स्नेह प्रगट करता हूँ। शंकरजी ने अपनी कविता में, जीते जी मौत का उपहास किया था और आत्मा की अमरता का अमर विश्वास प्रगट किया था, अत: उनके लिए शान्ति-कामना करने की जरूरत नहीं। उन्हें हमारी वकालत की दरकार नहीं।

'शंकरजी' माप के छन्दों की रचना करते थे, परन्तु उस माप में रसों पर शस्त्र-क्रिया न होती थी। रस उनके शब्दों के साथ चढ़ता और उतरता रहता था। उनमें कल्पना की स्पष्टता और पहुँच, सौन्दर्य की उपासना और अपनी जाज्वल्य आदर्शवादिता को शब्दों में छुपाकर रखने की आदत थी। उनका विनोद हिलमिलकर जनता में बैठता और मुसकुराता रहता था। उनके ताने कंटीले होते थे, वे मर्यादा की परवा तक न करते थे, किन्तु आदर्शवादिता उनके साथ रहती ही थी।

हिन्दी संसार के एक मानी, मस्ताने और ऊँचे कवि-पुंगव को खोकर आज हिन्दी गरीब हो गई है—बहुत गरीब हो गई है। खड़ी बोली के वर्तमान युग के अध्ययनशील तरुणों से हम निवेदन करेंगे, जब वे पुराना कचरा उठाकर फेंकने लगें तब चुने हुए रत्नों में एक खास चीज बनाने के लिए वे शंकरजी की रचना अपने पास रख छोड़ें।

—एक साहित्यिक

[कर्मवीर, 17 सितम्बर 1932]

स्वर्गीय देशभक्त विश्वनाथ दामोदर सालपेकर

सन् 1921 की बात है। श्रीयुत दामोदर रावजी श्रीखण्डे श्रीयुत मानिक-लालजी कोचर और मैं, कांग्रेस कमेटी का कार्य देखने छिंदवाड़ा गये। उसके पहिले छिन्दवाड़ा का नाम दो कारणों से मध्यप्रदेश के तेजस्वी वृत्ति के लोगों को मालूम था। एक कारण तो था मौलाना मुहम्मद अली और शौकत अली का छिन्दवाड़ी की जेल में बन्द किया जाना, और दूसरा था श्रीयुत भाई उमाकांत बलवन्त घाटे की राष्ट्रीय सेवाएँ, जो वे एक राष्ट्रीय हृदय के नाते, छिन्दवाड़ा और छिन्दवाड़ा से बाहर कर रहे थे। छिन्दवाड़ा पहुँचकर मालूम हुआ श्रीयुत विश्वनाथ दामोदर सालपेकर, विद्वत्ता, शान्ति, चरित्र और त्याग की जीती-जागती प्रतिमा हैं। सालपेकरजी अत्यन्त सरल थे, किन्तु उनकी सरलता, बुद्धि की तीव्रता का विरोध न थी। वे गरीबी में पले, गरीब के नाते ही बढ़े।

किन्तु जब वकालत करने लगे तब वे, सुनते हैं 2000 रु०मासिक की कमाई करने लगे थे। जिन दिनों श्रीयुत किनखेडे मध्यप्रदेश के असिस्टेंट जुडीशियल कमिश्नर नियुक्त किये गये थे, उन दिनों, मध्यप्रदेश की हाईकोर्ट की इस जजी के लिए, तीन आदमियों की जो फेहरिस्त प्रांतीय सरकार ने बनायी थी, उसमें एक नाम भाई विश्वनाथ रावजी सालपेकर का भी था। उनके शील की यह खूबी थी कि सरकारी और गैर-सरकारी समस्त क्षेत्रों में, सत्याग्रही होते हुए भी, सालपेकरजी का बहुत आदर था। यों तो सालपेकरजी वैभव-सम्पन्न थे, किन्तु उनका जीवन, वैभव का मानो अप्रत्यक्ष विरोध था। यदि विद्वान और धनवान सालपेकरजी के घर में आप जावें, तो देखें कि एक बूढ़ा नौकर कभी पानी के घड़े उठाकर रखता है, कभी बिछायत बिछाता-उठाता है, कभी आराधना के बर्तन साफ करता है। और यदि आप उससे पूंछें कि सालपेकरजी कहां हैं ?—तो वह जवाब देता—"मैं ही हूँ सालपेकर, कहिये क्या आज्ञा है ?" लोग इस नम्र वृत्ति पर मुग्ध हो जाते, कुछ बीसों बिस्वा 'सभ्य लोग' कंजूस, मक्खीचूस आदि कितने ही उपनामों से अपना तिरस्कार भी व्यक्त करते सुने गये। परन्तु क्या सालपेकरजी को धन का मोह था ? ना, हरगिज नहीं। वे विद्यार्थियों और जिले के राष्ट्रीय कार्यों की खूब सहायता करते। किन्तु इतने अप्रत्यक्ष कि उनके पड़ोस का वायु-मण्डल तक उसे न जान पाता। श्रीयुत सालपेकरजी को विरोध का भी सामना करना पड़ता। कुछ तरुण मित्र, सालपेकरजी के व्यवस्थित और नम्र जीवन पर रूठ पड़ते। चर्चा समाचार पत्रों तक जाती, किन्तु सालपेकरजी का क्षमा का जीवन, किसी भी परिस्थिति को अपने पर बलवान न होने देता। वकालत में बड़ी रकम कमाने पर, यदि लोग यह सोचें कि सालपेकरजी को अपने स्वभाव में क्रूरता रखनी पड़ी होगी तो यह भी ठीक नहीं। वे जितना कमाते थे, उससे शायद कुछ ही कम वे लोगों पर छोड़ देते थे। वकालत के पेशे के विषय में श्रीयुत सालपेकरजी के विचार बहुत ही तीव्र थे। वे उस पेशे को 'अधम जीवन' कहते। जब सत्याग्रह स्थगित हुआ, और एक बार छिन्दवाड़ा में, उनके एक मित्र ने पूछा कि क्या पुनः आप वकालत शुरू करेंगे ? सालपेकरजी ने कहा, इस जन्म में तो यह दूषित जीवन अब मुझसे नहीं बिताया जायगा।

सालपेकरजी का जन्म सन् 1868 में हुआ था, यानी वे इस समय 65 वर्ष समाप्त कर चुके थे। महात्मा गांधी पर उनका अचल विश्वास था। वे गांधीजी को राष्ट्रीय तप और तेज के अवतार मानते। उनका खद्दर पहिनने का व्रत इतना दृढ़ था कि बूढ़े होने और घर में धन होने पर भी किसी ने उन्हें, किसी भी समय, सन् 1921 के पश्चात् खद्दर के सिवा अन्य वस्त्र पहिनते नहीं देखा। वे सन् 1921 में जेल नहीं गये। मध्यप्रान्तीय सरकार ने उस समय गिने-चुने आदमियों को ही जेल भेजा था, किन्तु अपनी 62 वर्ष की अवस्था में वे राष्ट्र-सेवा के पथ में जेल गये, और सन् 1932 में जब पुनः बाबू गोविन्ददासजी ने राष्ट्रीय रण-भेरी में, अपने स्वर को और राष्ट्रीय यज्ञ में अपनी आहुति को

मिलाया, तब 64 वर्ष के भाई सालपेकरजी भी बधना-बोरिया बाँधकर, जेल का दरवाजा खटखटाने पहुँचे। दमन ने तो देश में युग ही ऐसा स्थापित कर दिया है, कि जैसे लेटर बक्स में डाला हुआ कार्ड कुछ दिनों में पाने वाले के पास पहुँच जाता है, उसी तरह राष्ट्रीय व्यक्ति कांग्रेस के आन्दोलन का प्रारम्भ करते ही जेल खाने के अन्दर पहुँच जाता है। दमन की इन दाड़ों से बूढ़े सालपेकरजी भी नहीं बचने दिये गये। जेल ही में वे बीमार पड़ गये। उनकी सिद्धान्तवादिता जेल में भी सजग और सचेष्ट थी। वे जेल के ए, बी, और सी के श्रेणी-विभाजन को पसन्द नहीं करते थे। अतः उन्होंने कुछ दिनों सी क्लास का भोजन भी लिया। अस्तु।

सालपेकरजी जेल से लौटे तब पहली बार मैंने उन्हें पूना की परिषद् में देखा। उनका उत्साह अटल, और उनकी तेजस्विता ज्यों की त्यों थी। किन्तु उनका स्वास्थ्य तो गिर चुका था। कुछ लोग सत्याग्रह के व्यक्तिगत रूप में चलाये जाने पर खुश न थे। कुछ लोग तो कौन्सिलों के लिए बेतरह बेचैन थे। सालपेकरजी ने मजाक में उस समय कहा—भोजन में चाहे जूतियाँ ही आवें, पर हम लोग अपनी पत्तल लेकर भोजन की तैयारी कर रहे हैं। सालपेकरजी की गंभीरता का अर्थ, उनका खिचीतनी सूरत बनाकर रहना न था। वे विनोदी जीव थे। एक बार उन्होंने कहा, "मैं स्वराज दल के कहने से कौन्सिल में चला तो गया हूँ, परन्तु मुझे अपने दल में भी वहाँ स्वराज की वेदना से प्रेरित कोई दिखायी नहीं देता। हाँ, खाण्डेकरजी के मन की तो बात ही अलग है। जरा एक बार, कौन्सिल-सदस्यों के विश्राम-भवन में आकर, एक बार स्वराज की पियास से पीड़ितों को देखिये, तो आपको पता चल जाय, कि हम लोग स्वराज की ओर कैसी तेजी से दौड़ रहे हैं। दो-चार को छोड़कर, हमारी देश-भक्ति का नाप आपको लोगों की विलायती चीजों को काम में लाने की नीति से मिलेगा।"

हिन्दी और मराठी मध्यप्रदेश के जन-सेवक इस बात को मानेंगे कि श्रीयुत सालपेकरजी के रूप में, उनका एक वजनदार, ईमानदार, साधु और त्यागी व्यक्तित्व उठ गया। सालपेकरजी के गौरव की माप उस समय होती है, जब जेल से लौटने वाले बूढ़े सत्याग्रही सालपेकरजी की मृत्यु पर, जिला कचहरी का अंग्रेजी झण्डा भी झुकाया जाता है। सन् 1932 में छिन्दवाड़ा में जो प्रान्तीय राजनैतिक परिषद् भारत-कोकिला श्रीमती सरोजिनी नायडू के सभापतित्व में हुई थी, उसमें सालपेकरजी स्वागताध्यक्ष थे। उसी समय मध्यप्रदेश में सत्याग्रह की भावना के विपरीत कौन्सिल-वादिता के बीज बोये गये थे, किन्तु सालपेकरजी, घाटेजी तथा उनके समस्त साथी, उस समय राष्ट्रीय व्रत के साथ थे, और सालपेकरजी का उस समय का भाषण, प्रान्त की ईमानदार ध्वनि था। महात्मा गांधी और कांग्रेस की एक करोड़ रुपयों की माँग पर छिन्दवाड़ा ने 20,000 रु० (बीस हजार रुपये) एकत्र किये। इसमें, दो व्यक्तियों की गौरवपूर्ण कृतियाँ शामिल हैं—एक श्रीयुत उमाकांतजी घाटे की, और दूसरे सालपेकरजी की। इन दो सज्जनों के साथ, छिन्दवाड़ा के प्रसिद्ध वकील श्री शोभारामजी मांजरेकर,

तथा स्वर्गीय बाबू बृजमोहनलालजी वर्मा भी थे। व्यापारियों में से उन दिनों श्रीयुत गुलाबचन्दजी वाकलीवाल की सेवाएँ याद रहेंगी।

थके हुए शरीर के सालपेकरजी ता० 21-9-33 को पुनः बीमार हुए, उन्हें लकवा-सा लग गया। उस समय उन्होंने श्रीमती कस्तूरबा गांधी से भेंट करनी चाही, वे पहुँच भी गयीं। उनसे मिलकर सालपेकरजी ने बहुत शान्ति पायी। सालपेकरजी धर्म-प्राण थे। वे अपनी रगों में भगवान के आशीर्वाद का अनुभव करते थे, कोई भी कड़वा वाक्य किसी के लिए बोलते या लिखते, प्रायः उन्हें, लोगों ने, सुनते हैं, नहीं देखा। मरने के दिन भी, एक तरफ अन्तिम श्वासें अमर पथ की विदा की तैयारी कर रही हैं, दूसरी ओर बूढ़ा तपी, शय्या पर पूरी गीता सुन रहा है!

मैं चाहता हूँ, छिन्दवाड़ा सालपेकरजी का उचित स्मारक-स्थान बने। छिन्दवाड़ी की गरीब जनता ही इस ओर ध्यान न दे, किन्तु खास व्यक्ति इस ओर ध्यान दें। वे हैं श्रीमान् रायबहादुर मथुराप्रसादजी, विद्वद्वर श्रीयुत गोविंदराम-जी त्रिवेदी और कुछ सज्जनों के साथ ही, उदार धनी सेठ शिवलालजी इस ओर ध्यान दें। मेरा निवेदन है कि जनसेवा के कामों के लिए एक भवन छिन्दवाड़ा में बनवा दिया जाय। और उसका नाम 'विश्वनाथ जनसेवा भवन' हो।

इस समय समस्त प्रदेश का हृदय उनके परिवार के साथ संवेदना से पूर्ण हो। उनके बड़े पुत्र, नागपुर में हैं, और छोटे पुत्र श्रीयुत माधवराव छिन्दवाड़ा में। हम चाहते हैं, चिरंजीवी 'माधव' अपने पिता श्री के पद-चिह्नों पर चलने वाला उनका योग्य स्मारक बने।

[कर्मवीर, 28 अक्टूबर 1933]

सैयद अमीर अली 'मीर'

'मीर' को खो दिया[1]

हमें यह जानकर अत्यन्त दुःख हुआ, कि हमारे हिन्दी-संसार के बूढ़े साहित्य-सेवी, मध्यप्रदेश के साहित्यिकों के गुरुवर्य, भानु कविजी की प्रधान रचना के दाहिने हाथ, हिन्दू-मुस्लिम मेल की सुनहली साहित्यिक कड़ी और मेरे अपने पूज्य गुरुजन, सैयद अमीर अली जी 'मीर' का परलोकवास हो गया। अन्यत्र, समाचार पढ़कर पाठक अपने मन से पूछें कि क्या हमारे इस बूढ़े कलाविद् की मौत, रेल के डिब्बे के नीचे कटकर होनी थी? सैयद अमीर अलीजी राष्ट्रीय भावना के थे। जिन दिनों बंग-भंग का युग था, और उसके बाद लोकमान्य तिलक के कारावास का काल था, उन दिनों, अपने कस्बे देवरी (जिला सागर) में, मीर

1. 10 जनवरी, 1937

साहब ने, स्वदेशी का ऐसा प्रचार किया, कि जब जिले का अंग्रेज डिप्टी कमिश्नर दौरे पर आया, तब, शकर चुक जाने के बाद, उसे विलायती शकर देवरी के बाजार में ढूंढ़े न मिली। भारतीय राजनीति में, खद्दर ने सन् 1921 में प्रवेश किया है, उसके पहले जो लोग स्वदेशी मिलों के कपड़े पहनते थे, उनकी पुलिस रिपोर्टों का नमूना था— "वह सुदेसी कपड़ा ले-लेके हियाँ का पहनता है और सत्तनरान के मन्दिर की सनातन-धर्म-सभा में लेक्चर देता है।" अपने लेख लिखने, गणेशशंकरजी और सत्यदेवजी को ठहराने, सभा में जाने और मिल के 'सुदेसी' कपड़े पहनने के पापों की कैफियत देने के लिए इन पंक्तियों के लेखक को पुलिस कोतवाली में जाना पड़ता था। हाँ, उन पापों में अखबार मँगाना भी एक पाप था। किन्तु मीर साहब, मुसलिम समाज में जन्म लेकर, उन्हीं दिनों स्वदेशी का प्रचार करते, और सूत खरीदकर, करघे चलवाते थे, और देशी कपड़े बनवाकर बेंचते थे। सागर के शासकों को, सन् 1907 से 1908 तक किया गया, सैयद अली का यह ऊधम पसन्द नहीं आया, और उन्हें, अपनी जन्म और कर्मभूमि देवरी से, बिदाई लेनी पड़ी। बाहर भी उन पर पुलिस की नजर थी, और जब खण्डवा के सेटलमेण्ट आफिस में, उन्हें रेविन्यू इन्सपेक्टर की जगह मिली, तब तत्कालीन सेटलमेण्ट आफिसर, श्रीमान् जगन्नाथप्रसाद 'भानु' के पास, अमीर अलीजी के गद्दार और सन्देहजनक आचरण का होने की खबर आयी। तब भानु कविजी के यहाँ से भी उन्हें बहुत साधारण तरह से हटना पड़ा। उस समय मीर साहब ने लिखा था—

घर जात बनें न बनें बसे बाहर,
दैव कहा यह छोह भयो,
दुविधा में पर्‌यो मन मेरो प्रभो !
दुइ चुम्बक बीच को लोह भयो !

किन्तु, कुछ गुणीजन रियासतों में थे। धर्मजयगढ़ जमींदारी में, मीर साहब, पहले हेडमास्टर, फिर जज, फिर पुलिस अफसर, और फिर शायद दीवान हो गये। उन्हीं दिनों, इन पंक्तियों का लेखक, राजद्रोह के अपराधों के नाते, बिलासपुर जेल में दण्ड भोग रहा था। उन दिनों, कौन्सिल बहिष्कार का जोर था। मैं कौन्सिलों का विरोधी। भानुकविजी, बिलासपुर जेल के सरकारी 'जेल-विजिटर' भी थे। एक दिन मुझसे आकर बोले—"जब आपके नाम ही में 'एम० एल० सी०' ओर छोर व्याप्त है, तब आप एम० एल० सी० होने का विरोध क्यों करते हैं ?" मैंने नम्रता से उत्तर दिया, यदि किसी का नाम संखिया प्रसाद हो, तो वह केवल नाम ही के प्रताप में संखिया कैसे खाने लगेगा ? इसी बीच उन्होंने पूछा, क्या आप 'अमीर अली' को जानते हैं ? मैंने कहा, मैं उन्हें, अपने लिए पूज्य मानता हूँ। मुझे नहीं मालूम, श्रीमान् भानुकविजी को, यह बात मालूम थी या नहीं कि मेरे नाम पर 'मीर साहब' का जेल के पते पर कोई पत्र आया है। किन्तु दूसरे ही दिन, मुझे जेल के सुपरिन्टेण्डेण्ट मि० परांजपे ने मीर साहब का एक

पत्र दिया। पत्र यह था—

भैया...

सलाम लो।

तुम्हारा भाग्य बड़ा है। तुमने अपने निश्चय के अनुसार स्थान ढूंढ़ लिया। मैं तुम्हें बधाई नहीं देता। अपना प्यार ही तुम्हारे पास पहुँचाता हूँ।

प्रसन्न रहना। मुट्ठी भर हड्डियों को, और कम मत कर लेना।

तुम्हारा 'मीर'

मैंने चिट्ठी पायी और धक् से रह गया। मैं नहीं चाहता था कि धर्मजयगढ़ राज के दीवान रहकर मीर साहब, जेल के पते पर मुझे यह पत्र लिखें। अब क्या हो सकता था? किन्तु जो होना था, वह हो गया। शासन की ओर से मीर साहब को सूचना मिली, कि "या तो अपने आप इस्तीफा देकर चले जाओ, या फिर"—मीर साहब, मानो कष्टों के लाड़ले ही थे, दीवान साहबी छोड़ी और किसी साहूकार के यहाँ नौकर हो गये! और तब से अब तक यही होता रहा। गत कुछ वर्षों से लोग चाहते थे कि मीर साहब भारतीय हिन्दी साहित्य सम्मेलन के सभापति हो सकें। गतवर्ष तो, उन पर प्रान्तीय हि० सा० स०[1] के लिए हम लोगों ने खूब जोर डाला, पर वे अपनी 'नौकरी छोड़कर सम्मान पाने के लिए' न आ सके। यही क्यों, उनके जमींदार मालिक ने शायद, उन्हें हिन्दी साहित्य सम्मेलन में नागपुर भी नहीं आने दिया। मीर साहब पर यथार्थ चर्चा तो, मेरे श्रद्धेय सुकवि भाई लपेचनप्रसादजी पाण्डेय कवि विनोद की लेखनी से निकलेगी, और विद्वद्वर पं० रामदयालजी तिवारी कुछ लिख सकेंगे। किन्तु हमें तो यही दुःख है कि हमने मीर साहब को उपेक्षित अवस्था में मर जाने दिया। श्रद्धेय पण्डित माधवरावजी सप्रे के बाद, जो साहित्यिक, मध्यप्रान्तीय साहित्यिकों के पूज्य थे, तो उनमें विशेष मीर साहब थे।

मीर साहब के इस निधन पर, उन्हें जानने वाले आँसू बहावेंगे, और नई पीढ़ी आशा है, मीर साहब को जानकर, ऋण चुकावेगी। मीर साहब में जुदाई का भाव छू न गया था। वे सच्चे भारतीय थे। उन जैसे निर्मल हृदय, जीवन में बहुत कम देखने को मिलते हैं। मैं उन्हें 'सादरप्रणाम' और चिट्ठी के पते पर, जब 'पण्डित' अमीर अली मीर लिखता, तब वे उलाहना देकर कहते, न तुम्हें हिन्दू माफ करेगा, न मुसलमान, दोनों एक-दूसरे को दुश्मन समझ रहे हैं। और तुम मुझे 'पण्डित' लिखने की गुस्ताखी करते हो। मीर साहब, सच्चे मानी में, खुदापरस्त थे, ईश्वर के सच्चे भक्त थे। प्रभु उनकी आत्मा को शान्ति दें।

[कर्मवीर, 30 जनवरी 1937]

(श्री मीर की मृत्यु भाटापारा में रेलवे स्टेशन पर मालगाड़ी के डब्बे से कट जाने से हुई थी।)

---

1. हिन्दी साहित्य सम्मेलन

सैयद अमीर अली 'मीर'
(1873—1937)

सैयद अमीर अली मीर को कदाचित् सन् 1909 में मैंने खण्डवा में देखा था। छोटी पूंछें, कोसे का फेटा, कोसे की शेरवानी और सफेद करधे का चूड़ीदार पाजामा और इस सबमें आपत्तियों से मारा होकर भी बोलता हुआ रूप—यही उनकी पहचान थी। वे बहुत धीमे बोलते थे और मेरे सामने उन्हें कभी क्रोध भी नहीं आया। उस समय तक महात्मा गांधी का दक्षिण अफ्रीका से भारत में आगमन नहीं हो पाया था। यदि उन दिनों वे गांधीजी से मिल पाते तो राष्ट्रपिता गांधीजी उन्हें जाने कहाँ से कहाँ बढ़ा ले जाते। सैयद मीर के नेत्रों में अद्भुत शान्तिपूर्ण विश्वास था। जब-तब वे भारत की तरुणाई को यह कहकर धिक्कारते भी थे कि तुम्हारी कमजोरी पर ही तो अंग्रेज राज्य कर रहा है। उन्हें अपनी कलम कान में लगाने की आदत थी और लिखते समय वे चश्मा लगाया करते थे। यहाँ खण्डवा में वे स्वर्गीय श्री मोहनलालजी वर्मा, बम्बई बाजार स्कूल के प्रधानाध्यापक को कविता पढ़ाने के लिए नियमित रूप से आया करते थे। मुझे सबसे पहले मीर साहब मोहनलालजी के निवास पर ही मिले और बाद में तो मुझे भी अलग से समय देकर ब्रजभाषा के गाढ़ ग्रन्थों को समझाते रहते थे। ठाकुर, पजनेस और मतिराम को मैंने मीर साहब ही से पढ़ा-सुना था।

सैयद अमीर अली मीर का जन्म सागर जिले के देवरी ग्राम में हुआ था। इस महाकौशल प्रदेश का सागर जिला मुसलमान हिन्दी प्रेमियों के लिए शताब्दियों से विख्यात रहा है। सत्रहवीं शताब्दी में, इसी जिले में एक मुसलमान सज्जन हुए जो अपना नाम कारेखाँ लिखा करते थे। उनकी पत्नी भी कविता लिखती थीं। उन दोनों के रसपूर्ण दोहे तो मुझे इस समय याद नहीं आ रहे हैं, किन्तु उनके एक-दो दोहों की अर्थ-चर्चा अवश्य करूँगा। कहते हैं कि कारेखाँ एक बार विदेश से बहुत दिनों पश्चात् सागर लौटे। उन दिनों की भारतीय गृहिणियों-विरहनियों का संकट इतना अधिक था कि उन संकटों से साहित्य की पुस्तकों के पृष्ठ भरे हुए हैं। जब कारेखाँ ने अपने आगमन पर अपनी पत्नी की आँखों में आँसू देखे तो उन्होंने अपनी झोंपड़ी की दीवार पर एक दोहा लिख दिया जिसका आशय यह था कि क्या मेरा लौट आना इतनी बुरी वस्तु हुई कि तुम्हारी आँखों में आँसू आ गये? सुनते हैं बेगम कारेखाँ ने भी उसी दोहे के नीचे दोहा लिख दिया था जिसका अर्थ था कि "हम हिन्दुस्तानी औरतों का यह स्वभाव है कि जिस मकान में हम मेहमान को ठहराती हैं उसे पहले लीप लिया करती हैं।" आज भी सागर में पत्रकार भाई अब्दुल गनी तथा भाई जहूर बख्श इसी परम्परा का वहन कर रहे हैं। सैयद अमीर अली मीर इसी परम्परा के पूर्ववाहक थे। वे सच्चे देशभक्त थे। वे कविता में लिखा करते थे कि—

हिन्दू मुसलमान हों किवाँ भारत में जन्मे ईसाई।
जननी जन्मभूमि के नाते हम सब ही हैं भाई-भाई ॥

कहते हैं कि एक बार मीर साहब की जन्मभूमि देवरी में एक अंग्रेज डिप्टी कमिश्नर का आगमन हुआ। उन दिनों मारिशस नामक ब्रिटिश टापू की मारिशस शक्कर भारत में धड़ाधड़ बिक रही थी। उससे कोई स्थान बचा न था। अतः कमिश्नर साहब का खानसामा भी मारिशस शक्कर ही उपयोग में लेता था। सैयद मीर साहब ने देवरी, जिला सागर में ऐसा विरोध संगठित किया कि कमिश्नर साहब बहादुर को अपनी चाय के लिए मारिशस शक्कर मिलना असम्भव हो गया। परिणामतः उन दिनों की पुलिस के कारण सैयद अमीर अली मीर को सागर जिला छोड़ देना पड़ा।

मीर साहब के पिता श्री सैयद रुस्तम अली का मीर साहब के जन्म के 2 वर्ष बाद ही परलोकवास हो गया था। वे अपने चाचा श्री रहमत अली के संरक्षण में पाले-पोसे गये थे, उन्होंने ही मीर साहब की शिक्षा-दीक्षा का प्रबन्ध किया था। पहले तो सैयद अमीर अली मीर Browning teachers Scholarship पाने वाले विद्यार्थियों में थे फिर कुछ दिनों तक अध्यापक भी रहे थे, किन्तु अध्यापिकी का वेतन बहुत ही कम होने के कारण अध्यापिकी छोड़कर वे अपने घर 'देवरी' चले आये और अपने चाचा श्री रहमत अली सौदागर की दूकान का कारोबार देखने लगे। यहाँ भी अंग्रेज जिला साहब के नाराज हो जाने पर उन्हें देवरी और सागर जिला छोड़ना पड़ा और 36 वर्ष की अवस्था में वे खण्डवा चले आये तथा स्वर्गीय भानुकवि श्री बी० जगन्नाथप्रसाद के Settlement Office में जहाँ कि भानुकवि Settlement Officer[1] थे एक रेवेन्यू इन्सपेक्टर के पद पर नियुक्त कर दिये गये। स्व० भानुकविजी मीर साहब की प्रतिभा से परिचित थे क्योंकि जब भानुकवि समाज में एक समस्या रखी गयी तो समस्या की सफलतापूर्वक पूर्ति सैयद अमीर अली मीर ने ही की थी। कहते हैं कि वह समस्या थी—

"लोभते अमी के अहि चढ़्यो जात चन्द पे"

अतः नौकरी मिलने में विलम्ब नहीं हुआ। यहाँ अपने अबोले स्वभाव के कारण सैयद अमीर अली मीर यह न बता सके कि उन्हें 'देवरी' और सागर जिला क्यों छोड़ना पड़ा। इधर भानुकवि ब्रिटिश सरकार के नौकर थे ही। कहते हैं कि भानुकवि चाह कर भी यह न कर सके कि सैयद अमीर अली मीर को अपने यहाँ से हटा दें। क्योंकि उनकी पुस्तक काव्य-प्रभाकर का कार्य बहुत आगे बढ़ चुका था और कहते हैं कि जो अनेक व्यक्ति उस ग्रन्थ की पूर्णता में काम कर रहे थे उनमें सैयद अमीर अली विशेष व्यक्ति थे।

सैयद अमीर अली मीर के प्रार्थना के दोहों को जानकर कोई यह नहीं कह सकता कि उनकी हिन्दी रचना में किसी हिन्दू कवि से कम कोमल भाव हैं। कुछ

1. बन्दोबस्त अधिकारी

दोहे ये हैं—

सबते 'मीर' गरीब है, आप गरीबनिवाज
कोरि कृपा करि फेंरबी, वे दिन वे सुख-साज।
दया-सिंधु तुम सहज हो, मैं हों दया-भिखारि,
छमिये मो अपराध सब, दीजे विपदा टारि ॥

कौन काज नहिं होत है, तुमरी तनक चितौनि,
होनी हो अनहोनि अरु, अनहोनी से होनि,
जाँचे बिन फूल देहु जो, ताको कहों उदार,
करम देखि जो तारि ह्रो, तो कैसे करतार,
भटक्यो मृग-जल में फिर्‌यो, अब भ्रम भाग्यो मोर,
व्यर्थ आस तजि गह्यौ अब, मीर भरोसा तोर।

क्योंकि—जो लों द्रवदु न नाथ तुम, तो लों द्रवहि न ओर
मीर ओर कहं मिलत नहिं, ढाढे हो बे-ठौर

फिर अपने को धीरज देते हुए 'मीर' साहब उस सवैया में कहते हैं—

क्यों यह सोच करे मन मूढ़,
अरे दिन ये दुःख के टरि हैं कब,
त्यों दुःख दायक दीनन के,
वे पापी कबै अघसों मरि हैं दब ॥
मानि ले तू सगरो जग मीत है,
एकहुना हमरे अरि हैं अब,
जा दिन दैव दया करि हैं,
तब तादिन मीर दया करि हैं सब।

मीर साहब जब मस्ती में होते तब नवीन आविष्कारों पर भी कुछ रचना किया करते थे। एक बार उन्होंने कहा था—

बुद्धि का घोड़ा जहाँ तक जा सका दी है खबर,
मीर सच पूछो तो यह सब हाल ही है बे-खबर ॥

कभी-कभी 'मीर' साहब बहुत चिंताग्रस्त हो जाते थे। उन्हें देवरी की अपनी साध्वी पत्नी की और परिवार की याद सता उठती थी। शायद ऐसे ही क्षणों में उन्होंने यह सवैया लिखा है—

धन के हित छोड़ी धना घर में,
धन ज्यों हिमआद्रि की खोह भयो
तब बात न मीर सुनी हित की
अब मीतन हू ते बिछोह भयो।
घर जात बने न बने बसे बाहर,
देव कहा यह छोह भयो,

दुविधा में पर्‍यो मन मेरो हहा,
दुइ चुम्बक बीच को लोह भयो।

सैयद अमीर अली मीर सोचते थे कि जब तक कोई वसीला या उचित सहायक न हो मनुष्य बढ़ नहीं सकता। उन्होंने अपने एक छंद में लिखा है—

चतुर गवैया होय वेद को पढ़ैया चाहे,
समर लड़ैया होय, रण भूमि चौड़ी में,
जानत-समैया होय, मीर कवि त्योंही चाहे
बात को जनैया होय, नैन की कनौड़ी में
नीति पै चलैया होय पर उपकार आदि
कुशल करैया काज हाथ की हथौड़ी में
गुनन को शीला होय, तौऊ न वसीला बिन
कोऊ है पुछैया भैया, ताहि तीन कौड़ी में।

सैयद अमीर अली 'मीर' ने अपने मित्र देवरी निवासी और बम्बई प्रवासी स्व० श्री नाथूरामजी प्रेमी के आग्रह पर 'बूढ़े का ब्याह' नाम का एक काव्य-ग्रन्थ भी लिखा था। मीर साहब पद्य की तरह हिन्दी गद्य भी बहुत सुन्दर लिखा करते थे। उनके गद्य का उन्हीं की कलम से लिखा हुआ एक नमूना खण्डवा से निकलने वाली प्रभा की 8वीं संख्या के 441वें पृष्ठ से यहाँ उद्धृत कर रहा हूँ।

"स्थानाच्युत होने से आदर मिलना कठिन है। देखिये न सिर पर रहने वाले बाल मुँह में रहनेवाले दाँत स्थानभ्रष्ट होते ही कैसे बुरे समझे जाकर दूर अपवित्र स्थान में फेंक दिये जाते हैं।"

और भी—

"आजकल बाल और दाँतों के समान निरादर पाने वाले तो बहुत हैं; किंतु हीरा-मोती की तरह आदर पानेवाले कम। सहानुभूति तो मुझे कम मिली किन्तु गुप्त रूप से तिरस्कार ही अधिक मिला।"

मीर साहब एक बार छत्तीसगढ़ के किसी राज्य में[1] बड़े सरकारी अधिकारी थे। कौन नहीं जानता कि उन दिनों का शासन और विशेषतः रियासती शासन तो केवल अंग्रेज अफसरों के इशारों पर चलता था। सन् 1921 के मई महीने में मुझ पर राजद्रोह का मुकदमा बिलासपुर जेल में चला और मुझे सजा हुई 5 जुलाई सन् 1921 को। उसके थोड़े ही दिनों पश्चात् जो अनेक बधाई के पत्र मुझे जेल में मिले उनमें देशभक्त सैयद अमीर अली 'मीर' का भी एक पत्र था। पत्र सर्वथा पवित्र और देशभक्ति के भावों से भरा हुआ था। वे यह जानते थे कि मैं पिस्तौलधारी जीवों में से एक हूँ और ब्रिटिश सरकार की मुझ पर तथा मुझ जैसों पर कड़ी नजर है। तिस पर भी सैयद अमीरअली 'मीर' का बधाई का पत्र तो आया ही। उन्होंने अपने पत्र में मुझे 'माखन भैया' कहकर

---

1. धर्मजयगढ़

संबोधित किया था जो मीर साहब जैसे गुरुजन के मुझ पर रहने वाले पूर्ण अधिकार का द्योतक है। उन्होंने उस पत्र में बधाई देते हुए उलहना दिया था कि मैंने मध्यप्रदेश की राजनैतिक मरुभूमि में भी नंदन कानन (कारागार) पा लिया। मुझे बधाई देने के बाद (शायद इसी कारण से) वे सरकारी नौकरी से निकाल दिये गये और छत्तीसगढ़ के भाटापारा नामक स्थान में एक बीड़ी बनाने वाले सज्जन के यहाँ नौकर हो गये। वहीं नौकरी करते हुए सुनते हैं एक रात उन्हें रेल के डब्बों के बीच से गुजरते हुए इहलीला समाप्त करनी पड़ी।

जिस व्यक्ति की चर्चा लिखकर मैं आज धन्य हुआ हूँ उन सैयद अमीर अली 'मीर' साहब का परिवार धन्य है जिसने उनके जैसे सुकवि और देशभक्त को जन्म दिया।

[1960, 87वीं वर्षगाँठ]

स्वर्गीय रा० ब० हीरालालजी

साधारणतः खोज करने वाले विद्वानों की श्रेणी में, समस्त देश में, तथा विशेषतः हिन्दी संसार में, यह समाचार बड़े दुख के साथ सुना जायगा कि, अन्तर्राष्ट्रीय ख्याति-प्राप्त पुरातत्त्ववेत्ता कटनी-निवासी रायबहादुर हीरालालजी, अब इस संसार में नहीं हैं। हीरालालजी का दुर्भाग्य यह था कि वे उस मध्यप्रदेश में हुए, जहाँ शासन पर बहुसंख्यक होकर भी हिन्दी-संसार का कब्जा न था, और जहाँ उनकी प्रतिभा और उनके श्रम की कोई कीमत न हो पायी। वे स्वयं भी, सन्त प्रकृति के थे। वर्तमान शिक्षा-प्रणाली पर विश्वास करने वाले प्रान्तीय हिन्दी-भाषियों की यह इच्छा थी कि, अपनी विद्वत्ता के लिए, रायबहादुर हीरालालजी को, मध्यप्रदेश के नागपुर विश्वविद्यालय का कुलपति वाइस चान्सलर बनाया जाय। किन्तु यह इच्छा भी बच्चों की-सी इच्छा ही रही। स्वर्गीय हीरालालजी और उनके गुणों की कद्र करने वालों के बीच विश्वविद्यालय का प्रधान स्थान न था, और जहाँ प्रधान स्थान है, वहाँ बीसों 'हीरालालों' के मर जाने के बाद भी, केवल भाषा विभेद के कारण, योग्यतम व्यक्तियों के लिए भी, योग्य स्थान बन्द रहेंगे। जो हो, आज हीरालालजी, हमसे बिदा हो गये। वे उस सम्मानपूर्ण अमर लोक में पहुँच गये, जहाँ तक दुनियावी सम्मान और अपमान नहीं पहुँच पाते।

रायबहादुर हीरालालजी यद्यपि एक्स्ट्रा असिस्टेण्ट कमिश्नर, और फिर जिला मजिस्ट्रेट भी रहे तथापि उनका अधिकांश लक्ष्य खोज की ओर रहता था। उन्होंने, कितने ही मन्दिरों, महलों और स्तूपों की शिलाओं से बातें कर, भारतीय इतिहास के सुवर्ण-कणों को, 'जीवित जगत्' में लाने का परम उद्योग किया है। अभी उस दिन, खोजी विद्वानों को विश्व-परिषद् में, इस देश की ओर से

हीरालालजी प्रतिनिधि बनाकर भेजे गये थे, और श्रीयुत हीरालालजी को, नागपुर विश्वविद्यालय ने 'डॉक्टर' की उपाधि देकर, अपने उपेक्षा के पापों का प्रक्षालन किया था।

हीरालालजी, भारत के लिए किसी एक जाति, एक धर्म अथवा एक प्रान्त की वस्तु न थे। खोज के विद्वान होने के नाते, वे अपनी हर खोज में, भारतीय इतिहास के जोड़ मिलाया करते थे। इस प्रदेश के 'गज़ेटियरों' तथा अपनी खोज के बल पर उन्होंने, इस प्रदेश के जिलों पर भी कुछ पुस्तकें लिखीं और लिखवायीं। छत्तीसगढ़ के कितने ही खण्डहरों में से उन्होंने, अमर सत्य की खोज की थी। हमारे प्रान्त में, इस समाचार से, जिस कोमल हृदय साहित्य-शिल्पी को गहरी चोट लगेगी, वे हैं, बालापुर[1] निवासी पण्डित लोचनप्रसादजी पाण्डेय। पाण्डेयजी ने हिन्दी-भाषी पाठकों के सामने, हीरालालजी को बार-बार लाने का लगातार उद्योग किया। वे रायबहादुर हीरालालजी के ऐसे साथी हुए कि खोज की उज्ज्वल दिशा में कदम रखने के पश्चात् वे कविता साहित्य और अपनी पूर्वार्जित साहित्यिक श्रेष्ठता को भी एक आदर्श प्रेमी व्यक्ति की तरह ठुकरा बैठे। जिलाधीश के नाते रायबहादुर की शासन कुशलता को हमने कभी नहीं माना। हम उसके आलोचक ही रहे। रायबहादुर हीरालालजी की कीर्ति पर, चाहे हमने अपने अज्ञान के कितने ही खण्डहर खड़े कर रखे हों, परन्तु विशुद्ध ज्ञान का तकाजा लेकर आने वाली तरुण पीढ़ी रायबहादुर हीरालालजी के पद पर पद रखकर, अपने इतिहास का उद्धार करने वालों को खोजेगी, और उस दिन हीरालालजी का मूल्य, उनके अपने युग की अपेक्षा कई गुना बढ़ जायगा। हम हीरालालजी की मृत्यु पर, हार्दिक दुख प्रगट करते हैं, और उनके दुखी परिवार के साथ स्नेहपूर्ण सम्वेदना प्रगट करते हैं।

[कर्मवीर, 25 अगस्त 1934]

स्वर्गीय बख्तावरसिंहजी

निमाड़ जिले में यह बात, बिना बादल के गिर पड़ने वाली बिजली के अपघातों की तरह सुनी जायगी कि, इस अंचल के प्रसिद्ध जमींदार और रईस श्रीमान रावभैरोंसिंहजी के सुपुत्र और इस जिले के कर्मण्य और वीर सेवक, ठाकुर बख्तावरसिंहजी का, गत ता० 9-10-34 की रात को अचानक स्वर्गवास हो गया। स्वर्गीय राव भैरोंसिंहजी परिवार के प्रधान, आजकल ठाकुर बख्तावरसिंहजी के बड़े भाई, शीलवान राव रणजीतसिंहजी हैं। ठाकुर बख्तावरसिंहजी से छोटे भाई ठाकुर केसरीसिंह, ठाकुर नारायणसिंह और ठाकुर मदनसिंह हैं। घर

1. जिला बिलासपुर मध्यप्रदेश

में वृद्धा माता है, तथा उनकी धर्मपत्नी तथा बच्चे भी हैं। इस परिवार की भारी खूबी भाइयों-भाइयों का आपस का मेल है। इसी एक महान् राजपूती गुण के कारण यह सम्मान्य परिवार आर्थिक, राजनैतिक तथा अन्य संकटों से छुटकारा पा सका। ठाकुर बख्तावरसिंहजी अपने परिवार की परम्परा के अनुसार नामी शिकारी थे, और देशी राज्यों के कितने ही रईस और जागीरदार, इनके साथ शिकार खेलने के लिए, उनके 'ओंकार मान्धता' तथा उसके आसपास के जंगलों में आया करते थे। ठाकुर बख्तावरसिंहजी में, भाईचारे की बहुत ईमानदार भावना थी। उनका बन्धुत्व जिन लोगों के साथ था वे लोग ठाकुर बख्तावरसिंहजी का इस तरह चला जाना बड़े कष्ट से बर्दाश्त करेंगे। हम राव रणजीतसिंहजी, तथा समस्त दुखी परिवार के साथ, अपनी सम्वेदना प्रगट करते हैं, और भगवान से प्रार्थी हैं कि ठाकुर बख्तावरसिंहजी जैसा आदर्श बन्धुत्व, भारत में अधिक लोगों को प्रदान करें। ठाकुर बख्तावरसिंहजी को हृदय की बीमारी थी। अतः वे सदैव उत्तेजना से बचाये जाते थे। तीन वर्ष पहले वे बीमार हुए तब कष्ट से बच सके थे। किन्तु इस बार सुनते हैं उत्तेजना ने उनके प्राण लेकर ही छोड़े। ऐसा सुपुत्र खोकर यदि निमाड़-मेदिनी दुखी न हो तो क्या हो?

[कर्मवीर, 13 अक्टूबर 1934]

नरकेसरी का स्वर्गवास

सम्पादन की जिम्मेवारी, आज से अधिक घातक, कष्ट-साध्य और अभागिनी क्या होगी। इस देश के सहस्र-सहस्र लोग, यह सुनकर दुखी होंगे कि, मध्यप्रदेश का रणबाँकुरा, नरकेसरी, त्यागी, कष्टभोगी, बलिपंथी अभ्यंकर चल बसा।[1] मध्यप्रदेश के तरुणों का प्राण-प्रेरक और प्राण-पूरक खजाना आज लुट गया। मध्यप्रान्त की बुलन्द और कायरों को भी वीरता प्रदान करने वाली ध्वनि आज मौन हो गयी। कौन जानता था कि, असेम्बली की उम्मीदवारी का आमन्त्रण, अभ्यंकरजी के लिए मृत्यु का आमन्त्रण है। बम्बई के डाक्टरों ने अभ्यंकरजी का पाँव काटना चाहा था, किन्तु उसी प्रयत्न में मध्यप्रदेश की मर्दानगी का सिर कट गया। उन्होंने अभ्यंकरजी के शरीर से, मधुमेह का जहर निकालना चाहा था, परन्तु, इस भूभाग की तेजस्विता का अमृत न जाने कहाँ बह गया। श्रीयुक्त अभ्यंकरजी की विद्वत्ता मानने योग्य, अकड़ देखने योग्य, सरलता अनुकरण करने योग्य, तेजस्विता गर्व करने योग्य, देशभक्ति स्पर्द्धा करने योग्य, त्याग साधना करने योग्य, और उनकी सिपाही जैसी मौत, साध का मुकुट बनने योग्य है। श्री० अभ्यंकर के पथ में, असेम्बली की चुनाई

1. रात्रि/दो जनवरी 1935 (2-1-1935)

के समय, रोड़े अटकाकर अभ्यंकरजी को हटाने का खेल खेलने वाले मित्रों ने देख लिया कि देशभक्ति का खेल, अभ्यंकर यों खेला करते हैं। इन पंक्तियों का लेखक तो जिस दिन अभ्यंकरजी के संसर्ग में आया, उस दिन उसने अपने को अभ्यंकर के हाथों बिका-सा पाया। अभ्यंकर की सरलता उनकी अकड़ के आवरण में छुपी रहती, अपनी देशभक्ति को वे अपने मस्ताने मजाक में छुपाये रहते, अपने त्याग का वे खुद ही खूब मखौल उड़ाते, अपनी कीर्ति-कहानी उन्हें सहन न होती। उन्हें एक बात भाती थी—संग्राम। यदि हम गलती नहीं करते तो, अभ्यंकरजी के स्वर्गवास पर, आज सबसे अधिक दुखी डॉ० मुंजे होंगे। डॉ० साहब लोकमान्य के युग में, हम लोगों की देशभक्ति के प्रेरक, 'गुरुदेव' थे। श्रीयुक्त अभ्यंकरजी और डॉ० मुंजे में 'तू' और 'तेरे' से बोलने का रिश्ता था, और सगे भाई जैसे रहने की मनोवृत्ति। महात्मा गांधी के हरिजन प्रवास में, जब श्रीमती अभ्यंकर ने, अपनी चूड़ियाँ उतार कर महात्माजी को दीं, तब उन्होंने आँसू भरी आँखों से कहा था कि हमारे पतिदेव ने राष्ट्रीय युद्ध में हमें इतना गरीब बना दिया कि हम कुछ देने योग्य नहीं। केवल ये चूड़ियाँ बाकी रह गई हैं, वे भी आज समर्पित हैं। श्रीमती अभ्यंकर को क्या पता था कि देश के लिए, एक दिन वे वह वस्तु भी दे देंगी, जिसे देकर, हिन्दू नारियों ने, इतिहास के काले अक्षरों में, युग की कलम से सुनहला रंग दिया है। उनके मित्र, उन्हें, 'मोरूभाऊ' कहा करते थे। आज मोरूभाऊ को खोकर उनके मित्रों में जो बेचैनी उठेगी, वह मोरूभाऊ के नाम पर रोने वाले अकर्मण्यों की तादाद नहीं बढ़ावेगी, वरन् अपने देशवासियों के हर हृदय-मन्दिर में, मोरूभाऊ की-सी तपस्या, उनकी-सी देशभक्ति, और उनका-सा प्राण-समर्पण देखना चाहेगी। मोरूभाऊ[1] का मरना मुकुट पहनेगा, यदि मोरूभाऊ की तेजस्विता तरुणाई के खून में उतर कर, भविष्य का भारत, और भविष्य का मध्यप्रदेश निर्माण करने में उतावली बनकर विजयिनी हो।

बस, इस समय, बहते आँसुओं और भरे हृदय के साथ इतना ही।

[कर्मवीर, 5 जनवरी 1935]

आचार्य रामचन्द्रजी शुक्ल

1. श्रीयुत रामचन्द्र शुक्ल

वह लकीरें नहीं खींचता, साहित्य-युग पर अपनी लकीर खींचता। वह क्षर नहीं अक्षर लिखता। उसकी लेखनी श्यामघन बनकर साहित्य की क्यारी-क्यारी पर बरस रही है। वह किसी पथ पर चलने के लिए आँख नहीं मूँदता, किसी

1. बैरिस्टर श्री मोरेश्वरराव अभ्यंकर

विचार के मस्तक पर साहित्य बनकर उतरने के लिए आँख मूँदता। उसकी लगन लिखती, उसकी कलम बोलती। वह हिन्दी साहित्य का संयमशील स्वर है; उसकी बात राष्ट्रभारती का पुष्टिकर व्यंजन है; उसमें साहित्य के सजीव निर्माण की प्रबोधमयी मात्रा है। उसका आदर्श उसकी लिखावट में छिपकर उसे छन्द बना देता है। साहित्यिक सतह पर प्रकाश पहुँचाने, सतह से मस्तक ऊँचा रखने, तरंगों की मर्जी पर न झुकने, लहरों के उन्माद में नौका की तरह न हिलने-डुलने, सागर के ज्वार में जहाजी बेड़ों की तरह प्रत्येक साहित्यिक, परम विवाद में भी उसकी संधि का अधिकारी है। वह राष्ट्र-भारती के गीत का उज्ज्वल चरण, संयमशीला सरस्वती का पदविन्यास और साहित्य की आवश्यकता का करुण गीत है।

[20 अप्रेल 1935]

2. स्वर्गीय आचार्य रामचन्द्रजी शुक्ल

गत मार्गशीर्ष शुक्ला एकादशी को, गीता-जयन्ती के अवसर पर जिन्हें पण्डित रामचन्द्रजी शुक्ल का गीता पर मर्मस्पर्शी भाषण सुनने का सौभाग्य मिला होगा, उनके स्मृति-पटल पर उस बूढ़े भारतीय विद्वान की ज्ञान गंभीर वाणी के संस्कार अभी ताजे ही होंगे। नगाधिराज से निकली हुई स्रोतस्विनी की भाँति, उस शीर्णकाय रोग-जर्जर विद्वान के श्रीमुख से निकलकर सरस्वती की उज्ज्वल धारा श्रोताओं के अन्तःप्रदेश में सीधे आलोक की रश्मियाँ पहुँचा रही थी। बीच-बीच में खाँसी, और फिर वही ज्ञान का गुरु गम्भीर प्रवाह और आज हम सुन रहे हैं कि संस्कृत, हिन्दी, बंगला, अंग्रेजी, उर्दू आदि भाषाओं के उस मर्मज्ञ विद्वान तथा भारतीय चिन्ता धारा (अर्वाचीन तथा प्राचीन) पर अधिकार-पूर्वक लेखनी चलाने वाले, समालोचना साहित्य के उस अद्वितीय मनीषी की वाणी, गत 2 फरवरी की रात को, केवल 56 वर्ष (सं० 1941—सं० 1997) की उम्र में, हृदय की गति रुँध जाने से सदा के लिए मौन हो गयी। शुक्लजी भारत के उन विद्वानों में शुमार थे, जिनकी उज्ज्वल कृतियों के प्रसाद से विदेशों तक में, 'राजनैतिक गुलामी भोगने वाले इस देश का मस्तक, सरस्वती के नम्र उपासक के नाते उच्चतर है। विगत वर्ष, 'मणिमाला'[1] नामक कृति पर आपको मंगला प्रसाद पारितोषिक मिला था। आजीवन आप सरस्वती के उपासक रहे आज राष्ट्रभाषा पर जब चौतरफ से प्रहार हो रहे हैं तब हिन्दी के महारथियों की इस शीघ्रता से एक-एक करके उठते जाना परम दुर्भाग्य की बात है। इस मनीषी को अपने सभापति के पद पर वरण कर हिन्दी साहित्य सम्मेलन अपने को गौरवान्वित नहीं बना सका, यह कम खटकने वाली बात नहीं। अस्तु। परमात्मा से प्रार्थना है कि भारतीय साहित्य के इस यशस्वी विद्वान की आतमा को चिर

1. चिन्तामणि

शान्ति मिले। इतनी थोड़ी उम्र में उनका यह असामयिक अवसान हमें इन पंक्तियों की याद दिलाता है—

बड़े गौर से सुन रहा था जमाना
तुम्हीं सो गये दास्तां कहते-कहते।

[कर्मवीर, 15 फरवरी 1941]

सुमित्रानंदन पन्त

वह तो पक्षी है, उसकी तान में एक नैसर्गिक विकास है। उषा की आलोक-भरी आभा में प्रत्येक प्राण गाता है। पर जब उसने गाया था तब संध्या की उलझन-भरी छाया थी। उसका हृदय छाया भरी उलझन से निकलकर चिर-प्रकाश के उषालोक में नाच उठा है।

उसकी पहली तान में उच्छ्‌वास, दूसरी में आँसू और तीसरी में बेबसी की ग्रंथि थी। आज वह निराशा के कालेपन के चौथे चिरानन्द के नन्दनवन में पल्लव-पल्लव पर फुदुक-फुदुक कर गा रहा है। सुख और दुःख दोनों की अस्थिरता को वह जान चुका है। उसका गुंजन चिरानन्द की तान है।

उसके गान में पर्वत का वैभव, निर्झर का शैशव और वन की मस्ती है। वह विजन वन का राजकुमार स्वर और सौन्दर्य से हृदय-हृदय में राज्य कर रहा है। उसमें मधु है शराब नहीं; आकर्षण है, तीव्रता नहीं, जिसका अंग-अंग झंकार है, जिसका रोम-रोम कम्पन है, जो रूप का स्वर है और स्वर का रूप है।

[20 अप्रेल 1935]

श्री काका कालेलकर

वह जमाने के हृदय और मस्तिष्क का कुंजबिहारी है। जमाना उसकी वाणी में बोल उठता है। उसकी प्रतिभा, सर्वतोमुखी, उसका हृदय कोमल, और उसकी लगन सिपाहिन है। उसने कृष्णा, कावेरी, और तुंगभद्रा के मोतियों में, साबर-मती के तरल बिन्दुओं का डोरा डालकर, हार बनाया, और 'बापू' के द्वारा निर्मित जमाने के, विराट् भगवान के गले में बार-बार पहिनाया है। वह खण्ड-हरों की बात सुनता है, नन्दन के गुंजन की ध्वनियाँ समझता है, कवियों की हृदयवीणा सुनता है, चिन्तकों की धमनी की धड़कनें गिनता है, नगाधिराज से वाणी का खिलवाड़ करता, और ऋषियों ही से नहीं अवतारों से भी वह सरस्वती की वीणा के तार लेकर छेड़छाड़ करता है। सत्य उसका ईश्वर है, शिव उसकी वाणी है, सुन्दर उसके प्रभु का दर्शन है। भाषा, शब्दों पर अपना

काफिला लाद, और उन्हें ईमानदारी से, आदर्श के प्रति सन्देश पहुँचाने के लिए बाध्य कर, लिपि पर चढ़कर, मानव-हृदयों में उतरने, और मानव-मस्तकों पर चढ़ने के लिए, आँखों के द्वार खटखटाती है। वह एक लिपि-परिषद् का मार्ग-दर्शन बनकर आया है, क्योंकि उसकी आँखों में, रतनाकर से चरण धुलवाती, और हिमालय का मुकुट पहिनती, संयुक्त शक्ति-धारिणी भारतमाता झूल रही है।

[कर्मवीर, 20 अप्रेल 1935]

राष्ट्रपति हमारे बीच में

बाबू राजेन्द्रप्रसाद उन आत्माओं में से हैं, जिनकी प्राण-मय सेवाएँ, एक नया भूमण्डल तैयार करती और कठोर से कठोर परिस्थिति में चुपचाप एक गहरा परिवर्तन कर देती हैं। पिछले दो वर्षों में, जितनी चर्चा समस्त देश में, बाबू राजेन्द्रप्रसादजी के विषय में हुई, उतनी किसी अन्य व्यक्ति के विषय में नहीं हुई। बिहार के भूकम्प से लेकर, राष्ट्रपति-पद ग्रहण करने, तथा राष्ट्रपति के नाते सेवा करने तक, राजेन्द्र बाबू, भारतीयता की हर साँस के शृंगार, भारतीय राष्ट्राभिमान के हर अरमान के अभिमान हो रहे हैं। राजेन्द्र बाबू वह संन्यासी हैं, जो कपड़ों पर रंग नहीं चढ़ाते, किन्तु जिनके रक्त का रंग पीढ़ी पर चढ़ जाता है। ऐसे संन्यासियों को 'धुन' बाँधकर हरि-भक्ति करने को कोई समय नहीं होता, उनका प्रत्येक श्वास, भारत की स्वतन्त्रता की भावना से सराबोर है। भारतीय नेताओं में अपने साथियों के अटूट स्नेह-भाजन, और अपने विरोधियों के महान् स्नेहपात्र बने रहने में, जो यश राजेन्द्र बाबू को प्राप्त है, वह हम कह सकते हैं; एकाध को छोड़कर किसी को प्राप्त नहीं है। बिहार में कुछ सिर-फिरे मस्तानों की टोली है। उसमें बल है कि वह अपने युग की सतह को ऊँचा-नीचा कर डाले। वे अपने को साम्यवादी कहते हैं। हम उन्हें उज्ज्वल भारतीय देशभक्त कहते हैं, किन्तु जहाँ वे कांग्रेस की समस्त शक्ति को उथल-पुथल कर देना चाहते हैं, वहाँ वे बाबू राजेन्द्रप्रसाद की साधु-शक्तियों के सामने नतमस्तक हैं। वे कहते हैं—हम तो यों या त्यों कर दें, परन्तु बाबूजी जो सामने हैं! उस समय भारतीय संस्कृति के शील के बीचोबीच खड़े होकर, तबीयत पूछती है कि कौन सुहावना है?

वह साधुत्व जो विद्रोही तरुणाई तक का मतवाला और स्नेहपूर्ण बिन्दु है, या वह मस्तानी तरुणाई जो अपनी राजनैतिक तीव्रता में भी, शील और वीर-पूजा की भावना के खिलाफ किये गये उद्योगों को भारतीयता के गौरव के खिलाफ समझती है? सच तो यह है कि राजेन्द्र ऐसे देशभक्त हैं, जिनकी राजनीति दासी है। उनकी राजनीति को देशभक्ति से ऊँचा उठने का अधिकार नहीं। उनकी राजनीति वह सावधानी है, जो विरोधियों में भारतीय अधिकार और भारतीय

गौरव की हानि न पहुँचने देने के लिए चौकन्ना रहती है, और भारतीय उच्चता के पथ में, सहायक होती है।

राजेन्द्र बाबू कार्यमय चिन्तन के उपासक हैं। वे दो ही काम करते हैं, चिन्तन और कार्य।

राजेन्द्र बाबू गरीबों के हिमायती हैं। कांग्रेस के मतों ही से राजेन्द्र बाबू राष्ट्रपति नहीं हैं, क्योंकि राष्ट्र या व्यक्ति के हृदय और निश्चय को सदा ही उसका मत या वोट, व्यक्त नहीं किया करता। किन्तु मतों को लेकर भी, जिस शान से राजेन्द्र बाबू ने गरीब जनता की सेवा की, जिस भावना से उन्होंने बिहार के किसानों में सजीवता और राष्ट्र-प्रेम की ज्वाला जगाई, अत्यन्त रोगी और अशक्त होते हुए भी, बिहार के भूकम्प की सहायता का गोवर्धन जिस मस्ती से उन्होंने अपनी अंगुलियों पर उठाया, और राष्ट्रीय सभा के कार्यक्रम में गरीबों की झोपड़ियों तक पहुँचने का जो उद्योग आज वे कर रहे हैं, उसे देखते हुए, इस दीनबन्धु की दीनबन्धुता आज किसकी दृष्टि में नहीं आती?

मध्यप्रदेश के साथ आज के राष्ट्रपति का एक अनोखा सम्बन्ध है। जब इस प्रान्त में झण्डा-सत्याग्रह की ज्वाला जगी—और श्रीयुत जमनालालजी बजाज तथा सैकड़ों देशभक्तों के जेल जाने के बाद जिन व्यक्तियों ने इस प्रान्त में काम करने वालों को आकर सक्रिय सहायता की, उनमें थे, सरदार वल्लभभाई, बाबू राजेन्द्रप्रसाद तथा स्वर्गीय विट्ठल भाई। आज 12 वर्षों बाद, हमारा वही सहायक सेनानी, हमारे राष्ट्रपति के नाते हमारे घर आ रहा है। वर्षा का आगमन, तुलसीदासजी की इन चौपाइयों को याद दिला रहा है—

जहँ-जहँ जाहिं देव रघुराया।
तहँ-तहँ करहिं मेघ नभ छाया॥

यों, प्रभु के एक सेवक का, राष्ट्र के राष्ट्रपति का, देश के महान् नेता का, आज हम सप्रेम स्वागत करें।

हमारी सहायता क्रियात्मक हो। यदि राष्ट्रपति आवें, और हममें खादी-प्रेम न हो, हमारे बदन पर खादी न हो, तो क्या हमारा स्वागत सच्चा होगा? गत ता० 11 जून को जलगाँव में भाषण देते हुए राष्ट्रपति राजेन्द्र ने कहा कि इटली, जर्मनी और रूस में, राष्ट्रीय पोशाक पर बहुत सख्ती से लक्ष्य दिया जाता है। भारत में भी अपनी राष्ट्रीय पोशाक खादी पर उतना लक्ष्य देना चाहिए। नागपुर की म्यु० सि०[1] और डि० कौं०[2] ने राजेन्द्र बाबू को अभिनन्दन-पत्र देकर, और झण्डे फहराकर, अपने प्रदेश में, राजेन्द्र-स्वागत का सुन्दर श्रीगणेश किया है। हमारे प्रान्त के अन्य स्थान, हमें विश्वास है, इस श्रीगणेश का अनुकरण करेंगे। निमाड़ की खण्डवा और बुरहानपुर म्यु० सि० तथा यहाँ की डि० कौं० से भी

1. म्युनिसिपल्टी
2. डिस्ट्रिक्ट कौंसिल

हमें आशा है।

हम अपने प्रान्त और स्थान की तरुणाई, राजनीति, ईमानदार जन-सेवा, सज्जनता, गरीबी, अमीरी, लगन और बेबसी सबको स्नेह से आमन्त्रित करते हैं, कि वह अपने बीच, राष्ट्रीय अभिमान के मस्तक, राष्ट्रीय सेवा के प्रतीक, राष्ट्रीय वाणी के नायक, राष्ट्रीय कुर्बानी के आधार, राष्ट्रीय यज्ञ के व्यक्तित्व और राष्ट्रीय बलिवेदी के सिपहसालार, साधुमना बाबू राजेन्द्रप्रसाद का स्वागत करें।

[कर्मवीर, 15 जून 1935]

कार्य की आत्मा चल बसी !

स्व० श्री गणपतराव टिकेकर

जो लोग मध्यप्रदेश की राजनीति से परिचित हैं वे यह सुनकर अत्यन्त दुखी होंगे कि श्रीयुत गणपतराव टिकेकर अब इस संसार में नहीं हैं। साधारणतः लोगों का सस्ता सार्वजनिक जीवन, प्रचार और प्रसिद्धि पर अवलम्बित रहता है। टिकेकर उन व्यक्तियों में से थे जो प्रचार और प्रसिद्धि के पर काटकर उतने ही सार्वजनिक सेवक रहना चाहते थे जितने अपना विशुद्ध के बल पर वे रह सकें। टिकेकर के पास प्रखर राष्ट्रीयता थी, जरूरत का धन था, और अनेक साधन थे। किन्तु तिस पर भी, टिकेकर का बल सदैव आगे अपना नहीं था। उनकी शक्ति आगे आने से इंकार करती थी। जिस समय महत्त्वाकांक्षियों का मेला लगता, टिकेकर खाँसते कराहते, उदासीन मनोवृत्ति के साथ अपने चरखे पर सूत निकालते हुए बैठा करते। कोई हिमायत और कोई शक्ति उनमें गलत महत्त्वाकांक्षा उत्पन्न नहीं कर सकती थी। किन्तु जब मातृभूमि के लिए बलिपन्थियों की पुकार होती, तब बिना प्रसिद्धि के मिट जाने वालों में टिकेकर के सिवाय दूसरा अस्तित्व प्रयत्न करने पर ही दीख पड़ता।

जीवन की सरलता, टिकेकर का स्वभाव था। मुझे वह दिन याद है जब टिकेकर रेलवे के नामी ठेकेदार थे। उन दिनों वैभव उनके उपभोग की और संसार गौरव-प्राप्ति की वस्तु था। किन्तु सन् 1920-21 में जिस दिन गांधीजी के व्यक्तित्व की प्रथम किरणों ने उनके हृदय को छुआ, उसके पश्चात् ही टिकेकर फकीर नजर आने लगे। उसके बाद नागपुर में शायद ही ऐसी कोई संस्था हो, जिसमें टिकेकर की शक्तियों ने प्रधान रूप से काम नहीं किया। राष्ट्रीय विद्यालय के तरुण त्यागियों के सेवक बनकर, धनतोली जैसे उतरे हुए जीवन के भारतीय सिविलियनों की लंकापुरी में राष्ट्रीय ज्ञान-मन्दिर की गर्व करने योग्य इमारत खड़ा कर ले जाना टिकेकर जैसे नेता ही का काम था। जो लोग वस्तु-स्थिति को जानते हैं वे कह सकते हैं कि टिकेकर के जीते जी ही राष्ट्रीय विद्यालय-भवन

उनका स्मारक बन गया था। नागपुर में खादी का उद्योग प्रयत्नपूर्वक चल रहा था, किन्तु, बिक्री लगभग डेढ़ लाख की उस बस्ती में, करीब तीन हजार रु० सालाना से अधिक नहीं बढ़ रही थी। महात्मा गांधी ने टिकेकरजी को वर्धा बुलाया और कहा कि जब तक खद्दर भण्डार अपने पैरों खड़ा नहीं हो जाता तब तक खादी का काम आपको चलाना होगा। और शर्त यह है कि अखिल भारतीय चरखा संघ का रुपया भण्डार में लगने के बजाय प्रारम्भ में गणपतराव टिकेकर को ही अपना रुपया खद्दर भण्डार में उधारी की तरह लगाना होगा। यदि आपमें शक्ति हो तो अपना मूलधन निकालकर, नफा चरखा संघ को दीजिये और यदि रुपया डूबे तो वह आपका। कठिन परिस्थितियों में पड़े हुए टिकेकरजी ने रुपया देने की बात तो मानी, किन्तु, पूरा समय दे सकने में अपनी लाचारी जाहिर की। योग्य कार्य के लिए योग्य व्यक्ति पकड़ लेने की भयंकरता तो गांधीजी की आँखों और उनकी जबान में है ही। महात्माजी ने टिकेकरजी से कहा बताते हैं, कि—गणपतरावजी, यदि आपको सरकार साल दो साल का जेलखाना दे दे तो क्या आप माफी माँग लेंगे ? बेचारे टिकेकर ! 'जी नहीं' के सिवा क्या कहते ? तब गांधीजी ने कहा, तो खादी के लिए मैं आपको आज गिरफ्तार करता हूँ। और लोगों ने देखा, कि नागपुर की खादी बिक्री, तीन हजार वार्षिक से बढ़कर छत्तीस हजार वार्षिक तक हो गयी। खादी टिकेकरजी का जीवन-व्रत रही, और अपने मित्रों के प्रति अत्यन्त सम्मान रखते हुए भी यह कहने में संकोच नहीं करते कि श्रीयुत श्रीकृष्णदासजी जाजू जैसे प्रखर और व्यावहारिक खादी गणितज्ञ की तौल पर तुल सकने वाले व्यक्ति के नाते टिकेकरजी इस प्रदेश में अपना सानी नहीं रखते थे। विधायक कार्यक्रम में टिकेकरजी कार्यक्रम के सजीव स्वरूप बन जाया करते थे। वे ऐसे कार्यक्रम की दिशा में सोचते, उसी की भाषा में बोलते, और उसी के जीवन में अपना जीवन मिला देते। यही कारण है कि जब महात्मा गांधी नागपुर आते तब उनका लाड़ला नैहर 'टिकेकर दद्दा' का 'लक्ष्मी बिल्डिंग' होता। हम जानते हैं कि आज डॉक्टर खरे ने अपनी भुजा को टूटा हुआ अनुभव किया होगा ! प्रान्त के राष्ट्रीयतावादियों की राष्ट्रीय कोतवाली उजड़ गयी, सच्चे कार्यशीलों का पथ-प्रदर्शक उठ गया। मस्ताने राष्ट्रीय तरुणों का प्रत्यक्ष और अप्रत्यक्ष, गुप्त और प्रगट सहायक चल बसा। राष्ट्रीय योजनाओं का खुला और षड्यन्त्रकारी योजक नहीं रहा, श्री जमनालालजी बजाज का मूर्तिमान गर्व अदृश्य हो गया, और महात्मा गांधी का लाड़ला राष्ट्रीय कैदी आज नागपुर की विधायक बागडोर संभालने के लिए दिखायी नहीं पड़ता।

जहाँ शिष्टाचार के बन्धन खतम होते हैं, वहाँ से टिकेकर का मित्रप्रेम प्रारम्भ होता था। अत्यन्त बीमारी में, कराहती हुई आवाज से, चरखा चलाते हुए, ऐसा विनोद वह व्यक्ति करता है कि जिसके प्रति स्नेह-बन्धन में बँधने के लिए, सच्चे कार्य पर विश्वास करने वाला हर व्यक्ति असहाय हो जाता है। हिन्दी और मराठी साम्प्रदायिकता का ऐसा कठोर दुश्मन पूज्य सप्रेजी को

छोड़कर मैंने अपने जीवन में नहीं देखा। सीधे से टिकेकर के लिए उनकी योजना-शक्ति से भयभीत होकर नागपुर की शासन देवता न जाने कौन-कौन-सी टेढ़ी योजनाएँ अमल में लातीं। किन्तु झण्डा-सत्याग्रह, नमक-सत्याग्रह और 1932 के सब सत्याग्रहों में पुलिस और सरकारी अधिकारियों के चौकन्ना रहते हुए भी, जीते टिकेकर और हारे शासक।

टिकेकर के गुणों की कहानी छोटी नहीं है। किन्तु आज तो भरे हुए हृदय के साथ हमें अपना दुःख ही प्रगट करना है। हम चिरजीवी भास्कर, सदाशिव और समस्त परिवार के साथ अपनी हार्दिक सम्वेदना प्रगट करते हैं और नर-केसरी अभ्यंकर के पश्चात् इतने शीघ्र हमें कार्य की आत्मा टिकेकर जैसे रत्न को खोना पड़ा। इसे व्यक्त करते समय हम अपने मन में होने वाली बेचैनी को समेटने में अपने को सर्वथा कमजोर पाते हैं।

[कर्मवीर, 14 दिसम्बर 1935]

इसके हाथों मुल्क ने सौंपी है अपनी आबरू

"अपनी कुर्बानी से है मशहूर नेहरू खान्दान,
शमआ-महफिल देख ले यह घर का घर परवाना है।"

हिन्दुस्तान की तवारीख के अधिकांश अध्याय त्याग और उत्सर्ग की भावनाओं से भरे पड़े हैं ? जो लोग केवल इतिहास की अपेक्षा, वस्तु-स्थिति के नजदीक रहकर घटनाओं का अध्ययन करते आये हैं, उन्हें हमारे इस कथन की प्रामाणिकता ढूंढ़ने में मस्तिष्क को जरा भी जोर देने की आवश्यकता महसूस न होगी। किन्तु जिन्हें घटनाओं का इतिहास पढ़ने की आदत पड़ गई है, उनके लिए तो कुछ कहने को ही नहीं रह जाता। किसी भी समाज या देश या राष्ट्र में दोनों ही दृष्टिकोण विद्यमान रहते हैं। ये दोनों दृष्टिकोण राष्ट्र में दो जुदा-जुदा काम करते हैं। घटना को इतिहास के रूप में पढ़ने वाले अपनी असहायावस्था और असफल कार्य-प्रणाली के वरदान स्वरूप 'कोऊ नृप होई हमें का हानी' वाला सिद्धान्त अपनाते हैं, और घटना को वस्तु-स्थिति के नजदीक रखकर पढ़ने वाले अपनी बलवान भावनाओं के बल पर एक मनचाहे आदर्श राज्य की माँग करने पर उतारू हो पड़ते हैं। हमारे देश की आजादी की लड़ाई के कर्णधार घटना को वस्तुस्थिति के साथ-साथ अध्ययन करते आये हैं। सर्वेसर्वाओं की उस सूची में देश के महान त्यागी पं० जवाहरलाल का एक प्रमुख स्थान है। दुनिया, वैभव और विलास को शुभ कर्मों का पुरस्कार समझकर, उसे, अपने जीवन की मूल्यवान तिजोरी में जवानी के मनोरंजन के लिए संचित करके रखती है। किन्तु जवाहर ने उसे जवानी का अपमान मानकर गुलामी का पाप कहा और अपने जीवन से जान-बूझकर सदैव के

लिए दूर कर दिया।

सन् 1889 की 14 दिसम्बर को प्रयाग के मीरगंज मुहल्ले में माता स्वरूप रानी नेहरू की कोख से भारतीय गुलामी के घोर अंधकार को छिन्न-भिन्न कर देने वाले जवाहर की आभा का उदय हुआ। कौन जानता था उस समय कि ऐसे आराम और कोमलता में पलकर भी मोती का लाल अत्याचारों के प्रति इतना कठोर और साहसी सिद्ध होगा। जवाहरलाल के बचपन का लालन-पालन पश्चिमी तरीके पर हुआ। उनको बारह वर्ष तक घर पर ही शिक्षा आदि दी गयी। इसके बाद आगे की शिक्षा दो अंग्रेज विद्वानों द्वारा सम्पन्न हुई। उनमें से एक अध्यापक श्री ब्रुक्स के व्यक्तित्व का इनके जीवन पर बहुत प्रभाव पड़ा। यहाँ की पढ़ाई समाप्त करने के बाद ही सन् 1904 में आप लन्दन से कुछ दूरी वाले हैरो नामी एक प्राचीन स्कूल में पढ़ने लगे। इसके बाद कैंब्रिज विश्व-विद्यालय के 'ट्रिनिटी कालेज' में आप भरती हो गये। वहाँ से एम० ए० होकर सन् 1912 में आप बार-एट-ला हुए।

इस समय तक जवाहरलालजी की प्रतिभा और योग्यता का सम्पूर्ण विकास हो चुका था। अपने विद्यार्थी-जीवन ही में जहाँ-तहाँ इनके स्वाभिमान और निर्भीकता की चर्चा होने लगी थी। कहते हैं—"होनहार बिरवान के होत चीकने पात", सच है, विभूति पालने ही में अपना परिचय दे देती है। महानता चहार-दीवारी ही में उद्भासित हो उठती है जवाहरलाल जिन दिनों इंग्लैण्ड में पढ़ रहे थे, उसी समय इनकी दृष्टि भारत पर किये जाने वाले अत्याचारों की ओर जा लगी थी। वह सन् 1912 की बात है जिस दिन से हमारे इस बेताज के बादशाह का वास्तविक जीवन प्रारम्भ होता है। सबसे पहले भारत लौटते ही आप पटना कांग्रेस में शामिल हुए और वहीं से भारतीय स्वातंत्र्य की धुन आपको सवार हुई। इस लगन ने आपको दो वरदान दिये—एक मुसीबत और दूसरे जेल-खाना। मुसीबत से आपने अदम्य उत्साह उधार लिया और जेलखाने ने आपको सहिष्णुता भेंट की। जीवन-साफल्य के ये दो महान् अस्त्र लेकर हमारा जवाहर बेखौफ कूद पड़ा—उस महानाश के यज्ञ में जहाँ प्राणों की आहुति और सुखों का अर्घ्य चढ़ाना पड़ता है जवाहर के जीवन की एक विशेषता रही है कि उसने सदा बढ़ना जाना है अड़ना नहीं। सामने आने वाली मुसीबतों से दूर हो जाने को घिघियाते किसी ने जवाहर को नहीं देखा होगा। अपनी तेजस्विता और पौरुष के बल पर उन्हें नेस्तनाबूद करके ही छोड़ा। नेहरूजी में स्पष्टवादिता और बेलौसी जन्म से ही है। इन दोनों बातों को उन्होंने बड़ी से बड़ी अभिलाषा के आगे भी कभी नहीं झुकने दिया।

पटना कांग्रेस से ही इनके मन पर भारतीय स्वाधीनता की बात असर कर चुकी थी। तभी से इन्होंने प्रत्यक्ष आन्दोलनों में भाग लेना शुरू कर दिया। डॉ० एनीबेसेण्ट के 'होमरूल' आन्दोलन में इन्होंने जोरों से भाग लिया। फिर अवध का किसान-आन्दोलन सफल किया। इसके बाद असहयोग आन्दोलन और

विदेशी वस्त्रों पर धरना देना शुरू किया। उसमें आपको सजा हुई। इसी बीच नाभा स्टेट के अकाली जत्थों पर किये गये अत्याचारों की जाँच के लिए आप नाभा राज्य में गये। वहाँ आज्ञा-भंग का मुकदमा चला और फिर सजा हुई। आपने प्रयाग की म्यु० कमेटी[1] की अध्यक्षता को भी सुचारु रूप से सुशोभित किया था।

नेहरूजी की राष्ट्रीयता को ऐसा दृढ़ स्वरूप देने में जलियाँवाला काण्ड एक महत्त्वपूर्ण स्थान रखता है। वहाँ ये अपने पिता के साथ जाँच के समय गए थे और वहीं से इनके कोमल हृदय पर सरकार के अत्याचारों की निष्ठुर तस्वीर खिंच गई थी। उस दिन की आग उनके हृदय में ऐसी सुलगी कि जो निरन्तर बढ़ती ही गयी, कभी बुझने न पायी। देशभक्ति और अत्याचारों के दमन की ये ज्वालाएँ बढ़ीं और यहाँ तक बढ़ीं कि फिर उनके सम्पर्क में आकर ममता और झुकने की मनोवृत्ति नाम को भी नहीं रह गयी। जैसे-जैसे नेहरूजी अपने में दृढ़ निश्चय और आत्म-बल का संचय करते गये वैसे-वैसे इन्हें मुसीबतें और संकट अधिक घेरने लगे। जितना उनके स्वाभिमान का विकास हुआ, इनके हृदय को उतनी ही गुलामी की लज्जा अधिक पीड़ा पहुँचाने लगी। सन् 1918 ई० में एनीबीसेण्ट के गिरफ्तार होने के बाद लखनऊ में संयुक्त प्रान्तीय कांग्रेस का एक विशेष अधिवेशन मोतीलालजी नेहरू के सभापतित्व में हुआ। अपने भाषण में मोतीलालजी ने सरकार द्वारा किये गये अनेक अन्यायों का जिक्र करने के बाद उसी पुराने ढंग से कहा कि "इन बातों के लिए आन्दोलन करते हुए भी हमें ब्रिटिश जनता की सद्भावना में विश्वास रखना चाहिए क्योंकि हमारे भाग्य का अन्तिम निर्णय उसी के हाथ है।"

पण्डितजी अपने भाषण में से ये वाक्य पढ़ ही रहे थे कि एक तरफ से सुपरिचित कण्ठ से आवाज आयी—"क्वेश्चन"! यह जवाहरलाल की बोली थी। इस प्रश्न के मर्म पर विचार किये बिना ही मोतीलालजी तमतमा उठे, अपना चश्मा उतारकर एक तरफ रख दिया, भाषण की हस्तलिपि एक ओर पटक दी और टेबुल पर जोर से हाथ पटककर बोले, "इस (मेरी बात) से इन्कार का साहस कौन करता है?" फिर धीरे से, एक ओर से वही 'क्वेश्चन' शब्द आकर सभा में गूँज उठा। मोतीलालजी उत्तेजित होकर बोले, "जिसे साहस हो, सामने आकर मेरी धारणा को असत्य साबित करे।" प्रश्नकर्ता पुत्र शान्त हो गया। मोतीलालजी की बात रह गयी। पर शायद ही कभी जवाहरलाल ने अपने सार्वजनिक जीवन में इससे बड़ी दूसरी विजय प्राप्त की हो। उनके इस एक शब्द में जो सत्य था, वही आगे चलकर न केवल उनके जीवन में व्याप्त हो गया, वरन् चैलेन्ज—चुनौती—देने वाले पिता को भी, अपने बाद के जीवन में मानना पड़ा कि वह एक नशा और झूठा स्वप्न था।

---

1. म्युनिसिपल कमेटी

उपरोक्त घटना तो पाठकों को साधारण मालूम होगी, किन्तु इसी घटना की एक-एक पंक्ति का नाम जवाहरलाल है। अपनी उचित स्पष्टवादिता को जो पुत्र इस सतह पर अपने पिता के लिए प्रकट कर सकता है, उसी बेटे का काम है कि वह अपने बाप से वैभव और विलास को तृणवत् कहलाकर जीवन-भर एक तपस्वी का जीवन बिताने की प्रतिज्ञा लिवा ले। यह कहने की आवश्यकता नहीं कि मोतीलालजी को उग्र राष्ट्रीय क्षेत्र में उतारने वाला कोई दूसरा नहीं है— सिवाय जवाहरलाल के। जवाहर संस्कारी वीर है। वह कोमल है, हृदयवान है, तेजस्वी है, स्वाभिमानी है और है भारत माता का एक दुःखी पुत्र। उसके हृदय में मातृप्रेम की एक ज्वाला सदैव जलती रहती है। जो उसे जेल से बाहर रहने पर यह कहलवा लेती है—

"अरे, यहाँ कैसा सुनसान लगता है। सब भाई तो जेल के अन्दर हैं।" परिवर्तन जीवन में तूफान की तरह उठता है और आँधी की तरह फैल जाता है। उस बवंडर को उस समय मार्ग में आने वाले कच्चे बन्धनों का ध्यान नहीं रहता। जवाहर के जीवन का परिवर्तन भी कुछ ऐसा ही है। गुलामी के अत्याचारों के प्रति विद्रोह की आँधी उसके जीवन में ऐसी उठी कि उसमें सारा सुख और आराम तिनकों की तरह उड़ गये। जवाहरलालजी की यह कुर्बानी की भावना देश की तात्कालिक आवश्यकताओं की कसौटी पर लगभग अठारह वर्ष लगातार चढ़ती रही। उसके बाद सन् 1930 ई० में समस्त देश ने बड़े हर्ष के साथ 35 करोड़ की बागडोर जवाहर के हाथों सौंप दी। उस समय लाहौर में कांग्रेस का 45वाँ अधिवेशन होने जा रहा था। जवाहर उसके सभापति थे। कांग्रेस का लाहौर अधिवेशन पिछले सभी अधिवेशनों से अधिक महत्त्वपूर्ण था। पिछली बार रावी तट पर स्वाधीनता का जो बिगुल फूँका गया था उसकी ध्वनि से सोया हुआ राष्ट्र जागृत ही नहीं हो उठा, वरन् आजादी की मंजिल की बहुत कुछ दूरी भी तै कर चुका है। छै (6) बरस के बाद फिर हमारा वही वीर कांग्रेस के लखनऊ अधिवेशन का सभापति होकर आ रहा है। हम लालायित हैं उसके मुँह से वही पुरानी बात सुनने को कि, "याद रखो जब एक बार झण्डा फहराया जा चुका वह तब तक न गिरने पाये, जब तक देश में एक भी आदमी जिंदा रहे। इस झण्डे को फहराता हुआ मैं आपसे भी कहता हूँ कि याद रखिये, जब तक खून की एक बूंद भी आपकी नसों में है, तब तक यह झुकने न पाये।" जिन लोगों को लाहौर कांग्रेस की याद है या जिन लोगों ने उसके बारे में पढ़ा है उन्हें यह मानना ही पड़ेगा कि हमारे देश की राष्ट्रीय महासभा भारत की गुलामी का बलवान विद्रोह है। एक गरीब को उसकी झोंपड़ी से निकाल देना जब आसान नहीं जाता (होता) तो देश के इस संगठित प्रतिनिधित्व के अस्तित्व को कुचल डाला जायगा यह कभी सम्भव नहीं। जवाहरलाल का यह कथन कि—"किसी की बहुसंख्यता, अल्पसंख्यता को, जो दृढ़ निश्चय पर डटी हुई हो, कुचल नहीं सकती।" दृढ़ निश्चय के साथ किये गये कार्य में परिणाम आगे दौड़ता है और सफलता पीछे-पीछे। रचना-

त्मक कार्यों का यह क्रम उत्थान का उज्ज्वल अंग माना गया है। इस प्रकार की कार्यप्रणाली से राष्ट्र की धमनियों में जो रक्त खौलने लगता है उसे उथल-पुथल और क्रान्ति का संकेत मानना चाहिये।" लाहौर कांग्रेस में जवाहर ने कहा था कि, "ब्रिटिश साम्राज्य का आलिंगन एक भीषण वस्तु है। यह कभी भी जीवन देने वाला प्रेम का आलिंगन नहीं हो सकता। यदि यह प्रेम का आलिंगन नहीं है तो यह मृत्यु देने वाला ही आलिंगन रहेगा, जैसा अब तक रहा है।" जिन लोगों ने राष्ट्रपति की इस वाणी को देख लिया उन्होंने दूसरे ही क्षण अपने को जेलों में पाया। जो लोग जेल गये, जिन्होंने लाठियाँ खायीं और जो गोली के शिकार हुए, वे सब माई के लाल भारत की गुलामी की असह्य पीड़ा से पीड़ित हो चुके थे। उनके सामने यह दृष्टिकोण जीवित था कि—कोई भी लाभ जो हमें मिलता है, यदि बेचारे निर्धन जन-साधारण का बोझ हल्का नहीं करता, तो हमें नहीं चाहिये। एक बड़े साम्राज्य का बोझ ढो सकना किसी जाति के लिए बड़ा भारी काम है और हमने बहुत दिनों तक उसे ढोया, हमारी पीठें टूट चुकी हैं, हमारा दिल बैठ गया है। राष्ट्रपति ने यह भी कहा था कि—"हमें शान्ति की प्यास है और हम जानते हैं कि दोस्ताना हाथ तो उन्हीं के लिए बढ़ाया जा सकता है जिनमें उसके पकड़ने की शक्ति है। उस हाथ के पीछे वह शरीर चाहिये जो अन्याय के सामने कदापि न झुके, और वह मस्तिष्क हो जो मार्मिक अवसरों पर दब न सके। किन्तु यह सच है कि शान्ति की स्थापना संगीन की नोक दिखाकर नहीं की जा सकती।"

भारतीयों में प्राचीन की पूजा करने और अर्वाचीन पर अविश्वास करने की मनोवृत्ति एक जमाने से चली आ रही है। राणा प्रताप की अरावली की पहाड़ियों पर भूख-प्यासे भटकने की बात सामने आते ही लोगों के रोंगटे खड़े हो जाया करते हैं, किन्तु यह हमारा दुर्भाग्य ही कहा जा सकता है कि हमारे देश का वर्तमान त्याग आज के अधिकांश लोगों के विचारने का भी विषय नहीं रहना चाहता। यदि मानवता का कुछ भी अंश शेष रहता है तो कौन ऐसा निष्ठुर होगा जो जवाहर के इस कठोर त्यागमय जीवन पर न पसीज उठे। एक दिन था जब जवाहर आनन्द भवन के वैभव का शृंगार था और आज एक दिन है जब आनन्द भवन के सूने-सूने से भग्न स्वप्न जवाहर के शृंगार को बढ़ा रहे हैं। परिवर्तन का यह सफल आयोजन त्याग की तवारीख़ के सुनहले पृष्ठों का प्रधान अध्याय है। जवाहर के हृदय में प्रेम और कर्त्तव्य दोनों एक साथ निवास करते हैं। किन्तु जहाँ इन दोनों को विभिन्न दिशाओं में कार्य करना पड़ता है वहाँ जवाहर सदा से कर्त्तव्य के आगे प्रेम को पीछे छोड़ते आये हैं। उन्होंने अपने जीवन में कर्त्तव्य को प्रेम के आश्रित कभी नहीं रहने दिया, वरन् जहाँ तक बना प्रेम को कर्त्तव्यमय बनाने की चेष्टा की। जवाहर का एक-एक कार्य और उसके अपने जीवन की छोटी-से-छोटी घटना ही उसका जीवन है। अभी लखनऊ कांग्रेस का सभापतित्व दिये जाने पर उनका जो आभार प्रदर्शन हुआ है और जो उन्होंने कहा कि "मुझे

कमला से अधिक देश प्यारा है" यह किसी ऐसे-वैसे की वाणी नहीं है, यह पैंतीस करोड़ के उस हृदय की वाणी है, जिस पर आगामी कांग्रेस का भार सौंपकर भारतीय स्वतन्त्रता बड़ी उत्सुक आँखों से अपने कल्याण की घड़ियाँ गिन रही है। महात्माजी के इन शब्दों से कौन इन्कार कर सकता है कि "जवाहर के हाथों देश सुरक्षित है।"

[कर्मवीर, 8 फरवरी 1936]

बिखरे हुए अमर पुष्प

ईसा मसीह ने एक बार कहा था—"मैं वह रोटी हूँ, जो सीधी स्वर्ग से आती है", और "जो इस रोटी को खाते हैं, वे अमर हो जाते हैं"। जब इस वाणी को राजनीतिज्ञों ने सुना, तो वे ऐसी बात कहने वाले देव-दूत को ही खा गये। परिणाम स्वाभाविक हुआ, उनकी महत्त्वाकांक्षाएँ उन्हें खा गयीं और संसार को दांव-घातों का नर्क बना गयीं। जब इसी वाणी को सिपाहियों ने सुना, तब उन्होंने हथेली पर प्राण, आँखों में देशाभिमान और हृदय में प्रभु को रखकर, अपने को समय के द्वार पर खड़ा कर दिया। किन्तु जब इसी वाणी को सन्तों ने सुना, तब उन्होंने तत्त्व पहिचाना। उन्होंने जाना कि मसीह खुद नहीं खाया जा सकता, उसकी प्रेरणा, उसके गुण, और उसके कथन की निर्भीकता और उज्ज्वलता ही अपने में उतारी जा सकती है। मसीह के उक्त अवतरण में मुझे 'लेखक-जीवन' की तस्वीर नजर आती है। साधारण कार्य से लगाकर साम्राज्यों तक का दिशादर्शन, आज लेखकों की लेखनियाँ ही तो कर रही हैं !

किन्तु लेखक केवल मीठे उपदेश खाकर ही नहीं जी सकता। इसीलिए, हिन्दी संसार में, कुछ मित्रों ने उद्योग कर लेखक-संघ की स्थापना की। इसके निर्माण में, 'श्री भारतीय एम० ए०' ने और उनके साथी श्री प्रेमनारायण अग्रवाल ने बहुत उद्योग किया। हमारे प्रदेश से जिन तरुण मित्रों ने इस संस्था का क्रियात्मक समर्थन किया उनमें हैं श्री अनन्त गोपाल शेवड़े और श्री गोविन्ददास 'भारतीय'। किन्तु, तरुण भारतीय, कौन जानता था कि इतने जल्दी 'स्वर्गीय' भी बन जायगा। बीमार रहते हुए भी—मुझे कल एक मित्र ने कहा—भारतीय निश्चिन्त नहीं रहा। वह बहुत गरीब, अत्यन्त मुँहताज रहा। भोपाल के एक सहृदय धनिक सज्जन के घर पर ही उसका इलाज होता रहा। वहीं उसके प्राण चले गये। गरीब 'भारतीय' के आत्माभिमान ने लोगों को जानने न दिया, कि उसकी भी एक कहानी है। लेखक-संघ की स्थापना की जो बात मेरी समझ में लेखों से नहीं आयी, अभी गत ता० 13-1-36 की 'विजयनगरम् हाल' की उसकी असफल और परिणाम रहित बैठक से न आयी—श्री गोविन्ददास भारतीय पर चुपचाप पड़ने वाली कठिनाइयों ने, मुझे वह रहस्य अपनी कठोर वाणी में समझा दिया।

स्वामी राम की एक कहानी है। उन्होंने लिखा है—एक बार एक बीमार, बावला-सा दौड़ता, एक डॉक्टर के पास जाकर बोला, "डॉक्टर-डॉक्टर, मुझे इश्क की बीमारी हो गयी।" डाक्टर सावधानी से, पर शीघ्र बोला—"चुप, चुप, यह वह मर्ज है, जिसकी बोलने से भी छुआछूत लगती है।" रोगी बोलने ही पाया था कि—"इसमें परहेज क्या है डाक्टर बाबू",— कि डाक्टर बोल उठे—"खुदी और आत्म-विज्ञापना से बचना।" रोगी ने पूछा, "खाना क्या खाऊँ?" डाक्टर ने, अन्तिम कड़वी बात भी, मीठी और धीमी आवाज में कह दी—

"इस रोग के इलाज में तो अपने आप ही को खाना होता है। तू अपने आप ही को पेट भरकर खाता जा।" इस कहानी में भी मुझे गरीब 'लेखक-जीवन' की तस्वीर दिखायी देती है। हम किससे पूछें कि मधुर कवि, उठते हुए कहानी-लेखक, और नम्र साहित्य-सेवक गोविन्ददास की लेखनी की आराधना के उषःकाल ही में कौन खा गया? प्रतिभा के घोंसले से कितने निकट, इस मस्ताने तरुण के अन्तक, इसके यमराज के जेलखाने का द्वार था! उसकी आराधना के पंखों की पहली फड़फड़ाहट ही में यमराज जाग उठा!

"अपनी रचनाओं में कलाकार स्वयं साकार होकर बैठता है"—इस कथन की सत्यता में हृदयवान को अविश्वास नहीं होता, और मस्तिष्कवानों को इस कथन से सेहत मिलती है। साहित्य, वेदान्त कला और जीवन के कितने ही हिस्से हम, बेस्वाद, बना चुके हैं। किन्तु जो शिल्पी अपने रंगों में अमर-स्वर भर गये हैं, और जो अपने स्वरों में रंग भरने में सफल हुए हैं, युग अपने हृदय की गाँठ में उन्हें बाँधकर रखता है। कविता से संगीत में यही विशेषता है कि वह अर्थ को पीछे छोड़कर भी अपने स्वरों से भावों के नवीन अर्थ देता हुआ, मानव-हृदय की कसकों पर चढ़कर, आँखों में उतरकर, लोगों के मस्तक डुलवा लेता है। किन्तु चित्रों का सौंदर्य तो, किसी 'गायक' जैसे उपकरण के लिए बिना ठहरे, सीधा अर्थ देता है। हिंदी संसार में ही नहीं देश में भी, रंगीन कलम के ऐसे मनस्वियों में कलकत्ता के चित्र विद्या विशारद प्रो० ईश्वरीप्रसादजी वर्मा के सुपुत्र श्री रामेश्वरप्रसादजी वर्मा का अपना आसन था। भारतीय चित्रकला के विषय में चिन्तकों का मत है, कि भारतीय 'चित्रकार' तत्त्वज्ञ पहले है, और चित्रकार पीछे, किन्तु रामेश्वरजी के चित्रों में तत्त्वज्ञता जीवन के सत्य से बहुत दूर नहीं रहती। यदि भारतीय के नाते, वे अपने चित्रों की सीमा-रेखाओं द्वारा प्रकट होने वाले मनोभावों के प्रति अधिक सजग और ईमानदार थे, तो आप रेखाओं के भीतर के रंगों द्वारा, सौन्दर्य को प्रगट करने में, खूब 'माडर्न' होने में सफल चित्रकार साबित हो रहे थे। इसीलिए उनके रंग की कूचियों का काव्य यदि एशियाई आँखों को, रेखाओं से व्यक्त होने वाले सत्य का दिग्दर्शन करतीं और एकान्त में, दर्शक के चिन्तन से कानाफूंसी करती थीं तो फ्रांस की एक प्रदर्शनी में तथा जहाँ-तहाँ, बहुत विस्तार न पाकर भी—पश्चिमीय कलाकारों की हजारों आँखों से सम्मिलित देखने, एक-सा मत बनाने, और एक-सा आनन्द अनुभव करने की चीज भी

बन चली थी। माडलिज्म की अपनी कमी को दूर करने और यूरोपीय चित्रकों की कृतियों के बीचोबीच बैठकर, उससे प्रेरणा, संकेत, और दिशा-दर्शन पाने के लिए, रामेश्वरप्रसादजी यूरोप भी गये थे। हम, अपने पढ़े-लिखेपन को, अभी कला की पहचान के लायक पैना, चौकन्ना, रसज्ञ और दूरदर्शी नहीं बना पाये जो हम अपने ईश्वरीप्रसाद, विजयवर्गीय और रामेश्वरप्रसाद को, कम से कम हिन्दी-संसार के घर-घर की चीज बना पाते ! गत सन् 1933 की फरवरी में, इन्दौर के एक धनिक मित्र ने, कृपा कर, मुझे अपना वैभवपूर्ण महल दिखलाया। मैंने दु:ख से देखा कि कुबेर को संपत्ति की उस बखेर और सजावट में, जो चित्र लगे थे, वे इतने साधारण थे, जिनके बनाने वालों को प्राय: बाजारू ही कहा जा सकता है। उस महल पर वैभव चढ़ा, सुख चढ़ा, गौरव चढ़ा, वस्तुकला भी चढ़ी, किन्तु चित्रकला का वहाँ प्रवेश न हो पाया। मैंने निवेदन किया, जरा इस महल पर, ईश्वरीप्रसाद, अवनींद्रनाथ, नन्दलाल, चगताई, रामेश्वरप्रसाद और विजयवर्गीय के चित्रों को भी चढ़ने दीजिये। मैंने, उनके एक अधिकारी को, इन चित्रकारों के नाम भी लिखा दिये थे। पता नहीं, अब भी वहाँ चित्र पहुँचे या नहीं। गरज यह कि हमारा धन और हमारी विद्या दोनों ही, अभी हमारी कला के पास नहीं आ पाये। और, अभी-अभी, हमारे इस, कूचियों के कवि, रंगों के स्वर-लहरी, कलाकार, रामेश्वरप्रसाद वर्मा का स्वर्गवास हो गया। निरुद्देश्य, और जन्म-मात्र से, पिता कहलाने वाले सज्जन को पुत्र-वियोग में धीरज दे पाना कठिन होता है, फिर श्रीयुत ईश्वरीप्रसादजी ने तो अपने पुत्र को जन्म दिया, फिर अपने चित्रकार को पुनर्जन्म दिया और उसके पश्चात् अपने गौरव को भी, रामेश्वरप्रसादजी के रूप में, जन्म दिया, तब इस बूढ़े शिल्पी को धीरज कैसे दिया जाय? प्रोफेसर ईश्वरीप्रसादजी की कलम का एक खैयाम का चित्र है, उसमें एक मोटे तने के कम पत्रों वाले झाड़ पर, सुहावने लाल फूल लगे हैं, और उसके नीचे फारिस का वह कलाकार बैठा है। आज हमें उस झाड़ के नीचे, दुखी ईश्वरीप्रसादजी स्वयं बैठे दिखायी देते हैं और उस वृक्ष के बेइख्तियार गिरने वाले फूलों की बेबसी पर, प्रभु की महान सत्ता को पढ़ते नजर आते हैं। रामेश्वरप्रसादजी को खोकर, हिन्दी-भाषी के नाते, हमने बहुत खो दिया। जिस युग की पूरी जाति अँगुलियों की पोरों पर गिनी जाती हो, उसमें एक अँगुली का टूट पड़ना, बहुत खोना ही कहा जायगा।

—उदयसिंह चन्द्रवंशी

[कर्मवीर, 15 फरवरी 1936]

सर्वश्रेष्ठ कलाकार मेक्सिम गोर्की

कोमलता और कष्ट के अनवरत संघर्षण से उत्पन्न हुई कला, मानवीय विचारधारा को वैसा ही निर्मल बना देती है, जैसा वियोग प्रेम को। जहाँ कष्ट

नहीं, वहाँ कला नहीं और जहाँ कला नहीं, वहाँ जीवन नहीं और जहाँ जीवन नहीं, वहाँ साहित्य का क्या अस्तित्व होता है, यह कहने की आवश्यकता नहीं। कलाकार के अश्रु बेशकीमती मोती के समान होते हैं। इसीलिए निष्ठुर दुनिया सौतेली माँ की तरह कठोर होकर अपने उस बालक को कष्ट पहुँचा कर अधिकाधिक मोती गिराने को बाध्य करती है। टालसटाय पर बिठाया जाने वाला प्रतिबंध, गोर्की को बख्शा जाने वाला देश-निकाला, औस्कर वाइल्ड को मिलने वाला कारागार और शैली का लोकापवाद—ये सब-एक ही कहानी के भिन्न-भिन्न स्वरूप-चित्रण हैं। सुख में जन्म लेकर सुखी मरना यह सृष्टि की पुस्तिका का वांछनीय अध्याय है और सुख में जन्म लेकर दुख में मरना यह अनिच्छित होकर भी विवश वांछनीय ही की तरह है। किन्तु कलाकार का लोक, वांछा और इच्छा के विरुद्ध दुःख की, मुसीबत की, हिमायत करता आ रहा है। नहीं तो आज के संसार का सर्वश्रेष्ठ उपन्यासकार गोर्की सर्वसाधारण के यहाँ बर्तन साफ करके, चपरासगिरी करके और पेट भरने के लिए एक माली की नौकरी करके दुनिया में जीवित न रहा होता। और (उसने) अपनी चमत्कृत प्रतिभा के रंगीन स्वप्न-लोक से अँधेरी दुनिया को चौंधिया न दिया होता। रूस के 'निझनी नाव गाराड' जैसे एक छोटे-से गाँव में एक गरीब के घर जन्म लेकर कौन जानता था 'अलेक्झी मक्सि मोविच पेशकाब' किसी दिन मेक्सिम गोर्की होकर दुनिया के सामने अपने देश और अपने साहित्य के साथ-साथ उपेक्षित गरीबी को अस्तित्ववान होने का सौभाग्य प्रदान करेगा।

गोर्की सन् 1868 में पैदा हुए और गरीबी के कारण 7 वर्ष की उम्र में केवल दो महीने तक पाठशाला में पढ़ सके। इस समय उनके पिता की मृत्यु हो चुकी थी। पेट का प्रश्न सामने था। माँ ने दूसरी शादी कर ली अतः वे अपने नाना के पास रखे गये। नाना इनके एक मामूली रंगरेज का धन्धा करते थे। ये 9 वर्ष की उम्र तक उनके पास रहे। इसके बाद अपनी रोटी का प्रबन्ध इन्हें खुद ही करना पड़ा। 10 वर्ष की आयु में बालक गोर्की चपरासी के रूप में समाचार लाने का काम करने लगे। निस्सन्देह यह उमर बहुत छोटी थी। इसमें बच्चे होश भी नहीं संभाल पाते। किन्तु, गोर्की को तो निकट भविष्य ही में नया विश्व बसाना था, उनके लिए यह दयनीय अवस्था ही वरदान सिद्ध हुई। इसके बाद लगभग 13 वर्ष तक रूस के दक्षिण-पूर्वी हिस्सों में व्यापार-धन्धे के सम्बन्ध में भटकते रहे। अन्त में टिफलस के रेलवे कारखाने में काम करने लगे। वहीं से इनके साहित्य की प्रेरणा प्रारम्भ होती है। जीविका की तलाश में इधर-उधर भटकने के कारण जिस प्रकार का कठोर जीवन उन्हें भुगतना पड़ा, समाज में जिस तरह ठोकरें खानी पड़ीं और कदम-कदम पर जिन मुसीबतों का सामना करना पड़ा उन सबने गोर्की को कभी जीवन से निराश नहीं होने दिया। वे निरन्तर अपनी धुन पर बढ़ते चले गये और जगती के इस दुर्व्यवहार के चलते उन्होंने लोगों के मनोभाव और मनोविकारों को समझने का प्रयत्न किया। उसी का

परिणाम उनकी श्रेष्ठ कृति 'माय फैलो ट्रेवलर' है। 23 वर्ष की उम्र में आप अखबारनवीसी का काम करने लगे और तभी से छोटी-छोटी कहानियाँ लिखना शुरू कीं। 1915 में आपका रूस के माननीय लेखकों में नाम लिया जाने लगा। थोड़े ही दिनों में गोर्की की कीर्ति सर्वत्र फैल गयी और लोग टाल्सटाय से आपकी तुलना करने लगे। 1902 तक आप रूस में खूब प्रसिद्ध हुए। इसके बाद उसी समय से इनकी कहानियों का अन्य भाषाओं में भाषान्तर होने लगा और अब गोर्की अन्तर्राष्ट्रीय ख्याति की वस्तु बन गये।

स्टेलिन के शब्दों में—"साहित्यिक मानवीय आत्मा के एंजीनियर हैं।" रूस का साहित्य और रूस के साहित्यिक वास्तव में इस कथन का यथार्थ प्रतिबिम्ब हैं। रूस की क्रान्ति, गृह-युद्ध और यूरोपीय महायुद्ध के विचित्र जीवनों का परिपक्व अनुभव ही रूसी साहित्य की प्रेरणा रहा है। रूश्यो, टाल्सटाय, तुर्गनेव, गोर्की ये सबके सब साहित्य-निर्माण में एक ही प्रेरणा से प्रेरित होकर जुट गये थे। इनकी कृतियों ने रूस का भाग्य-निर्माण किया, अत्याचार और जुल्म का उन्मूलन कर दिया और भावी पीढ़ी के लिए पुनर्जन्म, अन्ना, माँ आदि अमर कृतियों को साहित्य में मार्ग-प्रदर्शन के लिए छोड़ गये। गोर्की, महात्मा टाल्सटाय के उतरे हुए जमाने में उन्नत शिखर पर थे। यथार्थवाद की ओर रूसी साहित्य का अधिक झुकाव होने से उस साहित्य से ललित कला का नाश-सा होने जा रहा था। किन्तु गोर्की ने इस ओर खास ध्यान देकर 'एगर बूलीचेव' जैसे नाटक की रचना करके लोगों के चित्त से यह धारणा दूर-सी कर दी। यों तो गोर्की ने '20 आदमी और एक लड़की', 'बचपन', 'इन दि वर्ल्ड', 'थ्री आफ देम' और 'माय यूनिवर्सिटीज' आदि अन्य कई श्रेष्ठ उपन्यास लिखकर यथार्थ जीवन और कला के जिन सूक्ष्म विचारों का विश्लेषणात्मक चित्रण किया है, वह संसार में मान्य हुए हैं।

मेक्सिम गोर्की 23 वर्ष की उमर तक अव्यवस्थित रहे। उसके बाद लेनिन से घनिष्ठता होने और 1905 की 'खूनी बगावत' के समय विरोध करने के कारण आप जारशाही सरकार की ओर से क्रांतिकारी दल के होने के नाते पीटर एण्ड पोल के कराल कारावास में भेज दिए गए। द्वीपान्तर वास भी आपको भुगतना पड़ा। किन्तु इन सब कठोरताओं ने उनकी भावना में बल और विचारों में क्रान्ति पैदा कर दी। जितनी-जितनी कष्टों की मार पड़ी, गोर्की उतने ही कठोर और युग-परिवर्तक साहित्य का प्रस्रवण करते रहे। लेनिन की क्रियाशील कल्पनाओं को गोर्की ने अपने साहित्य की संजीवनी पिलाकर अमर और अजेय कर दिया। अन्त में आप सोव्रियट शासन के कट्टर पक्षपाती हो गये। सोवियेट सरकार ने आपका उचित सम्मान किया। आपके साहित्यिक जीवन के 40वें वर्ष में रूस भर में आनन्दोत्सव मनाया गया और आपके गांव का नाम बदलकर गोर्की रखा गया।

गोर्की कष्ट में पैदा हुए और कष्ट में पले। यही कारण है कि उनकी लेखनी में वजन और विचार-धारा में विद्रोह की भावना विद्यमान है। एक महान चिन्तक

की तरह उनका भावना-जगत् विश्व की दयनीय अवस्था को देखकर द्रवित हो पड़ा है और इसीलिए उनकी हर रचना में हाहाकारमयी ज्वाला का सहानुभूतिपूर्ण चित्रण है। आपने अपने तीस वर्ष के साहित्यिक जीवन में कई श्रेष्ठ उपन्यास लिखे। पिछले दस वर्षों से आपने अधिक लिखना-पढ़ना बन्द-सा कर दिया था, तो भी गत वर्ष में आप रूस के गार्हस्थ्य जीवन के विभिन्न पहलुओं पर पांच नाटक लिख चुके हैं। इस समय आपकी आयु 68 वर्ष की थी। अभी कुछ दिनों से आप इन्फ्लुएंजा और निमोनिया से पीड़ित हुए और 18 जून 1936 को इस संसार से बिदा हो गये। मृत्यु के वार पर मात्र सहानुभूति और संवेदना प्रकट करके ही मानव जी मसोस लिया करता है। मानव की शक्ति यहीं घुटने टेक देती है।

—क्षितिन्द्र मोहन शर्मा

[कर्मवीर, 27 जून 1936]

मैथिलीशरण गुप्त

1. राष्ट्रभारती के राष्ट्रकवि

गत ता० 21 जुलाई को, देश के हिन्दी-प्रेमी क्षेत्रों में, राष्ट्रभारती के राष्ट्रीय कवि बाबू मैथिलीशरण जी गुप्त की जयन्ती मनायी गयी। जबलपुर में, श्रीयुत नरसिंहदास अग्रवाल ने अपनी कविता में, इस चिरगाँव-निवासी धुरीण के चिरजीवित रहने की प्रार्थना की। नागपुर में इण्डिपेन्डेण्ट के सहायक सम्पादक श्री अ० गो० शेवड़े और प्रो० मिश्रजी ने, गुप्तजी के गुणों की चर्चा की, यहाँ तक कि देश के नगरों, गाँवों और जंगली स्थानों तक में साहित्य-प्रेमियों ने मिलकर, श्रीयुत मैथिलीशरणजी गुप्त की जयन्ती मनायी।

जयन्ती दो प्रकार से मनायी जाती है। कुछ लोग तो वे होते हैं, जो अपने जयन्ती-नायक से रक्षा की माँग करते रहते हैं। वे आशा करते हैं कि उनका युग-पुरुष अपने जमाने की भी रक्षा करे, और आगे आने वाले जमाने में भी अकर्मण्यों का आश्रय बनकर रहे। किन्तु कुछ लोग वे होते हैं जो अपने युग-पुरुष से प्रेरणा की माँग करते हैं। इन लोगों का युग-पुरुष सदैव अमर रहता है, और ये अपने युग-पुरुष से प्रेरणा, उत्साह और प्राण पाते रहते हैं। किन्तु पुण्य-पुरुषों का स्मरण सदा ही लाभदायक नहीं हुआ करता, वह भयंकर हानिकारक भी हुआ करता है। जब हम अपने युग-पुरुष को अपने प्रयत्नों की अन्तिम लकीर मानकर, उस सीमा से आगे कदम नहीं बढ़ाते, जब हमारी यह पूजा, युग-पुरुष के लिए कलंक और हमारे लिए पुण्य-क्षय-कारिणी हो जाती है। क्योंकि उस समय हम युग-पुरुष द्वारा किये गये प्रयत्नों, सहे अपमानों, और माँगे हुए कष्टों के बल पर अपने युग का शृंगार, अपने गौरव का राज-पथ सजाते होते हैं, किन्तु जो वीर-पूजा के यथार्थव्रती हैं, वे युग-पुरुष के पथ में कदम रखकर, अपने बलिदान, अपने कष्ट-

सहन, अपने अपमान, अपने संकट का ही द्वार खोला करते हैं, इस तरह वे सिद्ध करते हैं, कि वे युग-पुरुष के सच्चे क्रियात्मक, शीलवान् और अमर आराधक हैं ! इस जयन्ती के पुण्योत्सव की यथार्थ भावना ही वह होगी जिसमें हमारे तरुण, उपेक्षा, गालियों और कष्टों में भी, उसी तरह नया पथ ढूँढ़ते नजर आवें, जिस तरह, बीसवीं सदी के प्रारम्भिक वर्षों में गुप्तजी ने, खड़ी बोली के तुतलाते दिनों में किया था। स्वावलंबन, जयन्तियों का प्राण है, और इस युग में, देश के, साहित्य के स्वावलम्बन की प्रेरणा, गुप्तजी के साहित्य की विशेषता है।

युग-पुरुष होते ही वे हैं, जो आसमान के इन्द्र की पूजा के बजाय, गोवर्धन पर्वत के रूप में मातृभूमि की पूजा के लिए जगत को बाध्य करें। वह गद्दियों को तोड़ें, और गरीबों की झोपड़ियों को प्रकाशमयी बनावें ! वह धर्म को विज्ञानत्व और पण्डिताई से उबार कर, अपने प्रभु को भक्ति के हृदय-पटल पर बैठाने का आमंत्रण दें। सच तो यह है, कि मनुष्य के भक्तिपूर्ण हृदय और उसके आराध्य के बीच कोई दीवार, चाहे वह विज्ञान की ही क्यों न हो, टिक नहीं सकती।

श्री गुप्तजी कवि हैं—पढ़ने से, जानकारी प्राप्त करने से, और तर्क से, लोग जीवन के जिस कोमल बिन्दु तक नहीं पहुँच पाते, श्री मैथिलीशरणजी उस हृदय-बिन्दु के साथ जाने और बेजाने खेलते से रहते हैं। जिस व्यक्ति की दृष्टि भूत-काल के खण्डहरों में गड़ नहीं जाती, वर्तमान कालत्व का जहर जिस व्यक्ति की वृत्ति पर असर नहीं करता और जो भविष्य की अस्पष्ट कल्पना कर वर्तमान को नहीं बिगाड़ डालता, उसे मैथिलीशरण कहते हैं। अत्यन्त नम्रता से, बहुत सीधी-सादी वाणी में, किन्तु नन्हें बालकों-सी कोमलता और भोलेपन से, यह व्यक्ति, बेइख्तियार समय के आरपार देखता है। मुख के भाव, आवाज, वस्त्र और विवेक, एक-दूसरे के साथ, श्री मैथिलीशरणजी के जीवन पर, आपस में सरलता में होड़ लेने से दीख पड़ते हैं। गुप्तजी इस बात में, गलती करने की हद तक सरल हैं कि लोगों को असन्तुष्ट करने के बजाय, वे स्वयं ही अपने जीवन पर, जो बीते सह लें। व्यापारी जाति में पैदा होकर भी इस व्यक्ति को, कलकत्ता, बम्बई, काशी, प्रयाग, कानपुर, देहली नहीं भाये। चिरगाँव का 'चिर' वैभव ही इन्हें सब कुछ रहा। शिल्पी समय के साथ पैदा होता है, किन्तु समय शिल्पी के आसपास घूमा करता है। बुन्देलखण्ड के ग्रामीण, काशीफल, कूष्माण्ड, लौकियाँ, पत्ते, फल और परिन्दों में, यह एकान्त-वृती समूचे भारत के दर्शन करता रहता है। गुप्तजी के लिए, कीर्ति और महत्त्वाकांक्षा, उनके जीवन का अभिशाप, उनके जीवन का शाप है। और वे उसे सहकर, अपने युग को उपकृत करते रहते हैं।

चिरगाँव में दिये हुए गुप्तजी के दोनों वक्तव्यों को देखिये। सरलता मानो महत्ता से पुकार कर कह रही है कि मुझे जीवित रहने दो। कवि जिस वस्तु में प्रवेश करे, उसमें समा ही जाता है। सो, अपने बचपन के वर्णन में गुप्तजी इतने छोटे होते गये हैं, कि छोटेपन में उनका गहरे जाना, उनके महान् बड़प्पन का माप हो गया है।

कवि-जीवन का बचपन ही गुप्तजी की प्रेरणा और उल्लास से परिपूर्ण है। तारुण्य, परिस्थितियों से लड़ता हुआ और अनुभवी कवि-जीवन तो रामायण की तरह प्रिय, सर्वव्याप्त, उन्नत, पथ-प्रदर्शक और युग-संकेत दिखायी पड़ता है।

और प्रत्यक्ष गुप्तजी। सीधे, भोले, निर्मल। मानो कोई ऐसा प्राणी हो, जिसमें अपनेपन को छुपाने की और जो कुछ नहीं है उसे प्रगट करने की योग्यता न हो। ऐसा व्यक्ति, जिसमें किसी पीढ़ी का विश्वास धरोहर की तरह रह सके। ऐसा जिसका व्यक्ति कविता से बहुत ऊपर उठकर, अपने आराध्य की ओर झाँकता हो, किन्तु वह फिर अपनी वस्तु में आकर विलीन हो। किसी सरलता से, उनने कह दिया—"जो पीछे आ रहे उन्हीं का मैं आगे का जय-जयकार।" इस नम्रता पर विश्व की कौन-सी योग्यता विजयिनी हो सके?

[कर्मवीर, 1 अगस्त 1936]

2. महाकवि की आठवीं वर्षगाँठ

हिन्दी जगत में जहाँ नामी से नामी अधिकांश कलाकार, 50 वर्ष की उम्र से ऊपर नहीं जी पाये, और जहाँ उन्हें, परिस्थितियों, आर्थिक कठिनाइयों और समाज की उदासीनताओं ने समय से पहले खा डाला, वहाँ, जिन लब्ध-प्रतिष्ठ कलाकारों ने, कठिनाइयों का सामना कर अपने प्राणों को उतरती उम्र में, कला-सर्जन, समाज-सेवा और देश-सेवा के लिए, अहर्निश सजग रखा, उनमें, हिन्दी काव्य की अमर विभूति श्रीयुत मैथिलीशरणजी गुप्त का नाम श्रद्धा और सम्मान से लिया जायगा।

जो लोग, भाषाओं और भावों को कुछ दिमागी ऐयाशों के मन-बहलाव तक सीमित मानते हैं, अपनी महत्ता का बखान खुद ही करते कभी नहीं थकते, जो साहित्य में जाने कैसा कठिन लिखते हैं और देश में तो दूर किन्तु जिनके आस-पास के वातावरण में ही जिनकी रचनाएँ नहीं पहुँच पातीं, विश्व-बन्धुत्व का जिनका आडम्बरपूर्ण दावा होता है किन्तु जिनकी रचनाओं का एक हजार का संस्करण मुश्किल से बिक पाता है, जिनके इरादे बहुत बड़े-बड़े होते हैं किन्तु जिनकी प्रतिभा का उन्मेष, सूझों के चुलबुलेपन से शुरू होकर शृंगार के आत्म-विलास में विलीन हो जाता है, जो भविष्य की स्वर्णरेखा बनने का सपना देखते हैं किन्तु भूतकाल का सांस्कृतिक गौरव, और वर्तमान का उत्तरदायित्व जिनकी कलम में ढूँढ़े नहीं मिलता, जो अपनी चुलबुलाहट के जापानी खिलौनों से युग की पीढ़ियों का मन-बहलाव किये रहना चाहते हैं, ऐसे हम लोगों के बीच श्रीयुत मैथिलीशरण गुप्त वह स्वर्णरेखा है, जिस पर इतिहास गर्व कर सकता है, चरित्र-शीलता उल्लसित हो सकती है, और युग का नायक युग के गायक को अपनी साँसों के साथ पा सकता है।

यह विवाद तो प्राचीनतर है कि किस कवि से कौन-सा कवि बड़ा है, किन्तु यह मानव संस्कृति की महानता है कि स्वयं कवि अपना बड़प्पन वसूल करने के

लिए काबुली बनकर किसी के द्वार पर नहीं गया। यदि श्रद्धा और स्नेह के साधनों का, काव्य के गगनबिहारी के घर टोटा पड़ गया है, तो आवारापन से आदर वसूली का रोजगार करके कोई कला-शिल्पी कै दिवस जीवित रह सकता है। कोमल कान्त पदावली के गायक सूर से तुलसी को छोटा कहने वाले लोग, अथवा ऐसी ही माप-जोख करने वाले लोग, हर साहित्य में विद्यमान हैं। गुप्तजी की प्रतिभा की महत्ता, उनके वर्तमान रचना-कौशल से मापना, हिन्दी के भाग्य-गगन के, कला और काल नामक दोनों ही ब्रह्म और माया के स्वरूपों की अव-हेलना करना है। अपने नम्रत्व का स्वयं वर्णन करते हुए श्रद्धेय गुप्तजी ने अपने को अपनी सेना के सिपाहियों से छोटा मानकर एक बार लिखा था—

"जो पीछे आ रहे उन्हीं का,
मैं आगे का जय-जय कार"

और इस तरह छुटाई और बड़ाई की समस्या को उन्होंने समाधि दे दी।

गुप्तजी, शायद सन् 1903 से लिखने लगे हैं। 1907 से तो उनकी कृतियों को लोग लगातार स्वर्गीय द्विवेदीजी महाराज द्वारा संपादित 'सरस्वती' तथा कभी-कभी अन्य पत्रों में पढ़ने लगे। जिस समय 'भारत भारती' का प्रकाशन हुआ उस समय हिन्दी कला के कठोर आलोचक श्रद्धेय द्विवेदीजी को भी गद्‌गद होकर अपने शिष्य की प्रशस्ति में गुरुत्व को न्योछावर कर देना पड़ा था। जिस श्लोक में उनके द्वारा गुप्तजी की प्रशंसा की गयी थी, उसका चौथा चरण था—

"श्री मैथिलीशरण गुप्त उदारवृत्तः —"

गुप्तजी ने कलम ऐसे समय उठायी है, जब हिन्दी काव्य का वाहन ब्रजभाषा थी, और रीति-काल के कवियों के स्वर में स्वर मिलाकर हिन्दी कविता का पथ-संचालन होता था। उस समय, राय देवीप्रसाद पूर्ण, पण्डित नाथूरामशंकर शर्मा, पण्डित कामताप्रसाद गुरु आदि मनीषियों के साथ जिस तरुण का काव्य के क्षेत्र में प्रभावशील उदय हुआ, वे थे श्रीयुत मैथिलीशरणजी गुप्त। उन्होंने खड़ी बोली में, और केवल खड़ी बोली में, उस समय काव्य लिखना शुरू किया, जिस समय खड़ी बोली में कविता करना, हिन्दी काव्य की गौरव-गरिमा का सर्वनाश करना समझा जाता था। उस समय, यदि शृंगार की बारीकियों की तरफ गुप्तजी की लेखनी जाती, तो वह इलजाम सहज ही लगाया जा सकता था कि रीति-काल की शृंगारिकता को खड़ी बोली में अनूदित करके रख देना कौन से नये युग का आवाहन है? श्रद्धा से साधु-नत गुप्तजी की लेखनी, उस समय शृंगारी कवि से बिगड़कर कह उठी थी —

"प्रिय चन्द्रबदन की
चटक नहीं हो जिसमें,
नागिन-सी लट की
लटक नहीं हो जिसमें,

भू और दृगों की
मटक नहीं हो जिसमें,
मन्मथ महीप का
कटक नहीं हो जिसमें,
उसको कविता ही
नहीं आप बतलाते
कविराज आपके
चरित न जाने जाते।
कविता द्वारा जो
बीज आप बोते हैं,
फल उनके विष से
अधिक विषम होते हैं !"

आदि।

गुप्तजी की लेखनी की जन-प्रियता यह है कि आर्य संस्कृति के तेज और ओज से भरी हुई जो रचनाएँ उन्होंने लिखीं, और उन्हें आस्तिक्य के उत्मेष से गूँथ दिया, वे सहस्र-सहस्र की संख्या में हिन्दी जगत् में व्याप्त हो गयीं। सूर, तुलसी, कबीर और मीरा के बाद शायद मैथिलीशरण ही पहले कवि हैं, जिनकी रचनाएँ आदर्श-दान और काव्य-गान के साथ हिन्दी जगत् में जन-जन के पास पहुँचीं। जिस समय, ब्रजभाषा के काव्य से पथ-भूले हिन्दी जगत् को, अकेले मैथिलीशरणजी आदर्श-दान के बलि-पथ में आमंत्रित कर रहे थे उस समय बलि-पंथियों की काव्य-तरुणाई, मैथिलीशरणजी के साहस पर निहाल और नत हो रही थी।

आदर्श और चरित्र की प्रखरता के साथ गुप्तजी ने भारतीय संस्कृति को शोभने वाली श्रद्धा और नम्रता पायी है। पीठे गले की रिश्वत पर, लोगों के मस्तक डुलवाने का सस्ता व्यापार, गुप्तजी के बूते का रोग नहीं। यह प्रतिभा-हनन, उनकी काव्य-यात्रा में कहीं पड़ता भी नहीं। वे अपनी प्रथम साँस से कवि हैं, और अन्तिम साँस तक कवि रहेंगे। यह माना, कि चालीस साल पहले उत्पन्न होने वाले युग के काव्य-धागे से आज का काव्य-धागा अधिक सबल होगा, किन्तु हमारी चारित्रिक दृढ़ता का इतिहास हमारे सम्मुख पडा कराह रहा है, और पूछ रहा है कि मीरा से भारतेन्दु के बीच, जाने कितने कलाकार हमारे बीच हुए, परन्तु शताब्दियों को लाँघने की क्षमता किसने पायी ?

गुप्तजी को, काव्य के अग्रणी होने के नाते तीन परिवर्तित सबल युगों का सामना करना पड़ा। खड़ी बोली का युग तो वे स्वयं अपने युग के सुधी-जनों के साथ हिन्दी में लाये थे, सन् 1920-21 में छायावाद और रहस्यवाद की सबल, मधुरीली और प्रतिभापूर्ण लहर सामने आ गयी, और उसके पश्चात् कला की कोमलता को, लौटकर, पुनः सन् 36-37 में पुरुषार्थ की याद आयी, और प्रगति-

शील साहित्य-साधना ने अपना मस्तक ऊँचा किया। युग पर बोझीली कला हर समय पराजित हुई, क्योंकि वह समय-बँधी क्षण-जीविनी थी। युग का नियन्त्रण करने वाला कलाकार अपरिमित सेवा और परिमित साधनों के साथ सदैव जीवित और अमर रहा। खड़ी बोली के युग ने, जाने कितने ब्रजभाषाकालीन कवियों को उठाकर विस्मृति के गर्भ में फेंक दिया था। छायावाद के युग ने, खून, फाँसी और कालापानी के तुक पर तुक मिलाने वाले तुक्कड़ों को कला के माधुर्य मंदिर से उठाकर ढकेल दिया। और ज्योंही प्रगतिशीलता का युग आया, समय से पराजित कवियों ने छायावाद का भूलना और मायावाद को कुबूल करना स्वीकार किया। किन्तु समय से वे ऐसे उतरे दीखने लगे जैसे आमों के बाजार में उतरा हुआ आम मूल्य खो देता है। ऐसे समय, ऐसे कई सुधी रहे जिन्होंने अपनी प्रतिभा का रथ-पथ कभी नहीं बदला। वे बदली जाने वाली रागिनी के समय, युग के सितार पर केवल अंगुलियों के प्रहार बदलते रहे, उन्होंने अपने आत्म-देव की मनुहार को नहीं बदला। स्वर्गीय जयशंकरप्रसाद ऐसे ही सुधी जनों में रहे। और श्रीयुत गुप्तजी का आसन उसी उच्च शिखर पर आदर से सुशोभित है।

गुप्तजी का गुण-गान, सहज ही चुकने जैसी चीज नहीं। उनकी कला में भगवान काल, अपने वैभव से बोल उठते हैं। जिनकी लेखनी ने पिछले कुछ वर्षों में प्राण पाया है, जिनकी प्रतिभा ने श्रीयुत अयोध्यासिंहजी उपाध्याय और श्रीयुत मैथिलीशरणजी गुप्त के काव्य-प्रयत्नों का अपने आगमन से शृंगार किया है, उन पर यह उत्तरदायित्व है कि गुप्तजी के गौरव को काँधे पर लेने के दिनों को दूर से दूर फेंककर, गुप्तजी की प्रतिभा-पूजन को अपने सिर पर लें।

जाने क्यों, आज, गुप्तजी के 60वें वर्ष के इस आनन्द मंगल में, स्वर्गीय भाई गणेशशंकरजी की याद रह-रहकर सता रही है। काशी के कलाविद् राय कृष्ण-दासजी का यह आयोजन हिन्दी जगत् पर उनका उपकार है।

हिन्दी-सूझ की संस्कृतिमयी भागीरथी महादेवी वर्मा ने कुछ दिनों पहले हिन्दी के कष्टभोगी-साहित्यकार की नम्र सेवा के लिए, साहित्य संसद् का आयोजन किया है। जिस संस्था का आयोजन महादेवीजी ने किया है, उसमें युग-मनीषी कवि निराला और पन्त की ध्वनियों को हम संयुक्त मानें तो उचित ही होगा। उक्त संसद् के कविवर मैथिलीशरणजी गुप्त सम्मान्य अध्यक्ष हैं। काशी में मनायी जानेवाली गुप्तजी की साठवीं वर्षगाँठ पर, लोगों की इच्छा है, कि गुप्तजी को एक धनराशि भेंट की जाय। गुप्तजी उस धनराशि से साहित्य संसद् के कार्य का संचालन करेंगे। श्रीमती महादेवी वर्मा, हिन्दी जगत् की प्रतिभा का गौरव हैं। वे संसद् की स्थापना से उसके पुरुषार्थ का नम्र और दृढ़ प्रयत्न हो गयी हैं। गुप्तजी की साठवीं वर्षगाँठ के गौरव के साथ, निधिसंग्रह की बात आने से हिन्दी जगत् की गौरव-परीक्षा का दिन उपस्थित हो गया है। विश्वविद्यालयों में, शिक्षण के केन्द्रों में, जमींदारों में, व्यापारियों में, जन-नायकों में, चल-चित्रों के क्षेत्र में, देशी नरेशों में, न्यायाधीशों में, सरकारी पदाधिकारियों में कहाँ-कहाँ हिन्दी के

प्रतिभाशील, प्रतिभापूजक, गायक और उन्नायक नहीं हैं? हम आशा करते हैं कि समय अत्यन्त थोड़ा होते हुए भी, उचित धनराशि साठवीं वर्षगाँठ पर, गुप्तजी की सेवा में उपस्थित करने में राष्ट्रभाषा के प्रेमी पीछे नहीं हटेंगे।

इस अवसर पर नर्मदा, ताप्ती और महानदी के स्वर, तथा विन्ध्या और सतपुड़ा के नम्र गौरव को लेकर, हम हिन्दी काव्य के महाकवि मैथिलीशरण गुप्त का सादर अभिनन्दन करते हैं और प्रतीक्षा करते हैं कि अभिनन्दन के स्वर में महर्षि मालवीयजी, श्रद्धेय पुरुषोत्तमदासजी टण्डन और महात्मा गांधी तथा समस्त भारत का स्वर भी अवश्य गूँजता दीख पड़ेगा।

[कर्मवीर, 21 जुलाई 1945]

3. मैं आगे का जय-जयकार

श्रद्धेय मैथिलीशरणजी गुप्त की कविता सर्वप्रथम मैंने 1907 में पढ़ी। उस समय मैं गाँव से नया-नया ही खण्डवा आया था, खण्डवा म्युनिस्पलिटी के कैशियर मेरे मित्र श्री तोताराम पारगीर 'सरस्वती' मासिक पत्रिका मँगवाते थे, उन दिनों स्वर्गीय आचार्य महावीरप्रसाद द्विवेदी द्वारा सम्पादित इण्डियन प्रेस की प्रधान पत्रिका 'सरस्वती' में गुप्तजी की कविताएँ प्रकाशित हुआ करती थीं। स्वर्गीय बी० जगन्नाथप्रसादजी 'भानु' कवि के कार्यालय के कुछ मित्र तथा पारगोरजी 'सरस्वती' लेकर बैठते और ब्रजभाषा से हटकर बिलकुल नवीन रूप में आनेवाली हिन्दी कविता का रसास्वादन करते, उन दिनों गुप्तजी की कविता नवीन तरुणों की वाणी का भूषण थी। केवल किसी एक पुस्तक की कविता ही लोगों के मन को मोहती हो ऐसी बात नहीं, प्रत्येक पुस्तक हिन्दी में बहुत सम्मान, सद्भाव और जोश के साथ पढ़ी जाती। जयद्रथवध, रंग में भंग और गुप्तजी की फुटकर कविताएँ लोगों को बहुत भातीं। मानो ब्रजभाषा के बाहुल्य और प्रभुत्व के सामने लोग खड़ी बोली में लिखी हुई हिन्दी कविता की प्रतीक्षा ही कर रहे थे।

उन दिनों स्वर्गीय श्री श्रीधर पाठक, स्वर्गीय राय देवीप्रसाद पूर्ण, स्वर्गीय श्री कामताप्रसाद गुरु और प्रतिभा-पुरुष नाथूरामजी 'शंकर' शर्मा की कविताओं की विशेष धूम थी, किन्तु ये गुरुजन ब्रजभाषा में भी कविता लिखते थे और खड़ी बोली में भी। खड़ी बोली और केवल खड़ी बोली में कविता खिलकर निर्भीकतापूर्वक, किन्तु अत्यन्त नम्रता से खड़े रहने वाले, एकमात्र गुप्तजी ही थे। जिस समय 'भारत-भारती' निकली उस समय तो लगा जैसे राजनीतिक और सामाजिक विचारधारा में एक तूफान आ गया। सभा-मंचों पर वक्ता 'भारत-भारती' के छन्दों का इतना उपयोग करते मानो उनके कहने की सामग्री के शीर्षक और प्राण केवल हिन्दी की काव्य पुस्तक 'भारत-भारती' में ही हैं। उन दिनों का शायद ही कोई हिन्दी समाचार-पत्र हो जिसने गुप्तजी और उनकी कविता तथा 'भारत-भारती' की प्रशंसा न की हो। जब यह पुस्तक निकली तब गुप्तजी के और हिन्दी-जगत् के आचार्य महावीरप्रसादजी द्विवेदी इतने प्रसन्न हुए कि उन्होंने अपने

शिष्य गुप्तजी की प्रशस्ति में 'सरस्वती' में कदाचित् वसन्त-तिलका वृत्त में एक छन्द लिख डाला, जिसकी अन्तिम पंक्ति थी—

"श्री मैथिलीशरणगुप्त उदारवृत्तः।"

यों आचार्य द्विवेदीजी से प्रशंसा पा लेना उस युग में अथवा उनके जीते जी अत्यन्त कठिन काम था, किन्तु गुप्तजी को द्विवेदीजी का परम आशीर्वाद प्राप्त था। द्विवेदीजी ने गुप्तजी को अपने युग के प्रति अत्यन्त ईमानदार और आमुख पाया; और लगा कि उन्हें वह चीज प्राप्त हो गयी जिसकी वे हिन्दी में आवश्यकता अनुभव करते थे।

मैंने मैथिलीशरणजी की कोई रचना उस युग से आज तक ऐसी नहीं पढ़ी जिसमें ब्रजभाषा का उपयोग हुआ हो, केवल उनकी गोवर्द्धनधारण रचना में उन्होंने यह कहलाया है—

दब मति जाय मेरो बारो कान्ह भोरो हाय,
तू भी दे सहारो सखि शैल बड़ो भारी है।

आज जिस क्रान्ति युग में हम विचरण कर रहे हैं, उसकी प्रारम्भिक जड़ श्री मैथिलीशरणजी गुप्त को सँभालनी पड़ी। सच पूछा जाये तो युग उनके कन्धों पर बैठकर आज इतनी दूर आया है। युग के प्रारम्भ में ही उन्होंने शृंगार की कविता को, जिसकी हर सुधारक भर्त्सना किया करता था, डाँटकर कहा,

प्रिय चन्द्रवदन की चटक नहीं हो जिसमें,
नागिन-सी लट की लटक नहीं हो जिसमें,
भ्रू और दृगों की मटक नहीं हो जिसमें,
मन्मथ-महीप का कटक नहीं हो जिसमें,
उसको कविता ही नहीं आप बतलाते,
कविराज आपके चरित न जाने जाते।

यह पूरी कविता जब 'सरस्वती' में छपी तो लोग गली-कूचों में इसे मस्त होकर गुनगुनाते और गुप्तजी को देखने के लिए तरसते।

राजनीति की किसी महत्त्वाकांक्षा के दास न होने के कारण गुप्तजी साहित्य-सर्जन में लगातार लगे रहे और आज तक लगे हैं, किन्तु रचना की प्रखरताओं के कारण वे शासनप्रिय बनकर नहीं रह सकते थे। यहाँ तक कि भारत-भारती के अन्त में वर्णित सोहनी के कारण तो झाँसी की पुलिस और झाँसी के कलक्टर भड़क गये और गुप्तजी को कारावास में भिजवा दिया।

जब स्वर्गीय गणेशशंकरजी विद्यार्थी ने कानपुर से 'प्रताप' प्रकाशित किया तब उसमें समय-समय पर गुप्तजी की कविता के दर्शन होते। 'प्रताप' के प्रथम विशेषांक के मुखपृष्ठ पर दक्षिण अफ्रीका में सत्याग्रह-आन्दोलन चलाने वाले, कर्मवीर मोहनदास करमचन्द गान्धी के नाम से उस समय विख्यात, महात्मा गांधी की प्रशस्ति में गुप्तजी की जो कविता प्रकाशित हुई वह मानो हिन्दी-जगत् की तरुणाई की नस-नस में ऊग उठी। मेरे लिए तो उस समय गुप्तजी सब कुछ

थे। वे प्रेरक थे, मार्ग दर्शक थे, और क्या नहीं थे !

उस समय मैं तुकबन्दियाँ लिखने तो लगा था, किन्तु वातावरण की रुचि के अनुकूल ब्रजभाषा में ही लिखता था। गुप्तजी का नया पथ मुझे बहुत भाया और यद्यपि मेरी और उनकी उम्र में दो-तीन वर्षों ही का अन्तर होगा, मेरे लिए वे सदैव ही श्रद्धा की वस्तु रहे हैं।

मैंने प्रथम बार मैथिलीशरणजी गुप्त को लखनऊ की कांग्रेस में देखा। यों उससे पहले मैं स्वर्गीय भाई गणेशशंकरजी से, स्वर्गीय पं० महावीरप्रसादजी द्विवेदी से तथा अन्य कुछ मित्रों से भी उनके विषय में बहुत कुछ सुन चुका था। गणेशजी को दो-तीन वर्ष पहले मैं लखनऊ के हिन्दी साहित्य सम्मेलन में देख चुका था। जब मैंने गुप्तजी को लखनऊ कांग्रेस के समय देखा तब मुझे याद पड़ता है कि स्वर्गीय गणेशशंकरजी विद्यार्थी, स्वर्गीय शिवनारायणजी मिश्र, स्वर्गीय बद्रीनाथजी भट्ट, स्वर्गीय शालिगरामजी वर्मा, स्वर्गीय अध्यापक रामरत्नजी और विश्रुत उपन्यासकार श्रीयुत वृन्दावनलालजी वर्मा उनके साथ थें। गुप्तजी उस समय लाल पाग बाँधे हुए थे। लोकजीवन की सरलता ने मुझे दो ही बार जोर के झटके दिये हैं। एक बार गुप्तजी को अत्यन्त सरल पाकर और एक बार दुपल्ली टोपी, घुटने तक धोती तथा सिकुड़ती हुई सूती मिरजई पहने हुए स्वर्गीय कवि सत्यनारायणजी को भाई बनारसीदासजी चतुर्वेदीजी के साथ देखकर। उस समय राजनीति पर अत्यन्त क्रोधित ब्रिटिश-युग के दायमी अपराधी के नाते छिपकर जीवन बिताना ही चोरों और बटमारों के सिवाय क्रान्तिकारियों का पेशा हो रहा था। ऐसे समय 'प्रताप' का जन्म मानो क्रान्ति की बलवान अभिलाषा का जन्म था और गुप्तजी का उस परिवार में सम्मिलित रहना नयी पारिवारिकता का अत्यन्त उज्ज्वल रूप था।

मैं जब भारतेन्दु-युग से आज तक के हिन्दी काव्य के मोड़ों के जोड़ मिलाने बैठता हूँ तक भारतेन्दु हरिश्चन्द्र के पश्चात् मुझे ऊँचाई पर मैथिलीशरणजी खड़े दिखायी देते हैं। यों ब्रजभाषा छोड़ने के साथ हिन्दी ने रस और पहुँच का इतना बड़ा खजाना छोड़ दिया है कि हमारे मार्ग के सारे प्रयत्नों के बावजूद भी अभी हिन्दी कविता, रस, राग, अनुभूति, आनन्द और समर्पण में प्राचीन कविता के पास नहीं पहुँच पायी। हमारी शोभा इसी में है कि हम इस तथ्य को पचास वर्ष के पश्चात् नम्रतापूर्वक स्वीकार करें और गर्वपूर्वक आगे आने वाली पीढ़ियों को अपनी सीमा-रेखा का ज्ञान करायें। उपमा, अलंकार, मुहावरे, कहावतें, वृत्त, इन सबमें जो एक आनन्द-वर्धक चुहल है उस तक पहुँचने में समस्त मौलिकता के बावजूद भी हमारा रस और राग मानो पराजित-सा हो रहा है। मानो हिन्दी के सीधे-सादे शब्दों का बोझा ढोते-ढोते पीढ़ियों में वह कल्पकता ही नहीं आ रही जो रस की समस्त मस्तियों के साथ काव्य का अवतरण कर सके। एक पीढ़ी ने श्रृंगार किया और उठती हुई तरुणाइयों ने यदि रीतिकाल की कविता की भर्त्सना की तो उसके साथ-ही-साथ अपनी काव्यकला में श्रृंगार की ऐसी बाढ़ें आयीं कि यह

पहचानना कठिन हो गया कि वृत्त और समय की कमियों के सिवाय रीतिकालीन कविता में और दोष ही क्या था। किन्तु तिरस्कार में या उपेक्षा में, गर्व में या उद्दण्डता में, दौड़ में या अध्ययन में, हिन्दी में जब जो कुछ भी कहा गया ऐसा लगा मानो गुप्तजी का शील, उनकी सहिष्णुता और उनका उत्साह-दान अपनी पीढ़ियों का पूरक-तन्तु बनकर अमर है।

अपनी क्षुद्र तुकबन्दियों का जो भी मोह मुझमें विद्यमान था, उसे खड़ी बोली की ओर मोड़ने का सम्पूर्ण श्रेय श्री मैथिलीशरणजी गुप्त को है। यद्यपि मेरा पक्षपात उनको परम श्रद्धा से देखकर भी चोरी-चोरी, युग में चिरगाँव में सदैव सियारामशरणजी की कविता के साथ रहता आया है। गुप्तजी ने कविता के काल को सांसारिक रुचि के जड़व्याल के साथ नहीं बाँधा। वे अपनी आराधना वृत्ति में इतने सजग रहे कि अपनी रचना में सदैव उन्मेष और पूजा भावना प्रदान करने वाले व्यक्तियों, वस्तुओं और मर्यादाओं के प्रति ही उनने अपने को व्यक्त किया। श्री राम के प्रति उनका स्नेह इतना व्याप्त हो गया है कि युग के युवक हँसकर भी यह मानते हैं कि जीवन को कथन के प्रति ईमानदार रखने में उनको अद्भुत सफलता प्राप्त हुई है। ब्रिटिश-युग का काव्य-पुरुषार्थ जब सिसकियाँ भर रहा था, रीतिकालीन युग से हिन्दी काव्य घबरा-सा गया था और जब काव्य के नाम पर रति-विलास के कुम्भीपाक नरकों का निर्माण काव्यकला कहा जाता था तब जिस व्यक्ति ने अपनी लेखनी को जरा भी डावाँडोल नहीं होने दिया उसे मैथिलीशरण गुप्त कहते हैं। राजनीतिज्ञों के भाषणों की पहुँच चाहे जैसी होती हो, पर वे गाये और दोहराये नहीं जाते किन्तु, "सरल कवित कीरति विमल सोइ आदरहि सुजान" के प्रशस्त पथ को गुप्तजी निबाहते रहे। मैं उस रचनाकार की सदैव प्रशंसा करता रहा हूँ जो अपनी रचनाओं का पथ नहीं बदलता। पथ न बदलने वाले रचनाकारों की पीढ़ियों को गौरवान्वित करने वाले कुछ लोग गुप्तजी के पश्चात् हिन्दी में हुए हैं और उनकी वृद्धि उत्तरोत्तर हो यही वरदान मैं प्रभु से माँगता हूँ।

सच बात तो यह है कि यह मोह निरा बचपन है कि हिन्दी कविता सदैव एक ही ढाँचे पर चलती रहे। इन्द्रधनुष के रंगों की तरह; ऋतु-ऋतु के पुष्पों की तरह, आती-जाती ऋतुओं की तरह हिन्दी का मौलिक रंग क्यों न विकसे, क्यों न फूले, क्यों न फले? परिवर्तन न केवल भारतवर्ष में किन्तु विश्व-भर में आया हुआ है और नया युग उसका स्वागत कर रहा है, शुभ है। किन्तु हमें यह सावधानी लेनी होगी कि विश्व की जूठन समेटकर हम विश्व को उपहार देने का स्वाँग न भरने लगें। भारतवर्ष की और एशिया की मौलिक भावना बलिदान और समर्पण है। विश्व का कोई देश अपने काव्य के चिर-जागृत रस को इन दो भुजाओं पर खड़ा नहीं रखता अतः बुद्धजयन्ती का उत्सव और 1857 के विद्रोह का उत्सव एक ही वर्ष में साथ-साथ मनानेवाले भारतवर्ष के सूझपन्थी से यह आशा करनी चाहिए कि माना कि विविधता वैषम्य नहीं है, विभिन्नता आत्म-विद्रोह नहीं है, एक-

से छन्दों में भी अनेक रसों का आरोप हो सकता है, अनेक आवेग आ सकते हैं। पृथ्वी से लगाकर आकाश तक समस्याओं की जो बेलें आनन्द, निष्ठुर सत्य और करुणा को लेकर लहलहा रही हैं, उसके आगे बढ़ते चरणों में कँपकँपी लाने की सामर्थ्य किसी में नहीं होती, किन्तु हम यह न भूलें कि किसी कठोर स्थायित्व से भी हम बँधे हुए हैं, हम मानव। हम बोलते जिह्वा से ही हैं, देखते आँखों से ही हैं, सुनते कानों से ही हैं। इनके न आकार में हमारी मौलिक इच्छा चल पाती है और न प्रकार में। अतः आगे बढ़ता हुआ युग अपने ही युगों को और उनके मूल्यों को मस्तक झुकाकर आगे बढ़े। यों गुप्तजी का व्यक्तित्व तो इतना नम्र है कि उलट-पलट करती हुई समस्त नवीन पीढ़ी का भोले भाव से सन्तजनोचित शब्दों में वे यह कहकर स्वागत करते हैं कि—

'जो पीछे आ रहे उन्हीं का, मैं आगे का जय-जयकार।'

[समय के पाँव, 1957]

4. श्री मैथिलीशरणजी गुप्त : हिन्दी जगत् का पुरुषार्थ
(1886-1964)

श्रीयुत मैथिलीशरण गुप्त, इस समय 73 वर्ष के हो गये हैं। उनको चुप रहना वरदान की तरह मिला है, सरलता विधाता के पक्षपात की तरह! लगता है, इन्हीं दो खम्भों पर जीवन की लाँम्बी डोरें डालकर उनका अस्तित्व काव्य, सुषमा, भक्ति और सेवा का अनहोना शृंगार किये झूलता रहता है।

लोग कहते हैं, भावी विश्व का परम सौभाग्य झूलों का मुँहताज है।

वे चूँकि बच्चों जैसी सरलता बुढ़ापे तक अपनाये हुए हैं, उनके सम्पर्क में आते ही लोक-जीवन उन्हें प्यार कर उठता है। वे स्नेह की भूख, और विश्वास की आवश्यकता हैं।

जहाँ विश्वास टूटने पर हो, और श्रद्धा मरने पर, वहाँ मैथिलीशरणजी की कृति पढ़ने के लिए दीजिए!

साहित्य में, गुमराहों की एक ऐसी टोली है, जिन्हें तेज भाषा बोल या लिखकर भी खोने के लिए कुछ है ही नहीं; कुछ वे हैं जिन्हें नया, कुछ नया चाहिए, भले ही उस नये का अपने लिए, देश के लिए, विश्व के लिए, कोई उपयोग न हो; नहीं, भले ही वह नया मानव के अस्तित्व को हानि पहुँचाने वाला हो। कुछ वे हैं, जिन्हें बलिदान चाहिए, मौसम हो, बे मौसम हो; घर हो, बाहर हो; रचना से अंगारे झड़ने चाहिए; आग न लगी हो वहाँ वे अंगारे डालेंगे; आग लगी हो वहाँ वे अंगारे डालेंगे। अंगारों की साधना, लक्ष्य जो है!

कुछ केवल कीचड़ उछालेंगे, कीचड़ उछालने से भी देश-सेवा होती है, भले जीवित रहेंगे, बेभले नष्ट हो जायेंगे। इसका निर्णायक? स्वयं कीचड़ उछालने वाले!

कुछ लोग पुनः ऋषि-जीवन की स्थापना करेंगे; साहित्य-स्रष्टा जो हैं! फिर

से घी-दूध की नदियाँ बहेंगी; स्वर्ग जमीन पर उतर आवेगा। आदर्श, कृष्ण की गाय बनकर, विचरण करेंगे, सारा देश ब्रजमंडल बन जायगा !

हम कुछ लोग, रोटियों के वश में होंगे; जैसी रोटी वैसे हम; किन्तु गाली उसे देंगे, जो हमसे लड़ने नहीं आता, ऐसों में सर्वश्रेष्ठ है ईश्वर। अतः ईश्वर को गाली देंगे। उसने क्या किया, उसको कौन पूछता है, उसका अस्तित्व ही कहाँ है ?

कुछ बीचोंबीच लिखेंगे। न राम नाराज न रावण क्रोधी। सबसे समान दूरी पर !

अत्यन्त कोमल और अत्यन्त यशस्वी होकर भी कविवर मैथिलीशरणजी का इन सबको सदैव आशीर्वाद। मानो गुप्तजी तो आगे आने वालों की कीर्ति मात्र हैं; सच्ची मूर्तियाँ तो अब आ रही हैं !

अपनी समस्त पीढ़ी अथवा पीढ़ियों के सामने, ऋषि की निर्मलता बालक, की सरलता, और अखंड मौन, गुप्तजी के रूप में बोल उठता है—

"जो पीछे आ रहे उन्हीं का मैं आगे का जय-जय कार।"

गुप्तजी की रचना जब आगे बढ़ती है, वह युगों-युगों के आध्यात्मिक मूल्यों को आगे करके चलती है। उनकी रचना, किसी साध्य का साधन बनी-सी नहीं दीखती। साध्य और साधन, मानो शील और श्रद्धा में एकाकार हो गये हों।

उनकी सृष्टि, लगता है उनका भगवान है। इसलिए जब उनकी कलम उठती है, व्यक्ति को बहुत ऊँचे से उठकर देखती है।

मानो, संगठित साधना, संगठित धर्म, संगठित समाज-रचना, संगठित देश, और संगठित ईमान—ये सब वस्तु का मूलतः तिरस्कार हैं। व्यक्ति को छोड़ देने, उसे भूल जाने, उसे ठुकराने, उसके द्वारा रखे गए उदाहरण को छोड़ देने पर, संगठित तन्तुओं के पास शेष रह ही क्या जायगा ?

'जहाँ तब बाण मेरा जायगा; अपने जनों को आपदा से वह अवश्य बचायगा।' (जयद्रथ वध, अर्जुन०)

मानो वे मानते हैं कि सूझ तो संगठित पागलखाने में भी मिलेगी; जरायम-पेशा का तो काम ही सूझ के बिना न चलता होगा। 'प्रेम' कितना पवित्र शब्द, किन्तु संगठित हो जाय तो ? और इस 'प्रेम' पर किन-किन का अधिकार। यदि प्रेमियों के बाजार लगने लगें; उनकी प्रदर्शनियाँ संगठित की जायँ; उनके मेले लगें तो कैसा रहे ?

इसीलिए विरहणी वृजांगना के अनुवादक ने लिखा—

'जिन आँखों ने देख लिया,
प्यारा घनश्याम बिना बाधा,
वे कैसे कह पायेंगी री,
कुल क़लंकिनी है राधा ?'

गुप्तजी की सरलता, बंगला और संस्कृत का प्रगाढ़ अध्ययन है; उनकी लापरवाही, छोटे से छोटे की उचित सेवा है; उनके वर्णन और व्यवहार में स्नेह

है, केवल स्नेह है, और स्नेह के सिवा कुछ नहीं है ! युग धर्म पर बिगड़ा नयी कलम जो थी। गुप्तजी कह उठे—

"राम तुम मानव हो, ईश्वर नहीं हो क्या ?" और फिर किस अदा से मान लिया—

"तो मैं नर पूजक हूँ, ईश्वर क्षमा करे"

इस तरह सन्देश-चिह्नों के झटके को सिर पर लेकर, बिना अपना पथ छोड़े, बिना डाँवाडोल हुए, वे सहते हैं !

शील, चरित्र, साहस, संस्कृति, यह नहीं कि इनका कोई बड़ा दायित्व हो, किन्तु ऐसा सा लगता है, कि मानो सबके सेब, गुप्तजी से मिलकर बातें करते हों और उन्हें उनकी रचना-प्रवृत्तियों को गुदगुदाते हों।

गुप्तजी में, जिस तरह उनका अहम् उनके पात्रों में उतरकर बोलता है, उसी तरह उनका सौजन्य पात्रों की सहस्राब्दियों के बाद भी दायरे से बाहर नहीं जाने देता।

जीवन की गुत्थियों में अथवा पीढ़ी से बरतने के समय जो पीढ़ी को अंगुलि पकड़कर चलाते हों, मानो वे कहते हैं, कि नये युग से बरतते समय जब वह बिगड़ पड़े तो चुप रहो, जब वह हँस पड़े तो चुप रहो, जब वह बढ़ पड़े तो चुप रहो मानो जीवन के लिए समझना ही बाकी है, बोलना कभी नहीं; और बदला लेना तो कभी भी नहीं। यहीं आकर इसी वृत्ति की सतह पर स्वाभाविक है कि महात्मा गांधी को गुप्तजी बहुत प्यारे लगे हों। गुप्तजी मानो भीतर ही भीतर कह उठते हैं कि मैं अपनी पीढ़ी का बोझ नहीं बनूँगा; मैं अपनी पीढ़ी को थकाऊँगा नहीं; मैं अपनी पीढ़ी से कुछ नहीं चाहूँगा; मैं अपनी पीढ़ी से कुछ नहीं कहूँगा।

गांधीजी और मैथिलीशरण गुप्त दोनों बनियों ने भावों में अथवा अभावों में राष्ट्र अथवा साहित्य का निर्माण करते समय शील के क्षेत्र में टोटे का व्यवसाय किया ही नहीं।

जहाँ श्रम इतना मधुर हो जावे, जितना प्रजनन के बाद माँ को बच्चा लगा करता है, वहाँ मृत्यु को अमरता की दासी बनकर क्यों न रहना पड़े ? जो पीढ़ियों को ऐसे खिलौनों का निर्माण करे, जो बचपन में खिलौनों के साथ खेले, जवानी में खिलौनों का उपयोग करे, और बुढ़ापे में विशुद्ध सांस्कृतिकता के दर्शन कर सके, ऐसे खिलौने-साज से स्पर्धा करने की तबीयत होती है।

लगता है, वे पिता के पुरुषार्थ और माता की ममता दोनों को युगों-युगों के लिए, जयद्रथ की कहानी सौंपना चाहते हों, वे भगवान बुद्ध, ईसा मसीह, और मुहम्मद साहिब, सबकी अभ्यर्थना राम के सेवक के नाते करते हैं।

गुप्तजी, मानो इस त्रिकालाबाधित सत्य से प्रेरित हैं, कि बच्चे को गोद खिलाने वाली माँ बच्चे की आज की सूरत पर ही नहीं; किन्तु बच्चे के भविष्य के पुरुषार्थ और सृष्टि को उस पुरुषार्थ में मिलने वाली ममता के लिए जीती है।

तरलाई का स्वाभाविक गुण नीचे, फिर नीचे, फिर नीचे की ओर जाना

होता है; उसी तरह तरलाई को यह भी वरदान प्राप्त है कि एकत्रित तरलाई के पास जितना आगे बढ़ो उतना गहरा। मानो बिन्दुओं के अल्पत्व ने सिन्धु का निर्माण कर दिया हो।

काव्य की तरलाई इसका उपमान हो या न हो, इसका अपवाद नहीं हो सकती।

अत: जिनमें बूंदें पड़ते ही बाढ़ आ जाती है वे ही मैथिलीशरण को समझते समय भूल कर सकते हैं।

उस दिन मैं, साहित्यकार संसद् के भवन में बैठा हुआ था। यह कहने की अलग से आवश्यकता नहीं कि श्रीयुत गुप्तजी उस साहित्यकार संसद् के अध्यक्ष हैं! श्रीमती महादेवीजी वर्मा, श्रीयुत सुमित्रानन्दनजी पंत तथा श्रीयुत इलाचन्द्र-जी जोशी भी वहाँ उपस्थित थे।

गुप्तजी ने कहा, "हमारे बुन्देलखंड में कुछ चोर ऐसे हैं जो सूरज के उजाले में चोरी करते हैं; संध्या हुई कि वे चोरी नहीं करेंगे। वे अपने को सूर्यवंशी कहते हैं। वे बहादुर जातियों में.से ही होते हैं,। इसी तरह कुछ लोग ऐसे हैं जो केवल रात को चोरी करते हैं; वह भी चन्द्रमा के उजाले में; सूर्य की किरण फूटी कि फिर वे किसी की रकम को हाथ नहीं लगावेंगे। वे चन्द्रवंशी कहलाते हैं।" मैं यह कहानी गुप्तजी जैसी सरलता से नहीं कह सका, किन्तु हाँ, सबने कहकहा जरूर लगाया!

आज कहने को तबीयत होती है कि बहन महादेवीजी के प्रधान मंत्रित्व में संचालित साहित्यकार संसद् में बैठकर, उसके अध्यक्ष गुप्तजी ने चाहे जो कहा हो, किन्तु हिन्दी संसार का जो चन्द्रवंशी और सूर्यवंशी रूप निखरता चला आ रहा है, जो रात और दिन के अनन्त पुरुषार्थ से भविष्य के लिए भूतकाल का अध्ययन और वर्तमान का निर्माण कर रहे हैं, उस सबके गुरुजन के नाते यदि सब चन्द्रवंशी और सूर्यवंशी श्रद्धा से अपने गुरुजन, अपने पूज्य कहें तो वह आपका प्यारा गौरवगान क्यों न होगा?

कविता के क्षेत्र में मेरा मन सियारामशरण की रचनाओं के साथ रहता है। मुझे लगता है कि जिस विशाल भावुकता में सियारामशरणजी का निर्माण हुआ है, वे उस देवमन्दिर की महान सीढ़ी हैं, जिसमें हिन्दी जगत का शील, उसकी संस्कृति, उसका पुरुषार्थ, उसका आस्तिक्य निवास करता है, उसे मैथिलीशरण गुप्त कहते हैं!

[1959]

स्वर्गीय वैशम्पायनजी!

यह लिखते अत्यन्त दुख होता है, कि गत 28 वर्षों से हमारे अनन्य मित्र,

यहाँ के गम्भीर वृत साहित्यिक और नगर की जनसेवा के एक जमाने के व्रती भाई श्रीयुत सदाशिव कृष्ण वैशम्पायनजी का स्वर्गवास हो गया। यों गत कुछ वर्षों से, वैशम्पायनजी आम्लपित्त की बीमारी से व्यथित रहते थे, और उन्होंने बाहर जाकर अनेक नामी वैद्यों से इलाज भी कराये। वैशम्पायनजी को खोकर, आज खण्डवा चिन्तनशील साहित्यिकता में गरीब हो गया है वे मराठी भाषा के लेखक तो थे ही, राष्ट्रभाषा की जरूरत पर वे हिन्दी भाषा में भी समय-समय पर लेख लिखते रहते थे। अध्ययन उनका ऐसा जीवन-व्यवसाय बन गया था, और ज्ञान-गांभीर्य ने उन्हें, विश्व की जीवन-दौड़ से इतनी अलग वस्तु बना दिया था कि वे सफल विचारक, सफल सार्वजनिक कार्यकर्ता, सफल राजनैतिक क्रियाशील और सफल समाजसेवक होकर भी, सफल वकील होने योग्य जबांदराजी और तत्परता अपने में न ला सके। सच तो यह है कि वकालत का पेशा, वैशम्पायनजी के लिए, उचित व्यवसाय न था। वे किसी कॉलेज के अध्यापक, किसी सार्वजनिक साहित्यिक संस्था के संचालक, या किसी राष्ट्रीय विद्यापीठ के उद्योगी अथवा साहित्यिक सेवा में लगे होते, तो उन्होंने अपने लिए, वाग्मियों में ऊँचा स्थान प्राप्त किया होता। वैशम्पायनजी के लेखन की दो विशेषताएँ थीं— वे सदैव 'प्रस्तुत विचार' पाये जाते थे, और उनकी भाषा सुलझे हुए विचारों का स्वरूप होती थी, दूसरे, सामयिक मसलों पर टिप्पणी करने के साथ ही, जब वे किसी विषय का विवेचन करते थे, तो यह स्पष्ट प्रगट होला था कि वे विषय की तह तक पहुँचने में कितनी सावधानी लेते थे। हाँ, यह सच है, कि वे जब लिखते थे, राष्ट्र के सन्निकट उपयोगी विषयों पर लिखते थे। वे कोरी शास्त्रीयता पर कभी नहीं ललचे। यही गुण वैशम्पायनजी के भाषण में भी होते थे। वे वक्ता होने के लिए कभी यत्नशील नहीं रहे, किन्तु राष्ट्रीय और सामयिक आवश्यकताओं पर वे जब बोलते थे, सरल भाषा में मजे की बातें करते थे। राजनैतिक चर्चा में, वे कौन्सिल मत चुनाई या ऐसे ही अवसरों में ऐसा प्रचार करते थे कि चुपचाप परिस्थिति में परिवर्तन हो जाय। परन्तु वे कभी भी झगड़ापसन्द, या अपने सम्मुख के व्यक्ति पर प्रथम प्रहार करने वाले न थे। वैशम्पायनजी धार्मिक विश्वास में, पहले कर्मयोग के उपासक थे। किन्तु सन्त तुकाराम के अमर अभंगों ने उन्हें कृष्णभक्ति में आँसू बहाने के लिए विवश कर दिया था। जब वे, मराठी कविता का, खासकर मोरोपन्त की भारत, और सन्तवर तुकाराम की कविता का पाठ करते तो वे प्राय: रो पड़ते।

मेरे साथ की बैठकों में, जब हम लोगों की चर्चा शुरू होती, और जब वे प्राचीन काव्यों की कविता-धारा बहाते, घण्टों बीत जाना, और समय की गति का पता न रहना उनके कथन की विशेषता होती। उन कविताओं के आवेश, उल्लास या उनकी करुणा में, उनके आँसू बहने लगते। श्रद्धा को डुबोकर, और विश्वास को खोकर, वैशम्पायन, वैशम्पायन नहीं रह सकते थे। पिछले यूरोपियन महायुद्ध में, वैशम्पायन घटनाओं को इस खूबी से अध्ययन करते कि उस जमाने के

पत्रों में उनकी लेख-माला निकलती। उन दिनों वे विद्वद्वर कृष्णजी, प्रभाकर खाडिलकर की लेखनी के, विदेशी राजनीति लेखन के, अनन्य उपासक थे। वैशम्पायनजी गरीब थे, इतने गरीब कि जितनी गरीबी को शायद लोग सच न मानें। परन्तु वे इतने आत्म-सम्मानी थे कि उनकी गरीबी उनकी कमजोरी होने के बजाय उनका गर्व बनकर रही। इस गरीबी में जब सन् 1921 का असहयोग काल आया तो वैशम्पायनजी राष्ट्र की विजय के लिए, अत्यन्त नम्र भाव से अभ्यर्थना करते देख पड़े। सन् 1910 से, जब श्रीयुत वैशम्पायनजी खण्डवा में वकील होकर आये, लगभग सन् 1928 तक, वे किसी न किसी रूप में सार्वजनिक सेवा करते ही रहे। महाराष्ट्र समाज में भी वैशम्पायनजी की सेवाएँ इतनी निर्मल, इतनी सफल और इतनी यशस्विनी हुई हैं, कि आज की महाराष्ट्र संस्थाओं के सर्वश्रेष्ठ प्राणदाताओं की यदि नामावली बने तो, स्वर्गीय भाई वैशम्पायनजी का नाम, प्रमुख रूप से सर्वोपरि होगा। यही नहीं सन् 1921 के असहयोग आन्दोलन के प्रथम काल में लोकमान्य तिलक की प्रखर राजनीति को खण्डवा में जीवित और यशस्विनी रख ले जाने के उद्योगियों में, श्रीयुत वैशम्पायनजी का नाम अत्यन्त आदरपूर्ण स्थान रखता है। वैशम्पायनजी राष्ट्रीय जरूरत को समझते थे, वे राष्ट्रीय विचारों के समर्थक थे। यदि परिस्थिति ने उन्हें अवकाश और अवसर दिया होता तो आज वे प्रान्त की प्रमुख राष्ट्रीय शक्तियों में होते। उन्हें खोकर खण्डवा ने बहुत खो दिया। वैशम्पायनजी के रूप में, खण्डवा की विद्वान, स्वाध्यायपूर्ण, साहित्यिक मस्तानी ज्योति का आज निर्वाण हो गया। श्रद्धा से सदैव वैशम्पायन की आँखें भर जाती थीं, हम भी अत्यन्त स्नेह से, अपने स्वर्गीय भाई को, आँसू ही भेंट करते हैं। गुरुवर पण्डित माधवरावजी सप्रे के साथ, मैंने और वैशम्पायनजी ने, राष्ट्र और साहित्य-सेवा की जो घड़ियाँ साथ-साथ समय-समय पर बितायीं उनकी याद आते ही, जी, वैशम्पायनजी को बेचैन खोजता-सा है। राष्ट्रभाषा की उपासना, जबलपुर में कांग्रेस करने की बात और राष्ट्रीय जागृति के कार्य में वैशम्पायन साम्प्रदायिकता को ठुकराने वाले उन व्यक्तियों में थे, जिनकी सलाह लिए बिना, सन् 1922 तक कितने ही कामों में मैं हाथ न डालता। मैं अपने स्वर्गीय भाई के अनुज श्रीयुत नाना साहब वैशम्पायन तथा उनके पुत्रों और परिवार के साथ हार्दिक समवेदना व्यक्त करता हूँ और सोचता हूँ कि स्वर्गीय श्रीयुत सदाशिवरावजी भूल जाने की वस्तु नहीं।

[कर्मवीर, 19 सितम्बर 1936]

हिन्दी जगत् के तेज-निर्माण की वेदी ठंडी पड़ गयी

आज हिन्दी जगत की हृदय कहानी को भारतीय साहित्य की कहानी बना

देने वाला हमारा कहानी-लेखक स्वयं कहानी हो गया। जिस हिन्दी जगत् में वह रहता था उसकी जीवन-घटनाओं को अब हम अँगुली के पोरों पर गिनने के अधिकारी मात्र रह गये हैं। उसकी जिस जबान पर शत-शत मस्तक डोल उठते थे, वह जबान शत-शत जबानों से दुहराने की चीज हो गई! वह मानव-संस्कृति का चरित्र लिखता था और हम उसका चरित्र लिखने बैठ गये! जहाँ उसकी कलम खिलवाड़ करती थी और उसकी एक-एक साँस और उसाँस को अपनी आँखों से कलेजे पर झेल-झेलकर हृदय के भावना-कोष में हम मौन का ताला लगाकर बन्द रख छोड़ते थे, आज हम वह सारा खजाना बाहर निकालने को तैयार हैं। मगर वह आदमी ही हमारे पास नहीं है जिसका यह खजाना है। उसके सारे साहित्य को लेकर, हम लूट के माल की गठरी बाँधे हुए डाकू की तरह साहित्य के चौरास्ते पर खड़े हैं, और वस्तु का मालिक लापता है, उस वक्त जब कोई हमें यह कहकर रास्ते से गुजर जाने दे कि हम निर्दोष हैं, हम उस मार्ग के हकदार हैं।

धर्मशास्त्र, हमें अपनी इन समाज की संस्कृति और सभ्यता का अर्क प्रदान किया करता है। यही कारण है कि धर्मशास्त्रों का बोझ लादे हुए भी समाज धर्म-शास्त्रों को कभी-कभी छूता-सा भले ही नजर आये परन्तु अधिकतर धर्मशास्त्रों से घबड़ाता-सा और दूर जाता-सा दीख पड़ता है। यह सच है कि हमारे जीवन पर नीति के कुछ नियमों, कला के कुछ संस्कारों, धर्म के कुछ तत्त्वों, इतिहास के कुछ अध्ययनों और विज्ञान की कुछ जरूरतों की छाप पड़ी है। और जीवन के लौह-दण्ड पर शास्त्रीयता के इन्हीं ठप्पों की छाप देखकर लोग कह उठते हैं कि शास्त्रीयता से जीवन और जीवन से शास्त्रीयता जुदा नहीं की जा सकती। छापें जीवन के अंदर प्रवेश नहीं कर पातीं, वे जीवन के ऊपर ही ठोकर मारकर रह जाती हैं। और ठंडे लौह-दण्ड पर तो ये ऊपर ठोकर मारने में भी असहाय और असमर्थ होती हैं। किन्तु जब जीवन के लौह-दण्ड को जगत् के उत्थान और पतन की कहानी अपने तीव्र ताप से नमी देती है, तब शास्त्रीयता सरलता से अपनी नियामकता के ठप्पे लगा जाया करती है। आज हिन्दी जगत् के जीवन की तेज-निर्माण की वही वेदी ठण्डी पड़ गयी!

हिन्दी साहित्य में, दुर्भाग्य देखिये कि, कविता, धर्म-शास्त्र, वैद्यक, ज्योतिष, उपदेश, नीति सब कुछ आया और कहानी आयी बहुत देर के पश्चात्। मानो, साहित्य के विकास-वृक्ष की यह कली थी, जिसे जड़, पींड, डालियों, तनों और पत्तों के बाद ही आना था। नैतिकता के लेखक के रूप में हमने स्कूल मास्टर पाये, इतिहास-लेखकों के रूप में मृत जीवनों के संग्राहक, कवियों के रूप में वेदनाओं और बेचैनियों के हृदय-धन पाये, किन्तु एक कहानी-लेखक के रूप में हम सम्पूर्ण मानव-जीवन के रहस्य का उद्घाटनकर्ता पाते हैं। विधाता के सम्पूर्ण जंगल कृत्रिम बगीचों में लगाये और उगाये ही नहीं जा सकते और वे बातें, वे सम्पूर्ण बातें साहित्य के किसी दायरे के द्वारा व्यक्त नहीं की जा सकतीं, जिन्हें

कहानी और उपन्यास लेखक व्यक्त किया करता है। कम पढ़े आदमी के पास शास्त्र घबड़ाता है, रसहीनों के पास कविता मूर्छित हो जाती है। किन्तु शास्त्रज्ञता के बोझ से बोझीले के पास लोक-जीवन और लोक-साहित्य याने कहानियाँ घबड़ा उठती हैं। किन्तु जो व्यक्ति लोक-साहित्य को हिन्दी जगत् की ऊँची और नीची सब जगहों तक समान फैला सका, उगने वाले सूरज की किरणों की तरह, बरसने वाले पानी की तरह ऊँची और नीची, पवित्र और अपवित्र, विद्वान और कम पढ़ी सब जमीनों पर यकसाँ साहित्य पहुँचा सका, उसे हिन्दी संसार में प्रेमचन्द कहते हैं। किसी प्रायमरी शाला की ग्राम-लायब्रेरी में, किसी गाँव के कम पढ़े-लिखे किसान, पटवारी या मालगुज़ार के पास, किसी शहर के पढ़े-लिखे लड़कों में, अध्यापकों में, कचहरी के बाबुओं में, रेल के नौकरों में, डाक्टरों में, प्रोफेसरों में, इन्जीनियरों में, साहित्यज्ञों में, कलाकारों में, कवियों में यदि किसी व्यक्ति का साहित्य यकसाँ विराजमान है तो वह केवल प्रेमचन्द और उसके साथियों का साहित्य है। पाठक जब समाचार पत्रों को पढ़ते हैं तो वे पत्रों पर कृपा करते हैं, किन्तु प्रेमचन्द का साहित्य पढ़ने वाला साहित्य पर एहसान करने के लिए साहित्य नहीं पढ़ता। प्रेमचन्द का साहित्य ही एहसान बनकर उसके पास जाता है। यदि गरीबों का संगठन धनिकता और निरंकुशता के खिलाफ गदर है तो कहानियों और उपन्यासों के युग को रूखी शास्त्रीयता के खिलाफ गदर ही कहना चाहिए। जिस तरह भक्तों ने, ऋषियों के विष्णु का लक्ष्मी के साथ क्षीर-सागर का विहार छुड़वाकर उसे नामदेव की कुटिया छाने और भक्तों के साथ मजदूरी करने के लिए बाध्य किया और इस तरह सदा के लिए जल-समाधि लेते हुए विष्णु को अपने साथ खेलने-कूदने का अवसर देकर जीवन-दान दिया, उसी तरह शास्त्रीयता के रूप में बहुत थोड़ों को चीज बन जाने और समाज के जीवन से अधिकाधिक दूर जाने वाले हिन्दी साहित्य को प्रेमचन्दजी और उनके साथियों की युग-निर्माण-कारिणी लेखनी ने नया बचपन प्रदान किया।

किन्तु, ये पंक्तियाँ तो हम उपन्यास या कहानियों के साहित्य की प्रभुता बखान करने के लिए नहीं लिखना चाहते। हम तो यही कहना चाहते हैं कि प्रेमचन्द को खोकर हमने वह खोया है, जो हिन्दी-जगत् में हमने किसी को खोकर नहीं खोया। यह वेदना उस समय बीस गुनी हो जाती है जब हम सोचते हैं कि हिन्दी-भाषियों की गिरोहबन्दी में प्रेमचन्द को उपेक्षित मर जाना पड़ा। हिन्दी जनता ने जिस व्यक्ति के साहित्य के अत्यधिक समरस होने में अपना गौरव समझा, हिन्दी साहित्य के क्षेत्रों में वही व्यक्ति आदर और पूजा की वस्तु नहीं बन पाया। अस्तु—

गत 5 अप्रेल सन् 1935 को श्री प्रेमचन्दजी बम्बई से बनारस लौटते हुए खण्डवा पधारे थे। इसके पहले सन् 1933 की 4 जनवरी को इन पंक्तियों का लेखक उनके सरस्वती प्रेस में, काशी में श्रीयुत बनारसीदासजी के अत्यधिक आग्रह से उनसे मिला था। इसके बाद 30 अक्टूबर सन् 1934 को कुछ तरुण

मित्रों के साथ बम्बई में उनके दादर वाले निवास-स्थान पर उनसे भेंट हुई थी। जब मैं उस कलाविद् के दर्शनार्थ वहाँ गया था। बनारस की चर्चा में मैंने प्रेमचन्दजी की कहानी और उपन्यासों के सम्बन्ध में धारणा जानने की कोशिश की और खण्डवा में मैंने उन्हीं के साहित्य पर उनके साथ समरस होने के यत्न किये और कुछ कड़वी और कुछ मीठी चर्चा की। उसके बाद जब वे प्रयाग की अकादमी में जनवरी सन् 36 के दूसरे सप्ताह में और नागपुर के सम्मेलन में अप्रेल के तीसरे सप्ताह में मिले तब मुझे स्पष्ट दीख पड़ता था कि वे नन्हे-बच्चे से अधिक सरल और मजदूर से अधिक परिश्रमी, किसी बाप के बिगड़ैल बेटे से अधिक अपने स्वास्थ्य, अपने स्वार्थ और अपनी कीर्ति के प्रति लापरवाह और अपनी कठिनाइयों, अपनी रचना और सरलता को ही अपने जीवन का उपहार समझकर मातृभूमि के मस्तिष्कवानों के बीच भाषा के तंग दायरे में होने वाले मतभेदों को मिटाकर सम्पूर्ण भारत को संयुक्त, साहित्य सम्पन्न और सम्पन्न देखने वाले चिन्तकों में से एक थे। सम्भव है मैं गलती करता होऊँ, किन्तु मैंने पं० बनारसीदास चतुर्वेदी जैसा अभी प्रेमचन्दजी का ईमानदार पूजक नहीं देखा। बनारसीदासजी में यह बेचैनी थी कि हमने प्रेमचन्द जैसा आदमी अपने बीच में पाया है किन्तु हम ऐसे व्यक्ति से जो लाभ उठा सकते हैं उसकी ओर हमारा लक्ष्य नहीं है। बम्बई की चर्चा में मैंने यह पाया कि प्रेमचन्दजी उस वृक्ष के समान हैं जिसमें अपने अमर और मीठे फल देने की बे-इख्तियार शक्ति मौजूद है और जो अपने ऊपर उछलने वाले कीचड़ को ही अपना खाद्य मानकर बुद्धि के विधाता के आँगन में बैठकर जाने और बेजाने सुन्दर से सुन्दर फलों का निर्माण किया करता था। जो मदान्धों द्वारा तोड़ी जाने वाली अपनी डालियों को मौसम का कलम करना समझ कर उसे भगवान का वरदान मानता है और अपकीर्ति के काँटे आसपास बखेरे जाने पर यह समझता है कि चलो, अच्छा हुआ, इन काँटों को लाँघकर मेरे पास अब भीड़भाड़ कम होगी। ग्रामीण और गरीब तो उबाहने पैर भी काँटों में रहने के आदी, वे तो मेरे पास तक पूजा ग्रहण करने के लिए आ ही पहुँचेंगे। किन्तु, जो लोगों की उड़ायी हुई अपकीर्ति की माप पर लोगों के गम्भीर और एकान्त जीवन का मूल्य कूता करते हैं वे कृत्रिम जीवन के लोग मुझे कम सतायेंगे। इस भावना से वे अपने को अपकीर्ति में सुरक्षित मानते। कला के सम्बन्ध में मेरा-उनका थोड़ा मतभेद रहा। वे समाज के लेखक न थे। व्यक्तिगत जीवन का चित्रण उनकी युग-विशेषता थी। उनका खयाल था कि व्यक्ति का जीवन समाज का प्रतिनिधि और समाज की गतिविधि का संकेत करता है। मेरा खयाल था कि व्यक्तिवाद चाहे जितनी बड़ी हानि आज के युग में उठा रहा हो किन्तु जब जनतारूपी समुद्र ने मिलकर लहरों को ज्वार बनाना छोड़ दिया हो तब समुद्र की लहरों का टूटकर जल-बिन्दुओं में बँट जाना और केवल उन्हीं बिन्दुओं का चित्रण सम्पूर्ण समुद्र की, उसके ज्वार की, उसके विरोधियों के निगलने की सामर्थ्य की, उसके अपने गाम्भीर्य को समुद्र के हृदय में बनने और निवास करने वाली रत्न-राशि की और उस पर होने

वाले जल-बिन्दुओं के अधिकार की जल-बिन्दुओं को याद नहीं दिला सकती। प्रेमचन्दजी ने राजाओं और नवाबों को छोड़ा, अमीरी और ऐयाशियों को छोड़ा किन्तु समाज की सारी उथल-पुथल को एकसाथ जाग्रत करने की भावना से व्यक्तिवाद को दफनाने की बात पर उन्होंने विश्वास नहीं किया।

किन्तु, उन्होंने जो किया वह इतना अधिक किया कि वह अपने युग की जनता की, अपने युग के लेखकों की, और अपने युग के कवियों की भी प्रतिभा और आकलन की वाचा फोड़ने के लिए बहुत काफी था। लेखन में जितने उपकरण उन्होंने जमाये सब सामाजिक आदर्शों को लेकर, किन्तु, उन्होंने धनिक और निरंकुश उपकरण के रूप में व्यक्तिवाद को यदि बलवान नहीं बनने दिया तो गरीबों के व्यक्तिवाद की उन्होंने हिन्दी साहित्य में नींव डाली। किन्तु दुःख यही है कि यदि उनकी रचना यूरोप में प्रकाशित होती तो सिद्धान्तों के संघर्षण की एक ज्वाला जागती जो प्रेमचन्दजी को अपने समकालीन लेखकों में ऊँची से ऊँची सतह पर ले जाती। किन्तु हिन्दी संसार में तो प्रेमचन्द के चिन्तन का आकलन प्रेमचन्दजी की चोरियाँ और कमजोरियाँ ढूँढ़ने के प्रदर्शन तक ही जा पाया। प्रेमचन्दजी ने अपने पात्रों का चित्रण ऐसा किया है कि ग्रामीण जीवन के वर्णन में उनकी कलम ज़ीभ बन जाया करती है।

अपनी प्रतिभा की पहुँच और आदर्श चिन्तन के अभाव में अपनी कमजोरी को साहित्य में अधिकाधिक बेंच ले जाने के लालची लेखक दो पथों का अनुकरण किया करते हैं, या तो वे अपनी भाषा बहुत जोशीली रखें या ऐसी हँसोड़ अथवा घिनौनी शृंगारमयी कि विवेक और निश्चय में, अपरिपक्व तरुणाई में, वह साहित्य खूब चल निकले। प्रेमचन्दजी की जिन रचनाओं को मैंने पढ़ा है उनमें इस लालच का कहीं चिह्न नहीं है। उनकी रचना में धनिकता का गुणगान नहीं है, उसका बल-संवर्धन नहीं है। चाहे वह धनिकता महलों के होते हुए भले ही जमीन पर बैठने लगे, मोटरो के होते हुए भले ही पैंदल चलने लगे, पकवानों के होते हुए नमक के साथ सूखी रोटी खाने लगे। गरीबों में दिशा-भ्रम करने वाले ऐसे उपकरणों का प्रेमचन्दजी ने उपयोग नही किया। कीर्ति की धनिकता की प्रशंसा भी प्रेमचन्द की लेखनी में नही पायी जाती। जातिगत, पेशेगत, विद्यागत, सेवागत, कीर्ति की समस्त धनिकता के मोह-जाल से बचने में प्रेमचन्दजी की लेखनी को हम चौकन्ना पाते हैं। इसीलिए नेतृत्व और धनिकता दोनों ही का भारी समर्थन प्रेमचन्दजी के साहित्य में नहीं मिलता। आदर्श पूजक-क्रान्तिवादिता के दर्शन प्रेमचन्द में वहाँ होते हैं जहाँ वे रूढ़ियों की सर्वनाशक विषमता का या तो चित्रण करते हैं अथवा रूढ़ियों के विद्रोह के लिए अपने पात्रों में प्रेरणा उत्पन्न करते हैं। प्रेमचन्दजी के पात्र समृद्ध होने का यत्न करते देखे नहीं जाते, वे सामने की विषम परिस्थिति से मुक्त होने का यत्न करते ही देखे जाते हैं।

प्रेमचन्द को खोकर सचमुच हमने बहुत खो दिया है। किन्तु सच्चा कलाकार मरकर भी नहीं मरता। जो लोग अपने आराधना बिन्दु से रक्षा और

सहायता माँगते हैं, वे सदैव कमजोर होते हैं, परन्तु जो प्रेरणा माँगते हैं वे स्वयं भी जीवित रहते हैं और अपने आराधना बिन्दु को भी युगों तक जीवित रखते हैं। प्रेमचन्द, मुक्त-हास्य प्रेमचन्द, सहायक प्रेमचन्द, मित्र प्रेमचन्द, विनोदी प्रेमचन्द, मानव-जीवन के मिठास की गुदगुदी प्रेमचन्द, अपने साथी और स्नेही की बलवान् भुजा प्रेमचन्द और हमारी, उपन्यास पढ़ने वाली जमात को भोजन देने वाले प्रेमचन्द, चले गये। आँख मूँदने पर प्रतिक्षण दीख पड़ने वाले प्रेमचन्द, खुली आँखों देखने की चीज नहीं रहे। उनके दरवाजे लगायी जाने वाली पुकार अब प्रतिध्वनि बनकर लौट आवेगी, मानो वह प्रेमचन्द तक जाने में थक जाती है। उनके नाम पर लिखी जाने वाली चिट्ठियों का दुनिया में कोई पोस्ट आफिस नहीं। वे डेडलेटर आफिस में पहुँच जायेंगी। उनके कामों पर किया हुआ लंका-काण्ड और उनकी बदनामियाँ उनके जीते जी ही जवाब नहीं पाती थीं, उनके मरने पर वे उस लोक तक नहीं जायेंगी। वे उस लोक की वस्तु ही नहीं हैं जहाँ प्रेमचन्द रहते हैं। प्रेमचन्दजी के दर्शन अब कला की पूजक केवल शिवरानी-देवीजी और उनके द्वारा कही जाने वाली स्मृतियों में पा सकेंगे। किन्तु जो अमर वस्तु प्रेमचन्द के पास थी वह तो प्रेमचन्द अभी भी देने में समर्थ हैं। यदि प्रभु को खोकर भक्त प्रभु-वियोग को परम सत्य मानने के लिए तैयार नहीं होता तो प्रेमचन्द जैसे कलाकार को खोकर हम उसके वियोग को सत्य मानने को कैसे तैयार हो सकते हैं? जो गोर्की, हार्डी, रोलाँ और न जाने किस-किसकी पूजा करते हैं, वे समस्त साहित्यों को सामने रखकर एक बार प्रेमचन्द के साहित्य को फिर देखें। हमारे नम्र विचार से, देखेंगे कि प्रेमचन्द, अमर, क्रियात्मक, गणित के अंकों जैसी स्पष्ट, जाग्रत और ज्वालामय वह वस्तु हिन्दी-जगत् और हिन्दी-जगत् के बाहर की पीढ़ियों को भी दे सकते हैं जिसे प्रेरणा कहते हैं। यह प्रेरणा बल-वान, अमर क्रान्तिकारिणी रहे यही प्रभु से हमारी एकान्त प्रार्थना है।

[कर्मवीर, 17 अक्टूबर 1936]

इतिहास की महान् घटना

कहानी से तीखा सत्य

गत सप्ताह संसार की एक महान् घटना घट गयी। जो लोग यह जानते हैं कि राज्यों की अपेक्षा मनोराज्यों का बल तेजस्वी होता है, जो यह जानते हैं कि सिंहासनों पर विराजमानों को उनके सिंहासनों और शक्तियों समेत 'औंधा-सीधा' किया जा सकता है, किन्तु मनोराज्य की मृगछाला पर बैठे हुए वह स्वर्ग के अधिकार को चुनौती देने की सामर्थ्य विश्व में सस्ती चीज नहीं है, वे इंग्लैण्ड के कल के बादशाह एडवर्ड आठवें, और आज के मि० विंडसर अथवा विंडसर के सरदार की मनोभूमिका को समझ सकते हैं। यदि आठवें एडवर्ड के गद्दी छोड़ने के पहले, किसी

महान् विख्यात लेखक ने, प्रेम के लिए साम्राज्य छोड़ने की कहानी लिखी होती, तो पहले तो उसने, उस कहानी में इतने कम उत्थान-पतन रखे होते, और 'यदि' तथा 'किंतु' के इतने उतार-चढ़ाव रखे होते जिनकी सीमा नहीं—इसलिए कि कहानी स्वाभाविक मानी जाय। किन्तु कहानी की स्वाभाविकता, घटना की अमरता, और उस कहानी के पात्रों के साथ होने वाली हमदर्दी या घुमाकर उसके मस्तक रखने वाले पाठकों में उदय ही न हो पाता। वेल्स और गोर्की जैसे, कलम के विश्व की हाट में, महान धनी लोगों की भी कहानी को लोग, कहानी याने अघटित और अघटनीय घटना का कलंक लगाकर छोड़ देते।

महामानव बोल उठा

किन्तु सभ्यता, सुधार, उन्नति, लालच, वैभव, गौरव और विद्वत्ता के बोझ के नीचे भी, हर व्यक्ति में, जो महामानव निवास करता है, वह किसी समय जब बोल उठता है, तो उसकी वह बोली, कल्पना की कहानियों से अधिक तीखी, और पहुँच के पंखों के प्रयत्नों से अधिक ऊँची हो जाती है। इसलिए, जमाने को दूर तक देख सकने वालों के मुंह से यह निकल गया है—सत्य कभी-कभी कहानियों से भी अधिक तीखा हो जाया करता है।

शब्दों का दिखावा और वैभव

दुनिया में जो शब्द अपने अर्थों का दिवाला काढ़ते आये हैं, उनमें प्रेम शब्द भी बेचारा एक है। अनेकों मनस्वी, इस शब्द में, युग-युग में आकर महानता भरते गये हैं, किन्तु उस महानता पर इतनी लूट-खसोट होती है कि, उस शब्द का यह बेदाग अर्थ, उसमें नहीं रह पाता। यह माना कि शब्दों को अपने बढ़ते हुए अर्थ का बोझ नहीं लगता, किन्तु जब शब्द अपना अर्थ खोने लगते हैं, तब उसमें रुकावट करना भी साधारण आदमी का काम नहीं। प्रेम तो वह शब्द है, जिस पर, बाजारू बदमाश से लगाकर, महामनस्वी तक सबका अधिकार! सब अपने-अपने आकर्षण-बिन्दुओं पर, प्रेम ही करते हैं। उनके करने के लिए प्रेम के नीचे की कोई वस्तु ही नहीं। हत्या करने के लिए किये जाने वाले षड्यन्त्रों में भी, मानव, अपने 'शिकार' पर 'प्रेम' ही करता है!

बादशाह एडवर्ड की प्रेम-पूजा

किन्तु इंग्लैण्ड के बादशाह ने प्रेम के चरणों में बैठकर, जो आत्म-बलिदान किया है, वह एक अमर वस्तु है। उसने अपना सिंहासन खोकर, प्रेम को प्रदान करने का सिंहासन अभिषेक किया है। अंग्रेजों को कोसा जाता है कि वे भावुक नहीं होते, मशीनों की तरह रूखे होते हैं, किन्तु बादशाह एडवर्ड ने दिखा दिया कि कहानियों और दन्तकथाओं के नहीं, विज्ञान और तर्क के महान युग में भी, प्रेम का एक उज्ज्वल उदाहरण उपस्थित किया जा सकता है। तिस पर, बादशाह एडवर्ड नन्हा बच्चा नहीं, गद्दी छोड़ते समय उसकी उम्र 43 वर्ष है। कुछ लोग

प्रेम को जरूरत के माप से नापेंगे, कुछ उपयोगिता के, कुछ उसे राजनीति के माप से मापेंगे। मेरी नम्र सम्मति में तो प्रेम केवल प्रेम ही के माप से मापे जाने की चीज है। किन्तु बादशाह एडवर्ड का प्रेम सब दृष्टियों से मापे जाने पर, अपनी अमरता रखता है।

प्रेम का पलड़ा भारी

गतवर्ष जिस समय बादशाह जार्ज मरे, और बादशाह एडवर्ड ने गद्दी ली, उस समय के पहले से, यूरोप में अशान्ति के बादल मँडरा रहे थे। पिछले 25 वर्षों के अन्दर कितनी ही बार लोगों को यह दीखने लगा था कि कदाचित् भावी महासमर का केन्द्र-स्थान एशिया होगा। किन्तु घटना-चक्रों के कौशलपूर्ण परिवर्तनों ने विश्व के युद्ध-देवता को, पुनः यूरोप में ही, अपना कौशल दिखलाने को भेज दिया, और इटाली के मसोलिनी ने एबिसीनिया के सर्वनाश के साथ, उस महायुद्ध की 'भूमिका' लिख दी, जिसके 'दो शब्द' आज स्पेन लिख रहा है। यह वह समय है, जब संसार के प्रत्येक देश में, कम से कम गृह-कलह, कम से कम गृह-विद्रोह, कम से कम घटनाओं का उत्थान-पतन होना चाहिए। ब्रिटिश जाति से बढ़कर इसे आज कौन समझ सकता है। परन्तु जिस तरह सौभाग्य या दुर्भाग्य, पी० डबल्यू० डी० द्वारा बने हुए रास्तों ही से गुजरकर नहीं आया करते, उसी तरह, प्रेम का संकेत, मानव-मुहूर्तों के लिए ठहर-ठहर कर नहीं आया करता। ऐसे संकटों के बीचोंबीच अंग्रेज बादशाह का यह निश्चय, विश्व की गम्भीरतर घटनाओं से, प्रेम का पलड़ा भारी बताता है।

प्रेम न हाट बिकाय

यदि ब्रिटेन का यह राजा, अपने ही देश के खिलाफ विद्रोह करता या देश पर आये हुए संकट के समय वह अपनी बीबी के राग-रंग में रँगरेलियाँ करता होता, या राज्य के धन को मनमाना उड़ाता, तो लोग उसे दोष दे सकते थे। किन्तु उसने तो अपने देश, अपने एक दिन के छोटे भाई और दूसरे दिन के बादशाह, और अपने देश की महान जनता के प्रति ईमानदार रहने की कसम खाई है। कौन कह सकता है कि आठवाँ एडवर्ड रहकर, जो, बादशाह के नाते, महायुद्ध के बीचों-बीच केवल हुकूमत कर सकता, वह मि० विंडसर के नाते किसी अंग्रेज सेना का सैनिक या सेनापति बनकर, अपने देश या साम्राज्य के लिए लड़ता-मरता नजर नहीं आवेगा? किन्तु, लौटकर, मन फिर प्रेम की महानता पर आ जाता है। अपने बेटे की अपने देखते-देखते सूली पर चढ़ा देखने की कहानी, सन्त और कवि 'कबीर' के जीवन के साथ जोड़ी जाती है। कबीर ही के शब्द हैं—

प्रेम न बारी ऊपजै,
प्रेम न हाट बिकाय।
कह कबीर जाको रुचै,
सीस देय, ले जाय॥

प्रेमी और प्रेम

जिसकी आँखों पर आनन्द और आत्मानुभूति का नशा चढ़ा होता है, उसमें लालच छोड़ने के लालच का उदय हो जाता है। जो अपने को, अपने निश्चय में घुला-मिला देता है, वह सिंहासन छोड़ता है, परन्तु अपना महान् मानव सिंहासन नहीं छोड़ता। जिसके प्रेम-राज्य में आकर, महत्त्वाकांक्षा की सारी नदियाँ, अपना आकार, उन्मेष, और स्वाद खो देती हैं, वह समझकर, चाहे पृथ्वी की कम से कम ऊँची, बिना किनारों की सीमा में रह ले किन्तु वह साम्राज्य के सुनहले बन्दी-गृह में बन्द नहीं रखा जा सकता। जब उस पारावार का गांभीर्य, अपने पर तैरने वाली इच्छाओं और महत्त्वाकांक्षाओं की नौकाओं और जहाजों को निगल जाता है, तब क्या वह अपने आपको निगलकर, पानी पानी बनकर नहीं बैठ सकता? प्रेम की सौगन्ध खाने वाले कितनों ही के जीवन में, नित्य चाँदी-सोने के सिक्के आकर विराम और पूर्णविराम लिखा करते हैं, ब्रिटिश बादशाह के उदाहरण में, साम्राज्य के किलों, खजानों, अधिकारों, सेनाओं, और सुख-साधनों से बनने वाले वाक्य पर, प्रेम और उसके प्रति किये जाने वाले बलिदान ने पूर्णविराम लिखा है।

गरीब हो गया

जिसकी मरजी सँभालने, लहर उठाने, और जिसकी उदासीनता हटाने तथा मनोरंजन करने के लिए कल तक, साम्राज्य का वैभव उपस्थित रहता था, वह प्रेमी होने के कारण, अब हवा से गुनगुनायेगा, पक्षियों से मनोरंजन करेगा, अखबारों की पहेलियों का चिन्तन करेगा, और उसका अपनी पूँजी के धन में रखे जा सकने वाले नौकर, उसके साम्राज्य की याद को ताजा कर उसके मन में एक हूक-सी उठाया करेंगे।

गदर?

इन पंक्तियों का लेखक उन आदमियों में है जो किसी राज्य या धनिकता के खिलाफ, विद्रोह को जीवन का त्यौहार माने। किन्तु बादशाह एडवर्ड का उदाहरण, बगावत के भावों को उकसाने का साधन नहीं बनाया जा सकता। गो, बादशाह एडवर्ड का कार्य, अपने आत्म-निश्चय के लिए, अपने प्रेम के लिए, अपने साम्राज्य और वैभव के खिलाफ की हुई बगावत ही तो कहनी चाहिये। बगावत इन अर्थों में नहीं कि वह साम्राज्य को नष्ट करना चाहता है, किन्तु बगावत इन अर्थों में कि वह प्रेम के मार्ग में आड़े आने वाले साम्राज्य को ठुकरा देता है। यहाँ भारतीय आन्दोलक और बादशाह एडवर्ड का एक प्रकार से साम्य-सा होता है। यदि बादशाह एडवर्ड, अपने प्रेम के पथ में आड़े आने वाले साम्राज्य को ठुकरा सकता है, तो भारत के तीस करोड़ निवासियों की बंधन-मुक्ति के लिए, जब वही साम्राज्य आड़े आवे, तब उस साम्राज्य के निवासी अंग्रेजों के प्रति सद्भाव रखकर भी, भारतवासियों को क्या करना चाहिये? जिन भारतवासियों को, देश की

स्वाधीनता, मि० विंडसर को प्यारी लगने वाली श्रीमती सिम्पसन से भी अधिक प्यारी लगती हो और साम्राज्य के आज के कर्णधार, जिस तरह मिसेज सिम्पसन को साथ रखकर, सिंहासन पर, आठवें एडवर्ड को नहीं रहने दे सकते थे, उसी तरह वे भारतीय स्वाधीनता को साथ में रखकर, भारतवासियों को साम्राज्य का साथी न रहने दें, तो भारतवासी के लिए कौन-सा चारा है? पर खैर मैं, मि० विंडसर के महान् प्रेम बलिदान के दूध में, राजनीति का नमक नहीं छोड़ना चाहता।

स्नेह की स्वाभाविकता

जिस समय, स्नेह, अपनी ईमानदार सतह को लेकर बढ़ता है, उस समय आत्मानन्द का ज्वार, समन्दर की तरह बढ़ता है, और उसमें सब कुछ बह जाता है। आठवें एडवर्ड की प्रेम-घटना के प्रवाह में, वही साम्राज्य आज बह गया है। विश्व का महान् प्रेमी, अपनी अनुभूतियों को अपने जीवन से, ईमानदारी से व्यक्त करने के बजाय, जब वह मशीन की तरह बने हुए जगत की मर्जी पर पीसा जाने लगता है, तब वह जगत् का एक महान् दुर्भाग्य होता है। किन्तु जगत् की इस महान् मशीन की लालची श्रृंखलाओं को ऐसे लोग नहीं तोड़ सकते, जो दिमाग की छोटी-छोटी संदूकों में अपने स्पन्दन और विकास रहित इरादे रखते हैं, थर्मामेटरों द्वारा नियन्त्रित मौसमों वाले कमरों में जिन्दगी बिताते हैं, और विश्व के विस्तार और प्रकृति के वैभव को भूगोल की किताब और कविता की पुस्तक में पढ़कर सन्तुष्ट हो लिया करते हैं। विश्व का प्रेमी, सत्यता और जरूरतों द्वारा डाले हुए, या इनमें पड़कर ढले हुए लोगों से भिन्न हुआ करता है। जहाँ प्यार है, वहाँ न जरूरत की तीव्रता रह सकती है, न बलिदान के दुःख का भान। प्रेम ही की बोली में यह गुण होता है, कि वह औरों के लिए अधिक से अधिक सद्भाव रखकर भी, अपने जीवन को साफ-साफ व्यक्त कर दे। आत्म-प्रकटीकरण के ऐसे उपासक को, जो नजदीक से समझ लेता है, अपने में नयी जिन्दगी का प्रारम्भ अनुभव करने लगता है। हृदय की छुटाई रखकर, लोग अपने नम्र वैभव को नहीं त्याग सकते, फिर साम्राज्य त्याग करने वाले के हृदय को छोटा कैसे कहा जा सके? यह कैसे कहा जा सकता है कि एडवर्ड आठवाँ, गद्दी से उतर गया, जबकि वह मानवता की उच्च गद्दी पर, कुछ सीढ़ियाँ और चढ़ गया है।

कुरबानी

हिन्दुओं की दृष्टि में, यह पुरुषोत्तम मास है, किन्तु इस महीने में पुरुषोत्तम कार्य, आठवें एडवर्ड से बन पड़ा है। मुसलमानों की दृष्टि से यह रमजान का—उपवास का—महीना है। इसका पर्यवसान कुरबानी से होना चाहिये। बादशाह एडवर्ड ने, अपनी कुरबानी देकर सच्चा रमजान मनाया है। यह गरीबों का युग है, और आज प्रेम का साधक आठवाँ एडवर्ड समझता है कि प्रेम का देवता, साम्राज्य

के सुनहले महलों में नहीं रहने दिया जा सकता, वहाँ से तो उसे देश-निकाला ही लेना पड़ेगा, प्रेम के देवता की प्राणप्रतिष्ठा तो गरीबी ही में की जा सकती है। मानव-प्रेम की आराधना करने वाले जगत् के मनस्वी भी चाहे उन्हें साम्यवादी या गद्दार कहकर बदनाम भले ही किया जावे—यदि संसार के गरीबों को राज्यों और तिजोरियों की गुलामी से खींचकर, मानव के व्यक्तिगत अधिकारों की तरफ लाते हैं, तो कौन-सा अपराध करते हैं।

[कर्मवीर, 19 दिसम्बर 1936]

स्वर्गीय ठाकुर गुलजारसिंह

इस प्रान्त की जो तरुणाई, देशसेवा व्रत में यत्नशील है, उनमें, हरदा के अथक कार्यशील नेता ठाकुर गुलजारसिंह बी० ए० एल० एल० बी० का नाम प्रमुखता से लिया जाना चाहिए। होशंगाबाद जिले की सिवनी मालवा तहसील के धामनियाँ नामक गाँव में, सन् 1902 में, इस तरुण का जन्म हुआ था। सन् 1921 में, मैट्रिक पास कर जब जबलपुर के राबर्टसन कालेज में इसने प्रवेश किया, तभी असहयोग आन्दोलन का शंखनाद हो गया। तरुण गुलजारसिंह ने, अपने 23 साथियों के साथ, कालेज छोड़ा, और जबलपुर के असहयोग आश्रम के सदस्य के नाते, देश-सेवा प्रारम्भ की। उसके पश्चात् ठाकुर गुलजारसिंह के वर्ष, अपने जीवन के साथ कठिन युद्ध करते बीते, परन्तु वे लगातार, साथ-साथ देश-सेवा के व्रती रहे। गरीब, शिक्षण लेते हुए विद्यार्थी, और कष्टों से खूब घिरे हुए गुलजार-सिंह को, लोगों ने राष्ट्रीय महासभा के अधिवेशनों और राष्ट्रीय युद्ध के मैदानों में देखा। और जब गत सन् 1933-34 में तरुण गुलजारसिंह वकील होकर आये और अपनी वकालत हरदा में शुरू की तब, हरदा का तरुण समाज इतना संगठित हुआ कि वह प्रान्त की तरुणाई के नेतृत्व में, खूब आगे बढ़ गया। ठाकुर साहब, हरदा लोकलबोर्ड के मन्त्री थे, और हरदा म्यु० सि० के सदस्य। यों हरदा की ऐसी कोई राष्ट्रीय संस्था नहीं जिनमें ठाकुर गुलजारसिंह का बिलकुल स्पष्ट हाथ न हो। महाकोशल प्रान्तीय कांग्रेस कमेटी में ठाकुर गुलजारसिंह का नाम अपनी स्पष्ट-वादिता और निर्भीकता के लिए प्रसिद्ध था। वे यदि गलती करते थे तो निर्भीकता की अधिकता के कारण, उसकी कमी के कारण नहीं। उनकी देशभक्ति उज्ज्वल और बेदाग रही। धन उनमें हृदयहीनता नहीं बो सकता था, वर्तमान शिक्षण उन्हें कायर नहीं बना सकता था, और आसपास का वातावरण उन्हें पद से विचलित न कर सकता था। इसीलिए गत सप्ताह जब पिपरिया में महाकोशल प्रान्तीय युवक परिषद हुई तब होशंगाबाद जिले में ही परिषद् होते हुए और ठाकुर गुलजारसिंह होशंगाबाद जिले के निवासी होते हुए भी, उस प्रान्तीय युवक-परिषद के सभापति बनाये गये।

गत ता० 10-6-37 की 8 बजे शाम तक, वे पिपरिया में तरुण संघ की प्रान्तीय वेदी पर विराजमान थे, और ता० 16-6-37 के 9 बजे सुबह, वे मृत्यु की वेदी पर, अनन्त पथ के यात्री हो गये। कौन जानता था कि पिपरिया से शुरू होकर इंडिया के नर्मदा घाट पर समाप्त होने वाले 133 घण्टे, हरदा के लिए इतने सर्वनाशक, होशंगाबाद जिले के लिए इतने शोकप्रद, और महाकोशल के लिए इतने अभागे साबित होंगे? इन पंक्तियों के लेखक के अनुशासन ही में, ठाकुर गुलजारसिंह ने सार्वजनिक जीवन में, असहयोग-आश्रम में पहला कदम रखा, और भिन्न-भिन्न क्षेत्रों में लड़ते या आज्ञा पालन करते, जहाँ-जहाँ गुलजार-सिंहजी दिखे, वहाँ वे वीर, साहसी, लड़ाके किन्तु अत्यन्त नम्र और सच्चे देश-भक्त दीखे। परसों गत ता० 17 जून को, हरदा के बाजार ही में क्या, हरदा के सार्वजनिक जीवन में गहरी हड़ताल पड़ गयी। प्रान्त के मस्ताने तरुण सर्वश्री भवानी प्रसाद, दादा भाई, निरंजनसिंह, रामेश्वर अग्निभोज, महेशप्रसाद, बुधसिंह और हाँ युवा-प्राण भाई सैयद अहमद और अन्य तरुण मित्रों का हृदय, इस समय जिन भावों से भरा होगा, उसकी कल्पना भी कष्टप्रद है। हमें तो मध्य-प्रान्त के जीवन ही से उदासीनता हो जाय, हम उसे कुम्भीपाक नर्क से बदतर त्याज्य मान लें, यदि हमारे साथ रहकर या हमें पीछे छोड़कर तरुणाई को आगे बढ़ते हम न देखें। बिहार में, युक्तप्रान्त में, महाकोशल में और कुछ-कुछ मराठी सी०पी० में मस्तक रखने, मस्त उठाने और समय आने पर मस्तक उतारकर रखने वाली तरुणाई के हम जहाँ-जहाँ दर्शन करते हैं, हमें मालूम होता है मानो ईश्वर कहीं रहे, उसकी भुजाएँ हमारे आसपास काम कर रही हैं। बीते हुए कल के बोझों को उतार कर, उसमें से अनावश्यक फेंक कर, और आवश्यक को अपनी संस्कृति और धरोहर की तरह रक्षित कर, मानो सूरज और चाँद के घोड़ों पर सिंहासन सजा, तरुणाई के रूप में आने वाला कल हमें विश्व निर्माण करता दीखता है।

इन पंक्तियों के लेखक का जी यह नहीं मानता कि वीर गुलजारसिंह अब नहीं है। कैसे उसके नाम के साथ स्वर्गीय लिख दिया जाय!!

एक बात और! गुलजारसिंह का प्रस्थान, हमारे रोना प्रारम्भ करने की जायदाद न हो। यह श्रीयुत गुलजारसिंह का बड़े से बड़ा अपमान होगा। श्री गुलजारसिंह की एक ही आवाज हो सकती है वह है, प्राणों का उतना ही कम मूल्य करो जितना मैंने किया, खतरों से उसी तरह खेलो जैसी देश की बहादुर तरुणाई खेली है; और सिंहासनों पर या संकटों पर उसी तरह शोभित होओ जिस तरह उसी देश का इतिहास निर्माण करने वाले वीर शोभित हुआ करते हैं।

इस प्रान्त के उम्रदां जन-सेवकों ने सोचा था उनकी परलोक क्रिया पर श्री गुलजारसिंह अपनी कर्मण्यता की अंजलियाँ चढ़ावेंगे। किन्तु आज गुलजारसिंह को इंडिया के नर्मदा-घाट पर, मगर द्वारा डँसे जाने के कारण ये अंजलियाँ चढ़ानी पड़ रही हैं। गुलजारसिंह अमर रहें।

[कर्मवीर, 19 जून 1937]

काकोरी षड्यन्त्र के मुक्त राजबन्दी

आप लोग उन्हें भूल गये लेकिन लाल फीते से बँधी हुई रजिस्टरें उन्हें नहीं भूलीं। पाँच वर्ष बाद काकोरी के कैदी लौटने लगे। सर्वश्री रामदुलारे त्रिवेदी आये, प्रेमकृष्ण खन्ना आये, सुरेशचन्द्र भट्टाचार्य आये, रामकृष्ण खत्री आये, राजकुमार सिन्हा आये—और अब संयुक्तप्रान्त की सरकार ने शेष बन्दियों को भी मुक्त कर दिया है। आइये, आपसे उनको परिचित करा दूं—

श्री शचीन्द्रनाथ सान्याल

सान्याल बाबू मझोले कद के गठीले बदन के साँवले सलोने व्यक्ति हैं। आपकी चाल और भाव-भंगी में देखने वाले को मुग्ध कर लेने वाला गजब का आकर्षण है। आपकी आँखें कहा जाय कि हरदम गीली रहती हैं तो गलत होगा, हाँ उनमें पतला-सा स्नेह हरदम तैरता रहता है। उनकी पुतली में एक मशाल-सी जलती रहती है और वे हरदम कुछ पूछती-सी, कुछ ढूँढ़ती-सी मालूम होती हैं। सरकारी भाषा में सान्याल बाबू 'पुराने पापी' हैं। रासबिहारी बसु के दाहिने हाथ की हैसियत से आपने भारत में सामूहिक सैनिक क्रान्ति का विराट आयोजन किया था। बंगाल की सुप्रसिद्ध युगान्तर पार्टी की स्थापना में भी आपका हाथ था। पहले लाहौर षड्यन्त्र केस में आपको आजीवन द्वीपान्तर वास का दण्ड मिला था। सुधार के समय में आप अण्डमन से लौटे थे। सन् 23 में आपको बाँकुरा केस में गिरफ्तार किया गया था। वहीं से आप काकोरी केस की शृंखला में कसे गये थे। आप पर सरकार के विरुद्ध भयानक षड्यन्त्र करने और 1925 की जनवरी में समस्त भारत में बँटने वाले 'दी रिवोल्यूशनरी' पत्र के लिखने का अपराध लगाया गया था। 'बन्दी जीवन' आपकी सुन्दर लेखन शैली का सर्वोत्कृष्ट प्रमाण है। आपकी विलक्षण तर्कशक्ति के चक्कर में तो बड़े-बडे घाघ वकील तक होशहवास खो बैठे हैं।

श्री योगेशचन्द्र चट्टोपाध्याय

योगेश बाबू छरहरे बदन के गोरे-से हैं। 16 वर्ष की अवस्था से ही आपने स्वाधीनता-संग्राम में सक्रिय भाग लेना प्रारम्भ किया है। सन् 14-15 में आप स्टेट प्रिज़नर बनाये गये थे। कहा जाता है उन दिनों में भी आपके साथ साधारण कल्पना में भी न आने वाले जघन्य और पैशाचिक व्यवहार किये गये थे। गया कांग्रेस के समय में आपने 'हिन्दुस्तान रिपब्लिकन एसोसियेशन' की स्थापना की थी और अनथक परिश्रम कर, उत्तर भारत की बिखरी हुई शक्तियों को एकत्रित कर उसे व्यापक एवं शक्ति-सम्पन्न संस्था का रूप दिया था। एक तरफ से आप उत्तर भारत में क्रान्ति आन्दोलन के पुरस्कर्ता हैं। आपमें संगठन और रचनात्मक कार्य की विचित्र शक्ति है। आपके व्यक्तित्व का आकर्षण इस कार्य में आपकी

बड़ी सहायता करता है। जेल अधिकारी तो आपसे इतना डरते रहे हैं कि साल छः महीने से ज्यादा इन्हें एक जेल में रखने का साहस ही नहीं कर सके। योगेश बाबू दुबारा कलकत्ते में गिरफ्तार किये गये थे। और कुछ दिन नजरबन्द रहने के बाद काकोरी केस में सम्मिलित किये गये। आप इस षड्यन्त्र के नेता माने गये थे और प्रान्त में क्रान्तिकारी संस्था के संगठन-कर्ता के रूप में दण्ड के भागी बने थे। विश्व-कवि रवीन्द्रनाथ की कविताएँ आपको बहुत आनन्द देती हैं।

श्री मुकुन्दीलाल

इटावा जेल के श्री मुकुन्दीलाल खड़तल काया के योद्धा हैं। मैनपुरी षड्यन्त्र केस में आपको 6 वर्ष की सजा मिली थी। इस मुकदमे में ऐसा विश्वास किया गया था कि आप ट्रेन डकैती में शरीक थे। अपनी सारी दौलत देश के चरणों में समर्पित कर आप फकीर बन गये हैं। जब मुकदमा चल रहा था तब आपकी युवती पत्नी को बनारस वनिता आश्रम में गुजर करनी पड़ी थी।

श्री विष्णुशरण दुबलिस

श्री दुबलिस बी० ए० मेरठ जिले के मनावा कस्बे के निवासी हैं। गिरफ्तारी के समय आप वैश्य अनाथालय मेरठ के मैनेजर थे। पुलिस ने बहुत डरते-डरते आपको गिरफ्तार किया था। उसका विश्वास था कि अनाथालय में बमों का भारी स्टॉक है। कुओं तक में बाँस डालकर तलाशी ली गयी थी। आरोपी पक्ष ने बताया था कि क्रान्तिवादियों की गुप्त समिति अनाथालय में ही बैठा करती थी। आपको दस वर्ष की सजा मिली थी। नैनी जेल के दंगे में आपको शरीक समझ-कर पाँच वर्ष का पुरस्कार और दिया था।

श्री मन्मथनाथ गुप्त

मन्मथ बाबू वीर और स्वाभिमानी पिता के वीर पुत्र हैं। आपके पिता वीरेश्वर बाबू नेपाल में अध्यापक थे। लेकिन वे इसलिए चले आये कि वहाँ देश-सेवा करने का अवसर नहीं था। मन्मथ बाबू अपने दुहरे और जरा भारी बदन को सँभाल कर जब हाथी के छौने की तरह झूल कर चलते थे तब देखने वाले को बरबस हँसी आ जाती थी। लेकिन जब उसकी निगाह उनकी चिर उदास मुखाकृति पर पड़ती तब वह हँसी अपने-आप रुक जाती और वह विषाद की उस हलकी-सी किन्तु स्थिर छाया को समझने की कोशिश में डूब जाता। पहले आपको फाँसी पर लटकाने के मन्सूबे थे लेकिन बाद में आजीवन कारावास पर ही कृपा समाप्त की गयी। मुकदमे के दौरान में किसी मोटी किताब का सिरहाना बना कर दस बजे से चार बजे तक सोते रहना मन्मथ बाबू का अपना दैनिक काम था। आपके विरुद्ध गवाही देने वाले गवाहों की ऊँची आवाजें भी आपकी मीठी नींद और गहरी उदासीनता को न तोड़ पाती थी। आपके छोटे भाई मनमोहन गुप्त मनमाड बम केस के सम्बन्ध में अब तक जेल में हैं।

श्री शचीन्द्रनाथ बख्शी

श्री बख्शी को इन आँखों ने कभी देखा नहीं इसीलिए कोई रूपरेखा नहीं दे सकतीं। वैसे तसवीरें कहती हैं कि आप कोई खूबसूरत हस्ती नहीं हैं—इसीलिए फरार रहने के दिनों में कोढ़ियों और भिखारियों का स्वाँग करने में आपको सुविधा मिलती रहती है। काकोरी केस में आपको कुल 15 वर्ष की ही सजा दी गयी थी। राजनैतिक कैदियों की रिहाई के लिए आपने हाल ही में जो अनशन किया था वह तो आपको भी याद होगा।

श्री गोविन्द चरण कर

मुक्त बन्दियों की सूची में कर बाबू का नाम अब तक नहीं आया। शायद वे अभी छूटे नहीं, छूटने वाले होंगे। आप ढाका अनुशीलन समिति के पुराने सदस्य रह चुके हैं। आपके बदन की गठन और आकृति निहायत भद्दी है, लेकिन उसके पर्दे में जो आत्मा है उसे साहस और वीरता की मूर्ति कहा जा सकता है। किंवदन्ती है कि एक बार पुलिस का सामना करते हुए आपने अपने बदन को गोलियों से छलनी बनवा डाला था। इस मामले में आपको संयुक्त प्रान्त का संगठनकर्त्ता बताया गया था। उन दिनों आप लखनऊ के एक होटल में रहते थे। एक बात कहनी ही पड़ेगी, कर बाबू जितने वीर हैं उतने नीतिज्ञ नहीं हैं। हृदय के काफी सरल हैं। कहते हैं लूटी हुई ट्रेन में पुलिस को एक चद्दर मिली थी और वह कर बाबू की थी।

श्री काशीराम

काकोरी के बन्दियों के साथ कानपुर केस के श्री काशीराम कपूर और बनारस केस के विमलराय भी छूटे हैं। विमल बाबू के सम्बन्ध में मैं कुछ जानता नहीं। श्री काशीराम लाहौर षड्यन्त्र केस के दण्ड-प्राप्त बन्दी श्री जयदेव कपूर के छोटे भाई हैं। हरदोई के रहने वाले सुन्दर सुदर्शन युवक हैं। कानपुर शूटिंग केस में पुलिस पर गोली चलाने के अपराध में आपको सजा हुई थी।

काकोरी के उन मुक्त बन्दियों को देखकर उन लोगों की याद स्वयं आ जाती है, जिन्हें प्रतिहिंसा की भावना ने न्याय की चक्की में पीस डाला है। वे अगर फाँसी पर न लटकाये गये होते तो आज इनके साथ वे भी आते और कन्धे से कन्धा भिड़ाकर आगे बढ़ते।

[कर्मवीर, 4 सितम्बर 1937]

पुरातत्त्व-ज्ञान का सूर्य

कुछ महीने पहले समाचार पत्रों में लोगों ने पढ़ा था कि डॉक्टर काशीप्रसाद

जायसवाल बीमार हैं। उसके थोड़े ही पश्चात् पढ़ने को मिला कि बाबा राहुल सांकृत्यायन अपनी चीन-यात्रा स्थगित कर लौट आये हैं, जायसवालजी की बीमारी बेकाबू हो रही है। यह खबर पढ़ते समय किसने सोचा था कि उसके बाद थोड़ी देर और; और जायसवाल बोलने और स्पर्श करने की दुनिया से उठकर केवल यादगार मनाने की दुनिया में चले जायेंगे ! हम आज जो उनकी बीमारी पर चिन्ता प्रकट करते रहे, कल इसलिए तड़पते नजर आयेंगे कि जब तक वह विभूति हड्डी और मांस के ढाँचे में बन्द रही तब तक एक बार फिर उसके दर्शन से अपने को कृतार्थ न कर पाये ! परन्तु समय यदि कहकर, जताकर और हमारे सम्भल जाने पर ही आने की आदत रखता तो शोक मनाने की बात ही कहाँ थी ?

समय की निष्ठुरता इससे अधिक क्या हो सकती है कि भारत के अधिकांश प्रान्तों में नये शासन-विधान के अनुसार कांग्रेस राज्य स्थापित होने की तैयारियों के साथ होने वाली हलचलों की चहल-पहल, बिहार अभी सँभाल भी न पाथा था कि, अपने कीर्तिमय जीवन के क्षण-क्षण समेटकर, भारत के खण्डहरों में, ईंटों, पत्थरों और नाना प्रकार की आकृति-प्रकृति रखने वाले संकेतों में सिमिटकर खोयी हुई आर्यावर्त की गौरव-गरिमा को खोद-खोदकर जगाने और उसे हमारे वर्तमान के साथ समरस कर देने के एकान्त-व्रती डॉक्टर जायसवाल अपने जीवन की चादर समेट चले ! सुना है, बिहार में ऐसे तरुणों की संख्या कुछ अधिक है जो आवागमन की सनातन हिन्दू-भावना को कुसंस्कार मानते हैं; किन्तु यदि आज कोई जायसवाल के पुनरागमन के लालच पर उन्हें इस 'कुसंस्कार' को मस्तक झुकाने को कहे तो सम्भव है, इतने बड़े प्रलोभन की अवहेलना वे न कर सकें। काश यह सम्भव होता !

जायसवालजी का अवसान केवल छप्पन वर्ष की उम्र में हो गया। जीवन के आदि-पर्व से लगाकर स्वर्गारोहण तक इस उद्भट पुरातत्त्ववेत्ता का अद्वितीयता के साथ कुछ ऐसा सम्बन्ध रहा कि दोनों में से किसी ने किसी का साथ न छोड़ा। वे पैदा हुए ऐसे बाप के घर जो जिला मिरजापुर में बाबू महादेवप्रसाद के नाम से मशहूर और लाख के सबसे बड़े रोजगारी। बाल्यकाल मिरजापुर में ही बीता। हाई स्कूल की सीढ़ियाँ समाप्त होते ही लन्दन भेज दिये गये। वहाँ एम० ए० हुए। चीनी भाषा में विशेषता प्राप्त की। सन् 1907-8 में बैरिस्टर होकर भारत लौटे। कलकत्ता विश्वविद्यालय में भारतीय इतिहास के (प्राचीन इतिहास उनका विषय था) प्रोफेसर नियुक्त हुए, परन्तु एक वर्ष से अधिक वहाँ न टिक सके। पटना लौटे और यहीं जम गये। आर्यावर्त की वैजयन्ती को दिशाओं के ओर-छोर तक फैलानेवाले मगध-नरेशों की लीला-भूमि, विदेशी आक्रमणकारियों के अहेर करने में पटु राजकुमारों की प्रत्यंचाघर्षित बाहुओं की रंग-स्थली और भारत पर शासन करने वाले श्वेतांगों के ग्रीसनिवासी पूर्व-पुरुषों के विजेता चन्द्रगुप्त की यह महानगरी, डॉक्टर जायसवाल को न छोड़ सकी। बिहार के कण-कण में बिखरे हुए आर्य वीरों के इतिहास को प्रकाश में लाने वाला यह अद्वितीय मनीषी,

आज जाह्नवी-प्रक्षालित उसी पवित्र भूमि पर, स्वयं इतिहास बनकर अमर हो गया !

भारत की गोद में जायसवाल युग की धरोहर बनकर आये थे। वे निर्माता थे। हिन्दुओं के प्राचीन इतिहास के नाम से जो कूड़ा-कर्कट, भारतीय विद्यार्थियों के सामने फैल रहा था, जायसवालजी ने उसकी एक ओर से सफाई शुरू की। पहले तो आपके सिद्धान्तों की कड़ी आलोचनाएँ हुईं, किन्तु मैदान जायसवालजी के साथ रहा। उनके निश्चित मतों को स्वीकार कर युग के विद्वानों को अपने मत और विचारों के मत बदलने पड़े।

सन् 150 से लगाकर सन् 350 तक के दो सौ वर्ष भारतीय इतिहास के 'तिमिर काल' के नाम से प्रसिद्ध हैं। सन् 1933 में प्रकाशित अपनी एक पुस्तक में जायसवालजी ने इस तिमिरकाल पर क्रमबद्ध प्रकाश डाला। इसके पश्चात् भारतीय इतिहास पर सम्भवतः जीवनकाल में उनकी अंतिम पुस्तक 'इम्पीरियल हिस्ट्री ऑफ इण्डिया' के नाम से प्रकाशित हुई।

जायसवालजी ने जो कुछ लिखा, वह सीमा की प्रामाणिकता के साथ लिखा। उनकी लेखनी में मन्त्रद्रष्टा की-सी सूक्ष्मता, शब्दों में विचारों को ठेलकर लगा देने वाली प्रेरणा, और विचारों में स्वयं गंगा की गहराई मौजूद थी। जायसवाल जब लिखने बैठते तो मानो उनकी उँगलियाँ अतीत के सूत्रों के साथ वर्तमान और भविष्य के ताने-बाने जोड़ने में व्यस्त हो जातीं, किन्तु उनका प्रामाणिक और समालोचक मस्तिष्क तब तक किसी भी विचार को सूत्र के रूप में कागज-कागज पर उतर आने और वर्तमान तथा भावी पीढ़ी की पावन धरोहर बन जाने देने को तैयार न होता, जब तक उनकी पैनी अन्तर्दृष्टि उसमें अशोक-स्तम्भ की भाँति अटल, बौद्ध-धर्म की तरह विस्तृत और सत्य के समान चिरन्तन निधि न देख लेता। लौकिक काया-माया के बन्धनों से परे होते हुए भी जायसवाल अपनी कृतियों के रूप में हमारे बीच उपस्थित हैं—अमर हैं।

[समय के पाँव, 1937]

जयशंकर प्रसाद

1. श्री जयशंकर 'प्रसाद' अक्षर हैं
(1889—1937)

भारत के प्रसिद्ध और प्रतिभा-प्रभु कवि बाबू जयशंकर 'प्रसाद'जी का स्वर्ग-वास हो गया; न जाने क्यों इस बात पर विश्वास नहीं होता। अपने हृदय को स्नेह-घर्षण से वे इतना पारदर्शक बना चुके थे कि उसमें से इहलोक और परलोक दोनों साथ-साथ बैठकर बातें किया करते थे और आत्मदेव की प्रेरणाओं के संकेतों पर पद रखकर वे आसमान में इतने ऊँचे उठकर बोल रहे थे कि बहुतों की

प्रेरणा के निकट रहकर भी पहुँच की उँगलियों से ऊँचाई पर ही थे। अतः उन्हें और ऊँचे पर कोई नया घर ढूँढ़ने की जरूरत न थी। ऐसे समय यह कैसे मानें कि वे सचमुच किसी ऊँचाई के मुतलाशी थे और चले गये।

प्रसाद की वेदना की रचनाओं में ही नहीं उनकी आनन्द की रचनाओं में भी आँसू भर-भर आते थे, वे भर-भर आये हैं। तब आज वह कौन-सी नई चीज है जो उनकी चिर-विदा के समय उन्हें समर्पित की जा सके। प्रसाद और काल दोनों एक दूसरे से होड़ाहोड़ी करते रहे। प्रसाद की प्रतिभा जो जागी उसने 48 वर्ष तक सोना नहीं जाना। निद्रा-द्वार खटखटाती और परिवर्तित होते युगों के साथ लौट जाती। किन्तु आज उनकी चिर-निद्रा जागी है, वह सोना नहीं चाहती, मानो प्रसाद की जागृति पाठशाला का विद्यार्थी अपना ईमानदार पाठ सुनाने आया है।

प्रसाद की कविता अपनी समस्त गरीबी और कठिनाइयों के साथ प्रेम के प्रभु का अनहोना जीवन-चरित्र है। अधखुली आँखों से लिखा हुआ प्रतिभा का इतिहास, जगत् की नजर लग जाने की कहानी है, ऐसी कहानी है जिसके प्रारम्भों में परिसमाप्ति होती ही नहीं। 'प्रसाद' के जाने की खबर को सुनने में कान बहरे हो गये। एक विद्युत है जिसका जोर काशी से उठा है और हृदय रखने वाले हजारों व्यक्तियों को समय और दूरी लाँघकर धक्का पहुँचाता जा रहा है। लोग कहते हैं विश्वनाथ के बदन पर भस्म लिपटी होती है; प्रेमचन्द, रामदास और प्रसाद को भस्म करके आज काशी ने साबित किया कि विश्वनाथ के पास लगाने को आज भस्म ही बाकी रह गयी।

परन्तु प्रसाद की जाज्वल्य प्रतिभा के अमर दर्शन जब तक हो रहे हैं, तब तक अमर प्रसाद के लिए यह अमंगल वाणी बोलने का साहस कौन करे कि वे मर गये। नक्षत्र और समुद्र नहीं मरते और वायु भी जीवित रहती है, तब वायु से बारीक भावों का धनी रहने के लिए जमीन पर जगह न पावेगा इस नास्तिकता पर कौन विश्वास करेगा? अमर ऊँचे पर रहा करते हैं; प्रसाद की प्रतिभा से छेड़छाड़ करने आकर किन्तु उनकी कृतियों को अमर पाकर, उनकी आत्मा का हड्डी और रक्त से विकृत सामान उठा ले गया; और इस तरह प्रसाद को मारने आकर उनकी अमरता पर समय ने अपना ही मृत्यु-लेख लिखा है। समय, इस तरह, यह स्वीकार करता है कि वह ऐसा मन्दभागी है कि जो जाकर नहीं लौटेगा और प्रसाद इतने चिरंजीव हैं जो देश के कोमल युग की अनन्त पीढ़ियों में आ चुके हैं और नहीं लौटेंगे, स्वयं प्रसाद की पंक्तियों में सुनिये, वे कहते हैं—

अरी व्यापि की सूत्र-धारिणी,
अरी आधि मधुमय अभिशाप,
हृदय-गगन में धूमकेतु-सी
पुण्य सृष्टि में सुन्दर पाप,
मनन करावेगी तू कितना
उस निश्चिन्त जाति का जीव

अमर मरेगा क्या ? तू
कितनी गहरी डाल रही है नींव।

इसीलिए सीमा रखने वाले प्रसाद का जर्जर तन आज प्रसाद के साहित्य की सीमारहितता धारण कर चुका है और प्रसाद की इन पंक्तियों को दुहरा रहा है—

बेला क्षण-क्षण निकट आ रही,
क्षितिज क्षीण फिर लीन हुआ,
उदधि डुबा कर अखिल धरा को
लो मर्यादाहीन हुआ।

इस तरह हम प्रसाद को अमर पाते हैं, खुली आँखों में जब हमारी दृष्टि काशी से टकराकर आसमान को जाती है तब वह थककर लौट आती है, यह हम जानते हैं, किन्तु ज्योंही आँखें बन्द होती हैं हम प्रसाद को अपने में हाजिर पाते हैं। एक कानाफूसी, फिर एक मनुहार, फिर एक पुकार, फिर एक हुंकार, फिर एक जोर की चीत्कार, हमारे ये सबके सब प्रयास, प्रसाद के लिए रहने वाली बेचैनी के हमारे ये सबके सब प्रयत्न, वायु हमें वापस लौटा देती है। किन्तु, बिजली की चमक और बादलों की गरज से भी दूर गये हुए प्रसाद हमारे अनन्त मौन में अपनी ही रचना के घरौंदे में से बोल उठते हैं—

मैंने तो एक बनाया है
चलकर देखो मेरा कुंटीर,
यों कहकर श्रद्धा हाथ पकड़
मन को ले चली वहीं अधीर;

कबीर, हिन्दी के सत्य थे, तुलसी शिव थे, और सूर सुन्दर थे, किन्तु प्रसाद सत्य और सुन्दर की आँखमिचौनी थे।

साहित्य की सर्वेश्वरी सरस्वती कहीं रहे, उसके रसों का प्राण, उसका आशीर्वाद, उसका 'प्रसाद' हमने यहाँ पाया। और यदि 'प्रसाद' ही चला गया तो भाषा में बाकी ही क्या रह गया ? 'अमर' तो मिटा नहीं करते इसीलिए प्रसाद अमिट हैं, अक्षर हैं।

अतः उनके चरणों में हमारा वन्दन।

वियोग के मूलधन को जो स्वीकार ही न करें उन भक्तों का काल कुछ न बिगाड़ सका। भक्तों का वही बाना, संयोग पर वही आत्म-श्रद्धा और मनोभावों की वही बलि-पीठिका हिन्दी-जगत् में आज कोने-कोने से प्रसाद को पुकार रही है।[1]

[15 नवम्बर 1937]

---

1. निधन, 15 नवम्बर 1937

2. जयशंकर प्रसाद

स्व० श्री जयशंकर प्रसाद उन कवियों में हैं जो सदैव अमर हैं; न वे मर सकते हैं, न उन्हें कभी मारा ही जा सकता है। जिन यादों पर, जिन भूतकालीन यादों पर प्रसाद अपनी रचना किया करते थे वे यादें आज भी शाश्वत हैं और प्रसाद का पार्थिव शरीर कहीं भी रहे, किन्तु वे ही यादें प्रसाद के यश-शरीर से लिपटकर वहाँ तक फैल जाती हैं, जहाँ तक प्रसाद को पढ़ने और समझने की ललक और लालसा है।

बताते हैं अँगरेजी के सुप्रसिद्ध व्यंग्य नाट्यकार और विश्व के अति परिचित लेखक बर्नार्ड शॉ ने एक बार शिकायत की कि, "मेरी रचनाओं को विद्यालयों में जाकर अध्यापकों ने मुझे विद्यार्थियों में अप्रिय बना दिया", किन्तु कहन हो या कहन का मसाला, वर्णन-शैली हो या वर्णन स्वयं, काव्य का शरीर हो अथवा उसकी आत्मा, प्रसाद की कविता में काव्य और जगत् ऐसे घुल-मिलकर बैठे हैं कि विद्यार्थियों के बीच भी उन्हें अप्रिय नहीं बनाया जा सकता। प्रसाद की पीढ़ी प्रसाद की रचना में अपने तारुण्य के स्वर को उसी प्रकार दुलार करती है, जिस प्रकार सौन्दर्य पार्थिव रूप में दर्पण के सामने उपस्थित होकर अपने को सँवारने लगता है; प्रसाद का काव्य इसलिए युग-युग अमर है, क्योंकि सूझें उसे सँवारती हैं, कथन की धनिकता बुद्धि को भोजन देती चलती है, और वह निगूढ़ तत्त्वों को भी इतनी सरलता से कहती है कि रस का बहुत बड़ा अंश पाठक के पल्ले पड़ जाता है। घटनाएँ रससिद्ध वाणी के कवियों की तरह प्रसाद की रचनाओं के पास आकर कह जाती हैं कि हानि-लाभ, जीवन-मरण और गुण-दोष की कोई सीमा-रेखा उनके बीच नहीं खींची जा सकती। कालिदास के कथन और रघुवंश तथा उनकी अन्य कृतियों के मूल पौराणिक कथानकों के बीच में जो दूरी है वह ऐसी हो जाती है कि उनका अज और उनकी इन्दुमती, उनका शंकर और उनकी पार्वती, उनकी शकुन्तला, उनका दुष्यन्त मानो अपने इतिहास और पुण्य-स्थलों के लोक से उतर-उतरकर वाणी के उस वरद-पुत्र के कथन में समा-से गये हैं। महाभारत और रामायण के उनके रूप और कालिदास के द्वारा दिखाये गये इतने रूप में, इन दो रूपों में, जन-जीवन कालिदास के दिखाये दृश्यों पर ही अधिक आशिक होता है। प्रसाद की भी वाणी की कहन और उनके कथा-सूत्रों की दूरी के मूलधन को लोग स्वीकार करने के लिए तैयार नहीं हैं। उन कथानकों के विषय में मूल ग्रन्थों में क्या कहा गया है, इसकी अपेक्षा लोग इसी बात पर अधिक आनन्दित होते हैं कि प्रसाद उसे किस प्रकार कहते हैं। ऐसे समय लोग सुनना चाहें या न सुनना चाहें तो भी यह कहना अत्यन्त आवश्यक प्रतीत होता है कि प्रसाद को समझने के लिए समझ के चढ़ाव की सीढ़ियाँ सुरक्षित रहें।

अतः यह आवश्यक है कि हम प्राचीन रस-सिद्ध कवियों की तरह प्रसाद के कृतित्व को पीढ़ियों में अत्यधिक समझे जाने के लिए व्याकरण, व्याख्या और कोष-

निर्माण द्वारा उचित लोक-सेवा करते जायें, जिससे क्लास रूमों में और जन-साधारण की श्रेणियों में जब लोकरुचि प्रसाद के कथन पर आसक्त हो तब वह हमारी या जमाने की बात मानकर न रह जाये, वह प्रसाद की रचना के कण-कण और क्षण-क्षण को समझ सके।

प्रसाद से मेरे परिचय की बात यदि आपसे कहूँ तो शायद आप हँसेंगे। सन् 1913 में खण्डवा से 'प्रभा' नाम की एक मासिक पत्रिका प्रकाशित होती थी, उसमें आलोचना के लिए प्रसाद का एक छोटा-सा कहानी-संग्रह आया। उस पुस्तिका की एक कहानी का नाम था मदन-मृणालिनी और एक कहानी का नाम छाया भी था। उन दिनों मौलिक कहानियाँ लिखने का युग हिन्दी में जड़ नहीं पकड़ पाया था। हमारे अन्य पड़ोसी प्रदेशों की भाषाओं में भी अँगरेजी बँगला कहानियों से अनुवाद हुआ करते थे। 'प्रभा' के सम्पादकीय कार्यालय में से मैंने प्रसादजी को पत्र लिखा था कि कहानियाँ बहुत अच्छी हैं, मैं पुस्तक को दो बार पढ़ गया, कृपया लिखिए कि ये कहानियाँ कहीं से अनुवाद तो नहीं की गयीं? 'इन्दु' के सम्पादक 'गुप्तजी' का पत्र आया कि वे कहानियाँ मौलिक ही हैं। किन्तु प्रसाद की याददाश्त देखिए कि जब इस घटना के 19 वर्ष बाद सन् 1932 में शान्तिनिकेतन से लौटते हुए मैं उनसे पहले-पहल मिला, तब उन्होंने हँसकर कहा, अब तो आपको विश्वास है कि मेरी कहानियाँ अनुवाद नहीं होतीं। इसके पश्चात् हम दोनों हँसते रहे और बहुत-सी ऐसी बातें करते रहे जिनका करना उस समय आवश्यक था।

सन् 1913-14 में प्रसाद की एक कविता 'इन्दु' में छपी थी। उसका शीर्षक यदि मैं भूलता नहीं हूँ तो 'इन्द्रधनुष' था। उसमें विरक्त विचारों को देखकर मुझे लगा कि एक दृढ़ कलम का धनी हिन्दी में आ रहा है। अपनी इस प्रसन्नता को मैंने छेड़-छाड़ ही के द्वारा व्यक्त किया। मैंने इस आशय का एक पत्र उनको लिखा था कि श्रीधर पाठक की 'काश्मीर सुषमा' नामक कविता की चुनौती नयी पीढ़ी को स्वीकार करनी चाहिए और झिझक तथा रुकावटों के परे अपनी बात कहनी चाहिए। बहुत समय के पश्चात् इस पत्र का यह उत्तर आया था कि समय-समय पर मैं अपने विचार इसी तरह व्यक्त करता रहूँ। किन्तु जीवन पर पुलिस का कड़ा पहरा रहने के कारण न मैं कागजों को सँभालकर रख सकता था, न मित्रों के पास स्वतन्त्रतापूर्वक आ-जा सकता था और न ही पत्र-व्यवहार जारी रखकर अपने मित्रों के सिर पर संकट औंधते देख सकता था।

जिस समय प्रसाद लिखने लगे उस समय हिन्दी-जगत् में दो-तीन घटनाएँ घटीं। एक यह कि स्वर्गीय पूज्य पण्डित महावीरप्रसादजी द्विवेदी और उनके द्वारा सम्पादित 'सरस्वती' मासिक पत्रिका के प्रयत्नों से कविता का ब्रज-भाषा से खड़ी बोली में लिखा जाना प्रारम्भ हुआ था। इस समय इस विषय पर घनघोर चर्चाएँ हो रही थीं कि कविता ब्रजभाषा में लिखी जाये अथवा खड़ी बोली में। प्रतिभा के धनी स्वर्गीय नाथूरामजी 'शंकर' शर्मा और हिन्दी के

तेजस्वी गौरव राय देवीप्रसादजी 'पूर्ण' ब्रजभाषा में कविता लिखते हुए खड़ी बोली में कविता लिखने के लिए उन्मुख हुए थे, किन्तु राष्ट्रकवि श्री मैथिलीशरण गुप्त की जो कविताएँ 'सरस्वती' में प्रकाशित होती थीं वे समस्त खड़ी बोली में लिखी जाती थीं। इसी प्रकार स्वर्गीय पण्डित कामताप्रसादजी गुरु 'सरस्वती' में और 'प्रभा' में भी खड़ी बोली में कविता लिखते थे। उस समय के विद्रोही तरुण की तरह श्री जयशंकर प्रसादजी ने अपने कठिन मार्ग के लिए बोली के इसी माध्यम को अपनाया। दूसरी घटना यह हुई कि भारत की स्वाधीनता के लिए होने वाले प्रयत्नों में हिन्दी-साहित्य जुटता जा रहा था। इन प्रयत्नों का श्रीगणेश काशी से ही वर्षों पहले स्वर्गीय भारतेन्दु बाबू हरिश्चन्द्र प्रारम्भ कर चुके थे। अतः भारतीय जीवन को उन्नत बनाने वाले सुधारों की ओर साहित्य का ध्यान गया जो कि स्वाभाविक था।

जिस तरह भक्त-कवियों और रीति-कालीन कवियों की कविता में एक संघर्ष स्पष्ट दृष्टिगोचर होता है उसी तरह भारतेन्दु व द्विवेदी-युगीन सुधारवादी कवियों और नये छायावादी कवियों में भी एक संघर्ष उत्पन्न हुआ। मेरी समझ में नहीं आता कि उस समय काव्य का माधुर्य सुधारों की झड़प से अपने अस्तित्व को बचाने के लिए अथवा कविता के अमर माधुर्य को सुरक्षित रखने के लिए यदि समाज में संघर्ष उपस्थित नहीं करना चाहता था तो छायावाद का रूप न लेता तो क्या करता। उपेक्षा, रुकावट, अपमान और बदनामी का बड़े से बड़ा मूल्य चुकाकर भी माधुर्य की रक्षा करना और इस तरह प्रकारान्तर से अपनी गलत या सही धारणा के अनुसार लबालब भरे हुए अनन्त के माधुर्य की छलक से अन्तरतम और अपनी पंक्तियों को निहाल कर ले जाने के लिए छिपकर बात कह ले जाने के सिवाय और चारा ही क्या ? अतः उस समय का क्रान्तिवाद यदि भारतीय पराधीनता के प्रति विद्रोह था और लुक-छिपकर जिन्दगी बिताना उनकी लाचारी थी, तो सुधारवाद और गद्यात्मकता के अधिक उपदेशप्रद ऊँचे उठकर बोलने के दिनों में भाषा और कथन की मल्ल-विद्या सीखने की अपेक्षा भावों की जगदीश्वरी के आँगन में आँसुओं और अनुभूतियों के पंख लगाकर आनन्द और माधुर्य को न छूटने देने के लिए नगण्य कहलाकर भी विद्रोह करने के लिए युग के माधुर्य की तबीयत मचल-मचल उठती थी। इस तरह की रचनाओं को सबसे पहले स्वर्गीय श्री गणेशशंकर विद्यार्थी ने 'प्रताप' में प्रकाशित किया। यद्यपि सर्वसाधारण में इस धारा के फैलने की उन्हें अधिक आशा न थी। उन्होंने मुझसे कहा भी था कि ऐसी पंक्तियों को लिखकर आप अकेले पड़ जायेंगे। मुझे यह मालूम नहीं था कि इस दिशा में श्री जयशंकर प्रसाद कुछ लिख रहे हैं; बहुत कुछ कर रहे हैं। मुझे उनकी रचनाओं की ओर उन्मुख होने का बहुत विलम्ब से अवसर मिला। आज के सुप्रसिद्ध समीक्षक डॉ० विनयमोहन शर्मा उन दिनों काशी विश्वविद्यालय में पढ़ते थे। यह कोई सन् 1927-28 की बात है। वे जब काशी से लौटते तो जयशंकर प्रसाद की रचनाओं से खूब ही प्रभावित होकर लौटते।

एक बार प्रसादजी की 'आँसू' नामक पुस्तिका ले आये। मुझे लगा मानो उपासना के पत्थर में साँस आ गयी। मेरा हृदय खिल उठा और भावात्मक काव्य के उस सबल रूप पर मेरा मन बाग-बाग हो उठा। रह-रहकर आज भी मुझे उस बात का विचार हुए बिना नहीं रहता।

एन्थ्रोपॉलोजिस्ट (मानवशरीर-शास्त्र-ज्ञाता) कहते हैं कि जमुहाई लेना, आँखों की पलकों का हिलना-डुलना, शरीर का सिकुड़ना और फैलना, मनुष्य या प्राणी मात्र की ये आदतें अथवा ऐसी ही क्रियाएँ अपने-आप होती हैं; इनके लिए आयास नहीं करना पड़ता। संगीत में राग-रागिनियों के उतार-चढ़ाव के रियाज में वर्षों लग जाते हैं। चित्र, नृत्य और मूर्ति भी इस श्रम से खाली नहीं; वर्षों के अभ्यास, अनुभूति और अध्ययन के साथ चलते हैं। तब क्या काव्य की सूझें ही इतनी जड़ीभूता हैं जो एन्थ्रोपॉलोजिस्ट की बतायी क्रियाओं की तरह अपने-आप होने लगी हैं? जिस समय प्रसाद के उन्मुक्त काव्य-भावों को पढ़ता हूँ तो लगता है यह जीवन की निर्माल्य बिखरन नहीं है, साधना का एक परिवार है जो प्रसाद की रचनाओं के पीछे खड़ा है। और तब प्रसाद के इन कथनों में जहाँ रस दिखायी देता, वहाँ तिल-तिल कर प्रसाद का इस रस के लिए मिट जाना भी दीख पड़ता है। इन पंक्तियों को देखिए—

क्यों व्यथित व्योम गंगा-सी
छिटका कर दोनों छोरें
चेतना तरंगिन मेरी
लेती है मृदुल हिलोरें।

अथवा

जीवन में मृत्यु बसी है
जैसे बिजली हो घन में।

अथवा

विष-प्याली जो पी ली थी
वह मदिरा बनी हृदय में।

अथवा

काली आँखों में कितनी
यौवन के मद की लाली
माणिक मदिरा से भर दी
किसने नीलम की प्याली।

यही क्यों

तिर रही अतृप्ति जलधि में
नीलम की नाव निराली
काला पानी वेला-सी
है अंजन रेखा काली!

अथवा इसे पढ़िए,

तुम स्पर्श-हीन अनुभव-सी
नन्दन-तमाल के तल से
जग छा दो श्याम लता-सी
तन्द्रा-पल्लव विह्वल से।

सपनों की सोनजुही सब,
बिखरे, यह बन कर तारा
सित-सरसिज से भर जावे
वह स्वर्गंगा की धारा।

और

बाँधा था विधु को किसने
इन काली जंजीरों से
मणिवाले फणियों का मुख
क्या भरा हुआ हीरों से।

इस तरह जब भी प्रसाद ने लिखा वे कथनी पर ही नहीं आये, उस समय वे सौन्दर्य, आनन्द और समर्पण की मस्ती में भरे हुए सम्पूर्ण अपनी पर भी आये।

मैं यह मानता हूँ कि कवि अथवा कलाकार व्यक्तियों को उठाकर फेंक देता है, घटनाओं के आगे झुकता नहीं। वह केवल विचारों के जगदीश्वर के सम्मुख व्यक्ति के वैभव और घटनाओं की उदात्तता को लेकर उपस्थित होता है; इसलिए उसका जीवन अपनी कला द्वारा व्यक्त विचारों और घटनाओं की उसके द्वारा की हुई सीकन पर निखर उठता है। जब कलाकार के कहने के प्रकार और उसके आकार में दूरी ढूँढ़ी जा सकती हैं तब उसके गद्य और पद्य में तो दूरी ढूँढ़ी ही जा सकती है। कविता के समय प्रसाद ऐसे लगते हैं मानो कोई दीवाना काशी के दशाश्वमेध घाट पर बैठकर सारी काव्य-गंगा को अपने नेत्रों के द्वारा अपने जीवन पर उतार लेना चाहता है और अन्तर की मिठास घोलकर उसे अति मीठी कर देना चाहता है, किन्तु जब हम प्रसाद का गद्य पढ़ते हैं तब ऐसा लगता है मानो देश-सेवा के लिए आवश्यक व्यापक विवेक उनकी रचनाओं का नियन्त्रण कर रहा है। लगता है प्रतिभा गाड़ी को गद्य से पद्य की ओर घुमाने के समय अपने पर जुल्म करने की कीमत तक पर प्रसाद परिस्थिति और माधुर्य के साथ समान इन्साफ करने में यत्नशील होते थे। इस बात से कौन हर्षित न होगा कि प्रसाद के कथन में से सत्य के आर-पार झाँकते हुए अवतरण आप भले ले लें, किन्तु उपदेश कहीं ढूंढ़े नहीं मिलता। लगता है कविता प्रसाद की दृष्टि है, उनका गद्य उनकी सृष्टि। कविता प्रसाद का प्यार है, उनका गद्य उनका कर्तव्य। जो जानकारी कलाकार संगृहीत करता है उसे जन-जीवन के प्रति सावधान रहने की मनोवृत्ति का इतना पता है कि जानकारियों के वीभत्स काँटे अपनी अनुभूति के अंगों को न गड़ने देने के लिए अथवा गड़ उठने पर अपने

मुँह से आह न निकलने देने के लिए देव-दुर्लभ सहिष्णुता भी उसके पास है। जो कलाकार घटनाओं को तोड़ते-मरोड़ते हैं वे उन घटनाओं के जानकार पहले होते हैं, तब तोड़ते-मरोड़ते हैं। जानकार अपनी कलम से अपने युग की रक्षा करता है। मानो उस समय वह एक तम्बू का कार्य करता है, किन्तु अपनी करुणा के क्षणों में भी कलाकार आनन्द को जन्म देने की क्षमता रखता है।

प्रसाद को पाते समय चाहे लोगों को कोई पता न चला हो, किन्तु प्रसाद को खोते समय उन्हें ऐसा लगा मानो पृथ्वी के माधुर्य-देश के विशाल महल का एक बलवान् स्तम्भ टूट गया। वादों में खड़े होकर नहीं, वादों से परे होकर पाठक जान पाता है कि प्रसाद का माधुर्य पराजित और असफल नहीं, किन्तु अपने आगे की स्वस्थ पीढ़ी को काव्य के क्षेत्र में जगा देने में सफल हुआ है। जिसे नहीं देखना था उसे उन्होंने कल्पना से भी नहीं देखना चाहा! आनन्द को भयंकर कष्टों में भी क्षण मात्र के लिए उन्होंने दूर नहीं करना चाहा। प्रसाद की रचनाएँ दर्शन का काव्य नहीं हैं, वे काव्य का दार्शनिक विश्लेषण हैं।

युग पास रहे कि युग दूर रहे वे अभावों की पूर्ति करने की बजाय भावों की पूर्ति करने में अधिक तल्लीन रहे। अभावों की पूर्ति जो अपने-आप हो जाती सो हो जाती।

नया युग प्रसाद के पास आया, बढ़ा, अमर भी हुआ और एक ज्योति से जलने वाली दूसरी ज्योति की तरह प्रतिभा के खेल की विविधता में युग के आवेगों और प्रवेगों की दीपावली का त्यौहार मनाया, किन्तु यह सब कुछ हुआ संस्कृति की भाषा में, उपनिषदों की वाणी में। भावों की वर्तमानता ही से नहीं भावी तक में खेलने वाले प्रसाद व्यवहार के भूतकाल पर इतने फिदा थे कि जो कुछ उन्होंने लिखा वह अत्यन्त ताजा होते हुए भी पुराण पुरुष की तरह पवित्र है। सूझ नयी, शब्द-विन्यास नये, प्रकटीकरण का तौर-तरीका नया, पहुँच नयी, किन्तु साँसों की तरह विश्वास पुराना! वाणी के बोले हुए युग प्रसाद के विश्वास की वस्तु न थे। वे युगों की बोली हुई वाणी को सँवारने वाले थे।

[राष्ट्र भारती, मार्च 1958, समय के पाँव]

स्वर्गीय श्री घाटेजी

यह सुनकर हमें बहुत दुख हुआ कि हमारे नगर के प्रतिष्ठित और राष्ट्र-सेवी वकील श्रीयुक्त उमाकान्त बलवन्त घाटे, बी० ए० एल-एल० बी० का ग्वालियर में 14 फरवरी को देहान्त हो गया। वे खण्डवा ही के नहीं मध्यप्रान्त के उज्ज्वल देश-भक्तों में से थे। 1920 के सत्याग्रह युग के प्रथम दिनों में देश-भक्ति, धन्धा और गौरव नहीं किन्तु जीवन का एक महान् खतरा था। उन दिनों राष्ट्र-सेवा के पथ में श्री घाटेजी ने प्रवेश किया था। छिंदवाड़ा में वकालत

करते हुए, जिन दिनों सीमान्त से पत्रव्यवहार करके भारत सरकार को खतरे में डालने के गुनाहपूर्ण सन्देह पर जब उस दिन के मौलाना मोहम्मद अली और शौकतअली छिंदवाड़ा जेल में नजरबन्द किये गये तब उनके देशव्यापी सन्देश-वाहक श्रीयुक्त घाटेजी थे। जब सन् 1918 में खण्डवा की प्रान्तीय राजनैतिक परिषद के अधिवेशन में घाटेजी ने मौलाना बन्धुओं के राष्ट्र-प्रेम के उदाहरण और अपने देशभक्तिपूर्ण सम्बन्ध की चर्चा की तब उपस्थित प्रतिनिधियों ने घाटेजी की सेवाओं पर बड़ा गर्व अनुभव किया था। घाटेजी ही की प्रेरणा थी कि 1920 में जब असहयोग आन्दोलन की बिगुल बजी तब जुडिशियल कमिश्नरी के लिए जिनका नाम लिया जा रहा था वे स्वर्गीय श्री सालपेकरजी तक असह-योग के युद्ध में कूद पड़े और अपने मरने तक राष्ट्र के लिए लड़ते और जेल-यात्रा करते रहे। उन दिनों वकालत छोड़कर घाटेजी छिंदवाड़ा जिले में सात-पुडा शैल के गिरि-गह्वरों की ग्राम-कुटीरों में तिरंगा झण्डा कन्धे पर लिए असह-योग की ज्वाला सुलगाते हुए घूम रहे थे। सन् 1922 के मार्च में जिस जिला राजनैतिक पदिषद् में रायपुर में आज के मान० शिक्षण मन्त्री पण्डित रविशंकर-जी शुक्ल गिरफ्तार हुए थे, उसके सभापति श्री उमाकान्त बलवन्त घाटे ही थे कि जिस परिषद् की कमीटी के निश्चयों के सामने रायपुर जिले के शासन को हाथ टेक देने पड़े थे। जिस समय छिंदवाड़ा की प्रान्तीय राजनैतिक परिषद् में सन् 1922 में हमारे भाई आज के डाक्टर श्री ई० राघवेन्द्रराजी को प्रान्तीय सभापतित्व की गद्दी छोड़कर अपना मन्त्रिमण्डल तोड़ना पड़ा था उस समय श्री पण्डित सुन्दरलालजी के सभापतित्व में जो नया प्रा०[1] कांग्रेस कमीटी का मंत्रि-मण्डल बना उसमें सुन्दरलालजी तथा इन पंक्तियों के लेखक के साथ आज के अर्थ-मंत्री माननीय पण्डित दुर्गाशंकर मेहता तथा स्वर्गीय भाई घाटेजी भी थे।

सन् 1924 में घाटेजी के बड़े भाई का स्वर्गवास हुआ और उस समय से उनका स्वास्थ्य जो बिगड़ा सो अन्त तक नहीं सँभला। वे अपने स्वास्थ्य ही के खयाल से छिंदवाड़ा जिले की ठण्डी आबहवा का स्थान छोड़कर खण्डवा के सूखे और मोतदिल[2] जलवायु में वकालत करने के लिए आये। यहाँ भी वे राष्ट्रकार्यों में सदैव साथ रहे। खादी की प्रदर्शनी, गांधी-स्वागत, कांग्रेस जुबिली आदि समस्त कार्यों में लोग उनकी प्रेरणा और सेवा से प्रभावित और धन्य रहते। पिछले असेम्बली चुनाव में भी कांग्रेस के उम्मीदवार श्रीयुक्त भाई मुजुमदारजी[3] को उन्होंने बहुमोल सहायता दी और अथक परिश्रम किया।

घाटेजी सहृदय मित्र, ईमानदार सलाहकार, निर्मल कार्यकर्ता और दूरदर्शी नेतृत्व की शक्तियों से विभूषित थे। वे खण्डवा में अजातशत्रु के नाते रहे। ऐसा

---

1. प्रान्तीय
2. समशीतोष्ण
3. श्री एस० आर० मजुमदार, बुरहानपुर

सहृदय बन्धु और मित्र खोकर हमारा हृदय शोक से भरा हुआ है। घाटेजी के कोई पुत्र नहीं है। एकमात्र कन्या है। उनका लालन-पालन घाटेजी ने पुत्र से अधिक स्नेह के साथ किया और उन्हें बी० ए० तक का शिक्षण भी दिया है। भाई घाटेजी कुछ दिनों से क्षय से बीमार थे। परमात्मा मृतात्मा को शान्ति दे।

[कर्मवीर, 26 फरवरी 1938]

संस्कृति का चितेरा कलाकार पन्धे

कला को जीवनानन्द कहने वाले लोगों में से जब-जब कोई किसी कलाकार के सम्पर्क में आया, उसने प्रायः यही अनुभव किया, "कला के निवास के लिए वेदनामय जीवन चाहिए।" इसका अर्थ यह नहीं कि कला जीवनानन्द से शून्य कोई चीज है। जिस तरह अपनी कला में कलाकार का मानव उस परममानव को उत्तर भेजता होता है जो उसके विशुद्ध अन्तरतर को तथ्य के प्रकाशहीन विश्व में शाश्वत सौन्दर्य की अनुभूति कराता है उसी तरह कला के पारखी की अनुभूत अभिव्यक्ति के ये दोनों निर्णय-छोर भी भेद-भेद की गली में भटक कर रह जाते हैं। अब प्रश्न उठता है कि तब कलाकार और कला-पारखी का दर्शन साम्य कैसा हो? उत्तर में यही कहा जा सकता है कि जो लोग कलाकार के रचना-तीर्थ में उसके ही पैरों से न जाकर अपने पैरों से पहुँचते या पहुँचने का प्रयत्न करते हैं उस पारखी और निर्माता के बीच दृष्टिकोण की कोई खाई इस तरह की नहीं रह जाती। उस अवस्था में पारखी, कलाकार की साधना का सर्वतोमुखी मर्म समझ चुका होता है।

श्री मुकुन्द श्रीकृष्ण पन्धे की कला और उनके जीवन-चित्र के साथ महाकोशल के नरसिंहपुर स्थान में एक पी० डब्ल्यू० डी० के अकाउन्टेन्ट के यहाँ जिस दिन बालक मुकुन्द का जन्म हुआ, शायद जीवन-वैभव का वह अभागा दिन 'होनी' की गोद में मुँह ढाँपकर जार-जार रोया होगा! विधना की सृष्टि-रचना में उसकी कला का एक पूरक भले ही आया हो पर दुनिया की तराजू के बोझिल जीवन-पलड़े का भार फिर एक दूरी तक बढ़ा ही। जैसा कि हर कलाकार की जन्म-तिथि की महत्ता पर होता आया है। बालक, मुकुन्द परिवार के साथ वहाँ से घुटने रेंगते नर्मदा के किनारे हुशंगाबाद आ पहुँचा और बालपन के दस वर्ष वहीं की छोटी-छोटी पाठशालाओं में बिताये। स्वयं श्री पन्धे के शब्दों में "आज भी बान्द्राभान[1] मेले की याद बुझ नहीं गयी। मदरसे में से डूब देकर नर्मदा के किनारे आ रेती पर मछली और केंचुओं के चित्र खींचने में आनन्द मानना, यह मेरा प्यारा खेल अभी भी भूला नहीं है।"

1. होशंगाबाद जिले में स्थान जहाँ मेला लगता है।

जिस कलाकार को अमरत्व के विराट सभा भवन में एक सम्माननीय अतिथि होना था उसे शालाओं की चहार-दीवारियाँ कैसे बाँध सकती थीं ? हुशंगाबाद में प्रायमरी शिक्षा समाप्त कर 1921 के राष्ट्रीय आन्दोलन के क्रान्ति-प्रवाह में बहता हुआ तरुण पन्धे अब राष्ट्रीयता की ओर खिंचा। फ्रांस और इटली की सौन्दर्य-प्लावित कला रचनाओं की तरफ आँख मूँदकर ललचा हुआ मन यकायक रुक गया। अब देश के कला-कौशल का पूर्ण ज्ञान पहिले प्राप्त करने की धुन हुई। यही मूल भाव रखकर उसने राष्ट्रीय शिक्षा-क्षेत्र में प्रवेश किया और जीवन के 14 वर्ष से मन की वही संलग्नता जारी है। कलाकार पन्धे की राय में—"कला कोई विशिष्ट सम्प्रदाय की पूर्ति के लिए नहीं है। वह तो एक मानव धर्म सिखाने वाली जागतिक दिव्य शक्ति है।" इसी ध्येय की आधार-भूमि पर श्री पन्धे का कला-भवन मंजिल उठाता जा रहा है।

श्री पन्धे आजकल खामगाँव के तिलक राष्ट्रीय विद्यालय में कला भवन के अध्यक्ष हैं। आपकी चित्रकला प्रधानतः संस्कृति की पुनरोद्धारक है !

"दक्षिण भारत में बौद्ध और द्रविण कलाकृति का मर्म जानने के इरादे से कन्याकुमारी तक सफर किया। जगह-जगह के प्राचीन कला-कौशल के अवशेष खण्डहरों ने मुझे कला के पाठ दिये। सीलोन द्वीप में जाकर आया। अजंता की समय-समय की सफरों ने, हृदय की भावना चित्र और मूर्ति रूप में किस तरह खींची जाती है—यह सिखाया।"

श्री पन्धे के इस कथन में उनकी कला-शिक्षा का एक सुन्दर सूक्ष्म परिचय है। कला, सृजनशीलता है और सृजनशीलता हर दिन, हर क्षण के जीवन में अनिवार्य रहती है। इसीलिए कला एक किसी परम सत्य की प्रतिबिम्ब है। कलाकार की यही परिधि सत्य है, चिरन्तन है। कहते हैं परमकला वह जिसमें मस्तिष्क, हृदय और हाथ एकसाथ संलग्न दीख पड़ें। हम कहते हैं वे सभी कला-कृतियाँ इस कथन का समर्थन हैं जो निर्जीव कल्पना को साकारता सहित जीवन-दान देकर स्थूल विश्व का ध्यान भूत और भावी के अज्ञात जगत् तक दौड़ा ले जाने में समर्थ हों।

श्री पन्धे की चित्रकला कला-जगत् में काफी सम्मान पा चुकी है। फैजपुर और हरिपुरा कांग्रेस की नग रचना और द्वारों की सजावट में अन्तर्राष्ट्रीय ख्याति-प्राप्त कलाकार श्री नन्दलाल बोस के साथ आपने भी काफी काम किया था। फैजपुर में तिलक और शिवाजी की मूर्तियों और द्वारों पर ग्रामीण जीवन के दृश्य तथा हरिपुरा में विट्ठलभाई की मूर्ति, महात्मा गांधी और भारतमाता की बड़ी मूर्तियाँ आप ही की बनाई हुई थीं। हरिपुरा में भी लगभग दो महीने अपने कलाभवन के विद्यार्थियों के साथ रहकर अपने दरवाजों की सजावट तथा अन्य कई छोटी-छोटी कला-कृतियाँ बनाई थीं। आपकी राय है कि महासभा के अधिवेशन के समय स्थान-स्थान पर भारतीयता का दिग्दर्शन होना जरूरी है। महाकोशल आपकी जन्मभूमि है। आप चाहते हैं कि इस साल के महासभा के प्रवेश-द्वार

पूर्ण भारतीय पद्धति के रहें। महाकोशल को पुनीत करने वाली नर्मदा, ताप्ती, और महानदी; इन नदियों के प्रतीकों की हरएक द्वार पर रचना की जाय। विन्ध्य और सतपुड़ा का प्रतीक-दर्शन स्तम्भों में किया जाय। कांग्रेस का ध्येय और उसके तत्त्वों का बोध कराने वाले चिह्नों से सजावट की जाय। इस प्रकार हर रचना में भूमि-दर्शन ग्रामीणता, ग्रामीण-सुलभ साधनों के द्वारा प्रकट की जानी चाहिए। यों अधिवेशन की रचना में सजीवता दिखायी दे सकती है।

[कर्मवीर, 2 जुलाई 1938]

आचार्य द्विवेदीजी

साहित्य लिखकर या इतिहास को समेटने योग्य कुछ कुतूहलपूर्ण घटना छोड़कर आने और चले जाने वाले जीवनों का ताँता कभी रुकता नहीं देखा गया। किन्तु जो, व्यक्ति में संस्था लेकर आते हैं ऐसे महारथी कभी-कभी की चीज होते रहे हैं। आचार्य महावीरप्रसादजी द्विवेदी को हम उन्हीं दिव्य आत्माओं में समझते हैं। द्विवेदीजी की तीन युग की तपस्या के फलस्वरूप आज हिन्दी साहित्य जिस ऊँचाई पर आ टिका है वह पिछले दस वर्षों से उनके आशीर्वाद ही से फूलता-फलता आ रहा था, अब वह उनकी स्मृति ही से सिंचता चला जायगा यह भी पूर्ण विश्वास है। फिर भी आज उनका निधन दुःख का पारावार लेकर आया है! हिन्दी में भले ही उनकी प्रेरणा की विराट् सजीवता लेकर कितने ही संत, और मैथिलीशरण आयें, किन्तु महावीरप्रसाद-सा एकच्छत्र प्रतिनिधि व्यक्तित्व शायद न आ सकेगा।

आधुनिक हिन्दी साहित्य-जगत् प्रखर बौद्धिकता में बावला होकर आस्था-हीन हो चला है। इसका सीधा परिणाम साहित्य-निर्माण की दशा में चाहे न हो, साहित्य-रक्षण की दिशा में खूब हानिकर होगा। व्यक्तित्व-पूजा में संकुचित होकर व्यक्तित्व-विकास के रास्ते हम कैसे खोल ले जा सकेंगे, यह समझ से बाहर की बात है। जो हो, आचार्य के जीवन की इस दिशा में उनकी सर्वोत्तम बाजू से हम यदि कुछ ले सकते हैं तो इतना ही कि साहित्यिक ऐतिहासिकता का भी साहित्य-सृजन में गहरा महत्त्व है। प्रसाद और प्रेमचंद के न रहने पर हमने क्या किया? कौन-सा बातरतीब आयोजन हम कर सके कि ये विभूतियाँ आने वाली पीढ़ी की मनोभूमि पर कोई गम्भीर प्रभाव छोड़ चलेंगी? हमें आज नहीं तो कभी भी इस दिशा में कुछ सोचना पड़ेगा।

द्विवेदीजी, अपने दौलतपुर ग्राम के एकान्त में बैठकर पिछले कई वर्षों से अपने हाथों लगाये हुए इस हिन्दी साहित्य के पौधे को लहलहाते देखकर सुख अनुभव कर रहे थे। अब तो, कुछ उनकी कोमलता इतनी अधिक जीवन के व्यक्त स्तर पर आ गयी थी कि साधारण से साधारण व्यक्ति उन तक सन्देश और

सम्मति पाने दौड़ जाता था और वे आशीर्वाद के दो शब्द कह-सुन ही देते थे। सरस्वती के सम्पादक साधक का कठोर स्वरूप वर्षों से लुप्त हो गया था। द्विवेदी-जी की यह सहृदयता अगर हिन्दी संसार कुछ और देखता तो सम्भवतः दम्भ को स्वाभिमान की ओट में छुपा ले जाने की इच्छुक जीवन की हमारी वह बाजू भी ऊँची उठकर रहती।

प्रभु उस दिवंगत आत्मा को सुख और शान्ति की गोद दे।

[कर्मवीर, 31 दिसम्बर 1938]

लेनिन के कुछ जीवन-चित्र

रूसी क्रान्ति समाप्त हुई और 1917 में रूस में भयंकर अकाल पड़ा। लेनिन की, अभी पूरी तरह सँभल भी न पायी सरकार ने समूची जनता को गिनीचुनी रोटियाँ पहुँचाने की व्यवस्था की। जारशाही के पिट्ठुओं और श्रीमन्तों नें इस समय मौका पाकर पीड़ित जनता को यह कहकर बागी बना देना चाहा कि तुम्हारे सिर कटवाकर तुम्हें भूखों मरते छोड़कर लेनिन अपने राजप्रासाद में मौज के गुल-छर्रे उड़ा रहा है।

पाडा की भूमि पर विद्रोह का बीज जल्दी जगता है। जनता विद्रोह में संगठित होने लगी। बात की बात में हजारों आदमी लेनिन के दरवाजे पर जमा हो गये और चिल्लाने लगे—"हम बेईमान लेनिन से जवाब तलब करने आये हैं। वह कहाँ है, हमारे साथ उसने खुदगर्जी की।"

लेनिन अपनी मेज पर सैकड़ों फाइलों के बीच काम करने में उलझे हुए थे। उन्होंने इस होहल्ला की ओर ध्यान ही न दिया। जन-समुद्र फैलता गया : वैसे ही शोर-गुल भी बढ़ता ही रहा। लेनिन और गम्भीर होकर अपने काम में लग गये। विद्रोही बेकाबू हो उठे, काँच की खिड़कियों और दरवाजों पर पत्थर बरसने लगे कि लो।

इस बीच लेनिन की छोटी लड़की भीतर से आकर लेनिन के पास पहुँची और उन्हें झकझोरते हुए बोली—"बापा, आज तो खाना खा लो, तीन दिन हो गये; माँ भी आप ही के चलते भूखी पड़ी है।" इधर लेनिन ने ध्यान तोड़ा, उधर जनता एक-दूसरे का मुँह देख कानाफूसी करने लगी। इस समय काम की वाणी ने जबान खोली थी।

लेनिन ने लाख कहा—आप लोग ठहरिये मैं आपकी बातों का जवाब दूँगा। पर जनता का सन्देह काँप उठा था। इसी बीच लेनिन ने अपनी बेटी के हाथ से भोजन का डिब्बा लिया, लोगों की उत्सुकता बढ़ी। डिब्बा खुला, लोगों ने खुली आँखों से देख लिया डिब्बे में दो काली जली हुई रोटियाँ थीं। लेनिन ने इन्हें खाना शुरू करते हुए एक बार फिर लोगों से कहा—भाइयो, आप लोग ठहरिये, मैं आपकी

बातों का अभी जवाब देता हूँ।

अब जनता अधिक देर न सह सकी; कुछ रो पड़े, कुछ पीछे पैरों लौट गये और कुछ चिल्लाने लगे, "लेनिन की जय।"

महात्मा लेनिन ने मरने से दो दिन पहले अपनी पत्नी से कोई कहानी सुनाने को कहा। उसने 'लव आफ लाइफ' नामक एक सामाजिक कथा कही। घने बर्फीले स्थान में जहाँ कोई प्राणी पैर तक रखने की हिम्मत नहीं कर सकता, एक भूख से मरता हुआ बीमार आदमी एक बड़ी नदी में बन्दरगाह बनाने का असफल प्रयत्न किया चाहता है। उसकी शक्ति खतम हो चुकी है। चल वह नहीं सकता पर रेंगता है और लो, उसके बाजू ही से भूखों मरता एक भेड़िया आ निकला। दोनों में खूँखार द्वन्द्व हुआ, पुरुष जीत जाता है, यों, आखिर अधमरा होकर वह जीवन-यात्रा समाप्त कर गया।

कहते हैं, लेनिन ने अपने प्राण-पखेरू उड़ते-उड़ते तक वही कहानी बार-बार सुनी और उसकी मौत बड़ी प्रसन्नता से हुई।

महात्मा लेनिन के अन्तिम दिन जब निकट आये, उन्हें ललित साहित्य से कुछ अधिक चाव बढ़ गया था। मरने से कुछ ही क्षण पूर्व सदा की भाँति लेनिन ने अपनी पत्नी से वह पंक्ति पढ़ने को कहा—

"नहीं, नहीं, कम्यूनिस्ट कभी गुलाम नहीं रह सकेगा।"

लेनिन की पत्नी अपने 'मेमोरीज ऑफ लेनिन' में लिखती है कि वह पंक्ति सुनकर के हर शाम को खिड़की से मुँह निकालकर डूबते हुए सूर्य की ओर आर्त्त दृष्टि फेंक लेते थे। लेनिन की पत्नी का कथन है कि जब-जब मैं उस पंक्ति को उनके सामने दोहराती तो मुझे ऐसा लगता जैसे मैं उनके सामने प्रतिज्ञा दोहरा रही हूँ—

"नहीं, नहीं, हम क्रान्ति का एक भी पहलू बिना जीते न छोड़ेंगे।"

निर्माता लेनिन की तरह पत्रकार लेनिन का जीवन भी बड़ा सम्पूर्ण रहा है। लेनिन की पत्नी एन० कूप्स काया के संस्मरणों में एक जगह आया है कि, लेनिन अपने सहायकों में विश्वास और उनकी योग्यता पर गर्व रखकर भी अपनी पार्टी के पत्र के दोनों प्रूफ खुद देखता था। इतने से ही उसे सन्तोष नहीं होता वरन् एक बार फिर पूरा पेज पढ़ता। उसके बाद अपनी पत्नी को देता, "जरा पढ़ो तो शायद कोई निगाह-चूकी हो गयी हो"; तब फिर अन्तिम बार पुनः खुद देखता तब कहीं फार्म को मशीन पर जाने की इजाजत मिलती।

[कर्मवीर, 1 अप्रेल 1939]

स्वर्गीय लाला हरदयाल

अंग्रेजी और हिन्दी साहित्य तथा समस्त दुनिया के राजनीतिज्ञों के सुपरिचित भारतीय विद्वान लाला हरदयाल वर्षों से अपने क्रान्तिकारी विचार त्याग चुके थे, किन्तु हृदयहीन भारत सरकार ने उन्हें भारत में नहीं आने दिया। आखिर अमरीका में, उनकी गत सप्ताह मृत्यु हो गयी। लाला हरदयाल वह व्यक्तित्व थे, जिन्हें पाकर शायद भारतवर्ष वह पाता जो शायद उसने शताब्दियों से नहीं पाया। वे विद्वान, वीर और कठोर लड़ाके थे। गो लाला हरदयाल स्वर्गीय लाला लाजपतरायजी से उम्र में छोटे थे, किन्तु पंजाब केसरी लालाजी, लाला हरदयाल को एक महान् विभूति मानते थे। अन्दमान के कष्ट-भोगी सावरकरजी के शब्दों में, "मुझे हरदयालजी के भाग्य का अभिमान रहा। उन जैसा तेजस्वी हिन्दुस्तान भर में पैदा नहीं हुआ।" इतने महान् व्यक्ति के उठ जाने पर भी हिन्दुस्तान में कौन जानता है कि वे कौन थे? अंग्रेजी में माडर्न रिव्यू के सम्पादक बाबू रामानन्द चटर्जी और हिन्दी में स्वर्गीय आचार्य महावीर प्रसाद द्विवेदी को यह गौरव प्राप्त रहा कि वे लाला हरदयालजी के लेख क्रमशः माडर्न रिव्यू और सरस्वती के लिए प्राप्त कर सके। उनके लेखों के विषय में एक बार इन पंक्तियों के लेखक से स्वर्गीय आदरणीय श्रद्धेय वृद्धमित्र रायबहादुर हनुमानप्रसादजी ने कहा था, "हमें तो उनके लेख पढ़ने से भी भय मालूम होता है।" यहाँ शायद ही कोई जानता हो कि वे कायस्थ थे और यही दिल्ली में पढ़े थे। वे अँग्रेजी और तत्त्व-ज्ञान दोनों में एम० ए० थे, और लन्दन में जाकर पी-एच० डी० हुए थे। उनकी प्रखर बुद्धिमत्ता देखकर, भारत सरकार ने उन्हें आई० सी० एस० होने के लिए इंग्लैंड भेजा था, किन्तु उन्होंने प्रतिभा रखकर, मस्तक झुकाये पेट भरने को लात मार दी, और अपने गरीब देश के उद्धारार्थ, क्रान्तिकारियों का मस्तक चढ़ाने का पक्ष इख्तियार किया। किन्तु भारतीय तो उस अभागी जात का नाम है कि अंग्रेज जिसे दुश्मन कह दे, वह हमारा अपना होकर भी हमारी नजर में दुश्मन हो जाता है। एक अंग्रेज जर्मन, इटालियन या जापानी के, अपमानित होने पर, वहाँ के देश उकस उठते हैं, किन्तु हम तो लाला हरदयाल की मौत के बाद भी नहीं जानते कि कौन मर गया। 54 वर्ष तक जीकर, हमारे लिए सेवा करके, एक महान् व्यक्ति हमसे विदा हुआ, किन्तु हम न उसे जान सके, न भारत सरकार के हाथ जोड़कर भी, हम उस वीर को, क्रान्तिवादी न रहते हुए भी, अपने बीच देख सके। मस्तक चढ़ाने वाली जाति मौन रहकर आँसू नहीं ढाला करती। किन्तु क्या वह अपनी लाचारी, अपनी बेबसी की ओर भी दुर्लक्ष कर सकती है? बढ़ते हुए ज्ञान, जिस व्यक्ति को बूढ़ा और पड़ने वाले कष्ट जिस अधीर को कायर नहीं बना पाये, उस जीवन-मुक्त 'षड्यन्त्रकारी' वन्दनीय को क्या हम भूल जाएँ? क्या भारत, भारतीयता भारतीय हित, भारतीय संस्कृति और भारतीय स्वाधीनता के खिलाफ लाला हरदयाल ने कोई षड्यन्त्र किये? फिर वे षड्यन्त्र-

कारी कैसे ? और किसके ? हम अपने देश में अपने मन्त्रिमंडल देखते हैं, धारा-सभाओं की चुनाइयाँ देखते हैं, और देखते हैं सिद्धान्तों की खींच-तान के खिलवाड़, किन्तु हमारे बीच उस मस्तक का अभाव है, जो दूर-दूर तक देखे, और जहाँ तक नजर जाय वह वीरतापूर्वक, कविवर मैथिलीशरणजी की 'जयद्रथ-वध' में कही वाणी में बोल सके, "जहाँ तक बाण मेरा जायगा, अपने जनों को आपदा से वह अवश्य बचायगा।"

और पंजाब ? पंजाबी को, उस पंजाबी को जिसके सूबे में, महायुद्ध में अंग्रेजों के लिए लड़ने के समय बकौल स्वर्गीय लाला लाजपतरायजी के 16 वर्ष से बड़ा और 40 वर्ष से छोटा पंजाबी नहीं रहने दिया गया था। सब कटने के लिए, बैलैन्डर्स तथा यूरोप के अन्य मैदानों पर अपनी गर्दन बेचे घूम रहे थे;—आज कलेजे पर, 'साँप का लोट जाना' अनुभव करना स्वाभाविक है। इसीलिए डाक्टर किचलू कह उठे, "महान् और आदरणीय पंजाबी चल बसा।" डाक्टर गोपीचन्द के कारुणिक शब्द तो हमारी कायरता की बुरी तरह याद दिलाते हैं जो कहते हैं, "हमारा वह महान् व्यक्ति उठ गया, जिसके लिए न हम गा सके, न रो सके।" लाला चमनलाल, लाला हरदयाल का मूल्य आँक कर ही कहते हैं कि "जब तक भारत में एक भी देश-भक्त रहेगा, वह लाला हरदयाल का स्मारक रहेगा।" यही क्यों, पंजाब हाईकोर्ट के जज जस्टिस कुँवर दिलीपसिंहजी, रायबहादुर चुन्नीलालजी, राजा नरेन्द्रनाथ और सर गोकुलचन्द नारंग भी, उनके जीते जी, चाहे वाचा न फोड़ पाये हों, उनकी मौत पर बोले। उक्त चारों के क्रमशः कथन यों हैं—

1. दुर्भाग्य कि लाला हरदयालजी के देश और उनके सूबे को उनकी सेवाओं से वंचित रहना पड़ा। —जस्टिस दिलीपसिंह जी
2. भारत, लाला हरदयाल को खोकर चमकीले चरित्र और देवत्व की शक्तियों वाला व्यक्ति खो बैठा। —रायबहादुर चुन्नीलाल
3. निस्सन्देह लाला हरदयाल महान् प्रतिभा-सम्पन्न थे। —राजा नरेन्द्रनाथ
4. लाला हरदयाल के निधन का शोक देश के जानकारों में इस कोने से उस कोने तक मनाया जायगा। — सर गोकुलचन्द

भारत सरकार विचार ही करती रही, और यह महान् देशभक्त हमारे बीच से उठ गया। गुलाम, पाकर भी खो देते हैं, और वीर जातियाँ खोकर भी नहीं खोतीं। यदि हम लाला हरदयाल का स्मारक हृदय में चाहें तो भारतीय शक्तियों के आवागमन के बाधक बन्धनों को नष्ट कर डालने के लिए मरना सीखें, उभरना सीखें।

[कर्मवीर, 15 अप्रेल 1939]

देशभक्त वामनराव जोशी

पाठक जानते हैं कि 'कर्मवीर' ने इस प्रान्त की शक्तियों के प्रति और इस प्रान्त के वयोवृद्धों और योग्य व्यक्तियों के प्रति अपना सम्मान व्यक्त करते समय कभी राजनैतिक मतभेद का खयाल नहीं किया। हम इन कालमों में सर मोरोपन्त जोशी, और लोकनायक अणेजी पर उनकी वृद्धकाल की वर्षगाँठों पर अपनी श्रद्धांजलि अर्पित कर चुके हैं। गत 18 तारीख को बरार की तेजोमय आत्मा, आज के बरार की तेजस्विता के जनक, राष्ट्रीय नेता श्री भाई वामनराव जोशी की भी 60वीं सालगिरह आ पहुँची। यद्यपि अत्यन्त श्रद्धा से बरार के कांग्रेसजन और बरार की जनता, भाई जोशीजी को वामनराव दादा के प्रिय नाम से पुकारते हैं और अपने वामनराव दादा के झण्डे को कभी झुकने नहीं देना चाहते! स्वार्थ-परायण राजनैतिक संघर्षों में कितनी ही बार मनचलों ने वामनराव दादा को छोटी-मोटी कांग्रेस चुनाइयों में हरा दिया है, किन्तु जनता के हृदय-सिंहासन पर रहने वाले वामनरावजी के अधिकार को कोई चुनौती नहीं दे सका। बरार की लक्ष-लक्ष जनता के हृदय पर वामनराव दादा का नाम श्रद्धा की रुपहली लेखनी से ऐसा अमिट लिखा है जिसे चुनाई के खूँख्वार भेड़िये अपने पदों की रक्त लालसा से प्रयत्न करने पर भी न मिटा पायेंगे। क्योंकि वामनराव दादा प्रथम देश-भक्त हैं और फिर राजनीतिज्ञ। उनकी देशभक्ति उनका मजहब है। किसी भी मूल्य पर वे अपनी देशभक्ति राजनैतिक दाँव पर चढ़ाकर अपनी देशभक्ति को समय-समय पर बहुरूपी वेश्या बनाने के लिए तैयार नहीं हैं। इसीलिए उनकी कलम में जोर है, और उनकी वाणी जब बोल उठती है तब लाख-लाख देशवासियों के हृदय में प्रवेश कर उनमें देशाभिमान की प्रखर ज्वाला जागृत कर देती है। युग देखिए कि जो अपने मुनीमों से देशभक्ति का पालन करा लेते हैं, और जिन्होंने अपनी देशभक्ति की दूकानदारी में आर्थिक और सम्मान का लाभ उठाया है उनकी कीर्ति-कथा में हजारों रुपये खर्च होते हैं और महीनों तक तैयारियाँ होती हैं। किन्तु वामनरावजी गरीब हैं, और अपने आत्म-संकीर्तन के लिए किसी कीर्ति का ढोल पीटने वाले व्यक्ति के मोहताज नहीं हैं। इसीलिए उनकी साल-गिरह गरीबों का त्योहार है, और बरारकेसरी श्रीयुक्त बृजलालजी वियाणी के स्वागताध्यक्ष होने से तथा बरार के जन-जागरण से और समस्त हृदयवान संस्थाओं द्वारा वामनराव-जी का अभिनन्दन होने से यह बात स्पष्ट प्रतीत होती है कि यह जन-नायक वामनराव दादा गरीबों की अपनी चीज है। संपादक, नाटककार, साहित्यिक, देश-भक्त और राजनीतिज्ञ समस्त क्षेत्रों में मराठी-भाषियों में वामनराव दादा की तेजस्विता का लोहा माना जाता है। गो वे 60 वर्ष के बूढ़े हैं किन्तु उनका-सा हृदय धारण करने और उनकी-सी तेजस्वी बात बोलने में तरुणों को हार खानी पड़ती है। सच भी है, बढ़े हुए बरस किसी मुर्दे को बुढ़ापा भले दे दें, किसी जवान की जवानी नहीं छीन सकते। श्रीयुक्त वियाणीजी, श्री पारसनीसजी तथा बरार

के समस्त मराठी और हिन्दी भाषी ब्राह्मण और अब्राह्मण, सबके समान रूप से वामनराव दादा पूज्य हैं, प्रतिष्ठित हैं, प्रेरणास्रोत हैं। गत ता० 18 मार्च को अमरावती में बरार के सज्जनों ने भाई वामनरावजी की सालगिरह मनाकर जो उनका स्वागत किया, वह उन्होंने अपने ही युग-निर्माण के सुनहले काल का स्वागत किया है। हम बरार के मित्रों को बधाई देते हैं और 'साठी बुद्धि नाठी' का ज़रा भी खतरा माने बिना, हृदय से श्रीयुक्त वामनरावजी जोशी का अभिनन्दन करते हैं। गरीबी वामनरावजी का गर्व है और वामनरावजी का अस्तित्व हमारा लाड़ला गर्व है।

[कर्मवीर, 22 मार्च 1941]

जमनालाल बजाज

1. स्व० जमनालालजी : एक स्मरण

दिनांक 23 मार्च 1930 की बात है। अहमदाबाद की आँख इण्डिया कांग्रेस कमेटी की बैठक से निपट कर, इन पंक्तियों का लेखक महात्माजी के दर्शन करने, और उनसे मध्यप्रदेश के सत्याग्रह की चर्चा करने के लिए भड़ोंच जिले में समनी नामक गाँव में गया था। अपनी चर्चा के पश्चात् मैंने महात्माजी से मध्यप्रान्त के लिए एक संदेश माँगा। महात्माजी ने कहा, "यही माँग कर्नाटक वालों ने की थी। क्या मैं अभी तक जो कुछ कह चुका हूँ वह काफी सन्देश नहीं है? मध्यप्रदेश के लिए मेरा सन्देश तो जमनालालजी हैं।"

दुर्भाग्य से, आज न तो बापू रहे, न उनका 'सन्देश' जमनालाल। दोनों ही हमसे छीन लिये गये। हर 11 फरवरी को जमनालालजी की पुण्य तिथि आती थी।

आप जमनालालजी बजाज के पास बैठ जाते। एक मोटा-तगड़ा रूखा-सा आदमी आपके पास बैठा-सा दीख पड़ता। किन्तु यदि आप उससे बातें करना प्रारम्भ कर देते, तो वह आपको कड़ी कसौटी पर कसकर, शीघ्र ही किसी राष्ट्रीय कार्य के लिए गिरफ्तार कर लेता। यही कारण था कि जमनालालजी को जानने वाले उनके मित्र भी, नाराज होते रहे, उनके धनिकत्व को गालियाँ देते रहे, उनके ज्ञान और उनकी राजनीति पर ताने कसते रहे, परन्तु रहे सदा जमनालालजी के साथ ही। जिन जमनालालजी ने गांधी जैसा राष्ट्रपिता और विनोबा जैसा योगी बाँध लिया, कौन कहता है कि वे जमनालालजी सिर्फ एक धनिक मात्र थे?

जमनालालजी दान देते समय खूब सतर्क रहते थे; परन्तु पूर्ण निरभिमानी भी। जिस समय नागपुर कांग्रेस[1] में आपने राष्ट्र की थैली में एक लाख रुपया देने की घोषणा की थी, और दिया था धीरे-धीरे कर दो लाख रुपये। उस समय

1. 1920

आप बीमार हो गये थे। मैंने शय्या पर सोये हुए जमनालालजी से कहा कि आपको नागपुर के श्रम ने बीमार कर दिया ? तो उन्होंने कराहते हुए कहा, "श्रम से अधिक, मुझे तुच्छ दान की प्रशंसा बीमार किये हुए है।"

स्वर्गीय सेठ जमनालालजी बजाज की जीवनी की भूमिका में भारत के राष्ट्रपति डाक्टर राजेन्द्रप्रसादजी ने लिखा है, "सेठ जमनालाल बजाज आधुनिक भारत के उन व्यक्तियों में हैं, जिन्होंने महात्मा गांधी का साथ प्रायः उसी समय से दिया जब उन्होंने भारत में स्वराज्य सम्बन्धी महान् प्रयत्न आरम्भ किया, और अपने जीवन की अन्तिम घड़ी तक उसी में लगे रहे।···इनके हृदय में आरम्भ से ही कुछ ऐसी भावना थी कि यद्यपि वे एक धनी परिवार में गये हैं, और विपुल सम्पत्ति से मालिक हो गये हैं, वह सारा धन उनका अपना नहीं है और उसे अपने ऐशोआराम में ही लगाने के हकदार नहीं हैं।·· महात्माजी का प्रभाव उन पर इतना पड़ा कि वह आरम्भ से ही इस प्रयत्न में लग गये कि वह कैसे उनकी शिक्षा को अपने जीवन में धारण करें और उतारें।···हर प्रकार के सेवा-कार्य में जिसमें महात्मा गांधी लगते थे वह भी अपने को उत्सर्ग कर देते थे।

मार्च सन् 1930 में मैंने श्री जमनालालजी को महात्मा गांधी का पाँचवाँ पुत्र लिखा था। चार तो हुए हरिलाल, मणिलाल, देवदास और रामदास। तब महात्माजी ने स्वीकार किया था कि जमनालालजी उनके पाँचवें पुत्र हैं।

आज का युग रिश्तेदारियों के दर्शन और प्रदर्शन मात्र का नहीं। आज कर्मण्य व्यक्तित्व चाहिये। भाई जमनालालजी की प्रेरणा, धन के प्रति धनियों और गरीबों में उदासीनता, और कर्म के, कर्त्तव्य के, बलिदान के प्रति साधना और श्रद्धा जागृत कर सकें तो मैं मानूँ, हम लोग मानें, कि हमने भौतिक रूप से जमनालालजी को खोकर, प्राण-बल के रूप में उन्हें पुनः पा लिया। तभी हम जमनालालजी की जीवन-धाराओं को अपने निकट बेटी सर्व सौ० श्री कमलाजी, मदालसाजी, उमाजी तथा श्री कमल नयन और श्री रामकृष्ण के रूप में मान सकें। जिस त्याग से भारत माता सुखी हुई थी, राष्ट्रपिता गद्‌गद हुए थे, उसी त्याग से गर्वित रहीं और गर्वित रहेंगी श्री जानकीदेवीजी ! किन्तु हमारा बल हो त्याग, व्यक्ति की खोज, व्यक्ति का निर्माण, और धन की ठोकर ईमान पर मानने से विद्रोह। अपने त्याग से जमनालालजी चिरजीवी हो गये हैं।

[कर्मवीर, 17 फरवरी 1951]

2. स्वर्गीय देशभक्त जमनालालजी बजाज

11 फरवरी को अपार जन-समूह की उपस्थिति में, श्री जमनालालजी बजाज का शव-संस्कार गोपुरी (वर्धा) में किया गया। संस्कार के समय सन्तवर विनोबा भावे ने वेदमन्त्रों का पाठ किया।

सेठजी के अचानक बीमार पड़ जाने की सूचना महात्माजी को फोन से दी गयी, किन्तु उनके आने के पहले ही वे चल बसे ! देश की इस महान् क्षति का

उल्लेख करते हुए महात्माजी ने कहा—

"सेठ जमनालाल बजाज की मृत्यु से, मौत ने हमसे एक महान् शक्तिशाली पुरुष छीन लिया। धनिकों का अपनी सम्पत्ति के ट्रस्टी के रूप में जब-जब मैंने उल्लेख किया है तब-तब मेरे दिमाग में इस राज व्यापारी का खयाल प्रधान रहा है। इनकी ट्रस्टी-भावना यदि आदर्श रूप न ले सकी तो इसमें इनका कोई कुसूर नहीं। मैंने जान-बूझकर इन्हें रोका। मैं नहीं चाहता था कि जोश में एक भी ऐसा कदम उठावें जिसके लिए ठण्डे अवसर पर उन्हें पछताना पड़े। सादगी इनकी अपनी चीज थी। अपने लिए इन्होंने जितने मकान बनाये, वे सब धर्मशाला बन गये। सत्याग्रही के नाते इनकी कृतियाँ ऊँचे दर्जे की रहीं। राजनैतिक चर्चाओं में ये अपने मत पर पक्के रहते थे। इनके फैसले गम्भीर होते थे। त्याग की दृष्टि से इनकी अन्तिम कृति सर्वश्रेष्ठ रही। इन्होंने ऐसे रचनात्मक कार्य में अपने को लगा देना चाहा था जिसमें ये अपने जीवन का अवशेष भाग समर्पित करते और अपनी समस्त ताकत लगा देते। वह था भारत के पशु-धन की रक्षा का कार्य जो गो-सेवा में साकार हो उठा है। इन्होंने जिस एकाग्रता और लगन से इस कार्य में अपने को लगाया उसे पीछे पड़ते मैंने नहीं देखा। इनकी उदारता ने जाति, मत अथवा वर्ण का भेद नहीं जाना। वे अपने विचारों पर नियन्त्रण रखने की कोशिश करते थे ताकि एक भी दीगर विचार अनचाहा, इनके मन में न आ सके। देश ने अपने बहादुर सेवकों में से एक को खो दिया।"

संस्कार के समय, महात्माजी, बिड़लाजी, श्री महादेव देसाई, तथा पी० मशरूवाला भी उपस्थित थे। विभिन्न प्रान्तों के नेताओं ने श्रीयुत जमनालालजी की राष्ट्रीय सेवाओं के प्रति अभिनन्दन प्रदर्शित किया। इनमें पं० जवाहरलाल नेहरू, मौलाना आजाद, कांग्रेस कार्यकारिणी के सदस्य डा० प्रफुल्लचन्द्र घोष, श्रीयुत के० एम० मुंशी, श्री एस० सत्यमूर्ति, श्री एन० वी० गाडगिल, श्री रामदेव आनन्दीलाल पोद्दार आदि उल्लेखनीय हैं।

[कर्मवीर, 14 फरवरी 1942]

3. स्वर्गीय जमनालालजी : बारहवीं पुण्यतिथि

गत 10 जनवरी को स्वर्गीय भाई जमनालालजी बजाज की 12वीं पुण्य-तिथि थी। उसे लोगों ने श्रद्धा से मनाया।

श्रीयुत जमनालालजी बजाज केवल व्यक्ति का नाम नहीं था, केवल संस्था का नाम भी नहीं था; किन्तु, अनेक संस्थाओं के पुंज को जमनालालजी बजाज कहते थे। उनमें सादगी थी, वे मिलनसार थे, वे निश्चय के पक्के थे, वे कष्ट-सहिष्णु थे। कुछ ऐसी कहानी है कि जमनालालजी इतने महान् थे कि गुणों की गिनी जाने वाली फेहरिस्त, उनकी महत्ता के सम्मुख फीकी मालूम होने लगती है।

जमनालालजी सेठ बछराजजी के स्वर्गीय पुत्र के यहाँ गोद आये थे। किन्तु, अपने आत्म-निरीक्षण से प्राप्त देवत्व से, वे न केवल बछराज परिवार के पुत्र

रहे, किन्तु भारत माता के तपोवन पुत्र की तरह ऊँचे उठे। सम्पत्ति जमनालालजी को मिली, सम्पत्ति जमनालालजी ने बढ़ायी भी, किन्तु सम्पत्ति जमनालालजी की स्वामिनी न हो सकी।

"दास कबीर जतन सो ओढ़ी,
ज्यूँ कि त्यूँ धर दीनी चदरिया।"

कबीर के इस कथन को, जमनालालजी के संयम, धन, जीवन—सब पर ढाला जा सकता है। महात्मा गांधी ने उन्हें अपना पाँचवाँ पुत्र माना था। किन्तु, भारतवर्ष के इतिहास में स्वर्णाक्षरों में लिखा हुआ है कि गांधीजी के पाँचों बेटों में गांधीजी के मार्ग पर चलने वाला सर्वोच्च पुत्र कौन था?

सन् 1916 की बात है। मैं वर्धा गया था। मैं वर्षों पहले से तरुण जमनालाल के पास वर्धा आता-जाता रहता था। क्रान्तिप्रियता के लिए जमनालालजी बहुत बड़े बली थे। वर्धा में किसी पुस्तकालय में मेरा भाषण हुआ। भाषण में मैंने मदनलाल धींगरा, कन्हाईलाल दत्त, लाला लाजपतराय, लोकमान्य तिलक सबका उल्लेख किया। इसी बीच जमनालालजी की 'चिट' आ गयी—"गांधीजी पर भी कुछ बोलिये।" कौन कह सकता था कि गांधीजी का वह आग्रहशील, गांधीजी की सेवाओं के समस्त भार को और गांधीजी के कार्य के समस्त भू-मण्डल को, एक दिन वर्धा उठा लावेगा?

व्यक्तियों के निर्माण में जमनालालजी को अद्भुत क्षमता प्राप्त थी। एक बार वे अपने एक मित्र के यहाँ गये। वहाँ पहुँचकर वे मित्र के पास न बैठकर, मित्र की माँ के पास जा बैठे और मारवाड़ी में बोले—"जो कुछ तेरे पास हो, मुझे कलेवा दे, मुझे भूख लगी है।" उन दिनों जमनालालजी इतने शक्तिशाली हो चुके थे कि कराची, बम्बई, कलकत्ता तथा देश के अन्य बड़े नगरों में उनकी दूकानें काम कर रही थीं। मित्र की भोली माँ, चार रोटियों की तह जमा कर, उनमें साग रखकर थाली ढूँढ़ रही थी कि जमनालालजी माँ से हाथ ही में रोटी लेकर, हथेली पर रखे-रखे ही ठण्डी रोटियों का भोग लगाने लगे और घुल-घुलकर परिवार की छोटी-से-छोटी बातें पूछने लगे!

संतवर विनोबा को जमनालालजी सन् 1922-23 में ही वर्धा ले आये थे और गांधीजी के साबरमती आश्रम की तरह वर्धा में विनोबाजी की नित्य प्रार्थना में वे शामिल होने लगे थे। पुरुषार्थ और प्रार्थना के बीच, साँसों के सन्तुलन को मैंने जमनालाल बजाज के रूप में देखा है। जीव और शिव बिन्दु के बीच में सेवा की गाँठ बनाते हुए जमनालालजी के रूप में एक सीधी खड़ी प्राणवान रेखा आँखें रखने वालों ने देखी है। सम्मान का उतावलापन और अपमान की भावना, दोनों मानो जमनालालजी के लिए बेजानी, बेपहचानी चीजें थीं।

जब सन् 1920 में नागपुर कांग्रेस हुई, तब उसकी पहली जनवरी सन् 1921 को ही जमनालालजी को ब्रिटिश सरकार ने रायबहादुरी का 'खिताब' घोषित किया और आदर से बिना डाँवाडोल हुए नागपुर के धन्तोली के किराये

के मकान में, कांग्रेस की स्वागतकारिणी के अध्यक्ष का काम करते हुए, उसी दिन जमनालालजी ने कांग्रेस के लिए 1 लाख रुपये की और मुस्लिम लीग के लिए 21 हजार रुपये की सहायता की घोषणा की। उन दिनों मुस्लिम लीग कांग्रेस के चरण-चिह्नों पर चल रही थी। मध्यप्रदेश राज्य के प्रथम गवर्नर सर फ्रेंक स्लाई के रायबहादुरी के सूत्र की कांग्रेस को दिया जाने वाला दान, अद्भुत भाषा-टीका थी।

जब सन् 1923 में झण्डा-सत्याग्रह में जमनालालजी जेल गये, तब सरकार ने जुर्माने में उनकी मोटर जब्त कर ली। कांग्रेस के कार्य में आने वाली मोटर लोगों के पहचान की चीज हो गयी थी। सारे मध्यप्रदेश में उस मोटर को प्रान्तीय सरकार ने इस आशय से घुमाया कि नीलाम में उसे कोई ले ले और सरकार जमनालालजी से जुर्माना वसूल कर ले। और यह गर्व की बात है कि सन् 1920 से काम पर आने वाली जमनालालजी की मोटर को सन् 1923 में खरीदने वाला कोई देशघातक इस प्रदेश में न मिला और तब वह मोटर काठियावाड़ भेजी गयी। वहाँ सौराष्ट्र के साप्ताहिक में श्री अमृतलालजी सेठ ने गुजराती में कुछ इस आशय से लिखा था कि "मध्यप्रदेश में तो कोई देशघातक न मिला, किन्तु अब एक देशघातक की तलाश में वह मोटर सौराष्ट्र में घुमायी जा रही है।"

धन, साधन, सहयोग और सलाह—इन चारों रूपों में इस प्रदेश की पिछली पीढ़ी की संस्थाओं और जीवनों के जमनालालजी निर्माता कहे जा सकते हैं। लोकमान्य के उतरते हुए युग में और महात्मा गांधी के युग में जमनालालजी ने इस देश की अथक सेवा की है। मारवाड़ी समाज तो देश-सेवा में जमनालालजी और केवल जमनालालजी के कारण माना जाने लगा। उनके पश्चात् अथवा उनके साथ अनेक व्यक्तियों ने सेवा की, किन्तु उनके संयोजक और प्रारम्भकर्ता जमनालालजी ही रहे।

जमनालालजी बापू को पिता के तुल्य मानते थे। किन्तु, मैंने उन्हें सन्तवर विनोबा से अत्यन्त प्रभावित देखा है। वे अपने युग में अत्यधिक कार्य कर गये हैं। आयुष्मान् आचार्य धर्माधिकारी को भय है कि जमनालालजी के जाने के बाद उनकी स्थापित समस्त संस्थाएँ न ढह पड़ें। मुझे ऐसा लगता है कि भारतीय स्वतन्त्रता के रूप में जमनालालजी की संस्थाएँ और शक्तियाँ, अपना अस्तित्व अभूतपूर्व ढंग से सिद्ध कर चुकी हैं और सन्तवर विनोबा का भूदान, उनका पुरुषार्थ, उनका आशीर्वाद जब तक विद्यमान है, तब तक जमनालाल के पुरुषार्थ के इतिहास को चुनौती दे सके, समय के बलवान हाथों में इतनी शक्ति नहीं। जिनके पास आत्मीयता की आँखें हैं, वे विनोबा के दर्शन करते ही जमनालालजी के प्रयत्नों को ढूँढ़ लेते हैं।

यह परम गौरव की बात रही कि जमनालालजी की धर्मपत्नी के रूप में मान्या जानकीदेवी बजाज जैसी योग्य देवी उनकी सहचरी रहीं। जानकीदेवी के बलिदान की माप जमनालालजी के पुरुषार्थों में विद्यमान है। वे तो उसके पश्चात्

भी मौन न रहीं। जाने कौन-सा पुण्य-बल उनके कलेजे में घुल रहा है कि वे जमनालालजी की पुण्य-चिता की तरह अचानक भभक नहीं उठतीं, किन्तु जमनालालजी की कीर्ति की तरह सुलगती रहती हैं और परिवार और पुण्य-भूमि के वातावरण को सुगन्धित किये रहती हैं।

वर्धा का तो इस प्रान्त के इतिहास में कभी कोई स्थान नहीं था। किन्तु, इंग्लैण्ड के राजमहलों से लेकर किसानों की झोपड़ी तक, वर्धा देश के अभिमान, बलिदान और सम्मान की वस्तु बनकर रहा है। जमनालालजी के स्वर्गवास के बाद राष्ट्रपिता बापू का मन वर्धा में लगता नहीं था। किन्तु वर्धा भी देश में ही तो था। देश से बाहर बाबू कहाँ जाते ?

राष्ट्रभाषा के कार्य को पूज्य टण्डनजी के साथ जमनालालजी ने बापू के हाथ बलपूर्वक सौंपा। वे ही सन् 1918 और 1935 में बापू को इन्दौर के सम्मेलन में लाये। मद्रास हिन्दी प्रचार के प्रारम्भ में गांधीजी के दो पुत्र उस कार्य को यशस्वी बनाने में जुटे, वे थे – श्री देवदास गांधी मद्रास जाकर और हिन्दी-प्रचारक बनकर और जमनालालजी बजाज गांधीजी के साथ रहकर। यों जब तक गांधीजी का विधायक कार्यक्रम संसार में उपस्थित है, तब तक उसमें से जमनालालजी के सेवा, त्याग और पुरुषार्थ की सुगन्ध आती रहेगी।

मध्यप्रदेश में सन् 37 से आज तक जो मन्त्रिमण्डल काम करते रहे हैं तथा राजस्थान में जो मन्त्रिमण्डल काम करते रहेंगे, मुझे कहना चाहिए कि जमनालालजी के स्नेहियों, साथियों, प्रेरणा-प्राप्तों और सुहृदों का ही बल है, जो इन मन्त्रिमण्डलों का संचालन कर रहे हैं।

देश के अनेक प्राणों को मातृभूमि पर खींचते-खींचते अपने प्राणों को मातृभूमि पर चढ़ा जाने वाले तथा उपयोग से ऊँचे उठकर मातृभूमि की सेवा में आत्म-योग साधने वाले भाई जमनालालजी की याद में मेरे वन्दन, मेरे अभिनन्दन !

[कर्मवीर, 20 फरवरी 1954]

4. राष्ट्र की एक महान् वेदी ठंडी हो गयी

जीवन में कुछ ऐसे अवसर आते हैं जब पत्रकार का कर्त्तव्य, सम्पादक के लिए दारुण बोझ बन जाता है। जिन वियोगों-विछोहों, साथियों और अन्तरंग मित्रों के बिछुड़न की वेदनाओं को वह मूक बनकर, अकेला सह ले जाना चाहता है, कर्त्तव्य उसे बाध्य करता है कि उन समस्त संतापों को, स्मृतियों से कुरेद-कुरेद कर बाध्य कर रहा है कि हम अपने पाठकों को अनभ्र वज्रपात की तरह यह समाचार सुनावें कि "वर्धा में गत 11 फरवरी 1942 के तीसरे पहर, हृदय की गति बन्द हो जाने से, देश-भक्त जमनालालजी बजाज की मृत्यु हो गयी !"

जमनालालजी का जीवन प्रारम्भ से अन्त तक संघर्षमय रहा। राजनैतिक क्षेत्र में जमनालालजी का पदार्पण सन् 1919 में हुआ। आप, महात्माजी के

उन गिने-चुने साथियों में थे, जिन्हें साथ लेकर महात्माजी ने कांग्रेस को वह प्रखर और तेजस्वी रूप प्रदान किया है जो हम आज देख रहे हैं। 13 अप्रेल सन् 1923 को—राष्ट्रीय सप्ताह में—प्रान्तीय शासन ने, नागपुर के तरुणों को, सिविल लाइन्स की सड़कों से राष्ट्रीय झण्डा लेकर जाने से रोक दिया। उसी दिन शाम को टाउनहाल की सभा में श्रीयुक्त जमनालाल ने घोषणा की कि—"जलियाँवाला बाग की स्मृति में निकले राष्ट्रीय झण्डे के जुलूस में रुकावट डालकर प्रान्तीय शासन ने हमारे राष्ट्रीय स्वाभिमान को चुनौती दी है। मैं अपने प्रदेश की ओर से घोषित करता हूँ कि सरकार की इस चुनौती को हम स्वीकार करते हैं।" उस सफल 'अहिंसात्मक युद्ध के लड़ने में' श्रीयुक्त जमनालालजी ने "प्रान्त की समस्त ताकत लगा दी।" सरकार को इस संघर्ष में झुकना पड़ा। साधुमना बाबू राजेन्द्रप्रसादजी के शब्दों में जमनालालजी ने, महात्मा गांधी के सिद्धान्तों को केवल समझा ही नहीं, बल्कि अपने जीवन में—प्रतिदिन की दिनचर्या में—इस प्रकार स्वीकार कर लिया है और बरतना प्रारम्भ कर दिया जैसे बरतने वाले देश में, सत्याग्रहाश्रम के बाहर, शायद ही दो-चार मिलें। जमनालालजी के अवसान पर बाबू राजेन्द्रप्रसाद ने, वर्धा में कहा कि "इस मौत से हमने एक बहादुर साथी, देश का एक मित्र और महान् सेवक, एक उदार परोपकारी, व्यावहारिक समाज-सुधारक, और महात्मा गांधी का विश्वासपात्र लेफ्टिनेन्ट खो दिया।" आपकी सन् 23 की गिरफ्तारी के समय, श्रीयुक्त विट्ठलभाई पटेल ने लिखा था कि—"जब देश में चारों तरफ अंधकार और निराशा फैली हुई थी, ऐसे समय, अनेक कठिनाइयों के होते हुए, अकेले हाथ से त्याग और बलिदान का प्रचण्ड वातावरण फैला कर समूचे देश का ध्यान जमनालालजी ने खींचा।" उसी समय महात्माजी के दाहिने हाथ श्रीयुक्त महादेवभाई ने लिखा था कि—"भविष्य में आदर्श सत्याग्रही होने वाले का दर्शन मैं जमनालालजी में करता हूँ। ऐसे ही सत्याग्रही का कारावास सच्चा है।" सन् 1930 के मार्च में, नमक सत्याग्रही की हैसियत से, श्रीयुक्त जमनालालजी गिरफ्तार हुए और बम्बई सरकार ने उन्हें दो साल की सजा दी, तब एक दिन व्यक्तिगत चर्चाओं में महात्माजी ने स्पष्ट शब्दों में कहा था कि—"मध्यप्रदेश के लिए तो मेरा सन्देश जमनालाल हैं।" सन् 1932 में सत्याग्रही की हैसियत से आप पुनः जेल गये। सन् 1920 से लगाकर अन्त तक आप कांग्रेस के कोषाध्यक्ष रहे। सन् 1934 में कुछ समय तक आपने राष्ट्रपति का पद योग्यतापूर्वक सँभाला था। जीवन के सन्ध्याकाल में—सन् 1939 में इस निर्भीक, तेजस्वी राष्ट्र-नायक से जयपुर के अधिकारियों ने, जयपुर में उनका प्रवेश निषिद्ध करके, संघर्ष मोल लिया। परन्तु जिस ताकत ने ब्रिटिश सत्ता को जिंदगी भर अपने पर हावी नहीं होने दिया, उसके साथ जयपुर का शासन भला कब तक टिकता! कुछ ही महीनों के पश्चात् जयपुर शासन ने जमनालालजी पर से वह प्रतिबन्ध हटा लिया।

सन् 40 के दिसम्बर में भारत रक्षा विधान के अनुसार आप गिरफ्तार हुए और आपको 9 महीने की सजा दी गयी। किन्तु बीमारी के कारण 6-7 महीने में ही आप रिहा कर दिये गये। तब से इधर लगातार आप बीमार रहते रहे। मित्रों, संबंधियों और साथियों के लगातार आग्रह और दबाव के बावजूद भी आप कुछ दिनों के लिए ही सही, अपनी राष्ट्रीय जिम्मेवारियों से अलग होकर किसी स्वास्थ्यप्रदायक स्थान में नहीं जा सके। हम जीते जी जिसे आराम पाने का अवकाश न दे सके, देश और मध्यप्रदेश की वह ज्योति, जिसने अपने अस्तित्व की कीमत पर भी राष्ट्रीय तेज को प्रखरतर और चिरप्रज्वलित देखना ही पसन्द किया, हिन्दी जनता का गौरव, भारत का वह खद्दर, हिन्दी-प्रचार, अछूतोद्धार और सामाजिक सुधार का व्रती, और महात्माजी का 'सच्चा सत्याग्रही' मौत के निर्मम हाथों हमसे छीन लिया गया। जमनालालजी का राष्ट्र-विरोधी शक्तियों से आजीवन संघर्ष, उनकी प्रखर तेजस्विता, और सबसे बड़ी, आदर्शों के प्रति उनकी अस्खलित ईमानदारी,—आने वाली पीढ़ी के वरदान के रूप में अमर रहेंगे।

जमनालाल अमर हों। उस राष्ट्रीय तेज को हम अपनी श्रद्धांजलि भेंट करते हैं।

[कर्मवीर, 14 फरवरी 1942]

पं० मनोहरकृष्ण गोलवलकर का स्वर्गवास

मँझला कद, शरीर थोड़ा स्थूल, चौरस चेहरे पर जड़ी हुई दो पानीदार आँखें बोलती-सी, चमकता हुआ ललाट चौड़ा, उस पर ओर-छोर तक अनुभवों की गहरी लकीर खुदी-सी, सारे चेहरे की बनावट उदार और उदात्त—ऐसे ही थे जबलपुर के सुप्रसिद्ध वकील श्रीयुत एम० के० गोलवलकर, जो गत 2 मई को, जबलपुर में, अपने निवास-स्थान से परलोक प्रस्थान कर गये। श्री गोलवलकर वाणी के वरद पुत्र थे। लक्ष्मी का लाड़ भी उन्होंने पाया था और साथ ही पाया था दरिया का वह दिल जो अपना 'जीवन' जरूरतमंदों के खेतों-खलिहानों, बगीचों और चौपालों को सजीव रखने के लिए उचीलते रहने में थोड़ा सुख नहीं पाता। कानून-पेशा तो वे थे ही, अतः कानून की बारीकियों से निपटना वे खूब जानते हों तो कोई बड़ी बात नहीं, मगर राजनैतिक दलबंदियों और दाँव-घातों से भरे महाकौशल की राजनीति के केन्द्र में निवास करने वाला यह प्रतिभावान पुरुष, जीवन पर राजनीति की उलझनें सुलझाता रहा और फिर भी वह उसके विष से उतना ही दूर था जितना कि जल के सदोष संसर्ग से कमल। जबलपुर आइये, आप देखेंगे आग खाने और तेजाब बरसाने वाले उग्र राजनीतिज्ञों से गोलवलकरजी इस तरह बात कर रहे हैं मानो दोनों 'समान-शील-व्यसन' हैं!

और चर्चा का विषय ?—वही उग्रवादियों का प्यारा विषय 'क्रान्ति।' दर्शक हैरान कि क्या ये वही गोलवलकरजी हैं, जिनका मकान नरम राजनीतिज्ञों का 'सुखद निवास' कहा जाता है ? आखिर उनकी प्रतिभा आग और पानी को एकत्र रख कैसे सकी और उसमें उबाल भी न आने दिया ! इसी अद्‌भुत संतुलन का नाम था श्री मनोहर पन्त गोलवलकर।

भारत के अतीत और वर्तमान कालीन राजनीति, प्राचीन और आधुनिक कानून व्यवसायियों के कमालों से बोझीली है, किन्तु भारत की यह भूमि कुछ ऐसे नररत्नों से गरवीली भी है जो अपनी महत्त्वाकांक्षाओं की दिशा विशुद्ध ज्ञान-संचय की ओर मोड़ देते हैं। विद्या-व्यसनी 'कृष्ण-तन्य' ऐसे ही नर-पुंगवों में थे। इस वकील ने अपने मसौदे को राजनैतिक महत्त्वाकांक्षा के आमिष से जीवन-भर अछूता रखा।

मनोहर पन्त बीमारी के बिस्तर से चिपककर नहीं मरे। महाप्रस्थान के एक दिन पूर्व तक उनकी दिनचर्या स्वस्थ और हस्बमामूल रही। ता० 2 को भी वे उठे, मामूली वख्त पर। नित्य-कर्मों से फारिग हुए। नौकर ने चाय दी, उसे पीने के बाद तुरन्त एक डकार आयी और बस खेल खतम !

जीवन और मृत्यु के बीच का यह एक हिचकी या एक मामूली-सी डकार का अन्तर इतना दुर्ज्ञेय कि लमहे भर पहले हम मृत्यु को नहीं जान पाते। और जब वह अपने को प्रगट कर देती है, तब प्रतीकार मानव-प्रयत्नों के वश के बाहर हो चुकता है ! आदिकाल से मृत्यु इसी तरह जीवन पर कायर हमला करती आयी है, मानो वह जीवन से सबसे अधिक भय खाती हो !

आपके जीवन-काल में जबलपुर का शायद ही कोई महत्त्वपूर्ण राजनैतिक या सामाजिक कार्य हुआ हो जिसमें आपका प्रत्यक्ष या अप्रत्यक्ष सहयोग न रहा हो। उन्होंने सम्मान पाया,—सबसे, सरकार से, जनता से और अपने साथियों से।

वे मध्यप्रान्तीय लजिस्लेटिव कौन्सिल के मेम्बर रह चुके थे। नागपुर और इलाहाबाद विश्वविद्यालयों की कोर्ट तथा सीनेट के सदस्य रहे, नागपुर हाईकोर्ट की बार-कौन्सिल के सदस्य भी थे, और स्थानीय म्युनिसिपल कमेटी के वाइस प्रेसीडेण्ट एवं न जाने कितनी संस्थाओं के सदस्य और सहायक।

ऐसे प्रसंग अवश्य आये जब श्री गोलवलकरजी को करारे प्रलोभनों का सामना करना पड़ा। परन्तु प्रलोभन उन्हें गलत दिशा में नहीं ले जा सके। मांटेगु-चेम्सफोर्ड विधान में मध्यप्रांतीय सरकार की ओर से उन्हें 'मिनिस्ट्री' 'आफर' की गयी, किन्तु सरकार को निराश होना पड़ा। "मैं देश-द्रोह नहीं करूंगा,"—यही श्री गोलवलकरजी का छोटा किन्तु गंभीर अर्थवाही उत्तर था। उन्होंने खादी पहनी। चर्खा चलाया। उनकी तकली तो बाररूम तक पहुँचती थी। प्रान्त के कांग्रेस कार्य के प्रबल सहायकों में आप एक रहे।

अपने इस महान सपूत को खोकर मध्यप्रदेश आज दुखी है। उनकी सेवाएँ, उनका परोपकारमय निर्मल जीवन, उनका धीरोदात्त आचरण, यह निश्चित है

कि, उनकी आत्मा को सुख और शान्ति प्रदान करेंगे। तथापि, अपने हृदय की समस्त भावनाओं के साथ इन पंक्तियों का लेखक गोलवलकरजी के लिए शांति प्रार्थना और उनके वियोग-दग्ध परिवार वर्ग के लिए धैर्य और सहिष्णुता की कामना करता है।

[कर्मवीर, 16 मई 1942]

श्री राघवेन्द्ररावजी

हमें यह प्रगट करते दुख होता है कि इस प्रान्त की तेजस्विनी शक्ति, बैरिस्टर राघवेन्द्ररावजी अब हमारे बीच नहीं रहे। वे स्वभावतः बड़े विधानप्रिय, लड़ाके और उद्योगी थे। मद्रास के रग-रग में व्याप्त, उनमें वह शैली विद्यमान थी जिससे जिस पड़ पर जाने की बात सोचते, उस पर वे पहुँच कर मानते। वे कांग्रेस में भी थे। और प्रान्तीय कांग्रेस कमेटी के अध्यक्ष थे। कौन्सिलों की चुनायी पर मतभेद होने पर, वे स्वर्गीय पण्डित मोतीलाल नेहरू और देशबन्धुदास के साथ स्वराज दल के साथ गये। किन्तु जब दास और नेहरू पुनः कांग्रेस की त्यागमयी शक्ति की ओर लौटे तब श्री राघवेन्द्ररावजी न लौट सके; क्योंकि उनका आन्दोलनप्रियता की अपेक्षा शासन की विधायकता में अत्यधिक विश्वास था। उखाड़-पछाड़ श्री राघवेन्द्ररावजी के स्वभाव में थी, किन्तु सम्पूर्ण शासन के खिलाफ बगावत करने में वे कभी आगे न बढ़ सके। विधायकता उनकी नस-नस में थी। अतः उनकी उखाड़-पछाड़ व्यक्तिगत सम्बन्धों, शासन के व्यक्तियों और राजनैतिक स्पर्धियों ही में दीख पड़ती थी। वे यूरोपीय राजनीति के सम्पूर्ण उपकरणों के साथ, अपनी विजय पर उतरते थे, और विजय-प्राप्ति के किसी भी उपाय को उठा न रखते थे। किन्तु एक बात वे कभी नजर अन्दाज न करते थे। वह थी, जिस महाकोशल प्रान्त में वे रहे उसका हित। वे यद्यपि जन्मतः आन्ध्र-भाषी थे, किन्तु महाकोशल के निर्माण में जिन लोगों का हाथ साबित होगा उनमें एक श्री राघवेन्द्ररावजी भी थे। वे अपने शासकीय जीवन में खद्दर का मजाक उड़ाते किन्तु सदैव खद्दर पहनकर शासन करते। प्रान्त की होममेम्बरी और अस्थायी गवर्नरी भी उन्होंने खद्दर पहनकर ही की थी।

वे सच्चे देशभक्त, ईमानदार नागरिक, और प्रान्त के निर्मल हित-चिन्तक थे। ऐसा तेज पानी का हथियार सरकार के हाथ लग गया, इस बात पर, कांग्रेस के नेता छनछन दुखी थे। कांग्रेसवादियों की नजर से राघवेन्द्ररावजी का शासन-प्रवेश आलोचना की वस्तु रही। तो भी उनके अध्ययन, पराक्रम, शासन-परिवर्तन और शासन-शैली को देखकर, उनके कितने ही विरोधियों ने उनके अन्दर निवास करने वाले सफल शासक और ईमानदार राष्ट्र-प्रेमी को देखा।

श्री राघवेन्द्ररावजी अभी 52 वर्ष के थे। जिन दिनों विदेशों में, बड़े पदों का

मिलना प्रारम्भ होता है, उन दिनों तक अपने जीवन में वे अनेक बड़े पद समाप्त कर चुके। उन्हें खोकर आज मध्यप्रान्त गरीब हो गया है।

[कर्मवीर, 20 जून 1942]

कस्तूरबा गांधी

1. माता कस्तूरबा का अवसान

"बम्बई सरकार को यह सूचित करते दुख होता है कि पूना के आगाखाँ महल में 7-35 बजे शाम को श्रीमती कस्तूरबा गांधी की मृत्यु हो गयी।" बम्बई, मंगलवार, 22 फरवरी।

23 फरवरी को 10-40 बजे दिन को, उनके सबसे छोटे पुत्र श्रीयुत देवदास गांधी ने उनका अन्तिम संस्कार किया। महात्मा गांधी उपस्थित थे। स्वर्गीय महादेव देसाई की चिता जहाँ बनायी गयी थी उससे अलग हटकर पूजनीय कस्तूरबा की चिता सजायी गयी। महात्मा गांधी द्वारा काते हुए सूत की बुनी शाल में आपका शव लपेट दिया गया था। सर्वश्री हीरालाल गांधी, मथुरादास विकमजी आदि लगभग 50 आदमी शव-यात्रा में शामिल थे। श्रीमती कृष्णा-हठीसिंह महात्मा गांधी को वहाँ ले गयीं। महामान्य श्रीनिवास शास्त्री, श्री एन० सी० केलकर, सर रघुनाथ परांजपे, प्रो० करवे, सेनापति बापट भी उपस्थित थे।

माता कस्तूरबा, खादी की सफेद साड़ी पहने थीं, बदन नारंगी खादी की शाल से ढँका था, ललाट पर कुमकुम दिप रहा था,—मानो वे शान्ति की गोद में सो रही हों।

संस्कार के समय महात्माजी विचलित हो उठे। नेत्रों से उमड़ते हुए आँसुओं को वे बार-बार अपनी शाल से पोंछ रहे थे। स्नेहावेश के इस क्षण के बाद वे लगातार दृढ़ और अटल बने रहे। बातचीत में, भाव-भंगी में, उत्तेजना या आवेश के कोई लक्षण उन्होंने प्रगट नहीं होने दिए।

महात्माजी ने, कुरान, भगवद्गीता और बाइबल की पंक्तियाँ पढ़ीं। भजन गाये गये। डा० गिल्डर ने जरथुस्त धर्म-पुस्तक की कुछ पंक्तियाँ सुनायीं। मीरा बहन ने भी कुछ पंक्तियाँ गायीं।

इसके बाद महात्मा गांधी अपनी लकड़ी के सहारे खड़े हो गये। मृत शरीर पर चन्दन की लकड़ियाँ डाली गयीं। घी डाला गया। हाथ में ज्वाला लेकर 'गोविन्द, गोविन्द, गोविन्द' की ध्वनि के बीच, श्री देवदास गांधी ने चिता की तीन परिक्रमाएँ कीं और चिता को प्रज्वलित कर दिया। वायुप्रेरित ज्वालाएँ, आध घण्टे में ऊँची हो उठीं। फासले पर पालथी मारे इमली के झाड़ के नीचे बैठे हुए महात्माजी शरीर को पंचतत्त्वों में मिलते देख रहे थे।

[कर्मवीर, 26 फरवरी 1944]

2. बान्दनी माँ की मौत पर

राष्ट्रीय जीवन की तिथियों में, इस वर्ष की शिवरात्रि अंधकारपूर्ण रात्रि बन-कर आयी। अर्चा की यह पुनीत रजनी, राष्ट्रीय शोक की रात में बदल गयी। माता कस्तूरबा न रहीं ! यह पीड़ा, राष्ट्र के जीवन में अत्यन्त करुणापूर्ण और मर्मस्पर्शी हो उठी है,—लौकिक आचारों द्वारा इसे प्रगट करना सम्भव नहीं रह गया !

माता कस्तूरबा, मंगल की रात्रि को 7 बजकर 35 मिनट पर गुजरीं ! अन्तिम क्षणों में, महात्मा गांधी, उनके दो बेटे और कुछ अन्य लोग उनकी शय्या के पास थे। कस्तूरबा जेल में मरीं,—भारत रक्षा कानून के शिकंजे में, भारत सरकार की वन्दिनी बनकर !

इस मृत्यु से गांधीजी ने अपनी जीवन-संगिनी खोयी, भारत माता से उसकी एक कर्त्तव्यपरायण बेटी छीन ली गयी, और भारतीय नारीत्व के मस्तक का सर्वश्रेष्ठ आभूषण उतर गया।…

मौत ?—यह चीज दुनिया के लिए अजनबी नहीं। 75 वर्ष की आयु में कस्तूरबा और अधिक वर्षों की अधिक उम्मीद नहीं कर सकती थीं। हिन्दू नारी के लिए अपने बूढ़े पति और मर्दाने बेटों की उपस्थिति में इस दुनिया से चले जाने से अधिक प्यारी बात और क्या हो सकती है ! फिर भी कस्तूरबा की मृत्यु एक भयानक आघात है। इस मामले में मौत आश्चर्य की वस्तु बनकर नहीं आयी किन्तु वह वर्तमान परिस्थितियों में बहुत बड़ी चोट दे गयी।

आज की दर्दीली स्थिति में, महात्माजी की यह जीवन-संगिनी, उनके बन्दी-जीवन में भी साथिन बनकर रह रही थीं। इस बन्दी-जीवन की दशाएँ अभूतपूर्व कठिनाइयाँ लिए थीं। ये कैदी, कैदी तो बनाये गये हैं, मगर उनका अपराध सार्व-जनिक रूप से प्रमाणित नहीं किया गया। वे बन्दी हैं,—किन्तु उन पर न आरोप लगाया गया, न उनका न्याय किया गया, न उनकी रिहाई की कोई आशा है ! ऐसी ही अनिश्चित स्थिति में उन्हें कैद रखा गया है !

महात्मा गांधी ने भारत सरकार के अनौचित्य का, गतवर्ष, विरोध किया था। यह विरोध उन्हें मौत के जबड़ों में ले गया। कस्तूरबा इस भयानक परीक्षा की एक असहाय दर्शक मात्र रहीं। इनकी अपरिमित जीवन-दायिनी शक्ति की सहायता से महात्माजी स्वस्थ हो उठे, किन्तु उनकी पति-परायणा स्त्री पर इस परीक्षा का बुरा असर पड़ा। पति के अनिश्चित अवधि तक कैद में पड़े रहने तथा उसके परिणाम की भयानक आशंकाओं ने, कस्तूरबा के मन पर चोटें कीं, और वे "अलक्षित आग का अदृश्य ईंधन बन गयीं"।

एक साल से अधिक हुआ। महीनों पर महीने बीते चले जा रहे थे, देश बड़ी बेचैनी से उनके स्वास्थ्य के लगातार गिरते जाने का असहाय प्रेक्षक बना रहा। बड़ा दर्द होता था यह सुनकर कि इन पूजनीया वृद्ध महिला को लगातार हृद-

रोग के दौरे होते रहते हैं, और इन्हीं की भलाई की खातिर उन्हें जेल से छोड़ा नहीं जा रहा है !

सर ओसवाल्ड मोसले जेल से मुक्त कर दिये गये थे, इसलिए कि जीवन की प्राकृतिक हलचलों के अभाव में उनका स्वास्थ्य खतरनाक ढँग से गिरता जा रहा था। मोसले की रिहाई का इंग्लैण्ड की जनता ने तीखा विरोध किया था। इसके विपरीत भारत में, कस्तूरबा को जेल में रखे जाने के कारण जनता का क्षोभ बढ़ता जा रहा था। तथापि उन्हें छोड़ा नहीं गया। पति के साथ उनके रखे जाने की घटना का अत्यन्त घृणित लाभ उठाकर, सरकार, उनकी रिहाई तथा कर्मशील जीवन की नैसर्गिक सुविधाएँ प्रदान करने से इनकार करती रही। सरकार ने यह प्रगट करना चाहा कि वह रुग्णा पत्नी को उनके महान् पति से अलग करना नहीं चाहती ! यदि इतनी दयालु ही थी सरकार, तो वह दोनों पति-पत्नी को बन्धन-मुक्त और स्वतन्त्र कर सकती थी। सरकार ने कोमलता के सिद्धान्त का गलत उपयोग किया, परिणामतः कस्तूरबा की रिहाई की आशाएँ जाती रहीं। देश के नेताओं ने, जिन्होंने उनके अवसान पर शोक और स्नेह प्रगट किया है, इच्छा की है कि उनकी आत्मा को शान्ति मिले !

आत्माएँ शान्ति प्राप्त करती हैं या शान्ति-रहित होकर भटकती फिरती हैं, यह मृत्यु-शास्त्र की गूढ़ समस्या है। किन्तु यदि हम लौकिक दृष्टि से चर्चा करें तो कस्तूरबा की आत्मा ने जिस अवस्था में उनका शरीर छोड़ा, वह क्या शान्ति-पूर्ण अवस्था थी ? जब वह, पति सहित अपनी अनिश्चित काल-व्यापी बन्दी-जीवन की भयावनी संभावनाओं पर विचार करती होंगी तब उनके कोमल मस्तिष्क में कितने कड़वे भाव उत्पन्न होते होंगे ! जिस देश की आजादी प्राप्त करने के लिए उन्होंने अपनी स्वतन्त्रता खो दी थी, उसकी असहाय अवस्था पर उन्हें कितना क्षोभ हुआ होगा !

तीखे और क्षुब्ध विचारों की यंत्रणा से उनका हृदय ऐंठ गया होगा। वे विचार आज समूचे राष्ट्र को पीड़ा पहुँचा रहे हैं। युद्ध के बीचोंबीच कस्तूरबा चली गयीं।

जेल की दीवारों के भीतर तथा बाहर होने वाले जीवनों की अनमोल हानि, राष्ट्रके मन को मानो लोहे की जलती सलाखों से जलाये डाल रही है। विचार जब 'क्रोध और शोक से परिपूर्ण हों' तब शब्द नर्म कैसे हो सकते हैं ?

अन्याय, जेल, मौत—ये ही क्या अभी या भविष्य में शान्ति उत्पन्न करने वाली चीजें हैं ?

भाषा की एक मरोड़ से कहा जा सकता है कि मौत ने कस्तूरबा को रिहाई दी। किन्तु ये रिहाइयाँ राष्ट्र के लिए कष्ट-दायक स्मृतियों के समान होती हैं जो उसके अपने भविष्य तथा अपने भाग्य की असफलताओं की याद दिलाया करती हैं।

[कर्मवीर, 26 फरवरी 1944]

भाई सिद्धनाथजी—स्वर्गीय

मैं यह सुनकर हैरान हो गया था कि वे बीमार हैं ! अपनी दिनचर्या में वे इतने नियमित और घड़ी के काँटे की भाँति क्रमबद्ध थे कि जो लोग संयम और नियम को स्वास्थ्य के पर्यायवाची शब्द मानते हैं, उनके लिए यह विश्वास करना असम्भव था कि अपने क्षणों को नियमों की बेमुरौवत कड़ियों में बाँधे रखने वाले विद्वान श्रीयुत सिद्धनाथ माधव आगरकरजी कभी भयंकर रोग के पंजे में जकड़ भी सकते हैं ! किन्तु दुनिया में मानव-जीवन को बाँध रखना यदि आश्चर्य-जनक न होता तो कौन कहने का साहस करता कि जीवन क्षणभंगुर है !

खण्डवा से 'कर्मवीर' निकला ही था। बात सन् 1925 के अप्रैल मास की है। किन्तु आज लगता है, मानो कल की बात हो। व्यवस्था का समस्त उत्तरदायित्व आप पर रहा। जिस चतुराई, सुकौशल, व्यवस्थित मितव्य-यिता, कठोर किन्तु सरस नियन्त्रण, और गम्भीर आत्मविश्वास से अनुप्राणित साहस से, आपने इस उत्तरदायित्व का निर्वाह किया, वे गुण अपने स्थान पर बेजोड़ थे। 'कर्मवीर'—का आर्थिक स्रोत अभी पूर्ण सबल नहीं हो पाया था कि सन् 1926-27 में प्रान्तीय और केन्द्रीय धारासभाओं का चुनाव माथे पर आ पड़ा। 'कर्मवीर' की गम्भीरता, राजनीति के छिछले वातावरण में पड़कर कलंकित न हो, इसलिए आपके संपादकत्व में दैनिक 'देशबन्धु' निकला। 'कर्मवीर' और 'देशबन्धु'—इन दोनों पत्रों का सारा भार सँभालते हुए भी उन्होंने अपनी दिनचर्या में कभी व्यवधान नहीं पड़ने दिया। प्रातःकाल, जब तक सूर्य के घोड़ों की लालिमा उदयाचल को रंजित करती, उसके पहले आप घूमने के लिए निकल पड़ते। पूर्वीय क्षितिज पर ऊँचे चढ़ते हुए अग्निपिंड को पीछे डाले, श्री आगरकरजी, माथे पर रेशमी साफा, बदन में मौसम के अनुकूल खादी का सूती अथवा गरम कोट, खादी की मराठीनुमा धोती, पाँवों में मामूली स्लीपर, आँखों पर चश्मा, और हाथ में सिरे पर मुड़ी हुई छड़ी लिए, लम्बे, दृढ़ किन्तु सँभले हुए पद-निक्षेप करते हुए अपने निवास-स्थान की ओर लौटते दिखाई देते थे। दिन-भर के व्यस्त कार्यक्रम के पश्चात्, सूर्यास्त के कुछ पहले वे पुनः घूमने निकल जाते। सायं-प्रातः घूमने का यह क्रम, यों सरकारी जेल की मेहमानी के दिनों आगरकरजी भले ही न साध सके हों, किन्तु इसके सिवा अपने जीवन में कदाचित् ऐसे अवसर उन्होंने आने दिये जिनके कारण उनका यह क्रम टूटा हो या शिथिल पड़ा हो। बिस्तर छोड़ने से लगाकर बिस्तर पर जाने तक की व्यवस्था और समय में व्याघात तो उस दिन भी नहीं हुआ जिस दिन उनकी लड़की की शादी थी। मेहमानों और मित्रों की भीड़, और सबकी साल-सँभाल की जिम्मेवारी उन्हीं के माथे, तथापि व्यवस्था की यह खूबी कि किसी को बगैर असुविधा पहुँचाये श्री आगरकरजी रोज रात को 10 बजे बिस्तर पर चले जाते थे।

सन् 1926 की चुनाइयों में, स्वर्गीय देशभक्त लाला लाजपतरायजी कांग्रेस के विरोधी उम्मीदवार के समर्थक थे। आप प्रचार के सिलसिले में खण्डवा भी आये। रात को आम सभा हुई। खण्डवा के गांधी चौक में (उन दिनों के घण्टा-घर के मैदान में) तिल धरने को जगह नहीं थी। पंजाब के शेर की दहाड़, उस रात को, कांग्रेस के उम्मीदवारों की, तत्कालीन स्वराज दल के कर्णधार पं० मोतीलालजी नेहरू के साथ, बड़ी बेमुरौवत बनकर खबर ले रही थी! लालाजी की वाग्धारा, खर-स्रोता नदी की तरह, बीच में उछाले गये प्रश्नों को, प्रवाह-पतित सूखे पत्ते की तरह बहाती चली जा रही थी। वे कह रहे थे, "एसेंबली मजाक नहीं है। वहाँ देश-भाग्य के वारे-न्यारे करने वाले कानून बनते हैं। कांग्रेस, वहाँ एक ऐसे छोकरे को भेजने का दुस्साहस कर रही है जो कानून का विद्यार्थी है। वह कानून के परचे हल करने की फिकर करेगा या अपने प्रतिद्वंद्वी एसेम्बली के दिग्गज विद्वानों के तर्कों से भिड़ने की तैयारी? कैसी मूर्खता कर कर रही है कांग्रेस!" उन दिनों दिल्ली की व्यवस्थापिका सभा में, मध्यप्रान्त से, कांग्रेस के उम्मीदवार थे पं० द्वारकाप्रसादजी मिश्र। लालाजी के ये तीखे तीर उन्हीं को निशाना बना रहे थे। लालाजी भाषण समाप्त कर बैठ गये। श्रोताओं में एक खलबली-सी मच गयी। कांग्रेस पक्ष से कौन इस लोहे का जवाब अपने इस्पात से दे। 'कर्मवीर' का संपादक[1] तो प्रान्तीय कार्यकारिणी के उत्तरदायित्व के नाते पं० मोतीलालजी नेहरू के साथ प्रान्त में यात्रा कर रहा था। एक, दो, तीन, धीरे-धीरे 5 मिनट बीत गये। क्या कांग्रेस-पक्ष निर्बल पड़ जायगा? दो-एक वक्ता मंच पर आये, किन्तु लालाजी का तर्क वजनदार पत्थर की तरह कांग्रेस-प्रेमी किन्तु तार्किक श्रोताओं पर भारी पड़ रहा था। आक्रोश की खरोंचों से उसका हटना संभव नहीं था। इतने में एक कोने में हलचल उठी। लोगों ने देखा, एक ठिंगना कद सामने की भीड़ चीरकर, रास्ता बनाते हुए सभामंच की ओर बढ़ रहा है। यह श्री आगरकरजी थे। मंच पर पहुँचे। शील-भरे व्यंग्य के साथ, उन्होंने अपने भाषण का प्रारम्भ यों किया—"राजनीति के मैदान में जिन खेले हुए घोड़ों ने अपने करतब दिखाये हैं, उनमें श्रद्धेय लालाजी अत्यन्त श्रेष्ठ हैं। मैं उनसे नम्रता से पूछता हूँ कि 23 वर्ष का एक अंग्रेज छोकरा आ० सी० एस० बनकर भारत के बड़े-बूढ़ों पर जब शासन कर सकता है, तब लालाजी यह क्यों नहीं महसूस कर सकते कि उसी उम्र का भारतीय तरुण, जिसमें ओज और साहस का अभाव नहीं है, असेम्बली में, बूढ़े अंग्रेजों से सफलतापूर्वक लोहा ले सकेगा? लालाजी हमारे बुजुर्ग हैं। वे कृपा कर चुनाव के जोश में कोई ऐसी बात अपने श्रीमुख से नहीं निकलने दें जिससे लघुता की भावना प्रगट हो।" भाषण भूमिका के ये शब्द, लालाजी के कांग्रेस से विरोध के असर को आँधी की तरह उड़ा ले गये। बाद में, प्रान्त का दौरा करते हुए पं० मोतीलालजी भी

1. स्वयं चतुर्वेदीजी

खण्डवा पहुँचे। लालाजी के संपूर्ण आक्षेपों का जवाब खण्डवा के मंच से दिया गया।

आगे के वर्षों में, आज के ख्याति-प्राप्त कवि और समालोचक पं० शुकदेव-प्रसाद तिवारी 'वीरात्मा' 'कर्मवीर-परिवार' में सम्मिलित हुए। और तब जबलपुर में, ठा० लक्ष्मणसिंहजी और श्री आगरकरजी के सुन्दर सहयोग की भाँति खण्डवा में भी जीवन, पुरुषार्थ और साहित्य के सहयोग से, 'कर्मवीर' अपने ध्येय की ओर बढ़ चला।

आगरकरजी, अथ से इति तक कांग्रेस के कट्टर समर्थक रहे। जिस राज-मार्ग से जीवन की सुगमताएँ सुलभ होती हैं, उसकी ओर उनकी राजनीति ने आँख उठाकर भी देखना पसन्द नहीं किया। गुलाम देश को स्वतंत्र बनाने के लिए जिस कष्टसाध्य पथ को अपनाना पड़ता है, उस पथ के संकटों और खतरों को श्री आगरकरजी के देश-प्रेम ने सहर्ष झेला। उनके निर्मल आत्माभिमान को कभी यह गवारा नहीं हुआ कि हुक्कामों के सामने जरा भी झुककर जीवन को सरल बना ले जाने योग्य कोई सुविधा, सहूलियत या सुगमता के टुकड़े वे चुन लें। प्रान्तीय कांग्रेस कमेटी के वे सदस्य थे। मध्यभारत देशी-राज्य-प्रजापरिषद् के सभापति का आसन उनसे गौरवान्वित था।

सन् 1942 के आन्दोलन में भी वे सरकारी मेहमान बनाये गये। इस बार जेल में शायद चुन-चुनकर ऐसा वातावरण भारतीय नेताओं और कार्यकर्ताओं के सामने उपस्थित किया गया कि मृत्यु के पंजों से जो बचे वे भयानक रोग के शिकार बनाये जाकर छोड़े गये। आगरकरजी रक्तचाप से बीमार हुए और इतनी बीमार हालत में छोड़े गये कि डाक्टर और मित्रों का भरोसा रहीं था कि घर जाकर वे दस दिन भी जी सकेंगे। किन्तु आगरकरजी को अपने नियमित जीवन और संयम पर भरोसा था। वे घर आये और क्रमशः नीरोग हो उठे।

अचानक ता० 10-7-1945 को वे पुनः शय्याग्रस्त हुए। डाक्टर ने टाइफायड घोषित किया। लगातार तीन महीने तक मौत से भयानक पंजा लेते हुए, उन्होंने अपने रोग-जर्जर शरीर को टियाये रखा। किन्तु इस बार का रोग तो उनके महाप्रस्थान की तैयारी लेकर आया था! 23 अक्टूबर को प्रातःकाल वे अपने अस्थि-चर्मावशिष्ट नश्वर देह को छोड़कर चले गये—केवल 54 वर्ष की जवान उम्र में!

श्री आगरकरजी सम्मान सहित जिये और अपनी मौत से अन्त तक लड़ते हुए एक योद्धा की मौत मरे। अपने पीछे 'स्वराज्य' के रूप में वे अपनी वह पवित्र धरोहर छोड़ गये हैं, जिसके लिए उन्होंने अपने जीवन के पल-पल न्योछावर किये। उनके ज्येष्ठ पुत्र चि० यशवंत उनके जीवन-काल से ही 'स्वराज्य' के संचालन में हाथ बटाते चले आ रहे हैं। प्रभु से प्रार्थना है कि उन्हें अपने योग्य पिता के पद-चिह्नों पर चलने का साहस और धैर्य प्राप्त हो। मध्य-

प्रान्त और मध्यभारत की जनता 'स्वराज्य' को श्री आगरकरजी की पवित्र यादगार मानकर, उसकी ज्योति, अपनी स्नेह-सहायता से चिर प्रज्वलित रखे, यह उसका कर्त्तव्य है।

श्री आगरकरजी का समस्त जीवन त्याग और संघर्षमय जीवन रहा। इसलिए हिन्दी को उनकी कलम की वह भेंट नहीं मिल सकी जो उन जैसे गंभीर विद्वान एवं वस्तुस्थिति को यथार्थवादी दृष्टिकोण से देखने वाले क्रियाशील व्यक्ति से मिलनी चाहिये थी। अंदमान की गूंज, लोकमान्य की जीवनी, और मानस शास्त्र आदि ग्रन्थ, जो उन्होंने अपनी रुचि के अनुकूल मराठी और अंग्रेजी से अनूदित किये हैं, हिन्दी पाठकों को सुलभ हैं। काश, वे लम्बी अवधि तक हमारे बीच रह पाते !

मैं आज दु:ख से अनुभव करता हूँ कि मैंने आज जैसे अपना सगा भाई खो दिया। उनका पत्रकार तथा देश-सेवा के पथ में आगमन सन् 1920 के मार्च महीने में, जबलपुर में, मेरे स्नेह-भरे आमन्त्रण पर हुआ था। और मैंने जीवन में जो कुछ किया, उसमें मेरे सुहृद 'लौंढेजी' की सुगन्धि और श्रमशीलता भरी हुई है। देश-सेवा में पदार्पण के समय, मेरी मनुहार भले ही काम आयी हो, किन्तु क्रूरकाल ने, हमसे छुड़ाते समय, हमारी मनुहार सुनना आवश्यक नहीं समझा !

चि० यशवंत, उनकी साध्वी माता, तथा बच्चों के लिए, मैं उतना ही निकट रहना चाहूँगा, जितना जीवन-बद्ध हूँ। मुझे तो, इस कठोर संकट में धीरज के शब्द भी नहीं सूझ रहे। पलपीटेशन का बीमार मैं, धीरज के कौन से शब्द काम में लाऊँ सिवा आँसू बहाने, और प्रभु के सम्मुख झुक जाने के ?

[कर्मवीर, 27 अक्टूबर 1945]

वन्दन, अभिनन्दन : पं० कामताप्रसादजी गुरु

राष्ट्रभाषा हिन्दी के पाणिनी, मध्यप्रान्त के सुप्रसिद्ध साहित्य-स्रष्टा, वयोवृद्ध पं० कामताप्रसादजी गुरु, मध्यप्रान्त-विदर्भ हिन्दी साहित्य सम्मेलन के नागपुर के अधिवेशन के सभापति निर्वाचित हुए हैं। हिन्दी के संस्कार और शृंगार में जिन मनीषियों ने अपनी अथक सेवाएँ अर्पित की हैं, उनमें श्री गुरुजी का स्थान बहुत ऊँचा है। उन्हें प्रान्तीय हिन्दी साहित्य सम्मेलन का सभापति चुनकर प्रांतीय सम्मेलन स्वयं गौरवान्वित हुआ है। हिन्दी की प्रगति, आज, उस चौराहे पर खड़ी है, जहाँ, उसके विशुद्ध साहित्यिक स्वरूप की, राष्ट्रीयता के नाम पर एक ऐसी अनावश्यक शास्त्र-क्रिया-सी की जा रही है, जिससे उसके प्राणों पर आघात पहुँचने की संभावना क्रमशः घनीभूत होती जा रही है। हमारा संकेत हिन्दी हिन्दुस्तानी विवाद की ओर है। इस परीक्षा की कड़ी आँच से सुरक्षित

बच निकलने के लिए आज प्रान्त की साहित्यिक चेतना को अत्यंत जागरूक और संगठित किया जाना आवश्यक है। श्री गुरुजी के पथ-प्रदर्शन में यह कार्य सुन्दर रीति से सम्पन्न किया जा सकता है। इतना ही नहीं, प्रांतीय हिन्दी साहित्य सम्मेलन के कार्यकर्ता यदि अपनी समस्त शक्तियों को व्यवस्थित रीति से संगठित करके आदरणीय श्री गुरुजी के पथ-प्रदर्शन में, उसे संचालित होने का सुंदर अवसर ला सकें, तो न केवल प्रान्त की शिथिल साहित्य-चेतना में सम्यक क्रियाशीलता उत्पन्न हो जायगी, बल्कि एक ऐसा आदर्श उपस्थित किया जा सकेगा जो अन्य प्रान्तों के लिए भी अनुकरणीय होगा। साहित्य के जिन प्रज्वलित स्फुलिंगों के अधीन प्रान्तीय सम्मेलन की बागडोर है, वे इस दिशा में सचेष्ट हों—यह निवेदन है। पं० कामताप्रसादजी को अपना अध्यक्ष चुनने के लिए, हम एक बार पुनः प्रान्त के साहित्य-मनीषियों तथा प्रान्तीय साहित्य सम्मेलन को बधाई देते हैं।

हिन्दी की किसी भी अखिल-भारतीय साहित्य-संस्था में, गुरुजी महाराज, न केवल सम्मान की वरन् पूजा की वस्तु हैं। यदि प्रचार का, राष्ट्रभाषा-प्रचार का हल्ला-सा देश में न मचा होता, और हिन्दी साहित्य-सेवी द्विवेदीयुग के मनीषियों के अनुभव से लाभ उठाने की दूर-दृष्टि से काम लेते, तो आज से बहुत पहले गुरुजी का सम्माननीय स्थान, हिन्दी साहित्य सम्मेलन का सभापतित्व होता। नागरी प्रचारिणी सभा, जिसके तत्त्वावधान में श्रद्धेय गुरुजी ने व्याकरण की रचना की, आज भी, अपनी सीमा का गौरवपूर्ण आदर देकर, साहित्य के इतिहास को, वर्तमान के द्वारा तिरस्कृत होने से बचा सकती है। हमारे प्रान्त के साहित्यिक, सम्मान्य गुरुजी से काम लेने का, मजदूरी लेने का, सपना न देखें। वे उनसे प्रेरणा लें। मान्य गुरुजी में अपने अच्छे विचारों के प्रगटीकरण में उज्ज्वल निर्भीकता रही है। उन्होंने भाषा के उस समस्त पर, जो गद्य और पद्य के क्षेत्र में पनपा है, अपनी सहमति या स्वीकृति की मुहर नहीं लगायी। क्योंकि विचारों के वाहन, अथवा आवाहन के रूप में, भाषा की विशुद्धता की, गुरुजी कभी अवहेलना नहीं देख सकते। प्रत्येक युग का तरुण तो भावों अथवा शोधों पर दीवाना, और भाषा के प्रति लापरवाह ही रहता आया है। किन्तु इस दिशा में हमारी लापरवाही ने, भाषा के अर्थदान की रूपता, और भाषा की प्रवहमान नियम-बद्धता में बहुत-सी कठिनाइयाँ उपस्थित कर दी हैं। परिणामतः 'राष्ट्र-भाषा के विस्तार' में हमारी भाषा सम्बन्धी मनमानी 'नियम तोड़कताओं' ने काफी कठिनाइयाँ उपस्थित कीं। मध्यप्रान्त की दृष्टि से कहें, तो गुरुजी महाराज ने पिछले 3 युगों को अपने सामने पनपता फूलता और फलता देखा है। अंग्रेजी का साहित्यिक या आलोचक, अपने गद्य पर गर्व करते समय अपने पुराने लेखक चॉसर को नहीं भूलता। हम नाइल की लम्बाई याद रखकर, अपनी नर्मदा के घाटों, घुमावों और वरदानों को भूल जाने वाले लोग, क्या जानें कि हमारे कन्धों पर चढ़कर बनने वाली पीढ़ी से पहले, हम भी अपने किसी गुरुजन के कन्धों पर और गोद में खेल कर अपने युग को जीवित देख पाये हैं। इस दृष्टि से न

केवल साहित्य सम्मेलन का मंच किन्तु हमारे लिए तो जबलपुर के दीक्षितपुरा का वह भवन, तीर्थ-यात्रा का स्थल होना चाहिये, जहाँ अपनी झिड़की, अपनी उदासीनता या अपनी आशीर्वादमयी मुसकुराहट से, गुरुजी हमें अपनी सेवा में उपस्थित देख सकते हैं। हम, सूरज के डूब जाने पर, दुर्गन्धित लालटेन ढूँढ़ने वाले लोग, समय से पहिले ही अपने पूजा-स्थान की पूजा की ओर अनुरक्त क्यों न हों ? मैं गुरुजी के चरणों में अपनी नम्र श्रद्धांजलि अर्पित करता हूँ और उन समस्त मतभेदों को—जिनका कभी, कहीं अस्तित्व रहा हो, क्षुद्र मानता हूँ—जो मेरे मस्तक और उनके चरणों के बीच में, भूलकर भी रुकावट बनने का स्वाँग करें। मेरे गरीब प्रान्त के जीवित स्वर्णिम इतिहास तुम्हें वन्दन, तुम्हारा अभिनन्दन !

पुनश्च

अभी-अभी मालूम हुआ कि अपने जरा-जीर्ण स्वास्थ्य के कारण, पं० कामताप्रसादजी गुरु ने सम्मेलन के सभापतित्व का उत्तरदायित्व स्वीकार करने में अपनी असमर्थता प्रगट की है। क्या हम अनुमान करते हैं कि हमने अपनी पूजा में कितनी देरी कर दी ? अब उनके बाद डॉ० बलदेवप्रसादजी मिश्र सभापति निर्वाचित हुए हैं। डॉ० बलदेवप्रसादजी गतवर्ष प्रां० हि० सा० स० के अध्यक्ष थे। उन्हीं के प्रयत्नों से सम्मेलन में यह नवीन प्राण-संचार हुआ है। यों, केवल एक वर्ष का समय सम्मेलन जैसी संस्था को किसी निर्धारित दिशा की ओर संचालित करने और उसके परिणामों को फलीभूत होते देखने के लिए अत्यन्त अल्प है। अत: यह उचित ही हुआ कि पं० बलदेवप्रसादजी सम्मेलन के अध्यक्ष दूसरी बार भी चुने गये।

भाई आगरकरजी के वियोग, और पूज्य गुरुजी की असमर्थता के बाद, डॉ० मिश्रजी तथा हमारे प्रान्त के प्राणवान साहित्यिक, प्रभु करें, ऐसी दिशा में कदम उठावें, जिससे यह प्रान्तीय सम्मेलन, एक बलवान शक्ति बन सके।

[कर्मवीर, 22 दिसम्बर 1945]

सुभद्राकुमारी चौहान

सुभद्राजी का अभाव प्रकृति के पृष्ठ पर ऐसा लगता है मानो नर्मदा की धारा को कोई महाकोशल के अंचलों में से चुराकर ले गया हो और इस निर्मल धारा के बिना तट के पुण्य तीर्थों के सारे घाट मानो अपना अर्थ और उपयोग खो बैठे हों। लगता है जैसे अभी कल की ही बात है श्रीमती सुभद्राकुमारी चौहान हमसे हँस रही थीं, खेल रही थीं, लिख रही थीं, बोल रही थीं कि अचानक काल की कठोर क्रीड़ा से विन्ध्य की पथरीली टेकड़ियों की वह गर्वीली गायिका, झाँसी की रानी की तलवार की तरह प्रान्त के राजनीतिक एवं साहित्यिक क्षितिज पर अद्भुत आभा बिखेरकर अपने जीवन की चिर-संगिनी नर्मदा की ओजस्विनी धारा

की भाँति स्मृतियों की पावन जलराशि में लीन हो गयी।

उपनिषदों का अमर तत्त्व एक बार अत्याचारपीड़िता गोपियों और अहीरों की पुकार से खिचकर यशोदा के आँगन में मिट्टी का स्वाद लेने आया और सूर की बोलियों को अमर पद प्रदान कर गया। माँ की बेड़ियों की झंकार, सन्तानों की विवशता, समाज के निष्ठुर बन्धनों में तड़प उठने वाले असहाय उपेक्षितों की आहें, सुभद्राजी को संघर्ष में खींच लायीं और उनकी यशस्विनी शक्तियाँ मध्य-प्रान्त व हिन्दी-संसार के घर-आँगन में पूजा, आदर और प्यार की वस्तु बन गयी। समाज के अछूतों व उपेक्षितों की करुणा, उत्पीड़नों की फरियाद लिए, पूजे जाने वाले पाषाणों से, पसीजने की निष्फल मनुहार कर रही थी कि उनकी सहायता के लिए सुभद्राजी भवन से निकलकर प्रांगण में गयीं 'यह निर्मम समाज का बन्धन और अधिक अब सह न सकूँगी।'

सोलह-सत्रह की अल्हड़ उम्र में अपने सारे आभूषणों को उतारकर भारतीय स्वतन्त्रता के सन्देशवाहक बापू को असहयोगकाल में दे देना, सुभद्राजी के लिए जितना सहज था, प्रान्तीय सरकार की अकड़-भरी चुनौती को पानी-पानी कर देने के लिए, नागपुर के झण्डा-सत्याग्रह में कारागार की कठिनाइयों को जीवन का आभूषण बना लेना भी उनके लिए उतना ही आसान था।

संघर्ष सुभद्राजी के लिए जीवन के सजीव पहलू का नाम था। निरंकुशता से एक बार संघर्ष में उतर पड़ने के बाद वे एक के पश्चात् दूसरी सफलता की ओर बढ़ती गयीं। गति-पथ के फूल और शूल उस अनासक्त प्रतिभा के दायें-बायें बिखरते गये। आजादी की लड़ाई घोर से घोर होती गयी, किन्तु सुभद्राजी को किसी ने पीछे की कतार में कब देखा? सन् 1940 का कठोर आन्दोलन, सुभद्रा-जी जेल में। फिर 1942 की वह आखिरी कशमकश जिस पर काबू पाने के लिए भारत की निहत्थी जनता भीषण अत्याचारों और संहार-शस्त्रों की शिकार बनायी जा रही थी; भड़कते हुए आग के शोलों में विहँसती, जीवन से निर्द्वन्द्व 'झाँसी की रानी' 'वीरों का कैसा हो वसन्त' के स्वरों से लोक जीवन को चिर-झंकृत करने वाली यह वीर बाला, लोहे के सीखचों में कैद थी और अपनी कृतियों से आजादी के बलि-पन्थियों का रथ-पथ आलोकित और गतिमान कर रही थी।

कलम, इस क्रान्तिबाला के हाथों पड़ी, यह तृण-शलाका कभी निरुत्साहों में प्राण भरती, कभी मूक और विवश जनता के भाग्य पर पड़ने वाले पत्थरों पर वज्र बनकर टूटती, कभी झाँसी वाली रानी की गाथा गाकर शवों में शक्ति संचार करती और जब वह सर्वथा अपने क्षणों में होती तो बिखरे स्वर्णकणों को समेटकर आने वाली पीढ़ी के भाल को सुनहरा बना देने की तैयारी में व्यस्त रहती। वह गीत नहीं, जीवन-संगीत लिखती; उसकी पातों पर कल्पना के कठोर मोती नहीं, अनुभूति के 'श्रम कणों' से गीले 'मुकुल' बिखरे होते। उन निधियों की आभा से कसरिया के चाँदी के टुकड़ों पर नहीं, माँ कहकर मचल पड़ने वाले कुमार-

हृदयों के ममता-भरे आह्वानों पर प्रतिबिम्बित होती।

अवसाद, थकन और विषाद श्रीमती सुभद्राकुमारीजी चौहान के जीवन से सदा अपरिचित रहे। कठोरतम परीक्षा में भी इन्हें मुसकराते ही देखा—

"मैंने हँसना सीखा है, मैं नहीं जानती रोना,
मुझ से मुखरित होता है, मधुवन का कोना कोना।"

और

"मैं जिधर निकल जाती हूँ,
मधुमास उतर आता है।"

सुभद्राजी की ये पंक्तियाँ उनके छन्द-रहित जीवन की सुन्दर व्याख्या है। आज उनके अवसान के पश्चात् उनके गमन से, वसन्त, ग्रीष्म-सा सुखदायी क्यों न लगे। अब तो मानो सुभद्राजी की ये पंक्तियाँ भी सच होने को थीं—

"आओ प्रिय ऋतुराज,
किन्तु धीरे से आना।
यह है शोकस्थान,
यहाँ मत शोर मचाना।"

इस स्नेहमयी मातृप्रतिमा की यादगार में अपनी श्रद्धा और भक्ति के साथ पुनीत स्मृति रूप अभिनन्दन की ये पँखुड़ियाँ भी—

"जाओ आज बिदा देते हैं,
हम गीली अंजलि देकर।"

[कर्मवीर, 22 फरवरी 1948]
(सुभद्राजी की मृत्यु पर, समय के पाँव)

सन्त योद्धा की चिरबिदा : साने गुरुजी

श्री साने गुरुजी, कहते हैं, अब इस संसार में नहीं हैं। स्वयं श्री विनोबा लिखते हैं कि "उनके मरण पर मेरा विश्वास नहीं बैठता।" श्री धर्माधिकारी ने लिखा है—"साने गुरुजी के रूप में महाराष्ट्र में अवतार लेने वाली भगवान की जीवित, बोलती-चालती, अपरंपार करुणा को शतशः प्रणाम पहुँचे।" श्री अशोक मेहता ने, उनकी शवयात्रा की एक लाख भीड़ के बीच कहा—"उनकी अत्यन्त भावुक आत्मा अपने आसपास की दारुणताओं से प्रक्षुब्ध थी। स्वराज मिलने के बाद की हमारी विफलताओं ने उनके जीवन पर प्राणान्तक आघात किया।" श्री माडखोलकरजी के शब्दों में—"...जून के पहले अठवाड़े में मैं मृत्यु-मुख में पहुँच जाऊँगा, यह विचार स्वयं उनके मन को छू भी न सका होगा।"

श्री साने गुरुजी अपने गुरुजनों, मित्रों, शिष्यों, सम्पर्कशीलों, पाठकों, उदासीनों, और आलोचकों तक में अत्यन्त स्नेह से श्रद्धा-पुष्प चढ़ाने योग्य व्यक्तित्व

थे। उनके प्यार में बिजली-संकेत, उनके रोष में फौलाद की लाली, उनकी श्रद्धा में अटूट वात्सल्य, और उनके स्नेह में देवोपम आत्मसमर्पण था। उस व्यक्तित्व के प्रति रहने वाला आकर्षण काल के बन्धनों को चुनौती देता-सा दीखता—बच्चे-बच्चियाँ, तरुण-तरुणियाँ, वृद्ध-वृद्धाएँ—समय के ये समस्त प्राणवान चिह्न,—एक-सी लगन से श्री सानेजी पर न्यौछावर-से होते। समय की तरह ही, उस अनहोने व्यक्तित्व से 'पात्र' पराजित थे। वह जब बोलता, मानों गरीबों के वकील, आवश्यकता पीड़ितों के सहायक, और डाँवाडोल होतों के संकेतदाता की तरह बोलता। उससे प्रभावित तारुण्य, यद्यपि कहता सदा उसे गुरुजी ही, किन्तु इस तरह मानो अन्तःकरण में कहे हुए 'माँ' शब्द को जीभ पर 'गुरुजी' के रूप में अनुवाद या रूपान्तर करके बोल रहा हो। वह सदा देश की 'नारेबाजियों' से खेला। किन्तु जो नारेबाजी पीढ़ियों को प्रतिभाहीन बनाती है, राजनीतिज्ञों को ईमान के मैदान में मानवता का कोढ़ी बना छोड़ती है, प्रचारक को जन-विश्वास के मैदान में अन्तःकरणहीन असत्यभाषी करके छोड़ती है, उन्हीं नारों ने, और उनके द्वारा आने वाली जन-जीवन की करुणा ने उसे अमर, उसकी वाणी को शाश्वत आर्ष-बाणी, और उसके अस्तित्व को जीवन और मरण से एक-सी प्रेरणा देने वाला बना दिया।

कांग्रेस का वह कितना बड़ा पुजारी। गांधीजी के नेतृत्व, निवेदन, निर्माण और विनाश में उसका कितना भारी विश्वास, किन्तु स्वराज के पश्चात् उसका पथ 'समाजवाद' रहा। उसके आँसू उसके हृदय की भाषा बोलते, उसके हाथ-पाँव उसके संकल्पों का सेवा में अनुवाद करते, और उसके विचार, कागज और कलम ढूँढ़ने और उन पर उतर पड़ने के लिए, जीवन की लाचारियों की तरह उतावले हो उठते। वह गुप्तांगों की तरह अपनी सामर्थ्य को छुपाता, छुपाये रखता, किन्तु निर्माण की महान् साधना सन्तों के ओज, और प्रभु के वरदान के तेज की तरह उसके जीवन, उसकी कलम और उसकी सेवा-भावना पर उतर पड़ती। उसे सस्नेह नमन।

[कर्मवीर, 17 जून 1950]

भारतेन्दु की स्मृति-पूजा

कलाकार, अपनी कृतियों अथवा आकृतियों द्वारा आत्मदान करता है। कलम अथवा कूची की नोक से निखरा हुआ निर्माण-सौष्ठव, कलाकार के आन्तरिक सौन्दर्य की प्रतिच्छवि हुआ करता है।

कलाकार निर्माता है। वस्तु, व्यक्ति अथवा स्थान मात्र का निर्माता नहीं, वह काल का निर्माण करता है। वह स्रष्टा है, युग-स्रष्टा। महर्षि व्यास ने राजा एवं काल को अन्योन्याश्रित माना है। दोनों परस्पर एक-दूसरे के विधाता हैं

किन्तु राजा एवं समय,—इन दोनों के अंकुर उस महान् चिंतक के अन्तस्तल में विद्यमान होते हैं, जिसकी गोद में कभी मर्यादा पुरुषोत्तम श्रीराम खेलते होते हैं, कभी वेदान्त-सिद्धान्त को श्रीकृष्ण बनकर द्वापर के आँगन में उतरना पड़ता है।

युग-लेखक अपनी वाणी का स्वयं नायक होता है। परम्परा की धारा में जब कभी कोई मोड़ या घुमाव उसे देना होता है तब वह प्रचलित लोक-वाणी के माध्यम से युग के वरदानों को उस रूप में उपस्थित करता है, जो पीढ़ियों की निधि बन जाते हैं। राष्ट्रकवि श्रीयुत मैथिलीशरणजी गुप्त से उपमा उधार लें तो लोकवाणी में उच्छ्वसित, युग-लेखक के उच्चार पीछे आने वालों की जयकार बन जाते हैं।

भारतेन्दु हरिश्चन्द्र लोकवाणी के एक ऐसे ही निर्माता एवं गायक थे। उनका आविर्भाव एक ऐसे युग में हुआ जो बाहरी संघर्षों से भरा-पूरा था, अन्तर्द्वन्द्व भी उसमें कम नहीं थे।

उन्नीसवीं सदी का मध्य, विश्व की साहित्य-वाटिका में वरदायक काल सिद्ध हुआ है। भारत में तो साहित्य के साथ ही राजनीति में भी अनेक गहरे परिवर्तन उन दिनों हुए। भारतीय राजनीति के सारे सूत्र, एक-एक कर विदेशी हाथों पहुँच चुके थे। इस परिवर्तन से जनता बेसुध थी। बंकिम वन्देमातरम् लेकर आये, किन्तु उनकी पुकार बंगाल के 'सप्तकोटि' कंठ की सीमा नहीं लाँघ सकी। इस जागरण मंत्र को देश की कोटि-कोटि जनता तक पहुँचाने के लिए एक प्रौढ़ लोक-भाषा की जरूरत थी।

ठीक मुहूर्त साधकर, सन् 1850 में, सिपाही विद्रोह के कुल जमा सात वर्ष पहले भारतेन्दु श्री हरिश्चन्द्र का जन्म हुआ।

ब्रजभाषा अपना काम पूरा कर चुकी थी। उसके उन्नायकों ने भारतीय साहित्य को जो दान दिये हैं उन्हें किसी भी देश के उन्नत साहित्य की समता में रखा जा सकता है। गूढ़तम आध्यात्मिक भावों की अभिव्यक्ति बड़ी सरलता से उसमें की गयी थी, किन्तु मध्य युग की निरंकुशता ने जो संकट, जो उत्पीड़न, लोक-जीवन पर उड़ेले थे, अपने सुकुमार सौष्ठव के कारण ब्रजभाषा, उन्हें व्यक्त करने में असमर्थ थी। इस कार्य का श्रीगणेश भारतेन्दु काल में हिन्दी द्वारा हुआ।

अपने समय में प्रचलित हिन्दी की दोनों गहन—संस्कृत बहुल एवं फारसी बहुल—शैलियों को छोड़कर भारतेन्दुजी ने सरल हिन्दी की मध्यम शैली को अपना माध्यम बनाया। हिन्दी गद्य शैली को उन्होंने एक लोकप्रिय एवं निश्चित स्वरूप प्रदान किया, जिसे हम वर्तमान गद्यशैली की प्राण-प्रतिमा कह सकते हैं। बाद के आचार्यों की कलम ने उसके स्वरूप को सौन्दर्य एवं आकर्षण प्रदान किया, तथा उसे सुपुष्ट बनाया। इस रूप में भारतेन्दुजी हिन्दी गद्यशैली के निर्माता माने जाते हैं।

हिन्दी साहित्य को उन्होंने तीन प्रमुख विशेषताएँ प्रदान कीं। तत्कालीन

प्रथा एवं प्रघात[1] के प्रतिकूल उन्होंने किसी राजा अथवा धनिक की प्रशंसा में काव्य-रचना को कभी प्रोत्साहन नहीं दिया। भटैती की छुरी कभी उन्होंने साहित्य की गर्दन पर नहीं चलने दी। उदयपुर दरबार में पढ़ी गयीं उनकी यह कविता प्रसिद्ध है—

एरे नीच धनी, हमें तेज तू दिखावे कहा
गज परवाही नाहिं होयं कबौ खर के
होई ले रसाल तू भले ई जग जीवकाज
आसी ना निहारे ये निवासी कल्पतरु के

हिन्दी को उन्होंने रंगमंच प्रदान किया। बंगला एवं संस्कृत से अनूदित तथा मौलिक नाटकों से उन्होंने हिन्दी के नाट्य साहित्य की श्री-वृद्धि की। निबन्ध-रचना को भारतेन्दु-युग में पर्याप्त सफलता मिली। काश्मीर कुसुम और बादशाहदर्पण लिखकर उन्होंने इतिहास लिखने की प्रेरणा प्रदान की। जयदेव का जीवन-वृत्त भी उन्होंने लिखा जिससे जीवनी लिखने की प्रथा का हिन्दी साहित्य में श्रीगणेश हुआ।

जिस प्रधान सूत्र में हिन्दी साहित्य के ये मोती पिरोये गये थे वह था लोक-जागरण का तेजस्वी सूत्र जो भारतेन्दुजी के मुद्राराक्षस और भारतदुर्दशा और नीलदेवी नामक नाटकों में सुलभ होता है।

भारतेन्दु प्रारम्भ से अन्त तक एक सुकवि एवं साहित्यकार रहे। राजनीति अथवा समाज में जागरण लाने के लिए साहित्य परम अमोघ अस्त्र है। रूस का नवजागरण मैक्सिम गोर्की जैसे कलाकारों का अत्यन्त ऋणी है। रूस उन राज-नैतिक नेताओं को भूल सकता है जो समय-समय पर उसके रंगमंच पर आये और तिरोहित हो गए। किन्तु क्या वह मैक्सिम गोर्की तथा अन्य शिल्पी कलाकारों को भूल सकता है, जिन्होंने आधुनिक रूस का निर्माण किया!

पूरे सौ वर्ष बीत गए। भारतेन्दुजी आज हमारे बीच निर्गुण किन्तु गुणवती वाणी में साकार हैं। उनकी सुकृतियाँ आज क्लासिक के श्रेष्ठ आसन पर समा-सीन हैं। उनकी रससिद्ध रचनाएँ, शताब्दी बीत जाने पर भी आज सबीज और सशक्त हैं। साहित्य एवं कला के आदर्शों में समय ने परिवर्तन किये हैं, किन्तु अपने पूर्व-युग के साहित्य के मूल्य में परिवर्तन लाना, किसी भी युग के बूते की बात नहीं रही। यह मूल्य चिरशाश्वत, चिरनूतन है। उस मूल्य की ओर जन-साधारण का ध्यान खींचने और उससे प्रेरणा प्राप्त करने के लिए साहित्य निर्माताओं के सम्वत्सरिक तथा अन्य प्रकार के उत्सवों-महोत्सवों का आयोजन किया जाता रहा है।

भारतेन्दुजी की सौवीं जयन्ती, हिन्दी साहित्य में स्मृति-संचारी मंगलाचरण का स्वरूप धारण करे,—यह हमारी कामना है। साहित्य की नवीन पीढ़ी, नवीन

1. परम्परा

युग को दृष्टि में रखकर, सौ वर्ष पहले अवतरित साहित्य का अध्ययन एवं मूल्य-निरूपण करे--इसी मंगल कामना के साथ हम भारतेन्दुजी की पावन स्मृतियों पर अपनी सुमनांजलि अर्पित करते हैं।

[कर्मवीर, 23 सितम्बर 1950]

विश्व का महान तपोधन उठ गया : अरविन्द

केवल भारतवर्ष में ही नहीं किन्तु सारे विश्व में महायोगी अरविन्द के स्वर्गीय होने के समाचार से सन्नाटा छा जाना अत्यन्त स्वाभाविक है। ऐसी असाधारण विभूतियाँ प्रायः जन्म नहीं लिया करतीं, और जब कभी वे जन्म लेती हैं तो उनका एक मिशन होता है, एक महान् उद्देश्य होता है जिस पर वे जीती हैं और मरती हैं। भारत को ही ऐसा सौभाग्य प्राप्त है जहाँ अध्यात्मवाद पनपा। और महात्मा बुद्ध, महात्मा गांधी, और योगिराज अरविन्द जैसी महान् विभूतियाँ एवं प्रेरक शक्तियाँ हमारे अध्यात्मवाद की ओर अग्रसर हुईं, और उन्हें महान् सफलता भी प्राप्त हुई।

योगिराज अरविन्द ने पाण्डुचेरी में इसी मास की 5 तारीख[1] को अपनी जीवन-लीला समाप्त कर दी। उन्हें किडनी (KIDNEY) की (अंतड़ियों की) शिकायत रहती थी जिसने अचानक उग्र रूप धारण कर लिया।

श्री अरविन्द के इस जगत् से उठ जाने से आध्यात्मिक जगत् की एक महान् विभूति लोप हो गयी। ऐसी कमियाँ शताब्दियों तक पूरी नहीं हुआ करतीं। रवीन्द्र, गांधी और अब अरविन्द से दो बातें स्पष्ट हैं। एक तो इन तीन मनीषियों में से दो बंगाल ने दिये और दूसरे 10 वर्ष के अन्दर इन तीनों को खोकर अध्यात्म और चिन्तन के जगत् में भारत को आज दरिद्री बना दिया। तारुण्य, पुरुषार्थ और बलिदान किसी देश के बहुत बड़े रक्षक-तन्तु हुआ करते हैं किन्तु इनका विवेक से बहुत ही कम रिश्ता रहा करता है, चिन्तन से उससे भी कम, काव्य और कला से विलास के नाते थोड़ा बहुत, और अध्यात्म से बिलकुल नहीं। ये जड़ जगत् के आधारों से प्रभावित होते हैं और उपकारों से लदकर उसी के हो रहते हैं। इनका ईश्वर या तो सिपाही होता है या इन्जीनियर अथवा अपने अर्द्ध-सत्यों और असत्यों से सदा ही विभ्रम और स्थित्यन्तर पैदा किये रहने वाला राजनीतिज्ञ, किन्तु भारत के ये तीनों स्वर्गीय मनीषी, कला पर समर्पित, ज्ञान पर आधारित तथा पुरुषार्थ के उपासक रहते हुए अध्यात्म के चिन्तनरत रहे। रवीन्द्र में कलाप्राणता अधिक थी, और काव्य ओत-प्रोत था, तथा भारत की स्वतन्त्रता आँखों में झूलती थी। गांधी में पुरुषार्थ सबल था, कला की कोमलता थी, किन्तु अनासक्ति योग के उपासक वे; चिन्तकों के अध्यात्म से बल

1. 5 दिसम्बर 1950

लेते और पुरुषार्थ के लड़खड़ाते पैरों को शक्ति प्रदान करते। अरविन्द ने, अध्ययनशील के नाते आई० सी० एस० की परीक्षा दी, बड़ौदा राज्य में शासक रहे, भारतवर्ष में माता पर रक्त चढ़ाने वाले क्रान्तिवाद को जन्म दिया और उसका पोषण किया किन्तु अध्यात्म की एकान्त उपासना से विश्व की चिन्तन-सतह को आस्तिक्य, आनन्द बलिदान और विजय के लिए तैयार किया। रवीन्द्र गये तब वे कला की मौलिक महान् पीढ़ी उत्पन्न कर गये। गांधी गये तब वे पुरुषार्थ का महान् प्रतीक भारतीय स्वराज्य दे गये। आज अरविंद की बिदाई है, और उनकी विरासत दो हैं। हमारी रक्त-दान की महान् क्षमता और अध्यात्म की वह चिन्तनभूमि जो जगन्माता से मातृ-भूमि को और प्रभु से पुरुषार्थ को निरन्तर मिलाये रहे। अरविन्द का कवि अन्तरिक्ष के अभिमत को गाता था, और अरविन्द का चिन्तक विश्व-प्राण में आस्तिक्य और अन्तर्मुखी वृत्ति जाग्रत करता था। भूमि, और हमारी मातृभूमि भी अब बन्ध्या नहीं हो जायेगी। किन्तु चिन्ता यही है कि प्रभु का उत्तरदायित्व और अन्तरंग के चिन्तन का अध्यात्म सँभालने वाली मस्तकदानियों की पीढ़ी अरविन्द के सौंपे हुए कार्य को सँभाल सके तो है! अरविन्द नहीं रहे, अरविन्द चिरायु हो गये!

[कर्मवीर, 9 दिसम्बर 1950]

ठाकुर लालसिंहजी का स्वर्गवास!

भोपाल में चुनावों की नामजदगी का प्रथम दिन 4 दिसम्बर भोपाल निवासियों के लिए बहुत महँगा पड़ा। वहाँ से लोकसभा (पार्लियामेण्ट) के सदस्य, ठाकुर लालसिंहजी, अपने तीन साथियों के साथ, सबेरे, उम्मीदवारी का फार्म भरने जा रहे थे कि उनकी 'जीप' गाड़ी एकाएक टकरा गयी, और इस दुर्घटना में, भरपूर उपचारों के पश्चात् भी, मास्टर लालसिंहजी का स्वर्गवास हो गया! मास्टर साहब वीर जाट जाति के भूषण थे। बी० ए० होने के पश्चात् वे मध्यप्रदेश के शिक्षा-विभाग में शिक्षक हो गये। यदि मैं नहीं भूलता हूँ तो ठाकुर लालसिंहजी सन् 1912 में, ठाकुर निरंजनसिंह के बड़े भाई नारायणसिंहजी के साथ, खण्डवा के गवर्नमेंट हाईस्कूल में शिक्षक थे। उसी वर्ष मैंने शिक्षक की नौकरी छोड़कर, 'प्रभा' मासिक पत्रिका का सम्पादन, भाई कालूरामजी गंगराड़े की आर्थिक सहायता तथा उत्साह-दान से, प्रारम्भ किया था। मेरे भाई चि० रामदयाल चतुर्वेदी और चि० हरिप्रसाद चतुर्वेदी उन दिनों ठाकुर लालसिंहजी और ठाकुर नारायणसिंहजी के विद्यार्थी थे। आज के ठाकुर निरंजनसिंहजी और उस दिन के नन्हे निरंजन को मैंने उन्हीं दिनों देखा था। उन दिनों हाईस्कूल के हेडमास्टर स्वर्गीय मिस्टर कालेले थे, जिनकी, लालसिंहजी की आत्म-गौरव की भावना और योग्यता के प्रति, बहुत अच्छी सम्मति थी।

उसके कुछ वर्षों के पश्चात् लालसिंहजी को भोपाल में सुना-देखा। वे वहाँ के नवाब साहब के एक हाईस्कूल में अध्यापक थे। चूँकि वे भोपाल को अपनी पारिवारिक भूमि मानते थे, अतः वे भोपाल लौट आये थे; किन्तु भोपाल में बहुमत के लोगों की यंत्रणा, उनके अपमान, उनकी कठिनाइयाँ, देखकर उनके लिए 'टीचर' होने से मिलने वाली रोटियाँ जहर हो गयीं। उन दिनों, सेठ विट्ठलदासजी और वैद्य शिवनारायणजी तथा उनके कुछ और मित्र भोपाल के राष्ट्रीय कार्यों में भाग लेकर ज्वाला जगाये रहते थे। बिना आज्ञा दिये ही, 'कर्मवीर' का भोपाल में पहुँचना रोक दिया गया था। किन्तु वह अकेले भोपाल का अपराध नहीं था, झाबुआ, धार, इन्दौर, ग्वालियर और राजनांदगाँव में भी 'कर्मवीर' की यही दुर्गति हुई, और रायगढ़ के शासक भी 'कर्मवीर' से रूठ चुके थे। उन दिनों, बन्द लिफाफों में भेजा जाने वाला 'कर्मवीर' भी मेरे पारिवारिकों और मित्रों के संकटों को बढ़ाया करता था, और पुलिस, न्याय-विभाग, शासन—यहाँ तक कि रेव्हेन्यू इन्सपेक्टरों और पटवारियों की छोटी-छोटी नौकरियों तक में अल्पमत का एकछत्र भयंकर बहुमत था। मेरे सम्मुख सन् 40 तक में जब एक साहित्यिक सभा के लिए आज्ञा माँगी गयी, तो वहाँ की अल्पमत जाति के नवाबी जिला मजिस्ट्रेट ने वचन देकर वचन लौटा लिया और इजाजत नदीं दी। उन दिनों बहुमत जाति के लोगों की यन्त्रणा इतनी बढ़ गयी थी कि अल्पमती नवाबी का कोई भी लफंगा किसी भी इज्जतदार की इज्जत क्षण भर में ले सकता था, और शासन के सब विभाग उस लफंगेपन का समर्थन करते थे। जो निर्मल शासन भोपाल ने आज पाया है, उसका तो उन दिनों स्वप्न भी नहीं देखा जा सकता था। स्वयं नवाब साहब, 'नरेन्द्र मण्डल' के महान् थे। एक तरफ 'वाइसराय' तथा दूसरी ओर विशेष भाषा के पत्रकारों का उन्हें बल प्राप्त था, और नवाब साहब पूज्य महात्मा गांधी से अपने राज्य को 'राम-राज्य' कहला ले जाने में सफल हो गये थे। उस समय बहुमत की जनता के भाग्य में एक ही लिखावट लिखी थी—या तो वह अपनी मर्जी के खिलाफ, अल्पमत वालों से लुटे, अपमानित हो और मारी जाये, अथवा वह स्वयं आन्दोलन करके कष्टों से छुटकारा पाने की परिस्थिति निर्माण करे। जिस-जिसने सिर उठाया, वे सब या तो राजदण्ड से सिर तुड़वाकर बैठ गये, या राजकृपा का जहर पीकर स्वयं जीते हुए मुर्दे हो गये।

ठीक इसी पृष्ठभूमि पर अर्थहीन, साधनहीन लालसिंहजी, एक दिन अपने 'सिर से कफन बाँध' निकले। जब वे मुझे पूछने, अपने मित्रों को लेकर खण्डवा आये तो मेरी हिम्मत उनके सर्वनाश पर सुख मनाकर हाँ कहने की नहीं हुई। मुझे भय था कि कष्टों में या तो वे माफी माँग लेंगे, या राजकृपा पर बिकने के लिए, लाचारी में ललच जायेंगे। राजकृपा के गहरे मुनाफे वसूल करने के लिए, राष्ट्रीयता का स्वाँग भरने वालों की ब्रिटिश राज में, और सबसे अधिक रियासतों में, एक पल्टन रही। उनका आन्दोलन तो सट्टे के दाँव से भी सौ-गुना फल देता—एक ओर वे आन्दोलन करते, और दूसरी ओर राजकृपा पाने की

व्यवस्था करते। उन दिनों, धनिकता, स्वार्थी निर्माण करने में, और विद्वत्ता चापलूस तथा कायर निर्माण करने में सफल होती थीं। अधम धन, और अधमाधम विद्या, सिंहासन और मुकुट की एक त्यौरी पर सौ-सौ कुलाटे खाते थे, अतः मेरी हिम्मत लालसिंहजी से यह कहने की न पड़ी कि "चढ़ जाओ बेटा, राम भला करे।" तरुणों को सदा ही विद्रोह में प्रेरित करने वाला मैं, लालसिंहजी से 'हाँ' न कह सका। किंतु मेरी बात का उल्लंघन करके उन्होंने रोटियों का जरिया, शिक्षकी, छोड़ दी, और 'प्रजा-पुकार' साप्ताहिक भोपाल ही से निकालने लगे। 'कर्मवीर प्रेस' से वह छापा जाता था। वह जितने दिन निकला, बहुत तेजस्वी रहा। यह गौरव के साथ उल्लेख करना चाहिए कि उस नवाबी शासन से लड़ने में लालसिंहजी अकेले नहीं रहे—हिन्दू और मुसलमान, दोनों मिलकर, इन्हीं दिनों राष्ट्रीय क्षेत्र में आगे आये, और जिन तरुणों ने पिछले वर्षों 'विलीनीकरण-आन्दोलन' प्रारम्भ किया उनके प्रयत्नों के भवन की नींव में लालसिंहजी के प्रयत्नों की हड्डियाँ लगीं। किसी समय 'कर्मवीर' की 700(सात सौ) के लगभग प्रतियाँ भोपाल में रुक जाने का दुख मेरे मन से निकल गया था, जब लालसिंहजी का 'प्रजा-पुकार' भोपाल ही से, भोपाल राज्य के गाँवों में पहुँचकर, राष्ट्रीयता का सन्देश पहुँचाता था और शासन की विषमता की धज्जियाँ उड़ाता था।

किन्तु, जब भी मूलधन पर मुनाफा नहीं मिलता—फिर चाहे वह कीर्ति का हो या पैसे का—तभी धनिक, उज्ज्वल सहायता के क्षेत्र से भी भाग निकलता है। 'प्रजा-पुकार' बन्द हुआ, लालसिंहजी अकेले पड़ गये। उसके पश्चात्, साथियों की कायरता और राज्य की शत्रुता के बीच, जो कठिन दिन एक मनस्वी को भोगने पड़ते हैं, बन्धुवर लालसिंहजी ने भोगे।

उस दिन 'विलीनीकरण-आन्दोलन' में लोगों ने फिर उन्हें आगे देखा।

बूढ़ी हड्डियों से जवानी वसूल करने के मोह में, विवेकहीन, उद्दण्ड तारुण्य ने अपनी सीमा और लालसिंहजी की योग्यता को नहीं जाना। ठीक इसी समय भोपाल के लोगों ने उन्हें, अर्थात् लालसिंहजी को भारतीय पार्लियामेण्ट का सदस्य बनाकर भेजा। जब देश में महात्मा गांधी ने सत्याग्रह का शंख फूंका था, उस सन् 20 में 11 अगस्त को शंख फूँकने के ठीक पहले हमने 1 अगस्त को देश के प्राण लोकमान्य बालगंगाधर तिलक को खोया था। उसी समय जवाहरलालजी पहली बार कांग्रेस में दीखे। ता० 9, 10 और 11 अगस्त को सत्याग्रह स्वीकार करने वाली विशेष कांग्रेस कलकत्ते में लाला लाजपतरायजी के सभापतित्व में हुई। भारतीय राष्ट्र ने जिस वर्ष स्वतन्त्रता पायी उस वर्ष के पूरा होने के पहले हमने राष्ट्रपिता महात्मा गांधी को खो दिया। और आज जब भोपाल में विधान सभा आ रही है, उस दिन उसकी नींव में हम लालसिंहजी की हड्डियों को गाड़ने के लिए बाध्य हैं! चलो, वे हड्डियाँ गाड़ें! मैं इस समय तीन बातें चाहता हूँ—एक तो, भोपाल के विधान सभा-भवन के सम्मुख कहीं खुले में लालसिंहजी का पुतला हो जो भोपाल के सम्मान, ईमान और बलिदान को व्यक्त

कर सके। दूसरे, लालसिहजी का परिवार भोपाल वालों की राष्ट्रीय सम्पत्ति हो और उसे आर्थिक यंत्रणा से तुरन्त मुक्त किया जाये। और तीसरी प्रार्थना यह कि आगे का मोर्चा बनाकर नष्ट होने वाली तरुणाई, अपमान सहकर भी अपने घर की ओर लौटे और अपने विधायक तरीकों से नवीन भोपाल का निर्माण करे। उनके बलिदान महान् हैं, किन्तु, सर्वोदय की दृष्टि कहती है कि विधायकता के पथ में उनके अपमान बलिदानों से भी महान् हो उठेंगे। बलिदान तो वह वस्तु है जो कभी व्यर्थ जाती ही नहीं, यदि वह आग्रह, अकुलाहट और अदूरदर्शिता से स्वयं ही पराजित न कर दी जाये।

उस दिन, 'विलीनीकरण-आन्दोलन' के समय जब रतन (रतनकुमारजी) के बरामदे में, हम दोनों का, यानी लालसिहजी का और मेरा, साथ-साथ फोटो खींचा गया, तब वहां उपस्थित बेटे-बेटियों ने कहा था कि हम दोनों के चेहरों में इतना साम्य है कि हम दोनों सगे भाई लगते हैं। बचपन में मेरा 'न-कुछ' संस्कृत का अभ्यास भोपाल रियासत के नादनेर गाँव में हुआ था। वहीं हमारे बड़े दादा का परिवार रहता है। आज लालसिहजी को खोकर, इस तरह मैंने अपना भाई खो दिया! मैं उनके परिवार के प्रति अपनी हार्दिक सम्वेदना प्रकट करता हूँ, उम्र में छोटे किन्तु स्नेह में बड़े, भाई लालसिहजी के प्रति श्रद्धा व्यक्त करता हूँ, और इस संकट में भोपाल की दुखी जनता का हिस्सा बँटाने के लिए पारिवारिक की तरह अपना काँधा लगाता हूँ। आज भी ऐसा लगता है कि राय, रतन, अक्षय और बच्चे मुझे बैरागढ़ के पहाड़ पर चढ़ा ले गये हैं, और वहाँ के शिखर को, जैन-मन्दिर के पीछे वाली, दोमुखी चट्टान के बीच में बैठकर मैं दूर तक भोपाल का भविष्य देख रहा हूँ, और वह भाई लालसिहजी की उँगली है जो क्षितिज तक मुझे भोपाल का वैभव दिखा रही है!

मेरी श्रद्धा पुनः भाई लालसिहजी को समर्पित!

[कर्मवीर, 8 दिसम्बर 1951]

सेवाग्राम की विभूति : मश्रूवाला

सत्य और अहिंसा के पथ पर आचरण का बल लेकर चलने वालों में से एक तीर्थयात्री और हमारे बीच से उठ गया। सेवाग्राम की विभूतियों का यह वियोग हमारे सम्मुख क्रमागत-सा हो गया है। साधुमना जमनालालजी बजाज, श्री महादेव भाई देसाई, माता कस्तूरबा, महात्मा गांधी और भाई श्री किशोरलाल मश्रूवाला, इस तरह सन् '42 से लेकर 1952 तक हमने सेवाग्राम की पाँच विभूतियाँ खोयीं और सेवाग्राम की अन्तरंग को इन पाँच विभूतियों के सिवा सेवाग्राम के बहिरंग की एक महान् विभूति सरदार वल्लभभाई पटेल को हमने खोया। किसी राष्ट्र के जीवन की हानि-लाभ की भाषा में हमारी ये हानियाँ

अत्यन्त भयंकर हैं।

महात्मा गांधी ने मश्रूवालाजी का परिचय इन शब्दों में दिया था, "किशोरलाल हमारे दुर्लभ कर्मशीलों में से एक हैं। न थकने वाले वे अपनी भूलों के प्रति बड़े सजग हैं। जाति, समाज, और प्रान्तीयता के अभिमान से मुक्त वे स्वतन्त्र विचारक हैं। वे राजनीतिज्ञ नहीं किन्तु जन्म से सुधारवादी हैं। वे समस्त धर्मों के जिज्ञासु हैं। जन्मना अहंभाव से वे सर्वदा मुक्त हैं। प्रकाशन, प्रशंसा और उत्तरदायित्व लेने से सदा बचने वाले; किन्तु ऐसा कोई दूसरा आदमी मुश्किल से मिलेगा जो उत्तरदायित्व ले लेने के पश्चात् उसे वैसा निबाहता हो, जैसा अश्रूवाला निबाहते हैं।" 'पत्रिका' का यह कहना सच है कि जब हमारे पास स्वराज्य पाने की एक ही समस्या थी, तब ऐसे दुर्लभ कार्यकर्ता की परम आवश्यकता थी। जब स्वतन्त्रता के बाद समस्याओं के पहाड़ हम पर टूट पड़े हों तब किशोरलाल भाई का हमारे बीच से जाना बहुत बड़ा संकट है।

कितने संकट के दिन हैं ये ! व्यक्ति ऐसे चौराहे पर खड़ा है, जहाँ भूख की बाजार-दर बढ़ गयी है, पायी हुई स्वतन्त्रता की बाजार-दर घट गयी है, पेट के ऊपर हृदय और सिर रखकर चलनेवाला भारतीय मानव, मानो हृदय और सिर पर पेट रखकर चल रहा है। खाद्य पदार्थों की बाजार-दर बढ़ी हुई है और चरित्र की बाजार-दर गिर गयी है, हमारे श्रम की कायरता का रूप यह है कि भूमि हम लाखों एकड़ उससे अधिक जोतने लगे हैं, जितनी कि हम सन् 47 या सन् 49 के पहले जोतते थे, किन्तु अनाज उससे कम पैदा करते हैं, जितना सन् 39 के पहले कम भूमि में पैदा किया करते थे। सेवाग्राम के पन्थियों की ये चिर बिदाएँ विनोबा और जवाहरलाल दोनों के संकट बढ़ाती हैं, और दोनों के कन्धों के बोझ भारी कर देती हैं।

संस्थाएँ, जो एक दिन स्वराज्य के पथ में बलिपन्थियों की बलि चढ़ाया करतीं और देश को क्षण-क्षण नवीन प्रेरणाएँ प्रदान किया करती थीं, आज रजिस्टर भरने और अपने दल के गुनाहगारों की गिनती लगाने का अड्डा बन गयी हैं, अब हमारी संस्थाएँ अच्छे मकान, चमकती दूकान, पैसे का कारबार और कार्यकर्ताओं व नेताओं के बोर्डिंग-हाउस, वेटिंग-रूम, डाक-बँगले या सर्किटहाउस हो गयी हैं। श्री मश्रूवाला, जहाँ एक तरफ सर्वोदय शक्ति लेकर कभी-कभी शासन और हमारी संस्थाओं की आलोचनाएँ किया करते, वहाँ वे जनता का मनोबल दृढ़ किये रहने के लिए शासन और काँग्रेस के प्रति जनता के सहयोग का मूल्य समझाते रहते थे।

हमारे देश के कुछ लोग चीन जाते, रूस जाते, जापान जाते, इंग्लैण्ड जाते। सेवाग्राम के भीतर तथा सेवाग्राम के बाहर के इन विदेश-यात्रियों पर विदेशों के ऐसे बुरे प्रभाव पड़ते कि ये यात्री यदि पश्चिमी देशों की गंगा में नहाकर आते, और पूरब के देशों की जमना में नहाते, तो चीनी या रूसी जमनादास बनकर लौट आते। ऐसे समय, स्थिर दृष्टिकोण से राष्ट्र को चरित्रदान करने वाले श्री

किशोरलाल भाई-जैसे नायक का हमारे बीच से उठ जाना निस्सन्देह हमारे लिए बड़ी हानि की बात है। यदि संस्थाओं के नायकों और उपनायकों में आप बैठें तो वे बस बात करते दीख पड़ेंगे इस पर जुर्माना करो, उसे दण्ड दो, इसपर नजर रखो, उस पर पहरा दो। मानो पाँच वर्ष पहले, जो जय-जयकार का अधिकारी था, आज वह कान्स्टेबलों द्वारा घेरे जाने की वस्तु हो गया है। मश्रूवालाजी, चूँकि मानवता की श्रेष्ठता में विश्वास करते थे, अतः कार्यकर्ता की श्रेष्ठता को उकसाने, उसे आमन्त्रित करने, और उसका गुण-वर्णन करने में कभी नहीं चूकते थे। सर्वोदय की भावना ने देश में जितने श्रेष्ठ कार्यकर्ताओं का निर्माण किया, उनकी दो ही आधार-शिलाएँ हैं—गुणों की कोमलता, अभिनन्दन और जीवन का क्रूरतर आत्म-विश्लेषण। हम जाने क्यों नहीं समझते कि कड़े कानून और भयंकर झिड़कियाँ कभी किसी के जीवन में देवत्व को जन्म नहीं दे सकतीं। ईमानदार रहकर श्रम करना और भाई मानकर श्रम और संकट में साझीदार होना ही हमारा बल बढ़ा सकता है।

जिस अन्तर्राष्ट्रीयता की न जाने हम कितनी चर्चा करते हैं, उस नवीन अन्तर्राष्ट्रीयता का जन्म भी सेवाग्राम की धूलि में हुआ है। अन्तर्राष्ट्रीयता की घृणा और घृणा की अन्तर्राष्ट्रीयता संसार ने हमें दिखा दी, किन्तु जाति और धर्मों से परे स्नेह की भावना हमें सेवाग्राम की गलियों ने सिखायी। शिक्षा का, ऐसी शिक्षा का एक महान् गायक, एक महान् नायक हमारे बीच से उठ गया।

उन्हें खोकर हमने बहुत खो दिया। वे दमे के भयंकर बीमार रहे; किन्तु एसा लगता है मानो देश की समस्याओं के सुलझाव लिखने का अत्यधिक बोझ अपने सिर पर लेकर अधिक काम करते-करते उन्होंने अपने को मार डाला। यदि हम अनुभव कर सकें कि हमने भाई किशोरलालजी मश्रूवाला को खोकर बहुत खो दिया है तो शीघ्र ही श्रमशील मस्तकवानों की ऐसी श्रद्धा और स्नेह-भरी पीढ़ी दीख पड़नी चाहिए जो अपने जीवन में मानव के पुरुषार्थ से, 'हाँ' कहलाने और उसे अनन्त क्रियाशील बनाने का बल रखती हो, किन्तु साथ ही पतनशील गतियों में राष्ट्रों, समाजों, साथियों और सामन्तों से पतन-प्रवृत्ति में निर्विकार 'ना' कहने की अनन्त श्रद्धामयी शक्ति भी अपने में रखती हो। सर्वोदय का बल और गांधीवाद की अनन्त क्षमता, भारतीय स्वतन्त्रता के रक्षकों से माँग करती है कि भाई मश्रूवाला की समाधि पर बैठकर हम अपने युग की राजनीति और स्वराज्य-संचालन में अनन्त चरित्र निर्माण कर सकें।

[समय के पाँव, 1952]

ठाकुर लक्ष्मणसिंह चौहान

वीरव्रती ठाकुर लक्ष्मणसिंहजी चौहाने अब इस संसार में नहीं रहे। उनका

जन्म खण्डवा में, शिक्षण आगरा और प्रयाग में, जीवन-यापन और देहावसान जबलपुर में हुआ। सन् 1894 में जन्म लेकर ठाकुर लक्ष्मणसिंह ने विविध क्षेत्रों में इतनी और ऐसी अनुपम देश-सेवा की कि यदि वे धन-परिचालित युग और गुलाम देश में पैदा न हुए होते तो देश-भक्त, क्रान्तिवादी, समाज-सेवक, कांग्रेसी, ग्रन्थकार, नाटककार, कवि और निपुण पिस्तौल चलाने वाले तथा अन्त में सत्याग्रही के नाते उनकी कीर्ति देश-व्याप्त हुई होती। देश और समाज की विरोधिनी शक्तियों से लोहा लेना और लड़ते-लड़ते काम आ जाना, इस प्रान्त के दो ठाकुरों के स्वभाव का यही बाना रहा—ठाकुर लक्ष्मणसिंह और निरंजनसिंह। इन दो का नाम इसलिए ले रहा हूँ कि क्रान्तिवादी-दल में इस प्रान्त के केवल इन्हीं दो ठाकुरों ने अपनी सेवाएँ लगायी थीं।

जब ठाकुर लक्ष्मणसिंह खण्डवा के हाई स्कूल में पढ़ते थे, तब से वे केवल इसलिए अपनी पारिवारिक कठिनाइयों की बात किसी से न कहते थे कि वे तिरस्कार के सज्जन-स्वरूप दया को, किसी की बरसने वाली दया को, सह नहीं सकते थे। सन् 1911 में एक दिन प्रातःकाल लक्ष्मणसिंह मेरे घर आये और मेरी पत्नी से बोले, "भौजी, यह लो चिरौंजी दाने, प्रसाद बाँट रहा हूँ···।" मैंने बीच में ही टोककर पूछा, "काहे का प्रसाद है रे; क्यों उसे तंग करता है?" वह बोले, "जी, चीरौंजी दाने का प्रसाद है। आज मैट्रिक का परीक्षाफल आ गया है और मैं फेल हो गया हूँ।" मैंने चिढ़कर कहा, "भाग यहाँ से; यह अपनी असफलता का प्रसाद आप बाँट रहे हैं।" त्योरी चढ़ाकर बेमूँछों के नन्हें-मुन्हें लक्ष्मण ने कहा, "जी हाँ, यह असफलता अब फिर से मेरे घर नहीं आ सकेगी; इसलिए जिन्दगी में एक बार घर आये हुए मेहमान के आगमन की खुशी मना रहा हूँ।" और सचमुच जीवन में उसके बाद लक्ष्मणसिंह कभी परीक्षा में फेल न हुए यद्यपि उनका शिक्षण भयंकर दारिद्रय में हुआ।

लक्ष्मण कविता लिखा करते थे। बहुत अच्छी लिखते थे। मैं उन दिनों खण्डवा से 'प्रभा' नामक मासिक पत्रिका चलाया करता था! लक्ष्मण जब कविता लिखते निर्भीकता की मात्रा सदैव ही कानून के बन्धनों को लाँघ जाया करती। रचनाएँ राजद्रोही हो जातीं। मैं उनकी पंक्तियों में कुछ थोड़ा परिवर्तन करके 'प्रभा' में छाप देता। उन दिनों लक्ष्मण आगरा कॉलेज में पढ़ते थे। यह सन् 1913-14 की बात है। मैं वृन्दावन के गुरुकुल उत्सव में जाते हुए, लक्ष्मणसिंह के पास 'बोर्डिंग' में ठहरा। मैंने उसके पास 'प्रभा' का वह अंक देखा, जिसमें आस-पास की सब छपाई सुरक्षित छोड़कर अपने नाम की कविता पूरी की पूरी काटकर फेंक दी गयी थी। गुरुता का बोझीला मैं, मैंने लक्ष्मण को पढ़ाया था। कुछ त्यौरी चढ़ाकर मैंने 'प्रभा' के पृष्ठ पर से कविता काट फेंकने का ठाकुर लक्ष्मणसिंह से कारण पूछा। लक्ष्मणसिंह की आँखों में आँसू आ गये। बोले, "दादा, मुझे पुरस्कार दीजिए। कविता छापने में राजद्रोह होता है; उसे काटकर फेंक देने में तो नहीं होता?" मैं गर्व से भर गया और उठकर अपने गले के उभरने से उनके

आँसू पोंछ दिये और फिर मैंने अपने आँसू भी पोंछ लिए।

आगरा कॉलेज में पढ़ते हुए ठाकुर लक्ष्मणसिंह ने 'कुली-प्रथा' नामक एक नाटक लिखा। गरमियों की छुट्टियों में जब लक्ष्मणसिंह खण्डवा आये, तब वह नाटक मुझे देकर गये। मेरी पत्नी ने उसे सहेजकर रख लिया। देवदार के पटियों की एक छोटी-सी पेटी ही मेरी लिखी हुई तुकी-बेतुकी चीजों का छोटा-सा खजाना था। उस पर पौन आने का ताला लगा था और उसकी चाबी मेरी जनेऊ में बँधी रहती थी। जब मैं उस पेटी के पास बैठता तब मेरी पत्नी और माता दोनों मुझसे बहुत नाराज होतीं। मैं माँ से बहुत डरता था। उनका सन्देह था कि इस पेटी में मैं कुछ ऐसी चीजें लिख-लिखकर रखता हूँ जिसके कारण मुझे बार-बार पुलिस चौकी बुलाया जाता है। और इस तरह मैं अपने पिता और परिवार के नाप पर कलंक लगाता हूँ। छपी किताबों और अखबारों को तो माताजी चूल्हे में जला दिया करती थीं। कितनी कीमती किताबें वे जला चुकी थीं, अपने बेटे को किसी आफत में पड़ जाने से बचाने के लिए।

लोकमान्य तिलक उन दिनों माण्डले जेल में कालेपानी की सजा काट रहे थे। कांग्रेस नरमदल के हाथ में थी। सन् 1913 की बात है जब श्री सत्येन्द्र प्रसन्न-सिंह (पश्चात् लार्ड सिन्हा) कांग्रेस के अध्यक्ष थे। उसी समय हिन्दुस्तान रिपब्लिकन कन्वेन्सन (क्रान्तिवादियों) की बम्बई में बैठक थी। मैं बम्बई गया था। मेरी गैरहाजिरी में हिन्दी-जगत् के साहस के युग-निर्माता भाई गणेश शंकर 'विद्यार्थी' खण्डवा आये। चूँकि वे हमारे यहाँ पहले दो बार आ चुके थे। मेरी पत्नी ने उनका स्वागत किया। गणेशजी और मेरी पत्नी की सलाह से मेरी पेटी का ताला टूटा और उसमें का खजाना लूटा गया। गणेशजी अन्य कागजों के साथ ठाकुर लक्ष्मणसिंह का नाटक 'कुली-प्रथा' ले गये। नाटक पर लेखक का नाम 'रामानुज' लिखा गया था। नाटक कितने ही अंकों तक, 'प्रताप' में छपता रहा और 'प्रताप' को उसके लिए दण्डस्वरूप एक बड़ी जमानत की रकम भरनी पड़ी। जब 'कर्मवीर' जबलपुर से निकला तब उसके प्रथम सहायक सम्पादक ठाकुर लक्ष्मणसिंह थे। इस प्रान्त के लोग सन् 1920 से सन् 1922 तक तीन वर्षों के 'कर्मवीर' की लिखावट के जिस चमत्कार को याद रखे हुए हैं वह चमत्कार ठाकुर लक्ष्मणसिंह की लेखनी का था। जब महाकौशल में प्रथम कांग्रेस बनी और उसके पश्चात् जब चुनाव होकर कांग्रेस का यथाक्रम निर्माण हुआ, तो उसके प्रथम मन्त्रियों में साधूराव केशव, रामचन्द्र खाण्डेकर और ठाकुर लक्ष्मणसिंह चौहान थे।

स्वर्गीया सुभद्राकुमारी का लक्ष्मण के घर वधू बनकर आना लक्ष्मण के जीवन की प्रधान घटना थी। सुभद्रा के लिए लक्ष्मण ने अपनी कविता का बलि-दान कर दिया। कैसे भले थे वे दिन। दोनों साहित्य लिखते, दोनों भाषण करते। दोनों जेल जाते और राजनीतिक अवसरवादिता के हाथों दोनों ही कुटिलतापूर्वक पीसे जाते। ऐसा लगता है मानो मरण इन दोनों के जीवन से हार

गया। इस प्रान्त में ऐसा कोई आन्दोलन नहीं हुआ, जिसमें लक्ष्मणसिंह अपनी बलि देने से वंचित रहे हों। कैसी मीठी हैं ये बहादुर जिन्दगियाँ जो टूट गयीं पर झुकीं नहीं। इन अनगिनत संस्मरणों को लेकर इनका बोझ ढोना-भर बाकी रह गया है। ये संस्मरण इतने प्यारे हैं, किन्तु इतने अधिक हैं कि मैं कैसे इन्हें कालमों की सीमा में बाँधूं ? यदि स्थानीयत्व के अभिशाप से परे, जीवन को देखने वाली आँखें लक्ष्मण और सुभद्रा के महान् जीवन को देखें तो सुभद्राकुमारी चौहान और लक्ष्मणसिंह चौहान जीवन के प्रतिभाशाली और कष्ट-सहीले युग के ऐसे उज्ज्वल उदाहरण हैं, जिन्हें पाकर युग भाग्यवान् हुआ करते हैं।

क्रोध में भी लक्ष्मण का विनोद आश्चर्यजनक रहता था। एक बार एक सज्जन रेल में लक्ष्मणसिंह से झगड़ पड़े और उनकी तरफ उँगली बता-बताकर गालियाँ देने लगे। अत्यन्त शान्ति से लक्ष्मणसिंह बोले, "महाशय, अब मुझे विश्वास हो गया कि मैं आईने से बना हुआ हूँ।" शेष मित्र यह ज़वाब सुनते ही ठहाका मारकर हँस पड़े और गाली देने वाले महाशय वहाँ से चले गये।

श्रीमती सुभद्राकुमारी चौहान को खोकर, हिन्दी-जगत् और जबलपुर तथा इस प्रान्त ने बहुत खोया था। ठाकुर लक्ष्मणसिंह को खोकर पुरुषार्थ के साथ हमने सुभद्राकुमारी के संस्मरण-मन्दिर का स्वर्णकलश खो दिया। मुझे तो लक्ष्मण और सुभद्रा अभी भी ऐसे लगते हैं कि वे यहीं कहीं हैं और जाने वे किस ट्रेन से उतरकर चले आयेंगे। गणेशजी जब लक्ष्मण पर बहुत प्रसन्न होते और लक्ष्मण के व्यंग्य और सूझ पर निहाल हो-हो उठते तो कहते, "लक्ष्मण, तुम बड़े दुष्ट हो।" नन्हें-नन्हें बच्चों को अचानक छोड़कर जाते हुए लक्ष्मण को, इसी वाक्य में उलाहना देने की आज मेरी तबीयत होती है। लक्ष्मण गये। मैं जानता हूँ उनके स्थान तक उँगलियाँ नहीं पहुंचायी जा सकतीं, किन्तु यादें बराबर पहुँच रही हैं। खुली आँखों में एक बार लक्ष्मण को देख पाने की ललक विधवा हो गयी, किन्तु बन्द आँखों के बन्दीगृह में वह अपने समस्त वैभव के साथ निरन्तर घूम रहे हैं। पीढ़ी उस दिन कोई ऋण न चुका सकी, जब लक्ष्मण और सुभद्रा हमारे बीच में थे, किन्तु बिदा होकर आपदाओं का यह विद्रोही राजकुमार, प्रभुता, प्रतिभा और पुरुषार्थ की डोरी पर झूलता दीखे, तो गर्व हो कि ये पीढ़ियाँ हमारी ही पीढ़ियाँ हैं। जो लोग विद्रोही राजनीति में पड़े, उनके स्वभाव में कुछ ऐसा बेझुकापन आ गया कि वे झुकने और झुकाने तथा समझौता करने की राजनीति में उतने ही नीचे पर न उतर सके, जितने नीचे पर उन दिशाओं की सफलता निवास करती दिखायी जाती है; तो भी साहस, त्याग और गरीब जिन्दगी बिताने की परम्परा में लक्ष्मणसिंह ने उँगलियों पर गिनी जाने वाली मर्दुमशुमारी में अपने अस्तित्व के दो अंक बहुत सुनहले बढ़ाये हैं। एक बार लक्ष्मण और सुभद्रा दोनों के साथ-साथ आन्दोलन में पड़ जाने के पश्चात् विलासपुर जेल में मैंने एक तुकबन्दी लिखी थी—

एक पर एक मर मिटो किन्तु,
रहे निज विमल टेक की याद,
प्रणों के पथ में पाते रहो,
जीवनाधिप के जी का स्वाद।
झुके हो दोनों दोनों ओर,
ठगे-से हिल मिल झुकते रहो,
उभड़ने न दो हृदय की आग,
पथ पर रुकते रहो।
उठा दो वे चारों कर कंज,
समय को लो छिगुनी पर तान,
और मैं करने को चल पड़ूँ;
तुम्हारी मधुर मूर्ति का ध्यान।

18 सितम्बर सन् 1921 को बिलासपुर जेल में यह तुकबंदी लिखी गयी थी, जबकि लक्ष्मणसिंह और सुभद्राकुमारी दोनों गांधीजी के झण्डे के तले असहयोग आंदोलन में भरपूर जुटे हुए थे। मुझे नहीं मालूम था कि सितम्बर के इसी अभागे महीने में मुझे अपने से उम्र में छोटे अपने लाडले लक्ष्मण के लिए यह शोकांजलि भी लिखनी पड़ेगी। लक्ष्मण की याद को मेरे ये आँसू और चि० अजय तथा बेटे-बेटियों को मुझ बूढ़े के असहाय आशीर्वाद मैं जानता हूँ, मैं कहकर भी कुछ न कह पाया और कहने को बहुत बाकी रह गया।

[समय के पाँव, 1953]

पराड़करजी : श्रद्धा-भरे प्रणाम !

काशी से प्रकाशित होने वाले हिन्दी दैनिक 'आज' के प्रधान सम्पादक तथा हिन्दी जगत् के सुप्रसिद्ध एवं वयोवृद्ध पत्रकार पं० बाबूरावजी विष्णु पराड़कर का 72 वर्ष की वृद्धावस्था में गत 12 जनवरी को प्रातः काशी में उनके निवास-स्थान पर स्वर्गवास हो गया।

एक महाराष्ट्र कुल में जन्म लेकर, राष्ट्रभाषा हिन्दी की सेवा में श्रद्धेय पराड़करजी ने जो भी कार्य किये हैं, वे इतिहास के पृष्ठ होंगे। स्व० पराड़करजी के जीवन की विशेषता यह है कि उनके सेवामय जीवन का श्रीगणेश, एक क्रांतिकारी के रूप में हुआ। भारत के सुप्रसिद्ध क्रान्तिवीर स्व० देवसकर का नेतृत्व पाकर, पराड़करजी की प्रतिभा बहुमुखी हो उठी। सन् 1906 से पत्रकारिता के क्षेत्र में प्रवेश कर, आप अपने मरण के अन्तिम पल तक इसी साधना में रत रहे। हिन्दी पत्रकारिता ने गत पचास वर्षों में जिस रूप में भी प्रगति की है, वह श्रद्धेय पराड़करजी के प्रतिभाबल से भी जीवन पाती रही है। स्व० पराड़करजी तथा

स्व० गणेशशंकरजी विद्यार्थी के उज्ज्वल व्यक्तित्व का परिणाम है कि जहाँ पत्रकारिता में भाषा-सौष्ठव पर ही अधिक ध्यान दिया जाता रहा, वहाँ उन्होंने अपने अव्यवसाय में सम्पादन-कार्य में विचारों की स्वतन्त्रता, प्रौढ़ता और निष्पक्षता की चिन्ता-धाराओं का भी संस्थापन किया। सच तो यह है कि हिन्दी पत्रकारिता के इतिहास में आपका नाम और काम, सदा अजर-अमर रहेगा।

पराड़करजी की गुण-चर्चा कुछ अधिक की जा सके, इसके लिए बिस्तरे से थोड़ा उठकर ही कुछ कर सकूं। आज तो हिन्दी जगत् की श्रद्धा धारा में केवल दो शब्द ही चढ़ाता हूँ। पत्रकार-साहित्य के राष्ट्रीय योद्धा और विचारों के प्रकटीकरण के निर्भीक बल के नाते पीढ़ियाँ पराड़करजी की याद से बल पाती रहें, यही प्रभु से प्रार्थना है। काशी में विश्वनाथजी हैं, और प्रतिभा के कितने ही मनस्वी हो चुके हैं। किन्तु ऐसी कलम का धनी आज बिदा हो रहा है, जिसे अपनी कलम का रुख बदलना किसी के भी सम्मुख, किसी भी शासन के सम्मुख स्वीकार नहीं था। गौरव की बात यह है कि श्री पराड़करजी अपने सुहृद और स्नेह भाई बन्धुवर सम्पूर्णानन्दजी को अपने राज्य का मुख्यमन्त्री और अपने शिष्य और स्नेह पात्र श्रीयुत कमलापति त्रिपाठी को अपने राज्य का मन्त्री देख गये। उत्तर प्रदेश की यह महिमा है कि वहाँ साहित्य से तथा मौलिक विचारकता से बदले नहीं लिए जाते। वहाँ मत की भिन्नता से प्राप्त प्रतिभा की विविधता का सम्मान किया जाता है। इसलिए वहाँ चिन्तन दुर्भिक्ष से नहीं मारा जाता। प्रतिभा का मरण नहीं होता और राष्ट्रीय साहस को भयभीत नहीं रखा जाता। गंगा और यमुना के पानी की इन विशेषताओं का गुणगान करते हुए, पराड़करजी को मेरे श्रद्धा-भरे प्रणाम ! चाहूँगा कि कभी इस विषय में और कुछ भी लिख सकूँ।

[कर्मवीर, 15 जनवरी 1955]

पण्डित रविशंकर शुक्ल

प्रजा-सत्ता में बाहुबल की अपेक्षा बहुबल का प्रतिनिधित्व रहता है, और इस तरह से पण्डित रविशंकर शुक्ल मध्य प्रान्त के बहुबल-बहुमत के प्रतिनिधि थे। निस्सन्देह यह परम गौरव की बात है, किन्तु चिन्तन की आँखों के सामने अठहत्तर वर्ष के शुक्लजी इसलिए जन-जीवन में आगे थे कि वे परिस्थिति, देश की आवश्यकता और अपनी क्षमता के आर-पार देखने में अपनी शक्ति रखते थे।

कुछ लोग ऐसे होते हैं, जिनके उपद्रव को आधार नहीं चाहिए, वे लोग अपनी अवस्था ऐसी बनाये हुए हैं कि अपनी सारी गड़बड़ों से, गड़बड़ों के परिणामस्वरूप, जिनके पास खाने के लिए कुछ नहीं है, केवल गड़बड़ से जो पा जायें वही उनके लिए लाभ है। एक समय कमजोर विश्वास के लिए भयभीत होने का यह होता है।

दूसरे वे होते हैं जिन्हें केवल परिवर्तन चाहिए। परिवर्तन की अच्छाई-बुराई द्वारा निश्चित भविष्य का जिनके पास कोई ज्ञान· नहीं, वे तो परिवर्तन करके मानेंगे। तुलसीदास के बताये वर्ण, अर्थ-संघ, रस, छन्द, अर्थात् अक्षर अथवा समूह, ग्रन्थ, जाति-संगम, साहित्य के नवरस अथवा जगत् के पाँच रस और अर्थ को अपने में छिपाकर बैठने वाला साहित्य, अर्थ को अपने में छिपाकर बैठने वाली कविता अथवा इरादों को अपने में छिपाकर बैठने वाली विश्व की नृप-नीति, तुलसीदास की धारणा से इन सबका कार्य मंगल करना होना आवश्यक है। कुछ तो प्रारम्भ से मंगल-कार्य होना चाहिए, कुछ को मंगल-कार्यों की गौरव-वृद्धि करना चाहिए और शेष को मंगल-परिणामों की जननी होना चाहिए। किन्तु परिवर्तन करने के हठी पागल को समाज के मंगल-अमंगल से कुछ लेना-देना नहीं है। वह तो किसी भी मूल्य पर वर्तमान में परिवर्तन चाहता है, भले ही भाग्य-वशात् उससे मंगल हो जाये, भले ही वह चिर-अमंगल का कारण बने।

तीसरे वे होते हैं जो भावनारहित योजना के पक्षपाती होते हैं। यद्यपि बड़ी से बड़ी देशव्यापी और विश्वव्यापी योजना को अपनी सफलता के लिए जन-जीवन के सम्मुख बार-बार घुटने टेकने पड़ते हैं, और जन-जीवन के सद्भावों को जागरण देना होता है; किन्तु बाहर से योजना की आदत उधार लेने वाला आदमी, योजना का बीमार है। राष्ट्रनायक जवाहरलालजी की कोमलता की उपेक्षा कर योजना के बीमार अपनी नन्हीं-नन्हीं योजनाओं को ही सब कुछ समझते हैं, वे ईमान की निर्मलता और भावना की समर्पणशीलता को भूल जाते हैं।

चौथे वे होते हैं जि[illegible] शहीद बनने या शहीद होने में मजा आता है। रावण के खिलाफ राम का झण्डा उठे तो वे शहीदों में नाम लिखा लेंगे, और यदि राम के खिलाफ रावण का झण्डा खड़ा हो तो उन्हें रावण की सेना में भी पा सकेंगे। न वे राम के हैं, न रावण के; वे तो अपनी शहीद होने की प्रवृत्ति के प्रति ही ईमानदार हैं, जिस तरह राजनीतिक गाली-गलौज करने वाली कलम, यदि राज अथवा राष्ट्र में गाली-गलौज की जगह न मिले, तो विश्व की घटनाओं की गाली-गलौज में हिस्सा बँटाने लगती है, उसी प्रकार शहीदाना तन्तुओं से भरा हुआ, विधायकता से रहित व्यक्ति, अपनी शहीद प्रवृत्ति के लिए देश, काल और पात्र की उपयुक्तता-अनुपयुक्तता के लिए नहीं ठहरता।

पाँचवें वे लोग हैं जो कभी भी कोई निश्चित निर्णय नहीं कर पाते। उनके लिए यदि रूस के प्रधानमन्त्री बुलगानिन कहते हैं तो ठीक कहते हैं। अमेरिकन राष्ट्रपति आइसनहॉवर कहते हैं तो वे भी ठीक कहते हैं और पण्डित जवाहरलाल नेहरू कहते हैं तो वह भी 'हाँ ठीक ही तो कहते हैं।' इस अनिश्चित वृत्ति के लोगों की संख्या किसी भी देश के किसी भी समाज में कम नहीं हुआ करती। अतः इनके समर्थन या विरोध के मूल्य पर कार्य करना कठिन होता है।

छठे वे व्यक्ति होते हैं जो परम आज्ञाकारी हैं। उनकी दृष्टि में जीता हुआ डाकू भगवान् का अवतार है और हारा हुआ अवतार डाकू से भी भयंकर अपराधी।

वे यह जहमत लेते ही नहीं कि इसकी भलाई या उसकी बुराई अथवा इसका सम्मान और उसका खतरा अपने सिर पर ले बैठें, अतः ये निरीह सब अवस्थाओं में खप जाते हैं। इनके विश्वास के बल पर राष्ट्र-संचालन नहीं होता।

सातवें वे होते हैं जिन्हें केवल क्रान्ति चाहिए। क्रान्ति वह नहीं जो विश्व-रचना के एक हिस्से की अपेक्षा दूसरे को उन्नततर बनाने में लग जाये। इनके लिए तो वही क्रान्ति है जो स्थापित व्यवस्था के हर कील-काँटे को उखाड़कर फेंक दे। इनका धन्धा है, इनका प्रथम कार्य है कि इसको गिरा, उसको नष्ट कर, उस होते हुए काम को बन्द कर और अमुक समाज-रचना में लकवा उत्पन्न कर। क्योंकि जन-जीवन का असन्तोष इनका मूलधन होता है, और उस असन्तोष को उत्पन्न कर चुकने के पश्चात् इन्हें समाज या देश से कुछ लेना-देना नहीं है। विरोध के गरम तवे पर इन्हें तो अपनी रोटियाँ सेकनी हैं।

ये सात अवस्थाएँ तथा ऐसी ही कुछ अवस्थाएँ और हैं। कुछ ऐसे क्षण होते हैं जब समाज-व्यवस्था का ईमान डावाँडोल होने लगता है। कभी-कभी कार्य-संचालन को अपने कार्य में भय, घबराहट और चिन्ता होने लगती है। समाज के व्यवस्थापक भयभीत, भीरु और क्षीणमना होने लगते हैं। जब संकट साम्प्रदायिक, धार्मिक अथवा विशुद्ध स्वार्थ का विपरीत रूप धारण करके आते हैं, तब समाज के प्रजासत्ता के नियमन करने वाले तक को यह भय होने लगता है कि वे जहर के इन कड़वे प्यालों को पीने में असमर्थ हैं। सच तो यह है कि कठिनाइयाँ वहीं विजयिनी होती हैं जहाँ समूह, समाज अथवा व्यक्ति का विश्वास कमजोर पड़ जाता है। ऐसे समय के लिए हमें उस कार्यकर्त्ता की आवश्यकता होती है जिसके लिए कहा गया है—

> नरपतिहितकर्त्ता द्वेष्यतां याति लोके,
> जनपदहितकर्त्ता त्यज्यते पार्थिवेन्द्रैः।
> इति महति विरोधे विद्यमाने समाने,
> नृपतिजनपदानां दुर्लभः कार्यकर्त्ता॥

ऐसा ही कार्यकर्ता समाज के हित को अपने हित से ऊपर रख सकता है। मैं यह कह सकता हूँ कि विरोध अथवा समर्थन की भूमिका ले चुकने के पश्चात् पण्डित रविशंकरजी शुक्ल को उल्लिखित सामाजिक विकृतियों के बीच मैंने कभी डावाँ-डोल नहीं देखा। मुझे तो यह चिन्ता है कि समर्थन और विरोध के बीचोबीच इस निर्भयता से खड़े रहने वाले व्यक्तियों को मैं अपने बीच इस राज्य में 'बहुत कम' पा रहा हूँ जो भाई शुक्लजी की-सी क्षमता व्यक्त कर सकें। कारलाइल के कथनानुसार यदि हम जीवन को ऐसा अवसर मान लें जो दूसरी बार नहीं मिलेगा, तो हममें से कितने हैं जो गुण, स्वभाव, वस्तुओं को समझने की शक्ति और उच्च रुचि के माप पर यह कह सकें कि हमारा जीवन समय वृक्ष के सूखे हुए पत्तों की ढेरी नहीं, किन्तु यथार्थ साँस लेता हुआ प्राणवान् और परम पुरुषार्थमय अस्तित्व है। नन्हें बच्चों की तरह यह कहना कि प्राप्त अवसर केवल दुःख है अथवा सुख

है, अधूरा है। भले ही ऐसी बात कहते समय हम वेदान्त की दुहाई देते हों। किन्तु यह है हमारा निरा पागलपन ही। सुख और दुःख तो उत्तरदायित्व निबाहते समय व्यक्त की जाने वाली हमारी क्षमता अथवा क्षमता-हीनता के नाम हैं। हम भारतीय लोग, दार्शनिक दृष्टिकोण से मुक्त नहीं हो सकते। हम अपने कार्यों मे, अपने विश्वासों को अन्तरात्मा की लगन और आराधना के बीच में जब व्यक्त करते हैं तब हम अपनी कृति को अपने अन्तःकरण और घर से बाहर भेजते हुए सन्तोष का अनुभव करते हैं। मैं इस बात से सदा सुखी हुआ हूँ कि पण्डित रवि-शंकर शुक्ल में भगवान् के प्रति अटूट विश्वास है और अपने कार्य-कौशल के प्रति अमित श्रद्धा। वे अधीर नहीं होते, भयभीत नहीं होते; डावाँडोल होते भी प्रायः नहीं देखे जाते।

मेरा परिचय पण्डित रविशंकर शुक्ल से सन् 1916 में हुआ। तब वे अड़तीस वर्ष के थे। ऐसे कितने ही क्षण आये हैं, जब मैं समस्याओं को रविशंकरजी की दृष्टि से नहीं देख सका अथवा वे समस्याओं को मेरी दृष्टि से नहीं देख पाये, किन्तु मैंने उनमें ऐसा पारिवारिक व्यक्तित्व पाया जिससे लड़कर भी जिसके हाथों में मनुष्य अपने को अत्यन्त निश्चिन्तता से सौंप सकता है।

कदाचित् बहुत कम लोग यह जानते हैं कि मध्यप्रदेश के हिन्दी साहित्य सम्मेलन के जन्मदाता पण्डित रविशंकर शुक्ल और उनके तत्कालीन साथी ही हैं। पहला सम्मेलन जहाँ तक मुझे याद है सन् 1916-17 में रायपुर में ही हुआ था, जिसके अध्यक्ष स्वर्गीय पण्डित प्यारेलाल मिश्र, बार० एट० ला० हुए थे। पण्डित रविशंकरजी में दो विरोधी भावनाओं का विचित्र सामंजस्य था। वे सोचते बहुत ठण्डे; इतने ठण्डे कि लगभग पन्द्रह वर्षों तक मैं उन्हें उग्र राष्ट्रीय दल का आदमी ही नहीं मानता था। सन् 1920 की सागर में होने वाली प्रान्तीय राजनीतिक परिषद् के समय जिनके अध्यक्ष स्वर्गीय डॉक्टर मुंजे थे; मैंने अपने दो प्राणप्रिय मित्रों को अर्थात् पण्डित रविशंकरजी शुक्ल और स्वर्गीय पण्डित मनोहरकृष्ण गोलवलकर को 'कर्मवीर' के अग्रलेखों में नरम दल का लिखा था। उन अग्रलेखों को पढ़कर पूज्य पण्डित माधवरावजी सप्रे ने मुझसे कहा था, "रविशंकरजी के विषय में तुम्हें अपना मत बदलना पड़ेगा।"

हाँ, तो मैं कह रहा था कि रविशंकरजी में विचारों की ठण्डक बहुत थी, किन्तु दूसरी ओर सिपाही की बहादुरी भी उनकी ऐसी अद्भुत कि ब्रिटिश सरकार से लोहा लेते समय जिन्होंने उन्हें अटल और अडिग देखा तथा राजनीतिक परि-षदों के समय और रायपुर में भी उन्हें तरुणों की सेना का संगठन करते हुए देखा वे उनकी सिपहगिरी का गुणगान किये बिना नहीं रह सकते।

शुक्लजी गृह-जीवन में अत्यन्त पारिवारिक हैं। एक बार पण्डित बलदेव-प्रसादजी मिश्र के आमन्त्रण पर रायगढ़ जा रहा था। मार्ग में शुक्लजी के पास रायपुर ठहरा। उन दिनों उनकी माताजी बीमार थीं। मैं भी उन्हें देखने ऊपर के कमरे में गया। उस समय माँ जितने कड़े शब्दों में अपने इकलौते पुत्र की खबर

ले रही थीं और पुत्र जिस श्रद्धा और स्नेह से खिलखिला कर माँ की नाराजी को शान्त करने में व्यस्त था, उसे देखकर मेरा हृदय गद्गद हो गया।

मित्र चाहे कोई स्वर्गीय हो या आजकल के कोई और, जो भी शुक्लजी के विश्वास का हो जाता, शुक्लजी की इस निर्मलता के कारण वह उन पर अतिरेकमय रूप से छाने की कोशिश करता। किन्तु यह सब थोड़े ही दिनों के लिए हो पाता। जब शुक्लजी का निर्मल और कोमल व्यक्तित्व शीघ्र ही उभर उठता तब लोग उनकी निर्मलता से प्रभावित हुए बिना नहीं रहते। हिन्दी और मराठी को इस प्रान्त में समान स्थान दिये जाने के लिए शुक्लजी ने विश्वासों की जिस निर्मलता को व्यक्त किया उस भावना से इस राज्य की बड़ी से बड़ी समस्याओं को सुलझाया जा सकता है। जब गांधीजी ने यरवदा जेल के अपने महान् उपवास के पश्चात् हरिजन आन्दोलन को उठाया तो मध्य प्रदेश में उन्होंने पण्डित रविशंकरजी को अपने साथ लिया और लोग जानते हैं कि उसका कितना सुन्दर परिणाम हुआ।

जब सन् 1923 में नागपुर में झण्डा-सत्याग्रह हुआ तब शुक्लजी स्वराज्य पार्टी में थे। स्वराज्य पार्टी झण्डा-सत्याग्रह का समर्थन नहीं कर रही थी। नागपुर के स्वराज्य दल के मित्रों ने तो उसका कितनी ही बार खुला विरोध किया, किन्तु विदेशी ताकत से लड़े जाने वाले किसी भी आन्दोलन में शुक्लजी विरोधी हो सकें यह बात सम्भव नहीं थी। ऐसे समय शुक्लजी पहले 'ईमानदार राष्ट्रीय' रहे हैं और फिर कुछ और। मैं झण्डा-सत्याग्रह के संचालक के नाते जब रायपुर गया तब शुक्लजी के भवन में बैठकर नागपुर के झण्डा-सत्याग्रह में जाने वाले स्वयंसेवकों का संगठन किया और शुक्लजी की ही मोटर लेकर जिले में जहाँ-तहाँ भ्रमण किया। जब खादी-आन्दोलन लेकर प्रान्तव्यापी संगठन किया गया और स्वर्गीय भाई गणपतरावजी टिकेकर के साथ में रायपुर गया तब शुक्लजी का व्यक्तित्व, रायपुर का राष्ट्रीय स्कूल और रायपुर के नागरिक ऐसे अद्भुत ढंग से काम में लग गये कि खादी की सबसे अधिक बिक्री महाकोशल में उस समय रायपुर में हुई। उस जमाने की अर्द्ध-सरकारी संस्थाओं को सरकार के हाथ में से व्यवहारतः छीनकर सर्वथा राष्ट्रीय बना लेने की क्षमता उस समय पंडित रविशंकरजी में ही देखी गयी। उन्होंने डिस्ट्रिक्ट कौन्सिल के अध्यापकों और कर्मचारियों को मानो स्वराज्य की सेना में काम करने वाले सेवक ही बना डाला था।

पण्डित रविशंकरजी शुक्ल की भुजाओं पर नर्मदा की निर्मलता, ताप्ती का अखण्ड सौन्दर्य और महानदी की गौरव-गरिमा शोभित रहे। कपास, ज्वार और गेहूँ के लहलहाते पौधे उनकी भुजा के संरक्षण पर गर्व कर सकें। हमारी खदानें, हमारे जन-जीवन के नर-नारी उस बूढ़े तरुण के अन्तःकरण में अपने विश्वासों को संजोकर रखते रहें।

[समय के पाँव, 1955]

वीरांगना सुभद्राबाई

भारत ने भूतकाल में रानी दुर्गावती, रानी लक्ष्मीबाई जैसी वीर महिलाएँ निर्माण की हैं जिन्हें इतिहास में सम्मान का स्थान प्राप्त है। किन्तु वर्तमान काल का भारत भी ऐसी वीरांगना पैदा कर सका है। इसका उदाहरण सागर की वीर महिला सुभद्राबाई हैं जिन्होंने गोवा सत्याग्रह में अपनी वीरता का परिचय देकर सारे देश को और संसार को चकित किया है और मध्यप्रदेश का और विशेष रूप से सागर का नाम अमर किया है।

सागर से निकलते समय सुभद्राबाई के हाथ में तिरंगा झण्डा देकर जिला कांग्रेस कमेटी के अध्यक्ष स्वामी कृष्णानन्द ने उन्हें कहा था कि, "सुभद्रा, झण्डे की इज्जत तुम्हारे हाथ है।" इसके उत्तर में सुभद्राबाई ने कहा था, "तुम सुन लियो।" जैसा उन्होंने कहा वैसा ही गोवा में कर दिखाया। उनकी कीर्ति केवल सागर जिला कांग्रेस कमेटी के अध्यक्ष स्वामी कृष्णानन्द ने ही नहीं सुनी, सारे भारत ने वह सुनी, सारे भारतीयों को उनकी वीरता पर आज बड़ा गर्व है।

सुभद्राबाई का जन्म आज से 40 वर्ष पूर्व सागर जिले के एक छोटे-से ग्राम बोथराई में हुआ। आपके पिता निरदसिंहजी खेती से ही अपने कुटुम्ब का पोषण करते थे। वहाँ आजकल सुभद्रा की दो बहनें और एक भाई रहते हैं। बोथराई ग्राम दमोह तहसील में पथरिया रेलवे स्टेशन से थोड़ी ही दूर है। विवाह के बाद सुभद्राबाई अपने ससुराल कर्रापुर ग्राम में आयीं जो सागर तहसील में है और सागर से 11 मील पर है। सन् 42 के लगभग सुभद्रा के पति मुरलीधर की मृत्यु हो गयी और तभी से सुभद्रा ने कांग्रेस के और अन्य सार्वजनिक कार्यों में ही अपना जीवन बिताना प्रारम्भ किया और आज तक वे उसी तरह जीवन बिता रही हैं। सुभद्राबाई के पिता एक गरीब ग्रामीण किसान थे और वे आपकी शिक्षा आदि की व्यवस्था करने में असमर्थ थे। किन्तु सुभद्राबाई ने अपनी लगन से पड़ोसियों से पूछ-पूछकर लिखने-पढ़ने में काफी प्रगति की। रामायण, गीता आदि का पाठ करने लगीं। इसके बाद भी उन्होंने अपनी ज्ञान-लालसा पूरी करने के लिए वाचनालय से पुस्तकें मँगायीं। इस प्रकार उन्होंने अपने प्रयत्न से अपने-आपको शिक्षित एवं सुसंस्कृत बनाया।

सुभद्राबाई कई वर्षों से कांग्रेस की 4 आने वाली सदस्या हैं। कांग्रेस का ऐसा कोई आन्दोलन नहीं है जिसमें सुभद्रा ने सक्रिय भाग न लिया हो। आप महात्मा गांधी के साथ नोआखाली में पैदल यात्रा में शामिल थीं। नमक-कानून भी आपने तोड़ा, अकाल में बंगाल-बिहार का दौरा किया। सागर जिले में तिनकुआ ग्राम के पास आपने जंगल-सत्याग्रह किया। कांग्रेस के अधिवेशन में उपस्थित रहने का मोह आप संवरण नहीं कर सकीं। आपने कई तीर्थों की यात्रा की है। कुम्भ के हर मेले में आपने यात्रा की है।

महिलाओं को हम अबला कहते हैं, किन्तु सुभद्राबाई ने अपने जीवन में कई

बार इस कथन को गलत सिद्ध किया है। चलने में वे 30-30 मील पैदल चलकर भी थकती नहीं हैं। सन् 42 में उन्होंने करपुर ग्राम में पुलिस को इतना तंग किया कि आखिर उन्हें जेल में भेज दिया गया। उस समय आपने पुलिस को एक दाना मिलना भी असम्भव कर दिया था। समय-समय पर आपने अपूर्व साहस का परिचय दिया है।

इधर कई वर्षों से सुभद्राबाई लोकल बोर्ड, डिस्ट्रिक्ट काउंसिल और अब जनपद सभा की सदस्या हैं। इस पद से भी आपने जनसेवा का कार्य बड़ी लगन से जारी रखा है।

अभी गोवा की घटना में जो आपका जोश प्रत्यक्ष देखने को मिला, उसे देखकर पुरुष सत्याग्रही भी आश्चर्य-चकित हैं। दल के नेता ने कह रखा था कि अन्दर प्रवेश करने पर यदि पुर्तगाली पुलिस तुम पर गोली चलावे तो उसे बचाने के लिए लेट जाना। आपका दल सीमा पार कर गया। झण्डा श्री चितले के हाथ में था। पुर्तगाली पुलिस ने गोली चलायी। अन्य सब लोग लेटने की तैयारी में थे। किन्तु सुभद्राबाई का ध्यान झण्डे की ओर था। उन्होंने देखा कि चितले घायल होकर गिर रहे हैं और झण्डा भी अब गिरने ही वाला है। उस अवसर पर अपने प्राणों की भी परवा किये बिना उन्होंने झण्डे की लाज रखने के लिए आगे बढ़कर 'भारत माता की जय' का घोष करके झण्डा अपने हाथ में ले लिया और ऊँचा किये रहीं। पुर्तगालियों ने दूसरी बार गोली चलायी और सुभद्रादेवी घायल होकर गिर पड़ीं। लोगों का खयाल था कि वे मर गईं। किन्तु वे मूर्छित हुई थीं। मूर्छित अवस्था में ही उन्हें वापस लाया गया। अभी वे अस्पताल में ही हैं। कहते हैं कि गोली की चोट के कारण आपके हाथ का आपरेशन कर उसे काटना पड़ेगा। किन्तु फिर भी उनकी लगन देखिये। अस्पताल में उन्होंने कहा है कि अच्छा होने के साथ ही मैं फिर सत्याग्रह करूँगी। धन्य हैं सुभद्रादेवी। धन्य है आपकी वीरता। आपके इस कार्य से जो लोग आपको विनोद से झाँसी की रानी कहते थे, आज वह विनोद किस दृढ़ता से प्रभावशील हुआ है। आपके साहस की प्रशंसा करते हुए प्रधानमंत्री जवाहरलाल नेहरूजी ने कहा कि ऐसी वीर महिला पर सारे संसार को गर्व है। मध्यप्रदेश विधान सभा के अध्यक्ष पण्डित कुंजीलालजी दुबे ने भी आपकी भूरि-भूरि- प्रशंसा की है। आज सारा भारत सुभद्रा की जय बोल रहा है।

इन पंक्तियों को लिखते समय मालूम हुआ कि श्री सुभद्राजी को, इलाज के लिए बेलगाँव से पूना अस्पताल में ले जाया जा रहा है। यह भी मालूम हुआ है कि इस बिदा के समय, सुभद्राजी को, बेलगाँव के निवासियों ने, उनकी अद्भुत वीरता के लिए स्वर्ण पदक प्रदान किया है।

हम सुभद्रा की भूरि-भूरि प्रशंसा करते हैं।

[कर्मवीर, 27 अगस्त 1955]

डॉ० अमरनाथ झा

इस देश के महान् विद्वान शिक्षण-शास्त्री और राष्ट्रभाषा हिन्दी के आधार स्तम्भ डॉ० अमरनाथ झा की मृत्यु इतनी अनपेक्षित और असामयिक है कि उस पर विश्वास भी नहीं होता। अभी कुछ ही दिन पूर्व उनके इलाहाबाद जाने की खबर थी। उसके पूर्व वे नागपुर आये हुए थे और उनकी अध्यक्षता में मध्यप्रदेश विश्वविद्यालय आयोग की प्रास्ताविक बैठक हुई थी। आगे इसी आयोग के दौरे का भी कार्यक्रम निश्चित हुआ था। किन्तु डॉ० झा की आकस्मिक मृत्यु से वह अब स्थगित हो गया है। अन्त तक डॉ० झा सार्वजनिक कार्यों में इतने लगे हुए थे कि किसी को कल्पना न थी कि आप इतने शीघ्र चल बसेंगे। आपकी अन्तिम बीमारी भी कोई ऐसी विशेष लम्बी या खतरनाक न थी, जिससे आपकी बिदाई का भय होता। डॉ० झा जैसे महान् दूरदर्शी तथा स्वाधीन-चेता शिक्षण-शास्त्री की आवश्यकता इस समय भारत को विशेष रूप से थी, क्योंकि देश की शिक्षा तथा सांस्कृतिक गति-विधियों में परिवर्तन हो रहे हैं। सारा देश आपकी आकस्मिक मृत्यु से शोकग्रस्त हो गया है।

अनेक मित्रों के साथ हमें तो डॉ० झा की मृत्यु से अपने निजी व्यक्ति के खो जाने का दुःख हो रहा है। क्योंकि अपनी विद्वत्ता एवं अध्ययन के सिवा उनका स्वभाव सम्बन्धित व्यक्तियों के मन में बड़ी आत्मीयता पैदा कर देता था। देश में आप एक विद्वान, शिक्षा-विशेषज्ञ, एवं उत्कृष्ट संयोजक के रूप में ख्याति प्राप्त कर चुके थे। किन्तु इससे भी अधिक निर्मल, निर्भय, निर्विकार, मीठे स्वभाव के लिए आप याद किये जाते हैं। 'विद्या ददाति विनयं,' की उक्ति को आपने प्रत्यक्ष रूप दिया था। अपने विद्वान और महर्षि तुल्य पितृव्य श्री डॉ० गंगानाथ झा से प्राप्त प्राचीन संस्कृति की परम्परा को आपने अपने जीवन में उतारा था। आप अपने साथियों, सहयोगियों, मित्रों और नवयुवकों में भी बड़े लोकप्रिय थे। विश्वविद्यालय के उपकुलपति तथा लोकसेवा आयोग के अध्यक्ष के रूप में सभी समस्याओं का विचार आप बड़ी सहानुभूति से करते थे। छात्रों सें आपका प्रेम, उनकी गतिविधि में आपकी रुचि आदि ने आपको छात्रों का एक महान् हितैषी सिद्ध कर दिया था। आज शिक्षक और छात्र के बीच में घनिष्ठता स्थापित करने की जो बात हम करते हैं, उसके वे एक प्रतीक थे। वास्तव में आप प्राचीन परम्परा के अनुसार एक सच्चे कुलपति थे, जो सच्चे मार्ग-दर्शक होते हुए पिता के समान थे।

डॉ० झा एक नामी शिक्षण-शास्त्री थे। शिक्षा में आपकी सुधार की सूचनाएँ, आपका स्वदेशाभिमान, एवं दूर-दृष्टि ने आपके शिक्षा-क्षेत्र के कार्य को अमूल्य बना दिया है। इस दृष्टि से आप एक मामूली शिक्षा-शास्त्री से बहुत ऊँचे स्तर पर हैं। आपके द्वारा अपने कई वर्षों के अनुभव एवं चिन्तन से छात्रों का स्तर ऊँचा करने के लिए सुझाये हुए उपाय तथा शिक्षा में सुधार के मार्ग सारे राष्ट्र

की दृष्टि से बड़े महत्त्वपूर्ण हैं और उन्हें हमें भविष्य में काम में लाना चाहिए। राष्ट्र के नवनिर्माण में उसका बड़ा उपयोग होगा। डॉ० झा भारतीय आदर्श के बड़े समर्थक थे जो कई पीढ़ियों से हमें प्राप्त हुआ है। परमात्मा का अस्तित्व मान कर उससे डर के सारा जीवन बिताना, मानवता को श्रेष्ठता देना, व्यक्तित्व के निर्माण में समाज की अनुकूलता प्राप्त करना, संसार का जीवन केवल यहीं समाप्त होने वाली बात नहीं है इस विश्वास को सदा याद रखना, भिन्न मतों से सहानुभूति रखना, समाज की एकता को कायम रखना, स्वार्थ-रहित रहकर अपना कर्त्तव्य करना "सत्यमार्ग व्यक्ति एवं राष्ट्र के लिए सदा अच्छा ही होता है"—इस मत को दृढ़ता से पालना, सदाचार एवं सन्मार्ग का समर्थन करना आदि आपके विचारों के ऐसे पहलू हैं जिनसे व्यक्ति ही नहीं, समाज और राष्ट्र महान् बना करते हैं। उनका विश्वास था कि इन भारतीय विशेषताओं को कायम रखने से ही हमारे जनतन्त्र का कल्याण होगा। यह नहीं कि विदेशी आदर्शों के वे विरोधी हों। विदेशी लोगों की अच्छाई लेने के वे सदा पक्षपाती रहे हैं। किन्तु भारतीयता को भुलाने के वे विरोधी थे।

डॉ० अमरनाथ लोकतन्त्र के सच्चे पक्षपाती थे। किसी भी क्षेत्र में असमानता का व्यवहार उन्हें अच्छा नहीं लगता था। उनका मत था कि सारी जनता को समान अधिकार हों और भेद का विचार कभी न हो। अमीर और गरीब के भेद के वे विरोधी थे। वे चाहते थे कि एक गरीब के बालक को अमीर के बालक के समान ही सब सुविधाएँ प्राप्त हों, हर एक को अपना मत स्पष्ट रूप से व्यक्त करने का अधिकार हो, और कोई बात छिपाने की आवश्यकता न हो। हाँ, देश की भलाई को सबसे उच्च स्थान पर रखना चाहिए यही वे चाहते थे।

शिक्षा के क्षेत्र में बाहरी लोगों के हस्तक्षेप का उन्होंने दृढ़ता एवं निर्भयता से विरोध किया है और इसी के फलस्वरूप इस क्षेत्र में बौद्धिक स्वतन्त्रता आपने सफलता से कायम की है। डॉ० झा अब इस लोक में नहीं हैं, किन्तु आपके कार्य और आपके विचार भारत में सदा अमर रहेंगे। उन्हें हम नहीं भुला सकते।

[कर्मवीर, 10 सितम्बर 1955]

श्री कालूरामजी गंगराड़े का स्वर्गवास

स्वर्गीय बाबू कालूरामजी गंगराड़े के सुपुत्र श्री सुरेन्द्रकुमार गंगराड़े बी० ए० से यह जानकर अत्यन्त दुःख हुआ कि गत ता० 24-1-56 को निमाड़ के महान् व्यक्तित्व श्री कालूरामजी गंगराड़े का इन्दौर में स्वर्गवास हुआ। बाबू कालूरामजी गंगराड़े सन् 1910 में इलाहाबाद में अपना विद्याभ्यास समाप्त करके तथा महामना पं० मदनमोहन मालवीय के नेतृत्व में आपने जीवन का निर्माण कर वकील होकर खण्डवा पधारे थे। उनने स्वर्गीय श्रीमती एनीबेसेन्ट

के जीवन से प्रभावित होकर थियासाफिकल सोसाइटी का नीति-पथ ग्रहण किया था तथा हरिकथा और धार्मिक समाजों में अपने जीवन को लगाया था। सन् 1912 में जब खण्डवा में सनातन धर्म और आर्य समाज का शास्त्रार्थ हुआ था, और दोनों सभाओं के दिग्गज विद्वान—जिनमें इटावा के परम धार्मिक स्वर्गीय श्री भीमसेन शर्मा तथा प्रो० बालकृष्ण और संन्यासी परम विद्वान श्री वासुदेवाश्रम जी के नाम उल्लेखनीय हैं—ने भाग लिया था, उस महान् धार्मिक शास्त्रार्थ में दोनों तरफ के विद्वानों ने स्वर्गीय श्री कालूरामजी गंगराड़े को अपने बीच मध्यस्थ चुना था। गंगराड़ेजी ने निमाड़ भूमि के उत्थान के लिए अपने धन से अपने सम्पादकत्व में जाति-सुधार नाम का एक मासिक पत्र प्रकाशित किया था। स्वर्गीय गंगराड़ेजी ने सन् 1912-13 में हिन्दी की प्रसिद्ध मासिक पत्रिका प्रभा का अपने धन से प्रकाशन किया था जिसके प्रथम प्रधान सम्पादक वे स्वयं हुए थे। स्वर्गीय कालूरामजी ऐसे नामी वक्ता थे कि उनके आगमन के पश्चात् 20 वर्ष तक कोई सरकारी और गैर-सरकारी समारोह खण्डवा में ऐसा नहीं होता था जिसके अध्यक्ष या प्रधान वक्ता श्री गंगराड़ेजी न रहे हों। स्वर्गीय कालूरामजी गंगराड़े और स्वर्गीय माणिकचन्द्रजी जैन दोनों की निमाड़-सेवा, जन-सेवा तथा साहित्य-सेवा यहाँ के निवासियों के लिए स्वर्णाक्षरों में लिखे जाने की वस्तु है।

इन पंक्तियों के लेखक ने साहित्य की जो कुछ थोड़ी-सी सेवा की उसका प्रारम्भिक श्रेय स्वर्गीय श्री गंगराड़ेजी को ही प्राप्त है। वे यहाँ के नामी वकीलों में रहे तथा कदाचित 10 वर्ष से अधिक वे खण्डवा के वकीलों की सभा बार ऐसोसियेशन के अध्यक्ष रहे। एक बार किसी जज के कहने पर कि मैं अमुक बात नहीं सुनूंगा श्री कालूरामजी गंगराड़े ने जज से कहा बताते हैं, कि श्रीमान् को मेरे मुवक्किल की बात सुननी ही पड़ेगी। मैं वकील हूँ, दरख्वास्त पर टिकिट लगी है, और आप वेतन-भोगी जज हैं। भले ही आप अपने निर्णय में उस दरख्वास्त को खारिज कर दें, किन्तु इस समय तो दरख्वास्त लेनी ही पड़ेगी। सुनते हैं कि इस घटना से जज साहब को पसीना आ गया था। सबसे बड़ी बात कालूरामजी के जीवन की यह है कि उनने सैकड़ों रुपया मासिक कमाया और सबका सब लोकहित में खर्च कर दिया। निमाड़ में आज जो जागरण दिखायी देता है, 45 वर्ष पहले उसके मूल स्रोत श्री कालूरामजी गंगराड़े रहे हैं। यह बात भी यहाँ उल्लेखनीय है कि सन् 1953 में खण्डवा की तुलसी उत्सव समिति ने निमाड़ के श्रेष्ठ तीन व्यक्तियों को सम्मान दिया था: (1) स्वर्गीय पं० बिहारीलालजी दाधीच (2) स्वर्गीय श्री कालूरामजी गंगराड़े तथा (3) श्री चम्पालालजी जौहरी सुधाकर। कालूरामजी इतने धार्मिक थे कि सादे जीवन उच्च विचार का वे अद्भुत उदाहरण थे। अपने वैभव के दिनों में भी उनको लोगों ने टाट और चटाई पर पड़े-पड़े सारी रात बिताते देखा है। वे कानून की किताबें अथवा धर्मग्रन्थ पढ़ते-पढ़ते ही सो जाते थे। प्रभा पत्रिका के प्रकाशन पर

स्वर्गीय महामना मालवीयजी ने तथा देश के कितने ही विद्वानों ने उन्हें बधाइयाँ भेजी थीं। निमाड़ की भूमि में श्री कालूरामजी गंगराड़े के नाम पर जितना किया जाय उतना ही थोड़ा है। हम उनके दुःखी पुत्र-पुत्री तथा उनकी अत्यन्त दुःखी धर्मपत्नी के प्रति अपनी हार्दिक समवेदना व्यक्त करते हैं और प्रभु से प्रार्थी हैं कि श्री कालूरामजी और श्री माणिकचन्द्रजी जैसे धीर-वीर उस भूमि में सदा उत्पन्न होते रहें।

[कर्मवीर, 11 फरवरी 1956]

विनम्र साहित्य सेवक : प्रयागदत्त शुक्ल

पण्डित प्रयागदत्त शुक्ल के विषय में कुछ लिखते समय मन को संकोच होता है। इसलिए कि वे साहित्य-मानस के इतने निकट हैं कि उनके विषय में कुछ लिखना ऐसा लगता है मानो उन पर कुछ अत्याचार किया जा रहा है। पण्डित प्रयागदत्त शुक्ल ने सम्पन्न परिवार में जन्म लेकर भी इतने कष्ट भोगे हैं कि उन्हें देखकर धन की उद्दण्डता और विद्या के अहम् के प्रति घृणा हुए बिना नहीं रहती। कोई तीस वर्षों से मैं प्रयागदत्त शुक्ल को, उनकी गतिविधि को, उनके शील और सौजन्य को, उनकी निस्वार्थ सेवा-भावना को देखता चला आ रहा हूँ और मध्यप्रदेश में तथा मध्यप्रदेश के बाहर भी कितने ही मित्रों से उनकी चर्चा करने का लोभ मैं संवरण नहीं कर सका हूँ। विन्ध्या और सतपुड़ा की घाटियों से, नर्मदा, ताप्ति और महानदी के अंचल से, भोज-पत्रों, सड़े कागजों और गड़े शिलालेखों में दबे पुरुषों, संस्थाओं और राज्यों की सुध लेने में पण्डित शुक्ल-बहुत सजग हैं। वे मेरे परम मित्र के पुत्र हैं। उनके पिता मध्यप्रान्त के सेक्रेटेरियट में थे किन्तु इतने साहसी थे कि पेन्शन लेने के पश्चात् वे स्वर्गीय श्री गणपतरावजी टिकेकर की मित्रता के रूप में सन् 1930 के पहले खादी भण्डार में आके बैठते और उसकी गति-विधियों के संचालन में हाथ बँटाते। स्वर्गीय शुक्ल जी स्वभाव के बहुत तेजस्वी रहे हैं किन्तु पण्डित प्रयागदत्त शुक्ल इतने नम्र कि स्वर्गीय पण्डित रविशंकरजी शुक्ल को भी उनके बारे में तब पता चला जबकि उनसे कहा गया। मध्यप्रदेश के पर्वतों और नदियों में ऊँचाई और लम्बाई दोनों का अभाव हो किन्तु विन्ध्या के अनादिकालत्व और नर्मदा की परिक्रमा किये जाने के महत्त्व से कौन इन्कार कर सके? जब पण्डित प्रयागदत्त शुक्ल किसी चर्चा में लगे होते हैं लगता है वे नहीं उनके अन्तर्हृदय की सुकोमलता बोल रही है। अत्यन्त कष्ट में भी अपने कष्ट को कण्ठ पर न आने देना प्रयागदत्तजी शुक्ल का चरित्र है। चाँदी के टुकड़ों से प्रयागदत्त की ईमानदारी को खरीद सकना कभी सम्भव नहीं हो सकता। वे मजदूरी कर लेंगे किन्तु उन्हें अन्तरात्मा बेचते हुए कभी नहीं देखा जा सकता। श्री प्रयागदत्त शुक्ल के वचन इतिहास जैसे

लगते हैं, उनका श्रम फसल की तरह लहलहाता है और उनके आँसू वरदान की तरह बरसते हैं। मेरा तो आज भी यह मानने को मन नहीं चाहता कि प्रयागदत्त शुक्ल पैंसठ वर्ष के हो गये। यदि कला और कलम से परे साहित्य में समर्पण को गौरव का स्थान प्राप्त रहेगा तो मुझे आशा है कि काव्य-विनोद पण्डित लोचनप्रसाद पाण्डेय की परम्परा को निबाहने वाले प्रयागदत्त शुक्ल जैसे नम्र और उदासीन साहित्य-सेवकों का सम्मान होता रहेगा। मेरी इच्छा है कि साहित्य के आँगण खूब बढ़ें, फलें, फूलें और उस पीढ़ी की सुध ले सकें जो जितनी ही गुस्ताख है उतनी ही प्रतिभाहीन होती चली जा रही है, जितनी ही उद्योगशील है उतनी ही वह अपने गंतव्य के प्रति लापरवाह है। जिन साहित्य-सेवकों को इस अंचल में विन्ध्या और सतपुड़ा की इन सीमाओं में मैं स्नेह और सम्मान से देखता हूँ उनसे मेरा निवेदन है कि वे प्रयागदत्त को बूढ़ा न होने दें। वे सूझ और जवानी की ऐसी मस्ती उनके आसपास बो दें कि प्रयागदत्त इस प्रदेश की साहित्यिक सेवाओं को जब हिन्दी जगत् के चरचों में चढ़ाने के लिए उत्सुक हों तब उसको और पीढ़ी की वैष्णव भावना के अनुकूल इस बात में सन्तोष हो सके कि जिस युग के सम्मुख उन्होंने अपनी शक्तियों का वैभव कुतूहल और कौशल रखा, न वह युग निर्माल्य था न वह वस्तु। मैं अधिक नहीं लिखता क्योंकि मैं प्रयागदत्त को प्यार करता हूँ। मुझे भय है, अधिक लिखने पर उनके हृदय का कोई कोना दूख उठेगा।

[कर्मवीर, 20 सितम्बर 1958]

रहीम

रहीम, यह कि संवत् 1610 में पैदा हुए और संवत् 1682 में उनका स्वर्गवास हुआ। वे सरदार बैरमखाँ के बेटे थे और यह कि रहीम याने अब्दुल-रहीम खानखाना बड़े राजनीतिज्ञ और सिपहसालार थे—इन बातों पर मुझे अधिक नहीं कहना। कबीर, तुलसी और रहीम की तरह हिन्दी में थोड़े ही कवि ऐसे हैं जिनके जीवन और काव्य का प्रखर सम्बन्ध स्थापित होता है। मराठी के एक सन्त कवि ने कहा है—

जैसा बोले तैसा चाले
त्याचे वन्दावे पाऊले ॥

अर्थात् जैसा बोले वैसा ही चले उसके चरण-वन्दन करें। रहीम की कला भी सीधी जीवन में से आयी थी।

सच तो यह है कि यदि सम्राट अकबर जैसा उदार-चेता और जागृत व्यक्ति मुस्लिम समाज में जन्म लेकर नहीं आता तो मुगलिया सल्तनत, भारत के जन-जीवन में वह सम्मान का स्थान न पाती, जो उसने पाया। सम्राट अकबर ने

अपने राज्य में मसजिदों के साथ हिन्दू मन्दिर भी बनवाये। उस पर सम्राट के महामंत्री मौलाना अबुलफजल ने ये शब्द कुरेदवा दिये—"हे ईश्वर ! समस्त देवालयों में मनुष्य तुम्हीं को खोजता है और समस्त भाषाओं में मनुष्य तुम्हीं को पुकारता है।" भारतीय ईमान की यह निर्मलता मानो रहीम में पूरी उतर आयी थी। अपनी इसी मेल-वृत्ति के कारण रहीम ने कष्ट भी बहुत उठाये। एक दिन सत्तर वर्ष के बूढ़े रहीम के सामने 'एक बादशाह' ने रहीम के बेटे का सिर काट-कर भेज दिया, यह कहकर कि बादशाह सलामत ने यह खरबूजा हुजूर की खिदमत में भेजा है। अपने विश्वासों का इतना कठोर मूल्य चुकाने वाला कौन हो सकता है ? बस, तभी रहीम के इस गीत में मेरे लिए श्रीकृष्ण उतर आते हैं जब वे कह उठते हैं—

छबि आवन मोहन लाल की
काछनि काछे कलित मुरलि कर
पीत पिछौरी साल की।

× ×

बिसरत नाहिं सखी मो मन ते
चितवनि नयन बिसाल की॥

आज भारतवर्ष के स्वातन्त्र्य की रक्षा-सी करती हुई, वृन्दावन की गायों के दूध जैसी रहीम की काव्य-धारा में, नीति का निचोड़ भी निकलता चला आता है। गरीब का कलेजा कैसा हिल उठता है जब रहीम के इस दोहे को पढ़ते हैं—

को रहीम पर द्वार पर जात न जिय पछतात।
सम्पत्ति के सब जात हैं, बिपति सबै ले जात॥

यद्यपि दोहावली, बरवै, नायिका-भेद, शृंगार, सोरठ और मदनाष्टक सभी कुछ रहीम ने लिखा है किन्तु वेदान्त के 'भाग-त्याग-लक्षणा' तत्त्व से विनोबा की तरह जो रहीम के नीति, शृंगार और बलिदान को एक साथ पहचान सकता है वही जान सकता है कि भारतीय कला और राजनीति की धुरी पर भारत का सच्चा निर्माण करने वाले जो गिने-चुने लोग हुए हैं, रहीम का काँधा और रहीम की काव्य-कला उनमें से एक है।

यादों का दूसरा नाम तो जी में मिल उठना है, मैं आज अपनी पीढ़ी से कहूँ कि जीवन और काव्य दोनों को मिला कर वे रहीम को देखें।[1]

स्वर्गीय कवि विनोद : पंडित लोचनप्रसादजी पाण्डेय

यह जानकर समस्त मध्यप्रदेश और हिन्दी जगत् में, तथा उनके इतिहास

1. आकाशवाणी दिल्ली के लिए सम्भवत: 1958-59 में लिखित

संशोधन के प्रयत्नों के परिणामस्वरूप देश के सुधीजनों में काव्य-विनोद पंडित लोचनप्रसादजी पाण्डेय के अचानक स्वर्गवास से न केवल बालपुर, रायगढ़, छत्तीसगढ़ तथा मध्यप्रदेश ही को, किन्तु समस्त देश को अत्यन्त दुख होगा। वे उत्तर वय में इतिहास-संशोधन के कार्य में बहुत दिलचस्पी लेने लगे थे, और बकौल विद्वद्वर डा० मिराशी के, जिनका लेख कि कर्मवीर में दिया जा रहा है, डा० मिराशी के शोधों के विशेष भाग में स्वर्गीय पंडित लोचनप्रसादजी पाण्डेय के अध्ययन, अनुशीलन, और अध्यवसाय का भाग था। जैसा कि स्वर्गीय पाण्डेयजी के अनुज कविवर पंडित मुकुटधरजी पाण्डेय ने लिखा है, स्वर्गारोहण के समय स्वर्गीय पाण्डेयजी बिलकुल बीमार नहीं रहे। प्यारे मुकुटधरजी ने तो अपने छोटे-से पत्र में अपनी श्रद्धा उंडेल कर रख दी है। पूज्य चरण स्वर्गीय पं० कामताप्रसाद के सुपुत्र पं० रामेश्वरप्रसादजी गुरु ने स्वर्गीय लोचनप्रसादजी को द्विवेदी-काल का प्रतिनिधि लिखा है।

खंडवा से सन् 1913 में प्रभा नामक एक सचित्र मासिक पत्रिका निकलती थी, जिसके विषय में स्वर्गीय पं० महावीरप्रसादजी द्विवेदी ने अपना अच्छा मत व्यक्त किया था, तथा उस जमाने की मध्यप्रदेशीय सरकार ने अपनी सम्मति व्यक्त करते हुए उसको उच्च कोटि की पत्रिका कहा था। उसमें पंडित लोचनप्रसादजी पाण्डेय कविता आदि लिखा करते थे। उन दिनों उनके समकालीन रचनाकारों में थे पं० लक्ष्मीधरजी वाजपेयी, श्री भीकाजी बिल्लौरे, पंडित चन्द्रशेखर शास्त्री, स्वर्गीय पंडित कामताप्रसादजी गुरु, स्वर्गीय सैयद अमीर अमी 'मीर', स्वर्गीय पंडित श्याम बिहारी, पं० शुकदेव बिहारी तथा पं० गणेश बिहारी, अर्थात् हिन्दी-जगत् में प्रसिद्ध ये मिश्र बन्धु त्रय, पं० नर्मदाप्रसादजी मिश्र, जबलपुर के अखिल भारतीय हिन्दी साहित्य सम्मेलन के अध्यक्ष पं० रामावतारजी शर्मा, पंडित बदरीनाथजी, केदारनाथजी, तथा ऋषीश्वरनाथजी भट्ट, पंडित लल्लीप्रसादजी पाण्डेय, श्रीयुक्त वृन्दानलालजी वर्मा, श्रीयुक्त मैथिलीशरणजी गुप्त, आगरा के गोस्वामी बृजनाथजी शर्मा अनेकों हिन्दी लेखकों के निर्माता स्वर्गीय पंडित रघुवरप्रसाद द्विवेदी, पंडित रामचरित उपाध्याय, श्रीयुक्त करुणाशंकरजी दुबे, श्रीयुक्त गणेशरामजी मिश्र, श्री शुकलाल प्रसाद पाण्डेय, श्री चम्पालालजी जौहरी 'सुधाकर', गुरुवर्य स्व० पंडित माधवराव सप्रे, श्रीयुक्त स्वर्गीय गणेशशंकर विद्यार्थी, डा० महेन्दुलाल गर्ग, पंडित गिरिधर शर्मा चतुर्वेदी, श्रीयुक्त रूपनारायण पाण्डेय, श्रीयुक्त शिवसहाय चतुर्वेदी, श्रीयुक्त सिद्धनाथ दीक्षित, श्रीयुक्त सिद्धनाथ माधव आगरकर, श्रीयुक्त मुकन्दीलाल श्रीवास्तव, श्रीयुक्त तोतारामजी पारगीर, डा० हरिपालसिंह, श्रीयुक्त रामभद्र ओझा, काव्यतीर्थ रामदहिन मिश्र, श्रीयुक्त सुख सम्पेत्तिराय भण्डारी, श्रीयुक्त भगवन्नारायण भार्गव, श्रीयुक्त प्रयागनारायण संगम, श्रीयुक्त शालिग्राम वर्मा, श्रीयुक्त बाबूलाल मायाशंकर दवे, श्रीयुक्त श्यामसुन्दर खत्री, ठाकुर कुँवरनारायणसिंह, श्रीयुक्त सदाशिव कृष्ण वैशम्पायन जो 'राधेय' नाम से लिखा करते थे, श्रीयुक्त

लक्ष्मण गोविन्द आठले, श्रीयुक्त गोकुलचन्द शर्मा, वेदतीर्थ श्रीमन् नरदेव शास्त्री, पंडित बनारसीदास चतुर्वेदी, श्रीयुक्त दुर्गाप्रसाद शुक्ल, श्रीयुक्त कृष्ण-चैतन्य गोस्वामी, श्रीयुक्त प्रेमदास वैष्णव, श्रीयुक्त विश्वम्भर दास गार्गीय, श्रीयुक्त रामचन्द्र रघुनाथ सरवटे, श्रीयुक्त सियाराम शरण गुप्त, श्रीयुक्त गणपति जानकीराम दुबे, श्रीयुक्त कृष्ण गोपाल माथुर, आचार्य जीवनशंकर याज्ञिक, श्रीयुक्त मन्नन द्विवेदी गजपुरी, श्रीयुक्त प्रेमचन्दजी, श्रीयुक्त गणेश गोविन्द भोजराज, डा० लक्ष्मणसिंहजी, श्रीकृष्ण प्रसाद मिश्र।

इन सज्जनों के नाम प्रभा में दिये गये हैं, देश में तो उस समय खूब से रचनाकार हिन्दी में लिखते थे। उस समय (अब डाक्टर) हेमचन्द्र जोशीजी ने लिखना प्रारम्भ ही किया था।

उस समय पूज्य पंडित महावीरप्रसादजी द्विवेदी के युग में लिखने वाले सज्जनों और इस प्रदेश में हिन्दी लिखने वाले सज्जनों की पूरी फेहरिस्त प्राप्त भी की जाय तो वह शायद न सधने वाला कार्य हो जाय। उस समय, एक कविता में स्वर्गीय पाण्डेयजी ने एक स्रग्धरा छन्द में लिखा था, वह रचना शायद मेवाड़-मेदिनी की प्रशंसा में तथा मेवाड़-भू के प्रसिद्ध राजमंत्री भामाशाह की प्रशस्ति में लिखी गई थी। महाराणा प्रताप की वेदना इन शब्दों में व्यक्त की गयी थी—

ऐसा है जो नहीं तो,
पल पल दुख क्यों,
भोगता है प्रताप;
क्या मैंने जो न बेचा,
निज कुल गरिमा,
तो किया घोर पाप ?
और
हो जावे क्यों न मेरी,
तन धन जन की,
और सर्वस्व हानि,
रक्खूँगा मैं प्रतिज्ञा
स्वपितर गण की
छोड़ के आत्मग्लानि।

पंडित लोचनप्रसादजी पाण्डेय को खोकर, हमने बहुत कुछ ही नहीं, बहुत खो दिया। नम्र और शीलवान साहित्य साधक पं० लोचनप्रसादजी काव्य-विनोद, मध्यप्रदेशीय हिन्दी साहित्य सम्मेलन के जबलपुर के तृतीय अधिवेशन के सन् 1921 में सभापति थे। उस समय का उनका भाषण साहित्य के गौरव और राष्ट्रीय तेज से भरा हुआ है। इन पंक्तियों का लेखक उस समय उक्त मध्य-प्रान्तीय सम्मेलन का मन्त्री था।

पं० लोचनप्रसादजी पाण्डेय को खोकर हम लोग अत्यन्त दुखी हैं और

उनके जेष्ठ पुत्र पं० प्यारेलालजी पाण्डेय तथा समस्त परिवार के प्रति अपनी तथा समाज की हार्दिक समवेदना पहुँचाना अपना कर्त्तव्य समझते हैं।

पाण्डेयजी की ऐतिहासिक खोजों की खड़-खड़ से, आशा थी कि मध्यप्रदेश और देश की पीढ़ी और पीढ़ियाँ जाग उठेंगी; किन्तु विधाता की अकृपा देखिये कि साथ ही पाण्डेयजी का स्वर्गवास जाग उठा। पहले उनके पास तक खुली आँखों लोग जाते, और उनका स्नेह पाते थे, अब आँखें मूँद लेने पर ही उनके सौम्य दर्शन हो पायेंगे। पहले पीढ़ी की अँगुलियाँ उनके चरणों तक पहुँच जाती थीं, अब केवल याद, उनके आस-पास चक्कर खाकर लौट आया करेंगी। पहले वे प्रत्यक्ष बोलते, और उस ध्वनि को समय सुनता था; अब समय और समाधि में से उनकी मौन ध्वनि आया करेगी, जिसे पीढ़ी सुन चाहे न सके, वह समझ कैसे सकेगी। अधिक क्या!

[कर्मवीर, 5 दिसम्बर 1959]

त्याग का दूसरा नाम 'नवीन'

हिन्दी-संसार शोक से व्याप्त है कि उसने बालकृष्ण शर्मा 'नवीन' को खो दिया। कहते हैं सन् 1897 में उनका जन्म हुआ था और स्वर्गवास के समय वे केवल 62 वर्षों से कुछ महीने ऊपर हो पाये थे। मुझे वे सन् 1916 में रेल के डिब्बे में, दिसम्बर महीने में, लखनऊ कांग्रेस जाते समय मिले थे। उघाड़ा सिर, उन्नत ललाट, साधारण और बेतरतीब पहने हुए कपड़े, हाथ में कान तक जाने वाली लाठी, उबाहने पैर, अपने जीवन की परवाह न करने वाला शरीर और तेजस्वी आँखें, यही उस समय का बालकृष्ण का अवतार था। नये उठते हुए लड़कों में आसपास के वातावरण को तुच्छ समझने की जो भावना थी, वह तो बालकृष्ण में उस समय न थी, किन्तु श्रद्धापूर्वक भी वे किसी की श्रेष्ठता में विश्वास न करते थे। मैंने उन्हें अपने आपको 'प्रभा' कार्यालय में एक क्लर्क बताकर अपने को संपूर्ण बालकृष्ण का अध्ययन करने के लिए उन्मुक्त कर लिया था। उस समय वे मैट्रिक परीक्षा का इम्तहान देकर उज्जैन से जा रहे थे। अपने माता-पिता के वे कदाचित् इकलौते पुत्र थे। गौर वर्ण, तेजस्वी बालकृष्ण जब अपनी बात कहते, एक वातावरण-सा जागृत हो जाता, वायुमण्डल प्रकम्पित हो उठता, और यह स्पष्ट दीख पड़ता कि यह तरुण जो कुछ कह रहा है, अपने विश्वासों में डूबकर कह रहा है। अठारह वर्ष के तरुण बालकृष्ण के उस समय मूँछें नहीं उगी थीं और बेचैनी इतनी थी कि तरुण-सुलभ वीरता और अधीरता दोनों उनमें स्पष्ट दिखायी देती थीं।

उस समय उनमें, जीवन, विधाता से प्राप्त उपहार की तरह खेल रहा था। कोमल शब्द का उन पर असर पड़ता था और कठोर शब्द उनको झकझोर डालता

था। उसी साल बालकृष्ण 'प्रताप' में स्वर्गीय भाई गणेशशंकर विद्यार्थी के पास चले गये और क्राइस्ट-चर्च कालेज में मैट्रिक के पश्चात् अंग्रेजी पढ़ने लगे। उस समय बालकृष्ण शर्मा के साथ जो विद्यार्थी पढ़ते थे, उनमें मेरे परिचय के तीन विद्यार्थी उल्लेखनीय हैं, श्रीयुत उमाशंकर दीक्षित, श्रीयुत द्वारकाप्रसाद मिश्र और आचार्य सद्‌गुरुशरण अवस्थी। श्रेष्ठ स्थानों की दृष्टि से ये चारों ही सज्जन अनुकूल श्रेष्ठ स्थानों पर रहे हैं। पं० द्वारकाप्रसाद मिश्र सागर विश्वविद्यालय के उपकुलपति हैं, श्री सद्‌गुरुशरण कानपुर के बी० एन० एस० डी० कालेज के प्रिन्सिपल हैं, श्रीयुत उमाशंकर दीक्षित सदैव ऊँचे-से-ऊँचे स्थान पर रहे हैं और पद्मभूषण बालकृष्ण शर्मा 'नवीन' कानपुर के तेजस्वी दैनिक 'प्रताप' के प्राण रहे हैं तथा भारतीय पार्लमेन्ट के लोअर और अपर चेम्बर के माननीय सदस्य भी।

इन्दौर के एक मित्र ने उनके जन्म का समय 8 दिसंबर 1897 लिखा है। उनका परिवार वल्लभ कुल का वैष्णव परिवार था। वे पिताजी से दादा तथा अपनी माता से जीजी कहा करते थे। जीजी और पिताजी दोनों सदैव सोचा करते कि उनका बालकिशन शाजापुर या उसके आसपास ही उन्हीं के पास रहे। किन्तु बालकृष्ण की इच्छा-शक्ति और असंभव को संभव कर दिखाने की इच्छा ने उन्हें मालवे में रुककर नहीं रहने दिया। उन दिनों का मालवा राजा-महाराजा और उनके सामंतों से घिरा हुआ ऐसा दुर्गन्धित स्थान था कि जिसमें आगे बढ़ने के हौसले रखने वाले की दो ही प्रकार से इज्जत हो सकती थी, या तो शासन का खुशामदी होकर जिन्दगी बितावे अथवा जेलखाने में अपनी जिन्दगी सड़ाकर प्राण दे दे। कदाचित् दृढ़प्रतिज्ञ बालकृष्ण के लिए ये दोनों बातें स्वीकृत नहीं हो सकती थीं। तिस पर पत्रकारिता की धुन में स्वर्गीय भाई गणेशशंकर विद्यार्थी इसी ग्वालियर रियासत से बिदा होकर कानपुर चले गये थे। पं० बालकृष्ण शर्मा 'नवीन' को भी उनके पास जाने का सुयोग मिला।

एक बार की बात है कि बाबू भगवानदासजी के कर्माशियल प्रेस में कानपुर में कितने ही लोग बैठे हुए थे। बाबू भगवानदासजी पास बैठे हुए थे। सब लोग आचार्य महावीरप्रसाद द्विवेदी की अभ्यर्थना कर रहे थे। यह भी यहाँ स्पष्ट कह देना चाहिए कि तरुण पं० बालकृष्ण शर्मा 'नवीन' की कविताएँ उस युग की सरस्वती के पृष्ठों की, और कभी-कभी प्रथम पृष्ठों की, शोभा बढ़ाती रहीं। कदाचित् सन् 17-18 की बात है। उन दिनों बालकृष्ण शर्मा 'नवीन' ने कविता लिखना प्रारम्भ किया था। उस गिरोह में बालकृष्ण भी पास ही बैठे थे। द्विवेदीजी ने अपनी ठेठ बैसवाड़ी में कहा, "कहो बालकिशन! तुम्हार ऊ प्रेयसी कहाँ रहत है जेकर बारे में तुह अपनी कविता में लिखा करति हो?" बालकृष्णजी ने जब यह सुना तो वे उत्तर देने के बजाय बड़े भन्नाकर उठकर चल दिये, किन्तु मैंने द्विवेदीजी से निवेदन किया कि "आपका जमाना दूसरा है और बालकृष्ण दूसरे जमाने के निर्माण में लगा है। उसे निर्माण करने का और भूलें करने का भी कृपापूर्वक अधिकार दीजिए।"

आचार्य द्विवेदी जोर से हँसे। मैंने सोचा बात आयी-गयी हो गयी। किन्तु मैं जब लौटकर खण्डवा पहुँचा, तब एक दिन ऐसा एक लेख 'प्रताप' में छपा पाया जिसमें द्विवेदीजी की खूब खबर ली गयी थी। यहाँ यह याद रखना आवश्यक है कि आचार्य महावीरप्रसाद द्विवेदी स्वर्गीय भाई गणेशशंकर विद्यार्थी और राष्ट्र-कवि मैथिलीशरण गुप्त के गुरु और मार्गदर्शक थे। मुझे लगता है बालकृष्णजी को रोक सकना हम लोगों में से किसी के बूते का रोग नहीं था।

जब भाई गणेशशंकरजी की कानपुर में आलोचना होती, और यह कहना अलग से आवश्यक नहीं है कि उस जमाने की ब्रिटिश सरकार गणेशशंकर और 'प्रताप' पर तरह-तरह के संकट ढाये रखना चाहती थी, तो आलोचकों पर किसी प्रकार का संकट न उतर आये और धन और कीर्ति की ब्रिटिशों से मिलकर दूकान-दारी किये रहने वाले लोगों पर कोई संकट न बरस पड़े, इसलिए स्व० भाई गणेश-शंकर विद्यार्थी और उनके मित्रों को पं० बालकृष्णजी शर्मा और उनके अति-साहस पर नियंत्रण रखना पड़ता था। किन्तु इसमें जरा भी सन्देह नहीं कि पं० बालकृष्ण शर्मा 'नवीन' की स्व० भाई गणेशशंकर विद्यार्थी और उनके परिवार के साथ अंतिम समय तक अटूट आस्था रही। जब महात्मा गांधी पर बैरिस्टर सावरकरजी ने अत्यन्त कठोर आक्रमण किये, तब बालकृष्णजी ने उन पर भी बहुत कड़ा लेख लिख दिया। गरज यह कि जिस बात को करने के लिए बाल-कृष्ण तय कर लेते थे उससे उन्हें रोकना किसी के बस-बूते की बात नहीं थी।

किन्तु वही बालकृष्ण भाई गणेशजी के स्वर्गवास के पश्चात् प्रताप के संचा-लक और अत्यन्त नवयुवक श्री हरिशंकर विद्यार्थी को इस कोमलता और नम्रता से सँभालने लगे कि मानो स्वर्गीय भाई गणेशशंकरजी का सारा उत्तरदायित्व उन्होंने अपने सिर पर ले लिया हो।

पं० बालकृष्ण शर्मा 'नवीन' जब भाषण देते, बहुत तेजस्वी रूप में बोलते। जब देशभक्तिपूर्ण कविता करते तो परिस्थिति को प्रकंपित कर देते, प्रेम-काव्य लिखते, तब उनकी उक्तियों की कोमलता पर मस्तक डोल उठते। किन्तु जब विरोध करते तब किसी की न सुनते। कहते हैं एक बार श्रीयुत महावीर त्यागी के साथ अन्याय होने पर उन्होंने आनन्द भवन में पं० जवाहरलाल नेहरू को बहुत कड़ी बातें सुना दी थीं और जवाहरलालजी की माता स्वरूपरानी नेहरू की आज्ञा पर पं० बालकृष्ण का गुस्सा शांत हुआ था।

अपनी उतरती उम्र में पं० बालकृष्ण शर्मा 'प्रताप' के ट्रस्टियों में हो गये थे। उनके स्वर्गवास पर प्रताप ट्रस्ट ने लिखा है, "ट्रस्टियों का विश्वास है कि श्री पं० बालकृष्ण शर्मा के परलोक-वास से इस ट्रस्ट की जो अपार क्षति हुई है, उसकी पूर्ति सम्भव नहीं है। अपने जीवन के अनेक वर्षों तक उन्होंने 'प्रताप' की अमूल्य सेवाएँ कीं। अमर शहीद गणेशशंकर विद्यार्थी की परम्परा पर अनुज के रूप में अनुभव करते हुए श्री शर्माजी ने न केवल प्रताप की कीर्ति को अक्षुण्ण रखा वरन् देश की विपन्न परिस्थिति में, राष्ट्रपिता महात्मा गांधी के असहयोग आन्दो-

लन में, वीर सेनानी धर्म का भी निष्ठापूर्वक निर्वाह किया। काव्यक्षेत्र में भी श्री शर्माजी की अनन्य सेवाओं की समता नहीं की जा सकती तथा उनके निधन से जो क्षति हुई है, वह अधिक काल तक सहज पूरी न हो सकेगी। ऐसे ट्रस्टी को खोकर यह ट्रस्ट अपने को दरिद्र अनुभव कर रहा है और उनकी पुण्य स्मृति में अपनी आदरास्पद अंजलि अर्पित करता है, तथा जगत्पिता के अलख चरणों में प्रार्थना करता है कि वे भी श्री बालकृष्णजी शर्मा की आत्मा को शांति प्रदान करें।"

पं० बालकृष्ण शर्मा दिल्ली में रहते थे क्योंकि वे अपने जीवन के अंतिम दिनों में भी इस देश की पार्लमेन्ट के उच्च सदन के सदस्य थे। वहीं उन्हें इस वर्ष इस देश के राष्ट्रपति महोदय ने पद्मभूषण की उपाधि से भूषित किया था। पं० बालकृष्ण शर्मा चाहे दिल्ली में रहें चाहे अपने जन्म-स्थल शाजापुर में, वे 'प्रताप' और कानपुर को एक क्षण भी नहीं भूलते थे, और लोग जानते हैं कि उन्होंने अपनी श्वासों को कानपुर की प्रवृत्तियों से कितना घुला-मिला लिया था।

पं० बालकृष्ण शर्मा हिन्दी भाषा के सुकवि और सुलेखक ही नहीं थे, वे हिन्दी के उन्नयन में राजर्षि श्रीयुत पुरुषोत्तमदासजी टंडन के साथ थे। हिन्दी के विषय में केन्द्रीय सरकार ने जो कमीशन नियुक्त किया था, पं० बालकृष्ण शर्मा 'नवीन' उसके एक सदस्य रहे।

पं० बालकृष्ण इस बात को जानते थे कि भारतीय समाज में कौन-से गुण हैं कौन-से दोष हैं। जिन्हें वे दोष की तरह मानते थे उन पर बहादुर की तरह आक्रमण किया करते थे। ऊँचाई का खयाल भी, यदि वह समाज-रचना को तोड़ दे और उसके निर्माण की क्षमता न रखे, उनकी नजर में गिर जाता था। वे बिना विचार के चिन्तन को महत्त्व नहीं देते थे, किन्तु बिना चिन्तन के विचार का भी उनके पास कोई मूल्य नहीं था।

यथार्थ में तो पं० बालकृष्ण शर्मा नवीन का जीवन समर्पित जीवन था। यों वे अपने को गांधी का गधा कहा भी करते थे, किन्तु इस वाक्य में उनकी दृढ़ता और उनके शील के ही दर्शन होते थे। वे अपनी माँ के कदाचित् इकलौते बेटे थे। किन्तु चिरंजीव बालकृष्ण ने मालवा की पुकार नहीं सुनी। बूढ़े पिता की भर्रायी आवाज भर्राकर विलीन होती रही। किन्तु बालकृष्ण का लौटना कैसे सम्भव हो सकता था? 'प्रताप' का उत्तरदायित्व था और देश अभी स्वतन्त्र नहीं हुआ था। उत्तरदायित्व के इन बंधनों ने मानो बालकृष्ण की साँस-साँस को जकड़ लिया था

कोख पुकारे जा रही थी और मातृभूमि की माँग पर बालकृष्ण शर्मा 'नवीन अपने स्थान को अपना स्वभाव बना चुके थे। त्याग के बार-बार ने मकड़ी का वह जाला बुन दिया था जिसमें बालकृष्ण ने अपने आपको उलझा लिया था। सच है, पहले मनुष्य अपने त्याग का निर्माण करता है और फिर त्याग मनुष्य को ऊँचा उठाने में लग जाता है। दीख नहीं पड़ता कि बालकृष्ण में मातृभूमि पर चढ़ जाने की इच्छा-शक्ति कब उठी कब संगृहीत हुई, और कानपुर में बहने वाली गंगा

की धारा की तरह वह कब बलवान् हो गयी। तारों से बनाये जाने वाले पुल की तरह कब इस दृढ़ता का सूत्रपात हुआ और कब उस पुल में इतना बल आ गया कि समस्त पीढ़ी इधर से उधर और उधर से इधर निकलने में समर्थ हो सकी ? त्याग ऐसी कहानी ही है जिसके घुमावों और वर्णनों में दुहरावट के दाग नहीं लगते।

जिस समय बालकृष्णजी राष्ट्र के उस काव्य को लिखते जिससे युग जग जाया करता है, उस समय ढला हुआ गरम-गरम फौलाद मानो उनकी पंक्तियों में आ बैठता। किन्तु जब वे राष्ट्र का वह मधुर काव्य लिखते जो मानव और मानवी ही का नहीं, अग-जग का चिरंतन स्वभाव बन जाता, तब वे इतने कोमल डोरे गूंथते कि स्पष्ट दिखायी पड़ जाता कि राष्ट्रों-राष्ट्रों के बीच खड़ी रह सकने वाली वाणी में बालकृष्ण बोल रहे हैं।

स्नेह के जिन कोमल तंतुओं से भगवान् कृष्ण का जीवन बँधा था, वे वृन्दावन के जन-जीवन में निवास करते थे और इस देश के अत्याचारियों की गद्दियाँ थीं कि उसी कृष्ण की भुजाओं से प्रकंपित रहती थीं। शंकर के गले में साँप देखा और कालिदास के शब्दों में—"जगत: पितरो वंदे पार्वती परमेश्वरो" सुना। हमने राम को अपने पिता और राजा के द्वारा 'देश निकाला' होते (देते) सुना और तुलसीदास ने न्यौछावर होकर उन्हीं राम के गुणानुवाद में क्या-क्या नहीं गा दिया ! विश्व की जातियाँ प्रेम और पुरुषार्थ की एक साथ पूजा करती हैं। वे उसी पुरुषार्थ को पूजती हैं, जिसमें जबर्दस्त प्रेम हों। और जो मातृभूमि से प्रेम नहीं करेगा वह समर्पित होगा ही क्यों ?

त्याग, स्वामी रहते-रहते बालकृष्ण को ऐसा सेवक हो गया था कि वह कला और काल दोनों को बेधते समय बालकृष्ण की मेहर नजर पर दृष्टि रखता था। उनका हँसना, बोलना, काम करना, सब कुछ मानो मातृभूमि पर चढ़ा हुआ था। उस सेवा से दूर हटाकर बालकृष्ण को कोई सुखी नहीं देख सकता था। माता-पिता सदैव बालकृष्ण की याद करते। कृष्ण के मथुरा से वृन्दावन जाने, वृन्दावन से मथुरा पुन: आने और कंस को पछाड़ने, और फिर जाकर द्वारका बसाने की कथा श्रीमद्भागवत में पढ़ा करते। किन्तु कौन जानता था कि अपनी आराधना के कृष्ण की तरह उनका बालकृष्ण भी अब मालवा और शाजापुर लौटने के लिए बाहर नहीं गया। अपने जीवन को बालकृष्ण ने राष्ट्रसेवा के पथ में दोनों ओर से जलने वाली मोमबत्ती की तरह बना लिया। वे जेलखाने भी जाते जहाँ लिखते कि—

"सावधान मेरी वीणा में
चिनगारियाँ आन बैठी हैं।"

और दूसरी ओर वे मधुरतर और कोमलतम कविता भी लिखा करते थे। बालकृष्ण इतने निर्भीक बोलते थे कि वे छुपाकर नहीं रखे जा सकते थे। क्रांति के सिरफिरों की तरह उनके भाग्य में यह नहीं बदा था कि वे जहाँ-तहाँ छुपकर रह

सकें। वे अपने सर्वनाश का सर्वप्राण की तरह खुलकर स्वागत करते थे और गोरे बदन पर टेढ़ी टोपी लगाये हँसते-हँसते यंत्रणाएँ भोगने चले जाते थे।

सन् 1922 में एक बार मैं लखनऊ गया। बिलासपुर जेल से छूटकर राजर्षि टंडन जी से मिलने। सुपरिन्टेन्डेन्ट की आज्ञा लेकर जेल के अन्दर प्रवेश करते ही बालकृष्ण मिल गये, जो किसी कार्यवश लखनऊ जिला जेल के कार्यालय में आये हुए थे। अपनी अपरिमित भावना के साथ वे मिले, और यह कहने की अलग से आवश्यकता नहीं कि उन्होंने तथा मथुरा के श्री राधाकृष्ण भार्गव महाशय ने राजर्षि टंडनजी से मेरे मिलने की व्यवस्था करा दी।

मैं जितना ही चिरंजीवी पं० बालकृष्ण शर्मा 'नवीन' पर लिखता हूँ, सोचता हूँ, मेरा यह प्रयत्न अधूरा ही रहेगा। पं० बालकृष्ण शर्मा का उठना, बैठना, अदा, अकड़, मचलना, टूट पड़ना, नम्र हो जाना, भड़क पड़ना और इन सबके परे उनका बलिदान तथा उनका काव्य, कौन-कौन-सी बातें हैं, जिन पर मैं जीवन के शेष वर्षों में विचार नहीं करता रहूँगा। मैं तो बालकृष्ण के स्मरण को मरण-वरण ही मानता हूँ। उन्होंने तिल-तिल कर प्राण दिये और अपनी वेदना किसी पर प्रकट न होने दी। यदि मुझे कोई अधिकार हो तो मैं हिन्दी-जगत् की नई पीढ़ी से कहना चाहूँगा कि उस प्रेम का मूल्य ही क्या है, जिसमें बलिदान की भावना न हो? और उस बलिदान को कांजीहौद में किसी पशु का इक्कीस दिन रखना क्यों न समझा जाय जिस पर प्रेम की कोमलतर और प्रखरतम अवतारणा के चित्र नहीं बन-बन उठते? सच तो यह है कि पुरुषार्थ प्रेम के बिना निर्दयता की एक कहानी मात्र है और प्रेम पुरुषार्थ के बिना अकर्मण्यता और नपुंसकता का एक स्वरूप मात्र है। बालकृष्ण के तथा पीढ़ियों के आराध्यों में इन्हें नहीं ढूँढ़ा जा सकता।

जो बालकृष्ण, स्वर्गीय गणेशजी, आचार्य महावीरप्रसाद द्विवेदी तथा अपने अन्य गुरुजनों के काबू में नहीं रह सके, मुझे बार-बार सन्देह होता है कि वे अपनी मृत्यु के काबू में कैसे रह सकेंगे? कानपुर के 'प्रताप' परिवार को मैं अपनी स्नेह-भरी अंजलियाँ भिजवाता हूँ। हिन्दी-जगत् की नवीन तरुणाई को मैं क्या कहूँ?···वीर पुरुष यों जिया करते हैं यों मरा करते हैं। और बालकृष्णजी की मान्या पत्नी और नन्हीं-सी बच्ची को मैं कैसे धीरज दूँ? केवल उनके प्रति सम्मान प्रदर्शित करता हूँ!

बालकृष्ण शाजापुर की एक छोटी-सी कुटिया में जन्म लेकर आये थे और जीवन में न जाने कितनी दुर्गम घाटियों को उन्होंने लाँघा। किन्तु उर्दू के किसी कवि ने ठीक ही प्रश्न किया है—

"कल तो कहते थे बिस्तर से उठा जाता नहीं।
आज दुनिया से चले जाने की ताकत आ गयी?"

पं० बालकृष्ण शर्मा 'नवीन' अब शाजापुर में नहीं दिखायी देंगे। वे प्रेस में भी नहीं मिलेंगे। उन्हें दिल्ली में भी नहीं देखा जा सकता। खुली आँखों इस

भूमण्डल पर उन्हें देखना कठिन है। नयी पीढ़ियाँ उन्हें दो स्थानों पर देख सकती हैं—भारत की नयी स्वतन्त्रता और भारतीय तरुणायी की नयी उथल-पुथल में। जो खुली आँखों से नहीं दीखता वह कैदी है। उसे अब बन्द आँखों में देखना पड़ेगा, देखते रहना पड़ेगा।

[सरस्वती, जून 1960]

राजर्षि का जीवन-दर्शन
(1882-1962)

श्रद्धेय टण्डनजी जीवन के व्यवहार के महल में आदर्शों की वह खिड़की हैं जिसमें से हम युगों-युगों के सन्तों के आचरण को झाँककर देख सकते हैं। साथ ही, वे देश का वह सत्य हैं जो उच्च जीवन भी है और उच्च जीवन का तत्त्व-चिन्तन भी। जो अन्तःकरण की महान् विजय भी है, मानव-चरित्र का उच्चतर कानून भी और रीति-नीति की ईमानदारी भी।

लगभग पैंतीस वर्ष पहले की बात है, एक बार मैं लाहौर के लाजपतराय भवन में श्रद्धेय लाला लाजपतरायजी से बातें कर रहा था। उन दिनों टण्डनजी लालाजी द्वारा संस्थापित राजनीतिक तिलक विद्यालय (तिलक स्कूल ऑव पॉलिटिक्स) के या तो अध्यक्ष चुने गये थे या चुने जाने को ही थे। लालाजी का कथन था कि टण्डनजी बहुत जिद्दी हैं और वे राजनीतिक तिलक विद्यालय के अध्यक्ष के रूप में अपनी की जाने वाली सेवाओं के लिए विशेष कुछ न लेकर वही वेतन लेना चाहते हैं जो अन्य सामान्य सदस्यों को मिलता है। उन दिनों तो इस विषय पर श्रद्धेय टण्डनजी से कुछ पूछने की हिम्मत नहीं हुई, किन्तु सन् 1943 में, जब मैं अखिल भारतीय हिन्दी साहित्य सम्मेलन का अध्यक्ष हुआ और वे गोरखपुर जेल से छूटकर आये, तब मैंने उनसे लालाजी की वह वर्षों पुरानी शिकायत दोहरायी। टण्डनजी साश्रुनयन हो उठे। बोले, "माखनलालजी, यह कैसे सम्भव था कि राजनीतिक तिलक विद्यालय का सभापति अन्यथा बरते। लालाजी महान् थे। उनके भारत और अमरीका में उठाये गये भारतीय स्वतन्त्रता के कष्टों के लिए मेरा सिर झुक जाता है। कहाँ मैं और कहाँ वे! किन्तु उन्होंने मुझे राजनीतिक तिलक विद्यालय का अध्यक्ष बनवाया और यह कैसे सम्भव हो सकता था कि मैं रुपये-पैसे को महत्त्व दूँ!"

एक बार नाभा-नरेश अपने प्रभु अँगरेजों से असन्तुष्ट हुए और उन्होंने श्रीयुत् पुरुषोत्तमदासजी टण्डन को अपने यहाँ का दीवान बनाया। कहते हैं एक बार टण्डनजी ने प्रयाग आने के लिए उनसे छुट्टी माँगी—त्रिवेणी का तट और प्रयाग की भूमि उन्हें बहुत प्रिय है। स्वर्गीय नाभा-नरेश ने इनकार तो नहीं किया, किन्तु टण्डनजी की छुट्टी की माँग पर वे बोले कुछ नहीं। टण्डनजी ने

तत्काल, प्रयाग पहुँचकर अपना त्यागपत्र नाभा-नरेश को भिजवा दिया। इस प्रसंग को पं० बनारसीदासजी चतुर्वेदी से प्राप्त संवाद के उदाहरण द्वारा समझा जा सकता है। कहते हैं देश के किसी महामान्य धनिक सज्जन ने हिन्दी-जगत् के एक व्यक्ति को अपने एक सुप्रसिद्ध दैनिक में नियुक्त करने की बात कही। उन्होंने अपनी सब सुख-सुविधाएँ भी लिख दीं जो वे उन्हें देना उचित समझते थे। पण्डित बनारसीदासजी ने उक्त 'धनिक' सज्जन को लिख दिया कि मछली पकड़ोगे तो खुद खाओगे और मगर पकड़ने की कोशिश कीजिएगा तो वह आपको खा जायेगा।

टण्डनजी अत्यन्त नम्र हैं, किन्तु राष्ट्रीय तथा भारतीय भाषाओं के गौरव की रक्षा करने में वे कभी न झुकने वाले व्यक्तियों में से हैं। जब वे भाषण देने खड़े होते हैं तो अपने छोटे-छोटे उदाहरणों में विषय को इस तरह गूँथ देते हैं कि लोक-जीवन उनका अनन्य सेवक हुए बिना नहीं रह सकता। अपने सिद्धान्तों के वे इतने पक्के हैं कि स्वराज्य मिलने के उपरान्त एक बार हिन्दी-सम्बन्धी प्रस्ताव पर मत देना पड़ा तो उन्होंने कांग्रेसी नीति के प्रतिकूल, (प्रस्ताव को हिन्दी के हित में न मानने के कारण) उसके विरोध में संसद में अपना मत दिया और साथ ही कांग्रेस से त्यागपत्र भी दे दिया।

मैंने तो सदा यह माना है कि टण्डनजी के द्वारा जो कुछ होकर आया वह इस देश की राष्ट्रीयता का उच्चतर चरित्र था। इसीलिए महामना मालवीयजी ने एक बार काशीधाम में (जब मैं खण्डवा के एक विद्यार्थी को हिन्दू विश्वविद्यालय में प्रवेश कराने के लिए गया था) प्रसंगवश कहा था कि "पुरुषोत्तम वही बोलता है जो उसका अन्तःकरण उसे आज्ञा देता है।" भारत की जातीयता बहुत बलवान् है कि उसके पास पुरुषोत्तमदास टण्डन जैसा व्यक्ति मौजूद है। ज्ञान जब काला पड़ने लगता है और उद्योग जब शिथिल होने लगता है, तब टण्डनजी की तरफ देखकर बल मिलता है।

लोग अकसर यह कहते सुने जाते हैं कि श्रद्धेय टण्डनजी केवल हिन्दी के बहुत बड़े भक्त हैं। किन्तु टण्डनजी ने एक बार मुझसे कहा था और इस आशय के उन्होंने जहाँ-तहाँ भाषण भी दिये थे कि यदि हिन्दी भारतीय स्वतन्त्रता के आड़े आयेगी तो मैं स्वयं उसका गला घोंट दूँगा। वे हिन्दी को देश की आजादी के पहले, आजादी के प्राप्त करने का साधन मानते रहे हैं और मिलने के बाद आजादी को बचाये रखने का। बम्बई में भाई कन्हैयालालजी माणिकलालजी मुंशी के यहाँ टण्डनजी और मैं एक ही कमरे में ठहरे हुए थे। जब मैं मराठी, गुजराती और हिन्दी का गुणगान कर रहा था और तीनों के साम्य की बात कह रहा था तब टण्डनजी ने कहा था, "मैंने सुना है कि तमिल, तेलुगु और मलयालम में बहुत अच्छा साहित्य है। तमिल तो माखनलालजी, आप ही के देश में नहीं बोली जाती, लंका में एक बहुत बड़ा भाग तमिल बोलता है और सिंगापुर और मलाया का एक बहुत बड़ा भाग तमिल बोलता है। क्या बिना गुणों के इतनी जगह भाषा बोली जा सकती है?" उस समय मैं सोचता रहा कि इस व्यक्ति को समस्त

भारतवर्ष का कितना ख़याल रहता है !

लोग यह सुनकर अचम्भा करेंगे कि महात्मा गान्धी मतभेद के समय भी टण्डन को बहुत मानते थे। उन्होंने एक बार कहा भी था कि हिन्दी यदि इस देश की कीर्ति है तो इसीलिए कि पुरुषोत्तमदास जैसे महान् व्यक्ति उसके संचालक हैं।

श्रद्धेय टण्डनजी उर्दू-कविता के बड़े हिमायती हैं। वे स्वयं उर्दू शेर बड़े चाव से पढ़ते हैं और जब वे उत्तर प्रदेश विधान-सभा के माननीय अध्यक्ष थे तब उन्होंने अपनी नीति स्पष्ट करते हुए मुसलमान मित्रों को अपना भाई बतलाया था। इसीलिए उनकी हिन्दी की रीति-नीति मुसलमान भाइयों की समझ में तो आ सकती थी, किसी अँगरेज की समझ में आना कठिन था। यों हिन्दी बोलने वालों पर यह उत्तरदायित्व है कि वे सारे जगत् का स्वागत करेंगे। इस विषय में रूस से सबक सीखना चाहिए। पिछले महायुद्ध में रूस समस्त संसार के कम्युनिस्टों और कम्युनिस्ट देशों का समर्थन करता रहा किन्तु उसने रूस की स्वतन्त्रता, दृढ़ता और आर्थिक अवस्था को खतरे में नहीं पड़ने दिया। इसीलिए उसके यहाँ के आविष्कार विश्व में चमत्कार दिखा रहे हैं। और उसके यहाँ के धन से कितने ही लोगों को सहायता मिल रही है।

हिन्दी के उन्नयन के क्षेत्र में प्रयाग पिछले चालीस-पचास वर्षों से ही आगे आया। उसके पहले काशी, आगरा, बाँकीपुर, यही स्थान हिन्दी के गढ़ थे। टण्डनजी और अनेक मित्रों ने अपने त्याग और तपस्या से प्रयाग को हिन्दी का गढ़ बनाया। यदि हम सन्तवर तुलसीदास की तरह हिन्दी का विस्तार चाहें तो हमें सप्तवर विनोबा-जैसे उन लोगों की कदर करनी चाहिए जो हिन्दी में साँस लेते हैं और अपना चिन्तन इसी भाषा में विश्व को प्रदान कर देते हैं। इसी तरह हमें टण्डनजी के अस्तित्व और प्रयत्न को समझना चाहिए। हिन्दीवादी कहकर जिन लोगों में टण्डनजी का मजाक उड़ाया जाता है, वह पीढ़ी कहीं अस्तित्व में ही नहीं है। केवल भाषणकर्त्ताओं को अपनी गालियाँ देने के लिए सुलभ सीढ़ियाँ चाहिए इसीलिए हिन्दी शब्द का निर्माण किया गया है।

एक बार टण्डनजी ने मुसकराकर कहा था कि अब तो हिन्दी को सारे राष्ट्र की भाषा बनकर रहना पड़ेगा। उसकी विभक्ति, प्रत्ययों में ही नहीं संज्ञा और सर्वनामों के रूपों में परिवर्तन करना पड़ेगा। क्या आप उसके लिए प्रस्तुत हैं? एक बार यह भी कहा था कि यदि हिन्दी का नाम भारती रहे तो कैसा रहेगा? यह सन् '48 की बात है—सम्मेलन के बम्बई अधिवेशन की।

मुझे यह सुनकर आश्चर्य नहीं हुआ और हिन्दी-जगत् को यह सुनकर गर्व हुए बिना न रहेगा कि इस देश के एक प्रान्त की गवर्नरी टण्डनजी के सामने रखी गयी, तब उन्होंने अपनी साधु-सुलभ नम्रता के साथ इनकार कर दिया। इस विषय में उनका कथन बहुत आदरणीय था। उनके मत से यही काम छोटा नहीं है कि हमारे प्रदेशों में जहाँ-जहाँ गवर्नरियाँ कायम हुई हैं हम वहाँ के जनजीवन और गवर्नरों की सहायता करें। सन् 1924 में स्व० गणेशशंकरजी के फतहपुर

में चलने वाले राजद्रोह के मुकदमे में गणेशजी का वक्तव्य लिखवाने के लिए जब मैं टण्डनजी के पास कानपुर से प्रयाग गया, तब वे प्रयाग में रहकर वकालत करते थे और उन दिनों साधुवर श्री वियोगी हरि हिन्दी साहित्य सम्मेलन कार्यालय में टण्डनजी के साथ थे। उस समय टण्डनजी ने जो अँगरेजी में वक्तव्य लिखवाया था और जिसे गणेशजी ने कुछ नगण्य परिवर्तनों के साथ फतहपुर की अदालत में पेश किया था, मैंने देखा कि उस वक्तव्य के लिखवाते समय कानून की या नीति-नियम की कोई भी झिझक टण्डनजी के चेहरे पर नहीं थी। मैं यह भी निवेदन कर दूँ कि कानपुर का 'प्रताप' उन दिनों इस देश के स्वाधीनचेता प्रवृत्तियों का गायक और नायक था तथा श्रद्धेय पुरुषोत्तमदासजी टण्डन उस पत्र के ट्रस्टियों में से एक थे।

हिन्दी कविता और हिन्दी गद्य के प्रति ही टण्डनजी का आकर्षण नहीं है, जब वे हिन्दी साहित्य सम्मेलनों में जाते हैं, तब हिन्दी पुस्तकों के प्रकाशकों की दूकानों पर जाकर कुछ न कुछ पुस्तकें अवश्य खरीदते हैं। जिन दिनों वे लाहौर में पंजाब नेशनल बैंक के मैनेजर थे, उन दिनों वे अपने वेतन का भाग उस प्रदेश में चलायी जाने वाली हिन्दी पाठशालाओं के लिए खर्च कर देते थे। यह बात मुझसे सन् 1940 में स्व० गोस्वामी गणेशदत्तजी ने कही थी।

1920 में पटना हिन्दी साहित्य सम्मेलन के समय तथा 1924 में भी टण्डनजी कदाचित् डाढ़ी नहीं रखे हुए थे। वे सफेद रंग का फेटा बाँधते थे। शरीर के बाह्य आवरण की ओर उनका कभी कोई ध्यान नहीं देखा गया। स्पष्ट दीखता है कि वे अपने शरीर के प्रति और अपने वस्त्रों के प्रति भी अत्यन्त उदासीन हैं। जाने कब से उन दिनों वे कच्चा भोजन करते थे। गेहूँ और चना ही नहीं, किसमिस भी भिगोकर भोजन में लेते थे। कभी-कभी जाड़ों में ये काले मटमैले ऊन की टोपी लगाते थे। वह शुद्ध खादी की होती थी। जब से खादी प्रारम्भ हुई है तब से वे लगातार खादी ही पहनते हैं। आजकल वे शिरस्त्राण कुछ नहीं लेते।

टण्डनजी की साहित्यिक प्रसिद्धि उनकी साहित्यिक सिद्धि है। यों तो उन्होंने बन्दर महाकाव्य नाम का एक काव्य अवधी या बैसवाड़ी बोली में लिखा बताते हैं, किन्तु हिन्दी के उन्नयन में उन्होंने अपने को जीते-जी राष्ट्रभाषा भवन की नींव में गाड़ दिया-सा लगता है। इसी तरह उन्होंने पुस्तकों का नहीं, देश और हिन्दी की सेवा करने वाले व्यक्तियों का निर्माण किया है। ठण्डनजी के जीवन में ऐसा बहुत दिखाई देता है जो विरोधाभास-सा लगे। वे ऐसे जूते पहनते हैं जिससे चींटी भी न मरे। किन्तु जिन दिनों वे प्रयाग विश्वविद्यालय के विद्यार्थी थे, वे वहाँ की क्रिकेट टीम के कप्तान थे। वे अँगरेजी और उर्दू बहुत अच्छी बोलते हैं और लिखते हैं। वे हिन्दी के इतने बड़े उन्नायक हैं कि उनके बिना हिन्दी की चर्चा त्रिवेणी के बिना प्रयाग की चर्चा के समान है।

देश के जो क्रान्तिकारी रहे हैं, उत्तर प्रदेश के अंचल में टण्डनजी उन तरुणों के प्रेरणा-स्रोत रहे हैं। उनके काम करने की खूबी यह है कि किसी संस्था में यदि

पचास सदस्य हों और उस संस्था में टण्डनजी की रुचि का एक भी सदस्य चुनकर न आने दिया जाये तब भी वे उस संस्था के साथ सहयोग करते रहेंगे। उनका-सा निर्वैर आदमी तथा उनके समान क्रियाशील सहने वाला अद्भुत व्यक्तित्व मैंने पूज्यवर गांधीजी के अतिरिक्त अन्यत्र नहीं देखा। मुझसे तो यह बात बुढ़ापे तक न सध सकी।

वे समय और काम में लगे मन को अकेले उतना अधिक नहीं चाहते, जितना इन दोनों को तथा अपनी गतिविधि को विचारकता से भर देना चाहते हैं। मैंने जब टण्डनजी को देखा, उन्हें सदैव किसी-न-किसी काम में उलझे हुए पाया। और उससे अधिक किसी-न-किसी विचार में डूबे हुए। लगता है जीवन का कोई ऐसा कानून है, जो इस व्यक्ति को और इसके आसपास के वातावरण को चैन से नहीं बैठने देता।

अपनी सन्तुलित शक्तियों को कभी बेकार न रहने देना, अपने सारे प्रयत्नों को केवल भारतीय स्वतन्त्रता और हिन्दी के उद्धार में लगाना, अपने ऊँचे चरित्र से निर्भीकतापूर्वक अपने विश्वासों को जनजीवन के बड़े से बड़े आदमी के सामने रखना, अपनी देवमूर्ति जैसी निर्मलता, कोमलता और नम्रता को किसी भी मूल्य पर कभी भी न भूलना; जिस समय विनोद के क्षण हों, अपनी सिद्धान्तवादिता को याद रखना। शोध, व्यवसाय और साँस तीनों को अन्त:करण की उच्च दिशा में चलाना, ये एक ही पुरुषोत्तम दास के थोड़े-से किन्तु अनेक स्वभाव हैं।

लगता है कोई क्षण उनका शौक या दिखावा नहीं है। वे ऐसा क्षण कदाचित् जानते ही नहीं जिस पर सिद्धान्तपूर्णता से उन्होंने अपने काम की मुहर न लगायी हो। दीर्घ यात्रा हो या अचानक का कहीं रहना, उनका जीवन तो एक समर्पित जीवन है जिसके साथ बड़ा और छोटा कोई भी खिलवाड़ नहीं कर सकता। उनके भोलेपन के कारण कितनी ही बार ऐसा लगता है मानो किसी विषय पर उनका कोई मत नहीं है, किन्तु परिणाम पर पहुँचने के लिए जब-जब टण्डनजी के सामने किसी ने प्रयत्न किया, उनका इमली के बीजों जैसा नपा-तुला मत देखने तथा सुनने को मिला। टण्डनजी जिद् नहीं करते, वे आग्रह करते हैं और उसकी सच्चाई में इतना अधिक विश्वास करते हैं कि रबड़ की तरह क्षण-क्षण लचकने वाला मनुष्य उनकी फौलाद-जैसी दृढ़ता से घबड़ा जाता है।

गलतियों को स्वीकारने में उनकी कोमलता विलम्ब तो नहीं करती किन्तु वे प्रश्न की सब बाजुओं से बहस करते हैं और यदि उनकी दृढ़ता से प्रश्नकर्ता बीच में ही विषय को त्याग दे तो उसका उत्तरदायित्व टण्डनजी पर नहीं हो सकता। यों वे इस बात की भरपूर सावधानी रखते हैं कि उनकी बातों से आगन्तुक का मन न दुखे। मैंने अपराध की उस प्रवृत्ति में उन्हें कभी रस लेते नहीं देखा जिसे शपथपूर्वक बात कहते हैं। वे मानते हैं कि अपराध का पक्ष लेना मस्तिष्क रखने वाले के लिए स्वयं बड़ा अपराध है। यदि किसी समूह में आप टण्डनजी को देखें तो टण्डनजी के स्वभाव, शील और सौजन्य के प्रति आप

प्रभावित हुए बिना नहीं रह सकते। आनन्द की बात यह है कि कोई भी चर्चा उनकी आदत नहीं हो गयी है। संसार के समस्त गम्भीर प्रश्नों पर वे उत्सुकतापूर्ण जिज्ञासु की तरह विचार करते हैं। उस समय लगता है कि उनकी शक्ति त्रिवेणी की धारा की तरह निर्मलतापूर्वक बिना रुके बहती रहती है। यह बहुत बड़ी बात है कि कच्चे और भिगोये हुए अनाज को खाने की जिसने आदत डाली हो वह विचारों की और उनकी क्षय करने वाली ताकत की नाशक आदत से सदैव बचा रह सके। जब कि एक आदत से दूसरी आदत रखकर ही और उनकी सीढ़ियों पर अपने स्वभावों के पैर जमा-जमाकर ही मनुष्य आगे बढ़ता रहता है। लगता है उन्होंने अपनी सम्पूर्ण अधोमुखी आदतों को ऊर्ध्वमुखी स्वभाव बना लिया है। उन्होंने अपने जीवन में जितना सहा है, उतना कभी कहा नहीं। मानो सहते जाना वे पीढ़ियों की परम्परा बना देना चाहते हैं। धन की धनिकता हो या सम्पत्ति की धनिकता, रूप की धनिकता हो या ज्ञान की धनिकता, वे किसी को अपने गरीब देशवासी पर सवार होते नहीं देख सकते। कदाचित् इसीलिए जब मैं उनके पास ठहरा, मैंने वहाँ सन्तों का साहित्य ही पड़ा पाया।

इतनी कम आवश्यकताओं पर उन्हें जीवन की लगन लग गयी है मानो उनका अन्तर्बाह्य सन्तत्व झाँक-झाँक उठता है। उनकी साँस मानो उनके अस्तित्व का वह अधिकार है, जो अपने बूते देश की स्वतन्त्रता, विश्व के आदर्श दान और हिन्दी के उन्नयन का काम बराबर किये जायेगी। उनका जीवन डाकखाने की मुहर की तरह जहाँ पड़ता है, अपनी यादें छोड़ता जाता है और वस्तुओं, संस्थाओं और व्यक्तियों के रूप में निर्माण-कार्य किया करता है। रुपया यद्यपि उनके वचनों पर ढेरों एकत्र हो सकता है, एक एडवोकेट के नाते उनके मस्तिष्क में भी अनेक खूबियाँ हैं, किन्तु रुपया और मस्तिष्क की खूबियों से अधिक वे भारतीय संस्कृति का मूल्य आँकते हैं और भारतीय चरित्र को इतना ऊँचा उठना चाहते हैं कि जिस पर रुपया और मस्तिष्क की शक्ति चढ़ायी जा सके। क्योंकि वे मानते हैं कि मस्तिष्क की शक्ति बड़ी भले हो, वह किसी देश और किसी जाति के चरित्र से ऊँची नहीं हो सकती इसीलिए काव्य, चित्र, कलाकृति, नाटक और धर्मोपदेश इस सबसे परे पुरुषोत्तमदास टण्डन मानो गरीबों के जीवन में घुल-मिल जाना जानते हैं। जहाँ तक मैं जानता हूँ, वे मानते हैं कि जीवन की उच्चता उसका नाम है जिसके लिए कैफियतें नहीं देनी पड़ती हैं। यही कारण है कि टण्डनजी बापूजी द्वारा इतने सम्मानित किये गये कि यदि कभी महात्मा गांधी के साथ मतभेद भी हो जाता तो महात्माजी टण्डनजी की श्रेष्ठता के कारण लगातार मतभेद के विषयों पर भी उनसे सलाह लेते रहते थे।

यदि एक हाथ में कोई सौभाग्य और दूसरे में जनसेवा लेकर आये तो जहाँ तक मैं जानता हूँ, टण्डनजी दूसरे को छाती से लगा लेंगे और पहले को ठुकरा देंगे। लगता है, विश्व के यथार्थ शिक्षण और संस्कृति में वे कोई भेद नहीं मानते। जो बात उन्हें कहनी है, वह कहते रहे हैं और कहते रहेंगे। बच्चों से वही कहेंगे,

जवानों से वही कहेंगे, बूढ़ों से वही कहेंगे। वे भले ही ऊँचे ग्रन्थों और व्यक्तियों के अवतरण अपने भाषणों में रखें, किन्तु हिन्दी-संसार तो केवल उनकी तरफ देखकर उनके समर्पण के स्वभाव की तरफ देखकर ही जीवित रहा है और जीवित रहेगा। यदि मैं हिन्दी-जगत् के हृदय को जानने का गर्व करूँ, तो हिन्दी-हित के लिए उन्हें किसी अन्य पवित्रता और आदर्शवाद की आवश्यकता नहीं है। उन्हें पुरुषोत्तमदास टण्डन की आवश्यकता है।

वे जानते हैं कि किसी जातीय संस्कृति की महत्ता पुस्तकों में जाकर शरण भले ले ले, शब्दों की नदी में कोई डूबता नहीं है, और शब्दों की नाव से कोई पार नहीं उतरता। इसीलिए हमारे ग्रन्थों ने यह कहा, "रास्ता वह, जो हमें ऊपर की तरफ ले जाये, धर्म हमारा वह जो हमें ऊँचा उठाये और हमारा व्यक्तित्व वह जो अपने चरित्र के हाथों से अपनी संस्कृति में उसे गूँथता रहे।" इस व्यक्ति का बोलना भी बोलना है, चुप रहना भी, इस व्यक्ति का घूमना भी बोलना है, ठहर जाना भी, इस व्यक्ति का आँखें खोलना भी बोलना है, आँखें मूँद लेना भी। और उसे उस जमाने का गरीब से गरीब और बेपढ़ा से बेपढ़ा व्यक्ति पढ़ सकता है। ऐसा व्यक्ति घर में अमन-चैन से रहते हुए भी मानो शूली पर टँगा होता है। वह व्यक्ति नहीं रह जाता, व्यक्तित्व बन जाता है।

हिन्दी भाषा और भारतीय साहित्य के प्रति उनके विचार महात्मा गांधी से बहुत कम मिलते-जुलते हैं। वे अकसर यह कहते देखे गये हैं कि महात्माजी से झगड़ते समय मुझे अच्छा नहीं लगता। किन्तु साथ ही वे ही एक हैं जो उदारतापूर्वक महात्मा गांधी से लड़ सके और उसी वृत्ति से अपने प्रतिकूल लड़ने वालों को भी समझ सके। जो लोग पदों की प्राप्ति से अपनी आँखों को चौंधियाये रखते हैं, वे भले ही उन्हें न समझ सकें किन्तु जो लोगों में पदों की प्राप्ति के समय, पिछड़े रहने का साहस पाते हैं वे टण्डनजी के सत्योचित शील, सौजन्य और साहस को समझते हैं और समझ सकेंगे। वे जानते हैं कि 'हाँ' कहने में जिस उत्तरदायित्व की आवश्यकता होती है, कभी-कभी 'ना', कहने में उससे बड़े उत्तरदायित्व की आवश्यकता हो जाती है।

हिन्दी का जानकार यह अनुभव करता है कि जो हिन्दी इस देश की समस्त भाषाओं के हिल-मिल जाने और उन्हें ऊँचा उठाने का उद्योग नहीं करती, जो हिन्दी देश में रहकर अलग रहना चाहती है, जो हिन्दी अपने घेरे के बड़े होने का गर्व कर सकती है और हिमालय की महान् सभ्यता नहीं बन सकती तथा जो हिन्दी इस देश के प्रत्येक भाषा-भाषी और निवासी का गौरव और तर्क नहीं बन सकती वह दरिद्री हिन्दी पुरुषोत्तमदास टण्डन की हिन्दी नहीं है। पुरुषोत्तमदास टण्डन की हिन्दी के सिर पर हिमालय-सा मुकुट शोभित है। सिन्धु और ब्रह्मपुत्रा उसकी भुजाएँ हैं, गंगा और यमुना उसके कण्ठहार हैं, नर्मदा और ताप्ती उसकी किंकिणी बनकर शोभित हैं, उसकी साड़ी की किनार में कृष्णा, कावेरी और महानदी लहर मार रही हैं और समुद्र की तरह पुरुषोत्तमदास टण्डन केवल उसी

हिन्दी के चरणों में पछाड़ें खा रहा है और पछाड़ें खाता रहेगा। यह कैसे सम्भव है कि बंगाल और तमिल जिसे स्वीकार न करे, महाराष्ट्र, गुजरात, आसाम और पंजाब जिसे स्वीकार न करे, वह पुरुषोत्तमदास टण्डन की हिन्दी हो। वे हिन्दी के उसी सर्वव्याप्त महान् रूप के उपासक हैं, जिसके विषय में सन्तवर विनोबा कहते हैं कि वाणी बन्द तो उसी राष्ट्र की होती है जो मरने लगता है।

राजर्षि टण्डनजी को इस बात से कुछ लेना-देना नहीं है कि हम उनका सम्मान करते हैं या नहीं करते। सम्मान के सामान सजाते कभी देखे नहीं जा सकते।

लोग न जाने क्यों राजगोपालाचारीजी को दोष देते हैं। जो हिन्दी प्रान्तों में हिन्दी न चलवा सके और केवल अपने अधिकारों को सुरक्षित रखने के लिए हिन्दी का विरोध सहते हैं, उन्हें श्री राजाजी को दोष देने का अधिकार किस तरह है, मैं नहीं समझ पाता। शोध, प्रयोग, विस्तार और उठान की दिशा में इस देश की भाषाओं को अन्य देशों की भाषाओं से अभी बहुत सीखना है। वह दिन धन्य होगा कि हिमालय की तरह हम अपने ग्रन्थों-पन्थों और काव्यों में पुरुषोत्तमदास टण्डन को याद कर सकें।

अनेक बार टण्डनजी खण्डवा पधारे हैं। जब वे अखिल भारतवर्षीय कांग्रेस के अध्यक्ष के नाते खण्डवा पधारे तब स्थानीय नीलकण्ठेश्वर महाविद्यालय में उनका भाषण हुआ था और उनके सम्मान में भोज दिया गया था। किन्तु एक दिन जाड़े की ठिठुरती सुबह में काँपते वे राजकमल प्रकाशन के श्री ओमप्रकाशजी तथा भारती-भंडार के श्री वाचस्पति पाठक के साथ खंडवा पधारे थे। उन दिनों वे स्वयं रुग्ण थे किन्तु उनकी साँस-साँस मानो लोगों की प्रेरणा और आशीर्वाद बनकर बँट रही थी। उनकी रुचि पर बोलने वाला ही नहीं, उनसे प्रत्येक क्षण झगड़ने वाला व्यक्ति भी यह जानता है कि जो उदारता उनमें है वह विश्व की दुर्लभ वस्तुओं में से एक है। वह टंडनजी के साथ है, टंडनजी के साथ रहेगी और उनकी अपनी वस्तु है।

श्रद्धेय पुरुषोत्तमदासजी टंडन के सबल व्यक्तित्व को मेरे प्रणाम।[1]

[समय के पाँव, 1960-61]

जीसस : उनके जन्म का महत्त्व

आज विश्व जिस व्यक्ति की वर्षगाँठ मना रहा है वह केवल व्यक्ति नहीं उस व्यक्ति के नाम और काम ने अनेक व्यक्तियों और संस्थाओं को गढ़ा है, अनेक शासनों का संचालन किया है, अनेक अच्छाइयों को जन्म दिया है, कोई आदमी

1. यह लेख राजर्षि टण्डनजी के निधन से लगभग डेढ़ वर्ष पूर्व लिखा गया था।

इस बात पर विश्वास नहीं करेगा कि ऐसा व्यक्ति संसार में कहीं ढूँढ़े मिलेगा जो अपनी सूली दिए जाने के खम्भे को खुद ढो-ढोकर ले जा रहा हो और फिर भी अपनी सजा देने वालों को क्षमा कर रहा हो, और मानवता पर अपना अटूट विश्वास व्यक्त कर रहा हो, उस मानवता पर जिसने उसे सूली पर चढ़ाने का जघन्य अपराध किया हो।

यह सच है कि जिन लोगों ने संसार पर शासन किया उनमें अधिकांश ईसाई थे किन्तु प्रथम महायुद्ध रचाने वाले इंग्लैण्ड और जर्मनी भी ईसाई थे। ईसा ने कहा था, यदि कोई तेरे गाल पर थप्पड़ मारे तो तू उसके सामने अपना दूसरा गाल भी कर दे। यह भी सच है कि ईसा का अनुयायी अत्यंत सहिष्णु और गुणों से विभूषित होना चाहिए क्योंकि गुणों से विभूषित सहिष्णु ही संसार का शासक रहा है, क्रिश्चियन राष्ट्रों की यह खूबी नहीं है, कि उन्होंने विभिन्न देशों पर शासन किया किन्तु सच्चा ईसाई धर्म दिखाने का अवसर तो उस समय उन्हें प्राप्त है जब उन्हें एक के बाद दूसरा देश छोड़ना पड़ रहा है।

अध्ययन मानो ईसाई धर्म की साँस-साँस में गुँथा हुआ है, वह मानता है कि जानकारी का न होना उसके साथ अन्याय करना है जिसके विषय में हम अपना मत बना रहे हों या व्यक्त कर रहे हों। इसी पर ईसाई धर्म या कोई धर्म अपनी प्रभुता स्थापित रख सकता है। यह न धर्म के क्रिया-कर्म के पालन करने से होता है और न अपनी पूजा-अर्चा करने की गहनता से, मानो अध्ययन कह उठता है कि जब तक मैं जीवित रहूँगा जीवन को न बिगड़ने दूंगा, मृत्यु को बरबाद न होने दूंगा, शायद इसीलिए कवीन्द्र रवीन्द्र ने अपूर्णता को मानव का मूलधन बताया है, पूर्णता का अभिमान मानो मानव की अपूर्णता का ही दूसरा नाम है।

संत तो अपना विनाश हठकर न्यौतता है। हमारे जमाने में महात्मा गांधी ने भी वह किया जिससे जमाने की मानवता सुख पा सके। प्रचलित वर्षों में कोई वर्ष जन्म से प्रचलित हुआ है, कोई राजतिलक से। ईस्वी सन्, कहते हैं, कि ईसा मसीह की मृत्यु से प्रारम्भ हुआ है, भारतवर्ष गांधी के पैमाने से ईसा मसीह जैसे साधु पुरुष को जानने का यत्न करता रहा है। माना इसमें उसे कितनी ही बार असफलता हुई हो किन्तु उसकी विजय उस सहिष्णुता में निवास करती है, जिस सहिष्णुता को हिन्दू धर्म मानता है, बौद्ध धर्म मानता है, जैन धर्म मानता है। लगता है सहिष्णुता और धर्म एक-दूसरे के पूरक नाम हैं, जो सह नहीं सकता वह कह जाता है किन्तु ऐसी कहन सदा विश्व में साम्प्रदायिकता या धर्मान्धता कही गयी हैं। गुरु नानक देव ने इसीलिए कहा है कि—

नानक नन्हें ह्वै रहो जैसी नन्हीं दूब।
घास फूस जल जायगा दूब खूब की खूब ॥

ईसा मसीह मानो इसी साधुता के अवतार थे। गांधी को गोली मारनेवालों की तरह ईसा को क्रास पर लटकाने वालों ने कभी सोचा भी न होगा कि मसीह को दंड देने के बाद मसीह की सुगन्ध और उनका प्रभाव विश्व में ज्यादा फैल जायेंगे। स्वर्गीय

गणेशप्रसादजी वर्णी के कथनानुसार सहिष्णुता नकारात्मक मूल्य नहीं है। यह कभी संभव नहीं है कि सहिष्णुता को कुछ नहीं करना पड़े, सहिष्णु व्यक्ति तो करता रहता है, किए ही जाता है, किसी बात को तब तक हुई (सम्पन्न)नहीं समझता जब तक उसके होने में अपने जीवन का हिस्सा नहीं दे देता।

काका कालेलकर ने कहीं कहा है जिसका आशय यह है कि कुछ लोग घटनाओं की रेलगाड़ी में समय के पाद-प्रहार से ढकेल दिये गए हैं। वे तेज गति से चलने वाली सवारी में बैठे हुए आदमी की तरह फी घण्टे जाने कितने मील चलते हैं, जबकि वे बिल्कुल ही नहीं चलते। उनका शरीर उनकी कृतियों में इस तरह उलझा रहता है मानो कृति को छोड़कर शरीर की कोई गति नहीं है। इसीलिए लोकजीवन के कठोर पारावार में जब बहते-बहते बड़ा दिन आता है तब महात्मा ईसा की याद आये बिना नहीं रहती। धर्मान्धता हमें प्रेरित नहीं करती कि हम संतवर ईसा की याद करें। धर्मान्धता के रूप में हमारी की हुई हिंसा कर्मकाण्ड की अधिकारिणी तो हो सकती है, वह सहिष्णुता नहीं बन सकती तथा वह मानवता से काम नहीं ले सकती। संतों का हम कितना मजाक नहीं उड़ाते, किन्तु सच्चे संत में साधुता के वे लक्षण विद्यमान रहते हैं जिनका नियंत्रण सहिष्णुता करती रहती है। ठीक भी है—

पारस में अरु संत में बड़ो अन्तरोज़ान।
वह लोहा कंचन करे, यह करे आप समान।।

दर्शन की इस बोली का चाव महात्मा ईसा के साँस-साँस में भरा हुआ है। वे भगवान को अपना पिता मानते हैं। इटैली के प्रसिद्ध कवि पेपिनी ने लिखा है कि पिता का प्रेम और बलिदान दोनों ही अनुपमेय हुआ करते हैं। पिता देता बहुत है और अपनी संतान से पाता बहुत कम है। इस रूप में ईसा मसीह को पिता से प्रेम होना और भगवान को अपना पिता बनाना बहुत स्वाभाविक मालूम होता है। सुनते हैं देवर्षि नारद जब नन्हे थे तब विद्याध्ययन करने के लिए किसी गुरु के पास बैठाए गये। वहाँ छोटी उम्र के शरारती लड़कों ने उनका मजाक उड़ाना प्रारम्भ किया और उनसे पूछा तेरा पिता कौन है? उन्होंने यही प्रश्न अपनी माँ से किया। वहाँ माँ ने सहज भाव से उत्तर दिया, मैं क्या जानूँ बेटा। साधुओं की जमात में सेवा करती थी। तू तो केवल मेरा बेटा है, किसी और का हो भी नहीं सकता। महात्मा ईसा ने इस झगड़े को प्रारम्भ से ही मिटाकर रख दिया। उन्होंने अत्यन्त गर्व-भरे स्वर में और विश्व-भर को सुनायी दे सकने वाली वाणी में भगवान को अपना पिता बताया। निस्सन्देह जिसका पिता भगवान था उसकी माता मानवता क्यों न होगी। वह यह क्यों न कह उठेगा, भूमितल ही उसकी शय्या है, दिशाएँ ही उसके वस्त्र हैं, ज्ञान का ग्रहण करना ही उसका भोजन है।

संतों ने मानो भगवान के घर का पता पा लिया है। वे भगवान की सेवा के पश्चात् मानवता की सेवा परम धर्म मानते हैं। गीता में भगवान श्री कृष्ण ने सत्य ही कहा है कि प्रणाम और सेवा के बीच में प्रश्न को रखकर किसी भी बात

को जानना धर्म है। उससे उसकी वृद्धि होती है।

मैं महात्मा ईसा और उनकी कृतियों को सम्मान की दृष्टि से देखता हूँ। गंगा के उद्गम की तरह पवित्र जेरूसलम में ईसा के जन्म-स्थल पर आज हजारों ईसाई पहुँचेंगे, जिनमें शायद कुछ ही लोगों को मालूम हो कि ईसा एक अस्तबल में पैदा हुए थे। संतों का स्मरण हमें बल दे यही प्रार्थना करता हूँ।

[धर्मयुग, 24 दिसम्बर 1961]

पण्डित मोतीलाल नेहरू
(1861-1931)

सबसे पहले पण्डित मोतीलालजी नेहरू के सम्पर्क में आने का सुअवसर मुझे अहमदाबाद के अखिल भारतीय कांग्रेस के अधिवेशन में मिला, जो शायद सन् 1923 में हुआ था। उक्त अधिवेशन के सभापति मौलाना अबुल कलाम आजाद थे। हरिजनों के लिए किये गये, यरवदा जेल के लम्बे उपवास के बाद गांधीजी छूटकर साबरमती आये। क्रान्तिवादी श्री गोपीनाथ साहा के बलिदान के प्रश्न पर देशबन्धुदास और पण्डित मोतीलाल नेहरू एक तरफ थे और महात्मा गांधी तथा मौलाना आजाद दूसरी तरफ। स्वभावतः प्रथम तो कांग्रेस कमेटी का निर्णय स्वर्गीय श्री दास व मोतीलालजी के प्रतिकूल ही गया। पण्डित मोतीलाल नेहरू ने गर्जना की, "मुझे इस कमेटी के प्रांगण से कोई नहीं हटा सकता। यह मेरा देश है और मैं शरीर की बोटी-बोटी इस देश पर खर्च कर दूंगा।" कितने ही उपस्थित सदस्यों के ही नहीं स्वयं महात्मा गांधी के नेत्रों से उस समय जल बरस पड़ा था। भला इतनी बड़ी त्यागमयी विभूति को छोड़कर गांधीजी इस देश के लिए करते भी तो क्या करते? स्वयं देशबन्धु पण्डितजी की गतिविधियों को जाने किस तत्परता से देख रहे थे।

अन्त में कांग्रेस कमेटी का निर्णय वही हुआ, जिससे यह देश तो बचा ही कांग्रेस भी टूक-टूक होने से बच गयी। यह गांधीजी के आँसुओं की जीत थी या पण्डित मोतीलाल नेहरू के त्याग की, कहना कठिन है। लगता था, गांधीजी के आँसू उस समय बलवान् भुजा बनकर, मोतीलालजी के स्नेह पर पहरा दे रहे थे। वह सचमुच, शस्त्र और शास्त्र, क्रान्तिवाद और गांधीवाद दोनों के एकीकरण का दुर्लभ क्षण था। उस दिन मैंने पहले-पहल मोतीलालजी को इस देश के गौरव के रूप में देखा था।

दूसरी बार-मैंने पण्डित मोतीलाल नेहरू को सन् 1926 में देखा, तब वे कांग्रेस व राष्ट्र का कार्य करने के लिए जबलपुर पधारे और राजा गोकुलदास के महल में ठहरे थे। उस समय जब वे जबलपुर से कटनी आये और उन्होंने अपना दौरा प्रारम्भ किया तब श्रीमान् दुर्गाशंकर मेहता, सेठ गोविन्ददास, पण्डित

द्वारकाप्रसाद मिश्र और मैं तथा अन्य लोग उनके साथ-साथ थे, किन्तु जब वे बीना होकर खण्डवा की ओर चले तब इनमें से केवल मैं और पण्डित द्वारकाप्रसाद मिश्र ही उनके साथ थे। साथ में श्री रामदयाल रघुवंशी और आगरा के शिरोमणि बन्धु जैसे तेजस्वी तरुण भी थे। जो पण्डित मोतीलालजी के लिए स्वास्थ्यवर्द्धक वस्तुओं की सार-सम्हार रखते थे, उस समय पण्डितजी के साथ उनके सेक्रेटरी श्री उपाध्याय और उनके एक व्यक्तिगत सेवक थे जिन्हें वे हरि कहकर पुकारते थे।

रेल में पण्डित मोतीलालजी के अध्ययन-क्रम को देखकर मैं हक्का-बक्का रह गया। वे अपना कुरता तक फेंककर दोनों सीटों के बीच की जगह में गलीचा बिछाकर अपनी अध्ययन-सामग्री रखे हुए थे और उसमें निशान लगा रहे थे। रेल के चलने और ठहरने पर वे बिलकुल ही ध्यान नहीं दे रहे थे।

उन्हीं दिनों कांग्रेस के एक प्रबल विरोधी श्री राघवेन्द्रराव शायद मसूरी में पण्डित मोतीलालजी को चुनौती दे आये थे कि उन्हें (श्री राघवेन्द्रराव को) छोड़कर मध्यप्रदेश की कांग्रेस टुकड़े-टुकड़े हो जायेगी। अपने दौरे में पण्डितजी इस बात की जाँच भी करना चाहते थे। जब पण्डित मोतीलालजी खण्डवा पहुँचे तो एक नामी-गरामी नेता कांग्रेस के विरोध में भाषण दे चुके थे। ये नेता पहले कांग्रेसी ही थे, किन्तु अपनी छह महीने की विदेश यात्रा से लौटकर कांग्रेस-विरोधी हो गये थे। उन्होंने खण्डवा की जनता से अपील की थी कि मैं इतने वर्षों का बूढ़ा हूँ अतः मेरी बात मानकर आप कांग्रेस के फन्दे में न पड़ें। पण्डित मोतीलाल नेहरू ने वकालत की श्रेष्ठता से अत्यन्त धीर-गम्भीर स्वर में उन वाक्यों की चर्चा करते हुए कहा था, "उन नेता से मेरा कोई झगड़ा नहीं है, स्नेह ही है। किन्तु छह महीने पहले तक वे कांग्रेस में रहे हैं और उनका कांग्रेस के समर्थन में वक्तव्य है। अब हमारे सामने प्रश्न यह है कि हम अपने नेता की भारत में रहने वाली समस्त जीवनी का सार मानें अथवा विलायत में छह महीने रह आने वाले नेताजी की बात मानें। मेरा निवेदन है कि आप इस देश की परिस्थिति जानकर वक्तव्य देने वाले नेताजी की बात मानें...।" उस समय अपने मुँह से कटु शब्द बिलकुल न निकलने देने वाले पण्डित मोतीलालजी की कथनी को सुनकर मेरा हृदय गद्गद था। मैं उन दिनों खूब तरुण था और पण्डित मोतीलालजी के धैर्य से असन्तुष्ट। किन्तु जब चुनाव हो चुके तो कांग्रेस की प्रचण्ड विजय के रूप में मैंने देखा कि स्वर्गीय पण्डित मोतीलालजी का धैर्य और बोलने का नियन्त्रण कितने बलवान् रूप में विजयी हुआ।

एक बार मैं स्वर्गीय पण्डितजी के साथ बैतूल जा रहा था। इटारसी में ट्रेन बदलनी थी। इटारसी स्टेशन पर तत्कालीन भारत सरकार के चार्ल्स और लेडी 'इनस' मिल गये। पण्डितजी खादी की टोपी, खादी का कुरता और सम्पूर्ण खादी परिवेश में बड़े भले मालूम दे रहे थे। उनका गौर वर्ण मानो खिल उठा था। उनकी खादी पर कोमल आक्षेप-सा करते हुए लेडी 'इनस' ने कहा, "पण्डितजी,

खादी की टोपी पहनकर तो आप पहचान में ही नहीं आते।" पण्डितजी का जवाब मानो आगे आने वाली पीढ़ी का जवाब था। वे बोले, "अरे आप मेरे इस छोटे-से परिवर्तन से घबरा गयीं ? हमारी आगे की पीढ़ी तो हमारी पीछे की पीढ़ियाँ दफना कर परिवर्तन करेंगी। मैं तो इसी आशा में काम कर रहा हूँ।" पण्डितजी जवाब दे रहे थे, उनके चेहरे पर व्देष का निशान नहीं था। वे अत्यन्त ठण्डे स्वर में बोल रहे थे।

पण्डितजी के बैतूल पहुँचने से पूर्व होशंगाबाद में एक घटना हो गयी थी। उसकी प्रसंगवश चर्चा आवश्यक है। हुआ यह कि एक नेता होशंगाबाद में आये। नर्मदा की पवित्र घाटी में उनका भाषण हुआ। होशंगाबाद के लोग विशेषतः जैन और वैष्णव हैं, कुछ मुसलमान भी हैं। नेताजी को इस बात का बहुत शौक था कि वे जहाँ-तहाँ हिन्दू और ब्राह्मण होकर भी अपने गोश्त खाने की चर्चा करते थे। अतः जब उनकी सभा रंग में आयी तो एक मनचले ने उक्त नेताजी याने वक्ता महोदय से शरारतन सभा के बीच में खड़े होकर पूछा कि "वे सिर्फ गोश्त ही खाते हैं या मछली भी ?" नेताजी ने सहज भाव से उत्तर दिया, "जी नहीं, मैं केवल गोश्त खाता हूँ ?" नर्मदाघाटी की उस सभा के वैष्णव और जैन यह सुनते ही एक बड़ी तादाद में वहाँ से खिसक गये, और सभा की उपस्थिति बहुत कम रह गयी। उक्त सभा के सभापतिजी को इस पर इतने जोर से गुस्सा आया कि उन्होंने लाल स्याही की अपनी दवात उक्त प्रश्नकर्ता तरुण पर फेंक दी। इसके शीघ्र पश्चात् बैतूल में पण्डित मोतीलालजी से इस घटना का बदला चुकाने की कोशिश की गयी। जब एक विशाल जन-सभा में पण्डितजी बोलने के लिए खड़े हुए तब एक वकील साहब ने उनसे वही होशंगाबाद वाला प्रश्न दोहराया। सभापति के स्थान पर उस सभा में कदाचित् कोई स्थानीय सज्जन बैठे हुए थे। पण्डित मोतीलालजी ने प्रश्न पूछने वाले वकील साहब को मुँहतोड़ जवाब देते हुए कहा, "चार पाँव रखने वालों में मैं सिर्फ चारपाई नहीं खाता, उड़ने वालों में मैं पतंग नहीं खाता और यदि आप इस देश की स्वतन्त्रता के विरोधी हों तो मैं खड़े-खड़े इसी सभा में आपको खा सकता हूँ।" इतना कहकर पण्डितजी अपनी जोरदार स्वाभाविक हँसी में खिलखिला पड़े। कहने की आवश्यकता नहीं कि प्रश्नकर्ता महोदय जो कदाचित् उक्त प्रश्न करने के ही लिए उस सभा में लाये गये थे, सभा से पलायन कर गये। लोगों ने उन्हें समझाया भी किन्तु वे किसकी मानें। वे चले गये सो चले गये।

एक बार मैंने पण्डित मोतीलालजी को आनन्द-भवन, प्रयाग में देखा। चुनाव में जीत होने के कारण और प्रान्त का बलवान् बहुमत एकमुखी हो जाने के कारण वे अत्यन्त प्रसन्न थे। उस समय स्वर्गीय सेठ जमनालालजी और मैं दोनों ही आनन्द-भवन में ठहरे थे। मैं सदैव इन विचारों में गुजरता रहता था कि अमीरी की जिन्दगी में गरीबी के विचार किस तरह मिलकर रह सकते हैं। (अभी भी इस विषय पर मैं विचार करता हूँ।) पण्डित मोतीलालजी ने इस

सम्बन्ध में अपने विचार व्यक्त करते हुए कहा था, "जो अपनी अमीरी की जिन्दगी की सुविधाएँ त्याग कर गरीबी की सेवा में नहीं लग सकता-उसके लिए इस देश में जगह नहीं मिलेगी। उसके लिए किसी भी देश में जगह नहीं मिलनी चाहिए।"

यद्यपि मोतीलालजी तत्कालीन युक्त प्रान्त के नामी वकीलों में थे, किन्तु उनकी आँखों के सामने सदैव अपने देश का मानचित्र रहता था और अपने व्यक्तित्व को देश की सेवा में लगा देने की उनकी अटूट लगन किसी से मात खाने को तैयार न थी। लम्बा ललाट, ऊपर को उठी हुई मूँछें, पढ़ते समय आँखों पर चश्मा, अध्ययन में लीन हो रहने वाला स्वभाव और अपने महल जैसे भवन को छोड़कर गांधीजी की साबरमती वाली कुटिया की तरफ दौड़ लगा सकने की सामर्थ्य तथा अपनी सुविधा को खतरे में डालकर सदैव अपनी सेवा की लगन और उसके स्वरूप को बढ़ाते जाना—ये सब पण्डित मोतीलाल नेहरू की ऐसी विशेषताएँ थीं जो उनकी-सी ऊँचाई के बेजोड़ महापुरुष में ही प्राप्त हो सकती हैं।

[समय के पाँव, 1961]

रवीन्द्रनाथ ठाकुर
(1861-1941)

चिन्तकप्रवर काका कालेलकर ने एक बार रवि ठाकुर की कविता पढ़कर अपने कथ्य को इस तरह उपस्थित किया था—

"कली बोली, "प्यारे फल तुम कहाँ हो; कितनी दूर हो ?"

फल ने अन्तरहृदय में से पुकार कर कहा, "देवि, मैं तो तुम्हारे ही हृदय में निवास करता हूँ, तुम्हारे पास ही हूँ।"

रवि ठाकुर ने अपनी किसी गद्य पुस्तक में एक उपमा देते हुए कहा था, "नाव में बैठा हुआ केवल वही अपराधी नहीं है जिसने उस चलती नौका में छेद कर दिया और पानी का नाव में भरना सुगम कर दिया, किन्तु वह भी अपराधी है जो बढ़ते हुए पानी को जल्दी-जल्दी फेंक नहीं देता और अपनी तथा साथियों की रक्षा में जुट नहीं पड़ता।" लगता है गुरुवर रवि ठाकुर इस महान् देश की परिभाषा लिखते थे और गांधीजी परिभाषा के उदाहरण उपस्थित करते थे।

रवि ठाकुर ने जाति, भाषा और सम्प्रदाय के छोटे-छोटे भेदों को पार कर लिया था। कदाचित् इसीलिए भारतवर्ष ने अपना राष्ट्रीय गान गुरुदेव के 'जन-गण-मन' गीत को बनाया और कदाचित् यही कारण है कि रवि ठाकुर की गैरहाजिरी में स्वराज्य मिलने पर उनके विश्वभारती नामक शैक्षणिक विश्वविद्यालय ने अपना उपकुलपति स्वतन्त्र भारत के प्रधान मन्त्री पं० जवाहरलाल नेहरू को चुना।

रवि ठाकुर को पहले-पहल, बहुत निकट से मैंने भरतपुर के हिन्दी साहित्य

सम्मेलन में देखा था। सम्मेलन के सभापति प्रसिद्ध इतिहासज्ञ स्वर्गीय श्री गौरीशंकर हीराचन्द ओझा थे। भरतपुर राज्य के बड़े-बड़े सामन्त सभा में उपस्थित थे। उस सभा में स्वर्गीय राजर्षि श्री पुरुषोत्तमदास टण्डन भी विद्यमान थे। रवि ठाकुर रेशमी लबादा पहने हुए थे। उनकी दाढ़ी के बालों ने शुभ्रता की ओर जोर-शोर से कदम बढ़ाया था और उनकी आँखों के तेजस्वी पानी में स्वतन्त्र भारत का उज्ज्वल भविष्य खेल रहा था। वे मखमल जैसे कोमल शब्द बोल रहे थे। उन शब्दों में फूलों जैसी सुगन्ध, पत्तों जैसा हरियालापन और फलों-सा मीठा स्वाद अनुभव कर लोग गद्‌गद हो रहे थे। जब मैं उन शब्दों को सुन रहा था तब मेरे पास अमरशहीद गणेशशंकर 'विद्यार्थी', आचार्य सद्‌गुरुशरण अवस्थी, श्री हीरालालजी खन्ना तथा श्रीमती कमलाबाई साहिबा किबे, श्रीमान् किबे साहब तथा अन्य कितने ही सज्जन बैठे थे। गुरुदेव को उस समय वाणी वरदान की तरह प्राप्त थी। शब्द मानो तीखे तीरों की तरह लक्ष्य-भेद करते हुए निकल रहे थे।

श्रीमती कमलाबाई साहिबा किबे उन शब्दों में विशेष रस ले रही थीं क्योंकि उन्होंने अपने भाषण में उस सम्मेलन में कहा था, "हम नारियाँ हाथों में चूड़ियाँ पहनती हैं और सदैव एकमात्र अपने पति की बनकर रहती हैं। जाने इस चूड़ीदार पैंजामे में क्या है कि जिस पुरुष ने भी पहना कि वह बहुतों के सामने झुकने वाला हो जाता है।" यह अलग से कहना आवश्यक नहीं है कि श्रीमती कमलाबाई साहिबा के पति श्रीमन्त सरदार किबे साहब उन दिनों इन्दौर के डिप्टी प्राइम मिनिस्टर थे।

रवि ठाकुर अपनी पोशाक में बहुत भले मालूम होते थे। यह कहना अत्यन्त कठिन है कि उनका परिवेश अधिक चमकीला था या उनके शब्द। वे वीणा-विनिन्दित शब्दों में अपनी बात कहे जा रहे थे और श्रोता उन लहरियों में डूब से गये थे।

एक बार, मैंने गुरुदेव को कदाचित् सन् 1932 में शान्ति-निकेतन के उत्तरायण में देखा था। मैं भाई बनारसीदासजी चतुर्वेदी के आमन्त्रण पर, अनेक हिन्दी-भाषी लेखकों के साथ, शान्ति-निकेतन गया था। कलकत्ता से हम लोग किसी पैसिन्जर ट्रेन में गये थे जो शान्ति-निकेतन विद्यालय के बोलपूर नामक स्टेशन पर लगभग दस-ग्यारह बजे पहुँचती थी। रेलवे स्टेशन पर हमें यथास्थान पहुँचा देने वाले मित्र उपस्थित थे। ज्योंही शान्ति-निकेतन की सीमा में मैंने प्रवेश किया, मुझे प्रारम्भ में कुछ निराशा-सी हुई। न तो वहाँ किसी नदी का तट था, न विन्ध्या और सतपुड़ा के से जंगल थे, न शिखरों पर चढ़ती-सी सड़कें थीं, न शिखरों से उतरती हुई पगडण्डियाँ ही दिखायी दी थीं। किन्तु थोड़ी ही देर में मेरा मन हजारों वर्ष पीछे पहुँच गया और मैं भारत के स्वर्ण युग को अपने सम्मुख देखने लगा। छोटे-छोटे झोंपड़े, मिट्टी की दीवारों वाले और उन दीवारों पर महाभारत और रामायणकाल की तथा बुद्ध जातकों की घटनाओं के चित्र बने

हुए थे। झोंपड़ी के द्वार पर उपनिषद् का वाक्य देखकर मेरा मन गद्‌गद हो उठा। थोड़ी ही दूर आगे मैंने शान्ति-निकेतन का क्लास-रूम देखा जो एक वृक्ष के नीचे था। अपनी-अपनी मर्यादा की सम्पूर्ण रक्षा करते हुए लड़के और लड़कियाँ वहाँ उपस्थित थे। अपने अर्ध-वृत्ताकार विद्यार्थियों में केन्द्र में बैठे हुए अध्यापक बड़े ही भले मालूम होते थे। लगता था, ये प्राध्यापक उन प्राध्यापकों से भिन्न हैं जो कॉलेजों या विश्वविद्यालयों में पढ़ाते हैं। अध्यापकों के पढ़ाने की शैली ऐसी थी जिसमें से अध्यापन का दर्प कहीं बाहर नहीं आ रहा था। लगता था यदि पढ़ने वाले लड़के, लड़कियाँ किसी अर्थ में विद्यार्थी कहे जा सकते हैं तो प्राध्यापक को भी किसी अर्थ में यहाँ विद्यार्थी ही कहना पड़ेगा।

रवि ठाकुर जिस स्थान में रहते थे उसका नाम था उत्तरायण। जहाँ हम लोग जाकर बैठे थे। वहाँ एक छोटा-सा सीमेन्ट और पत्थरों का मंडप बना हुआ था। वहीं आचार्य क्षितीन्द्रमोहन सेनजी ने हमसे कहा कि रवि ठाकुर झोंपड़ी में और मिट्टी के घरौंदे में रहना ज्यादा पसन्द करते हैं। यह सुनकर मुझे लगा कि हम लोगों को श्री बनारसीदास चतुर्वेदी किसी कारागार में नहीं घसीट लाये हैं; चिन्तक के तीर्थस्थान में ले आये हैं।

अमीरी और गरीबी से परे एक निर्मल प्रतिभाशीलता वहाँ खेल रही थी, जिसमें फूलों की तरह मूक वाणी में भी रंगों-भरा सुगन्धित वैभव निखरता और बिखरता रहता है और जब गुरुदेव से उत्तरायण में भेंट हुई तब उनके दर्शन कर ऐसा लगा मानो विद्वद्वर डॉक्टर ताराचन्द का यह कथन सर्वथा सत्य है कि, "छायावाद और रहस्यवाद वेदान्त के ही रूप हैं।" और आज जब चरण-चरण चलते हुए विनोबा भावे यह कहते हैं कि धर्म और राजनीति का युग समाप्त हो गया, अब तो दर्शनशास्त्र और विज्ञान का युग आ गया है, तब शान्ति-निकेतन की यादों की पृष्ठभूमि में विनोबा भावे के ये विचार बहुत ही अर्थवान् दिखायी देते हैं।

जब हम लोग लौटकर हजारीप्रसाद द्विवेदी (जो उन दिनों वहाँ हिन्दी में आचार्य थे) के घर आये तब हमसे किसी ने कहा, "आज गुरुदेव अपने विश्व-भारती के विद्यार्थियों में भाषण करने पधारने वाले हैं तथा गुरुदेव की यह बुरी आदत है कि वे कलकत्ते से आये हुए अपने विरोधियों को उक्त सभा में नहीं आने देना चाहते।" मुझे ऐसा लगा कि जगत् की नारेबाजी से प्रभावित हम लोग स्रष्टा रवीन्द्रनाथ को समझने में असमर्थ से हैं। यदि स्रष्टा सचमुच माता की तरह है, वह अपने विचारों का प्रजनन करता है, उन्हें दुलारता और सँवारता है, उन्हें अपने अन्तःकरण से लोगों के अन्तःकरण में खेलने के लिए भिजवाता है, उन्हें घुटने के बल झुककर नीचे से ऊपर उठाता है, अपने अन्तरंग के रक्त का बल देकर उनका पालन-पोषण करता है, तो जगत् की कौन माता ऐसी है जो यह सह सकेगी कि एक ओर वह बच्चों को जन्म दिये जाये और दूसरी ओर उनका हत्यारा उन्हें काट-काट कर टुकड़े-टुकड़े करता चला जाये।

शान्ति-निकेतन के साथ लगा हुआ श्रीनिकेतन भी मैंने देखा। उन दिनों विदेशों से आये हुए डॉ० गिरिवरसहायजी श्रीनिकेतन में काम कर रहे थे। श्रीनिकेतन विश्वभारती विश्वविद्यालय शान्ति-निकेतन का वह स्थान है जहाँ गाँव की परिचर्या के लिए लोग तैयार किये जाते हैं। सत्य ही यदि उच्चत्व गाँवों की सेवा करने योग्य नहीं है तो उसका अर्थ ही क्या शेष रह जाता है? यहीं आकर मालूम हुआ कि नन्दलाल बोस जैसे बंगाल के प्रख्यात कलाकार के चित्रों से श्रीनिकेतन की झोपड़ियाँ सुशोभित हैं।

ग्रामीण गीतों में गुरुदेव वहाँ ऐसा रस लेते देखे गये मानो वह अन्य लोक के नहीं इसी लोक के प्राणी हैं। वे ग्राम-गीत अथवा ग्रामीण-गीत मधुर तो थे ही, साथ ही, यह भी सूचित करते थे कि ग्रामवासिनी भारतीयता इन गीतों में वाचा फोड़ने का उपक्रम कर रही है।

लगता है चिन्तन और कृषि हमारे दिमाग और श्रम की ऊँचाइयों के नाम हैं; जहाँ विचारों से आचार बदलने से इनकार करता है और आचारों की भीड़-भाड़ में विचार ऊँचा मस्तक किये चला जा रहा है। लगता है एक सिर है; दूसरा धड़। वहाँ की वाणियाँ पुकार-पुकारकर कह रही हैं कि खेतों की तरफ जाओ, खेतों की तरफ लौटो! मानो यह वाणी आचारों से नहीं, विचारों से कही जा रही है। वहाँ की गाँव की सन्ध्या में छोटी-छोटी टिम-टिम दानियों को देखकर मानो हमारे घर के दारिद्र्य का भान और हमारी रचनाओं की पहचान हुए बिना नहीं रहती।

यहाँ के हरियाले गुच्छों में सुगन्धित फूल हमारे स्थानो जैसे ही लगते हैं परन्तु शान्ति-निकेतन और श्रीनिकेतन की पृष्ठभूमि में छोटा-साअजायब घर वहाँ मुझे बड़ा अच्छा लगा। ऐसे अजायबघर तो हमारे गाँव-गाँव में होने चाहिए जिससे ग्रामीण लोग अपने गाँव में होने वाली उपज को जान सकें और अपने गाँव की उपज का लेखा-जोखा रख सकें। उस अजायबघर में नन्दलाल बोस की सतुआ खाते हुए ग्रामीणों की मूर्तियाँ तथा वहाँ के वातावरण की एकत्रित वस्तुएँ मन पर ग्रामीण प्रभाव डाले बिना नहीं रहतीं। इसी तरह कपड़े के नमूने, चित्रों के नमूने, वन्य पशु-पक्षियों के नमूने और वन के वृक्षों तथा फसलों के स्वरूप बड़े प्यारे लगे।

इन सबको देखकर यह विचार भी आया कि इन सब वस्तुओं से अलग रहकर रवीन्द्रनाथ ऊँची बातें कैसे कह ले जाते थे और हजारों वर्ष पहले भारतीय ऋषि-जीवन का दर्शन कैसे कर पाते थे। लगता है, हर बारहवें-तेरहवें वर्ष बनाये गये हमारे काव्यवादों का मूल्य कुछ भी हो, किन्तु वेदान्त हमारी ऐसी निधि है जिससे हम दूर नहीं रह सकते और दूर रहकर जगत् के लिए उपयोगी भी नहीं हो सकते। हमारी सहिष्णुता को अनुप्राणित करने वाले तत्त्वों को हम असहिष्णु कैसे समझें। हवाई जहाज के उड़ाके की-सी ऊँची, कृषक की-सी विस्तृत और मल्लाह की-सी गहरी आँखें ही हमारे पास कहाँ हैं, तब उत्पत्ति, स्थिति

और विपत्ति में हमारे बेड़े पार लगें तो कैसे ?

कविवर रवीन्द्र के शब्दों में, श्रीनिकेतन के स्थापित करने का उद्देश्य यह है कि जीवन को लौटाकर अपनी पूर्णता पर गाँव में लाया जाये। उन्हें कम खर्चीले और आत्मनिर्भर होने का गुर बताया जाये। उन्हें सुझाया जाये कि उनकी भी कोई इज्जत है और उनकी भी रक्षा होनी चाहिए। वे अपने देश के उन सांस्कृतिक व्यवहारों को जानें, समझें, जिससे वे वर्तमान आविष्कारों और साधनों का अपने आप-पास उचित उपयोग होते देख सकें। जिससे उनके शरीर बलवान् हों, उनके मन बारीक से बारीक बात को सोच सकें और वे अपनी आर्थिक दशा को सुधार सकें।

हमारा तो उद्देश्य है कि अपने आप-पास के थोड़े-से गाँवों को हम पूरी स्वतन्त्रता दे सकें। जिससे गाँव में शिक्षण का प्रवेश हो सके और अपने आनन्दों में ग्रामीण अभिवृद्धि कर सकें। ग्रामीण जैसे हमारे गायन और वाद्य और नृत्य के कार्यक्रम को देखने-सुनने, समूह बनाकर शहर आता है, वैसे ही हम उसके इन कार्यों को देखने के लिए शीघ्र से शीघ्र गाँवों में जा सकें।

जिस तरह भूगर्भ में सूर्य की गरमी और पृथ्वी की रुकावट से धीरे-धीरे ऐसे पत्थर बनने लगते हैं जिन्हें हम हीरा, पुखराज और जाने किन-किन नामों के रत्न कहने लगते हैं, उसी तरह संयम की रुकावटों और हृदय की कोमलता से साहित्य में कविता के ऐसे रत्न बनने लगते हैं जिनकी आभा से संसार चमत्कृत हुए बिना नहीं रहता और जिन्हें धारण कर वह अपने को गौरवान्वित अनुभव करता है। कुछ ऐसे रत्नों को घिसने की क्रिया में अधिक निपुण होते हैं, कुछ लोग काँच के टुकड़ों को घिस-घिसकर चौखटों में जमा लेते हैं और भेद-बुद्धि से आग्रह करते हैं कि काँच के उन्हीं घिसे-पिटे टुकड़ों को रत्न कहा जाने लगे। कुछ स्थानों पर शब्द इसी प्रकार बेकार लगने लगते हैं जिस प्रकार बड़ी नदियों और थोथे सरोवरों के घाटों पर यात्रियों से खाली बँधी हुई नौकाएँ बेकार दीख पड़ती हैं; क्योंकि मगरमच्छ से लेकर मछलियों तक सब कुछ गतिशील धारा के कलेवर में बहता रहता है और हम 'कुछ को' सब कुछ मानकर नौकाओं के आस-पास ही मँडराते रहते हैं।

शान्ति-निकेतन और श्रीनिकेतन में मानो रवीन्द्रनाथत्व और गान्धीत्व साथ-साथ खेलता हुआ दीख पड़ता है। वह मानो पुकारकर कहता है कि हमारी विभिन्नता में एकता निवास करती है। क्या ही अच्छा हो कि इस देश की ओर से संसार की विभिन्नता में एकता स्थापित हो सके और हम रवीन्द्रनाथ को अच्छी तरह पहचान सकें।

भारतीय संस्कृति का गौरव और उपनिषदीय सूझों का वैभव गुरुदेव की रचनाओं में स्पष्ट दीख पड़ता है। लगता है, उनके रहस्यवाद उनका दर्शन युगों-युगों को भेंट सकने वाली भाषा में व्यक्त हुआ है। वे निरी राष्ट्रीयता को अधिक महत्त्व नहीं दे पाते थे और उसे कभी अन्तर्राष्ट्रीयता के आड़े नहीं आने देना

चाहते थे। वे चाहते थे कि :

"जहाँ मस्तिष्क भयहीन और मस्तक ऊँचा उठा हुआ है,
जहाँ ज्ञान मुक्त है और विश्व संकुचित सीमाओं में
विभाजित नहीं है,
जहाँ शब्द सत्य की गहराई में से जन्म धारण करते हैं,
और जहाँ अथक यत्नशीलता सम्पूर्णता की ओर आगे बढ़ती है,
जहाँ विवेक की शुद्ध धारा रूढ़ियों के रेगिस्तान में मार्ग नहीं खो
बैठती,
जहाँ मानस ऊर्ध्वमुखी होकर निरन्तर विस्तार पाते हुए विचारों
और क्रियाओं में आगे बढ़ता है,
उस मुक्ति के स्वर्ग में—
हे परम पिता !
मेरे राष्ट्र का जागरण हो।"

हमारे बीच की विभेदक रेखाओं को तोड़ना और नष्ट करते जाना मानो उनका वृत्त था। सारा भारतवर्ष और सम्पूर्ण जगत् ऐसे ही भेदहीन और भेद-बुद्धिरहित रवि ठाकुर के कुशल कवि और गर्वीले गद्यकार को याद करता रहता है, याद करता रहेगा।

[समय के पाँव, 1961]

निराला : उनकी समाधि से प्रेरणा की सुगन्ध आती रहेगी

निराला हिन्दी भाषा में उस सूझ का नाम है जो बेदाग आई थी और बिखर कर चली गयी।[1] मेरे तरुण मित्रों को सोचना यह है कि युग जो चरण-चरण इतना बढ़ आया था, वह निराला के साथ मर तो नहीं गया। पहले-पहल निरालाजी मुझे कलकत्ता में अपने अनेक साथियों को लेकर मेरे और स्व० गणेशशंकरजी के मित्र श्री नारायण काँपां के मिले थे। उस समय उन्होंने अपनी नई अतुकान्त कविताएँ भी सुनाई थीं। उस समय उन कविताओं को सुन कर लगा था कि हिन्दी का एक युग समाप्त हो रहा है और दूसरा युग आने की झिझक में व्यस्त। निराला-जी ने हिन्दी को एक युग प्रदान किया। हिन्दी भाषा में श्रीमती महादेवी वर्मा यदि विश्वास की तरह अडिग हैं, अटल हैं, तो श्रीयुत सूर्यकान्त निराला सूर्यचन्द्र और नक्षत्रों की तरह घूमते हुए युग-प्रवर्तक हैं। इसके पहले निरालाजी श्रीमती सुमित्रा कुमारी सिन्हा तथा उनके पतिदेव श्री चौधरीजी के सान्निध्य में उन्नाव में युगमन्दिर में रहा करते थे। कहते हैं, उन्होंने अपनी तुलसीदास, बिल्लेसुर

---

1. 15-10-1962

बकरहा आदि वहीं लिखी थीं। मेरे निकट तो विश्व में प्रतिभा का मूल्य सदैव कष्ट दायक रहा है, जो उनकी (प्रतिभाशीलों की)बराबरी नहीं कर पाते, वे कष्ट देते हैं। साहित्य में जो लोग सोचते हैं कि मेरे लिखने से मेरा रोटी देने वाला तो नाराज नहीं हो जायगा, मेरी प्रशंसा करने वाला तो नहीं रूठ जायगा, मुझे परिवार से देश-निकाला तो नहीं दिया जायगा, समाज में तिरस्कार की दृष्टि से तो नहीं देखा जायगा। मुझ पर जमाने का शासन तो नहीं टूट पड़ेगा जो इतने छत्रों में छाने जाने के बाद साहित्य के कण रह ही कहाँ जाते हैं? श्री सूर्यकान्तजी ने जन्म से जीते रहने तक किसी भी विरोध की परवाह नहीं की। वे जब तक जिये संघर्ष करते रहे, इसीलिए कविता में जो संघर्ष करे उसका नाम और उसका काम 'निराला' होना ही चाहिये।

मुझे तो प्रारम्भ में ही इस तरुण ने मोह लिया था। अतः मैं सम्यक् विरोध में भी शामिल न हो सका।

हिन्दी कविता में वादों की बहुत चर्चा होती है। वादों को सूली दी स्व० श्री सूर्यकान्त त्रिपाठी 'निराला' ने, इसीलिए जाने कितने अपवादों को सहन किया। कवि का मार्ग 'कहना' होता है, माना, किन्तु उसकी 'कहन' उसकी सहन में से आती है। इसीलिए निराला की वाणी में रस है, इसीलिए युग बेबस है कि निराला की कीर्ति में कुछ करे। माना निराला समाधिस्त हो चुके हैं, किन्तु उनकी समाधि में से प्रेरणा की सुगन्ध आती रहेगी, जो युग के भोजन का काम करेगी, उनके लिए जो उस प्रेरणा को ग्रहण करेंगे। हिन्दी संसार की भूरि-भूरि प्रशंसा करनी चाहिये जिसने गद्दार मीरा को सिर पर चढ़ाया, कबीर की साखियों को आदर की दृष्टि से देखा, सूरदास के पदों से मन बहलाया और तुलसीदास की क्रान्ति को समझ सका, इसीलिये श्री नन्ददुलारे बाजपेयी ने जब काशी में निराला का अभिनन्दन रचा, तब जानकार लोग हिन्दी के स्वभाव को जानते थे कि वह धनिकों की घोर उपेक्षा करके गरीब प्रतिभाओं का सम्मान किया करती है।

निराला की याद को मैं सम्मान करता हूँ।

[कर्मवीर, अक्टूबर 1962]
(निरालाजी के निधन पर उद्‌गार)

भाई श्री वृन्दावनलालजी वर्मा

मैं भाई श्री वृन्दावनलालजी वर्मा को संभवतः सन् 1916 से जानता हूँ। मेरा-उनका सम्बन्ध प्रताप की गोलमालकारी सभा से हुआ था। सभा के सभापति स्वयं श्री गणेशशंकरजी विद्यार्थी थे। उक्त सभा में जो अन्य सज्जन थे उनमें श्री वृन्दावनलालजी के अतिरिक्त श्री शिवनारायणजी मिश्र (उपाध्यक्ष),

श्री बद्रीनाथजी भट्ट, श्री मन्नन द्विवेदी गजपुरी, श्री शालिग्रामजी वर्मा (भरतपुर), अध्यापक रामरत्न आदि उल्लेखनीय हैं। एक स्वयं मैं था। मुझे यह याद नहीं आ रहा कि गोलमालकारिणी में श्रद्धेय मैथिलीशरणजी गुप्त थे कि नहीं, यद्यपि प्रताप परिवार के वे एक महत्त्वपूर्ण सदस्य थे। अन्य नाम मुझे याद नहीं आ रहे हैं, स्वयं वर्माजी को ज्ञात होंगे।

लौटकर देखता हूँ तो वर्माजी की अनेक मधुर स्मृतियाँ हैं। तब यह नहीं सोचा था कि आगे जाकर वे हिन्दी के विख्यात् ऐतिहासिक उपन्यासकार निकलेंगे और झाँसी की रानी, गढ़कुण्डार, और मृगनयनी जैसी समर्थ रचनाओं से हिन्दी को समृद्ध करेंगे, लेकिन यह सोचा था कि यदि व्यक्ति रहा तो भारती का मुख निश्चय ही उज्ज्वल करेगा।

एक बार श्री वृन्दावनलालजी से मेरी अचानक ही ट्रेन में मुलाकात हुई। मैं कानपुर जा रहा था और जिस कम्पार्टमेंट में मैं था उसी में ऊपर की बर्थ पर ये सोये हुए थे। मैं नीचे की बर्थ पर था। मैंने उसी समय उनको पहचान कर कहा, "अरे ओ गोलमालकारी ! कहाँ जा रहा है ?" बस फिर तो मिल गये। ये बर्थ से नीचे कूद आये और मेरे पास जमकर बैठ गये। हम दोनों ही उस समय थर्ड क्लास में थे और दोनों ही गणेशजी के पास जा रहे थे। यह कोई सन् 1918 की बात होगी।

सन् 1924 में मैं एक बार गणेशशंकरजी को लेकर वृन्दावनलालजी के पास गया था। गणेशजी तब नैनी जेल से छूटे ही छूटे थे। वर्माजी उस समय पब्लिक प्रॉसिक्यूटर थे। गणेशजी की इच्छा नहीं थी कि मैं उस समय उनको कनौड़ा करूँ, परन्तु वृन्दावनलालजी वर्मा ने उनसे कहा कि, "आपको मेरे ही घर में, मेरे ही पास ठहरना पड़ेगा। अगर आपकी यह शर्त हो कि मैं पब्लिक प्रॉसिक्यूटरी छोड़ूँ तो अभी छोड़ सकता हूँ। चतुर्वेदीजी ने मुझ पर विश्वास किया है और मैं उनके विश्वास के योग्य रहना चाहता हूँ।"

इस सम्बन्ध में, 1924 से पूर्व सन् 1916 का एक दिलचस्प संस्मरण मुझे याद आ रहा है। यह लखनऊ कांग्रेस का अवसर था। इस कांग्रेस में मुझे लाल पगिया बाँधे हुए मैथिलीशरण मिले थे, गणेशजी उघाड़े सिर थे, श्री शिवनारायण-जी मिश्र फेंटा बाँधे हुए थे। इन लोगों के साथ-साथ श्री बद्रीनाथजी भट्ट और वर्माजी भी वहाँ थे। इसी समय स्वर्गीय नवीनजी नये-नये सम्पर्क में आये थे। जब गणेशजी से मिलने के लिए मैं पंडाल में पहुँचा तब बहुत भीड़ बढ़ चुकी थी। थोड़ी ही देर में कांग्रेस आरम्भ हो गयी और हम लोग अंदर गये। वहाँ पंडित हृदयनाथ कुंजरु सबों को बैठा रहे थे। हम लोगों के सामने एक मोटे तगड़े सज्जन आ जमे थे। उनके रहते हुए आगे कुछ भी देख पाना कठिन था। उन दिनों 'कांग्रेस डेलीगेट्स' आपस में एक-दूसरे को 'ब्रदर डेलीगेट' कहा करते थे। वृन्दावनलालजी से नहीं रहा गया और उन्होंने उक्त सज्जन से जाकर कहा, "Father Deligate, you are not supposed to block our line, you see, you are not transparent even."

इसी कांग्रेस में, मुझे याद आता है, कांग्रेस के एक भूतपूर्व अध्यक्ष श्री मुधोलकर ने लोकमान्य तिलक को बहुत सारी जली-कटी सुनाई थी। लोकमान्य तिलक भी वहाँ बैठे हुए थे। गणेशशंकरजी का कोई भी साथी भला लोकमान्य तिलक की बाजी कैसे गिरने देता ? वृन्दावनलालजी कुछ लोगों के साथ जाने कैसे रास्ता बनाते हुए वहाँ पहुँच गये, जहाँ मंच के निकट प्रेस प्रतिनिधियों के बैठने की व्यवस्था थी; और वहीं से चिल्लाकर मुधोलकरजी से बोले, "अब तो रात हो गयी है (उस समय शाम डूब चुकी थी) आप ही के बोलने का वक्त है, खूब तान-तान कर बोलिये।" लखनऊ कांग्रेस के अध्यक्ष श्री अम्बिकाचरण मज़ूमदार थे। उनके 'आर्डर आर्डर' चिल्लाने पर ही चुप्पी हो पायी।

वृन्दावनलालजी ने कविताएँ भी लिखी हैं। उनकी एक कविता प्रताप में प्रकाशित हुई थी। उन दिनों प्रताप में प्रकाशित कविताओं का एक संग्रह निकालने की योजना चल रही थी। उक्त संग्रह का सम्पादन करने के लिए मुझ पर जोर डाला जा रहा था और मैं आनाकानी कर रहा था। उसी समय वृन्दावनलालजी ने गणेशशंकरजी से गरज कर कहा था, "सम्पादन का काम इन्हीं से करवाना है।" यह संकलन 'राष्ट्रीय वीणा' नाम से 1916 में निकला था और मुझे ही उसका सम्पादन करना पड़ा था। इसमें वर्माजी की प्रताप में प्रकाशित उक्त कविता भी सम्मिलित की गई थी जिसका शीर्षक शायद था 'आगे बढ़े चलो'।

श्री वृन्दावनलालजी वर्मा आज के प्रसिद्ध ऐतिहासिक उपन्यासकार हैं। इतिहास उनके अक्षरों में बिना साहित्य-रस को खण्डित किये हुए बोलता है, शब्दों में कानाफूँसी करता है और वाक्यों में खेलता है। वे शोधक वृत्ति के प्रामाणिक विद्वान साबित हुए हैं। आज मैं याद करता हूँ कि गोलमालकारी सभा में यदि मैं बहुत डरपोक साबित हुआ था तो वृन्दावनजी बहुत वीर और बलवान साबित हुए थे।

उनके साधनामय तेजस्वी जीवन की 75वीं[1] वर्षगाँठ पर मुझसे कुछ भी कहते नहीं बन रहा है, बिस्तरे पर पड़े रहकर मैं मौन रहना ही श्रेयस्कर समझता हूँ।

[1964]

□□

---

1. 9 जनवरी 1964